김유정과 동시대 문학 연구

필자

서준섭(徐俊燮, Seo, Joon-seop) 강원대학교 교수
송현호(宋賢鎬, Song, Hyun-ho) 아주대학교 교수
오현아(吳賢硪, Oh, Hyeon-ah) 강원대학교 교수
왕문용(王汶鎔, Wang, Moon-yong) 강원대학교 명예교수
우한용(禹漢鎔, Woo, Han-yong) 서울대학교 교수
유인순(柳仁順, Yoo, In-soon) 강원대학교 명예 교수
윤현이(尹賢伊, Yoon, Hyeon-yi) 원주여자고등학교 교사
이덕화(李德和, Lee, Duk-hwa) 평택대학교 교수
이민희(李民熙, Lee, Min-heui) 강원대학교 교수
이상금(李相金, Lee, Sang-geum) 원주고등학교 교사
이정숙(李正淑, Lee, Jung-sook) 한성대학교 교수
전신재(全信宰, Jeon, Shin-jae) 한림대학교 명예교수
정현숙(鄭賢淑, Jung, Hyun-sook) 한림대학교 교수
최성윤(崔城崙, Choi, Sung-yun) 고려대학교, 순천향대학교 강사
최창헌(崔昌憲, Choi, Chang-heon) 한라대학교 강사
한상무(韓相武, Han, Sang-moo) 강원대학교 명예교수

김유정과 동시대 문학 연구

초판 인쇄 2013년 3월 20일 **초판 발행** 2013년 3월 25일
엮은이 유인순 외 **펴낸이** 박성모 **펴낸곳** 소명출판 **출판등록** 제13-522호
주소 서울시 서초구 서초동 1621-18 란빌딩 1층
전화 02-585-7840 **팩스** 02-585-7848 **전자우편** somyong@korea.com **홈페이지** www.somyong.co.kr

값 29,000원

ISBN 978-89-5626-829-3 93810

김유정과 동시대 문학 연구

Study of Kim You Jeong and His Contemporary Literature

유인순 외

소명출판

책머리에

이 책은 지난 30여 년 동안 대학 강단에서 쌓아 오신 유인순 선생님의 학문적 업적을 기리고, 강원대학교 사범대학 국어교육과에 재직하면서 학과 교수들, 학생들과 함께 나누었던 아름다운 기억들을 오래 기억하기 위해 동학과 여러 제자들이 함께 뜻을 모아 펴내는 것이다.

단아하고 가녀린 몸으로 때로는 소녀의 섬세한 감성으로 때로는 활달한 성품으로 학생들을 대하시면서도 학문과 교육에 대한 열정만큼은 결코 가냘프지 않으셨던 유인순 선생님. 평생 학생을 가르치고 연구하는 일 외에 다른 일은 한 번도 하신 적이 없는 선생님. 이런 선생님이 우리 곁에 계셨기에 우리는 참으로 행복하고, 또 자랑스럽기까지 하다.

유인순 선생님은 문학 교육과 현대소설을 두루 전공한 학자로서 1981년에 강원대학교에 오신 이래로 현대문학회 부회장, 비교문학회 이사, 문학교육학회 이사를 역임하시면서 그리고 현재 김유정학회 회장, 한국 현대소설학회 부회장, 한중인문학회 고문, 한국문학회 이사를 맡으시면서 다양한 역할을 해 오셨다.

김유정 문학을 중심으로 현대소설계와 한국 현대소설 교육계에 미친 선생님의 학문적인 노력과 역할, 그리고 그 다양한 결실들이 문학 교육 현장, 대학, 학계 등에 끼친 강력한 영향력과 그 학문적 기여에 대해 모르는 사람은 아마 없을 것이다. 유인순 선생님과 그 세대들이 이룩한 소설 교육 전반의 이론과 실제를 아우르는 지속적인 학문적 활동과 그 성과들을 빼 놓고서는 학문으로서의 오늘날의 문학 교육학을 말하기 어렵다.

이제는 선배 연구자들이 닦아놓은 터전 위에 서서 소설 교육의 미래가 더욱 희망차고 행복할 수 있도록 후학들이 더욱 분발하고 정진해야 할 때이다. 본 저서는 그러한 후학들의 결심과 실천을 모아놓은 편린과 다름이 없다. 『김유정과 동시대 문학 연구』라는 책 제목도 바로 선생님의 공적과 학문적 성과를 높이 기리는 한편, 후학들의 분발을 다짐하기 위한 목적에서 만들어진 것이다.

바쁜 중에도 옥고를 보내준 학내외 여러 선생님들께, 특히 한림대학교 전신재, 서울대학교 우한용, 아주대학교 송현호, 한성대학교 이정숙, 평택대학교 이덕화 교수님과 동덕여대 최성윤 선생님께 감사드린다. 아울러 책이 나오기까지, 이 기념 논총 발간을 기획하고 원고 청탁을 위해 수고를 아끼지 않은 강원대 국어교육과 서준섭 교수님, 김풍기 교수님과 이민희 교수님, 그리고 편집과 출판의 실무를 담당했던 오현아 교수님과 국어교육과 조교 김승원 선생님 등 여러 사람의 수고도 빼놓을 수 없다. 어려운 출판 상황에서도 흔쾌히 출판을 허락해 주신 소명출판의 박성모 사장님과 촉박한 일정에도 불구하고 책을 예쁘게 편집해 주신 한사랑 편집자님께도 깊은 감사를 드리는 바이다.

2013년 3월

저자 일동

차례

제2부 김유정과 교과서

제3부 김유정과 동시대 문학

제4부 이야기 한 마당

제1부
김유정의 문학세계

金裕貞

몰락 농민-유랑인의 삶의 애환과 통념을 넘어선 생존전략 이야기*

김유정 소설에 나타난 작가의 시선

서준섭

1. 불역판『소낙비*Une averse*』의 성공이 뜻하는 것

몇 년 전 김유정(1908~1937)의 단편 선집『소낙비』가 불어로 번역되어 프랑스 문학계에서 큰 성공을 거둔 적이 있다. 최미경, 장-노엘 주떼(Jean-Noël Juttet)의 공동 번역으로 쥘마(Zulma) 출판사(초판 : 2000, 재판 : 2005)에서 간행된 이 선집은 프랑스 독자들의 성원으로 곧 재판되었고, 이를 계기로 그곳 주요 일간지에 그의 문학을 소개하는 기사가 실리기도 하였다. 1990년대 이후 한국의 대표적 근현대 작가들의 작품이 프랑스에 많이 번역 소개되었지만, 김유정 단편집처럼 큰 성공을 거둔 예는 많지 않다고 한다. 이런 소식은 우리에게 두 가지 점에서 시사적이다. 첫째 김유정의 소설의 문학적 우수성이 외국에서도 객관적으로 평가되는 계기가 되었다는 점이다. 불역판에는「소낙비」,「가을」,「동백꽃」,

* 이 글은『동백꽃-김유정 단편선』(글누림, 2007)의 권말 '작품 해설'을 위해 씌어진 것으로서, 텍스트 인용은 이 작품집에 의거했음을 밝혀둔다.

「솥」, 「봄 · 봄」, 「아내」, 「정조」, 「산골나그네」, 「땡볕」 등 9편의 단편이 수록되었는데, 이것들은 모두 그의 대표작들에 해당된다. 둘째 김유정 소설이 언어, 시대의 국경을 넘어 보편성을 지니고 있다는 사실이 확인된 점이다. 그의 소설은 대체로 시골 농민들의 가난한 생활을 해학적인 독특한 문체로 그리고 있다.

김유정은 30살의 젊은 나이로 요절한 1930년대 작가이다. 1933년에 발표된 「총각과 맹꽁이」가 그의 첫 작품이다. 1935년 『조선일보』 신춘문예에 단편 「소낙비」가 당선을 계기로 본격적 작품 활동에 들어가, 그는 1937년에 지병인 결핵의 악화로 작고하기까지 짧은 생애를 창작에 전념, 주옥같은 단편들을 발표하였다. 창작 기간은 약 5년에 불과하다. 그가 당시 서울의 대표적인 문학단체 '구인회' 후기 회원이었다는 사실은 그가 당시 문단에서 매우 능력 있는 작가로 평가되었음을 말해준다. 이태준, 박태원, 이상, 장지용, 김기림 등 당시의 유명 작가들이 그 회원이었다. 병으로 요절한 작가라는 점에서 보면, 그는 '구인회'의 친구 소설가 이상과 비슷한 처지의 작가였지만, 이상이 주로 도시적 소재로 실험적 형식의 소설을 썼음에 비해 김유정은 시골 농민의 생활상을 사실적으로 그리고자 하였다.

그가 창작에 전념하던 몇 년간은, 얼마 남지 않은 생명의 불꽃을 온통 문학 속에서 불태웠던 시간이었다. 주옥같은 작품들을 잇달아 발표하여 곧 문단의 주목받는 작가가 되었으나, 안타깝게도 그는 생전에 자신의 작품집을 보지 못하고 타계하였다. 이상의 작품집이 사후에 간행된 것처럼 그의 단편집(「동백꽃」, 1938)은 그가 세상을 떠난 이듬해에야 발간되었다.

2. 몰락 농민의 떠돎, 가난, 삶의 애환

―「만무방」에서 「가을」까지

김유정의 작품 중에는 도시 생활에서 소재를 취한 작품이 몇 편 있지만, 그에게 문학적 성공을 안겨준 작품들은 주로 그의 고향 강원도 춘천 부근 농촌의 주민들의 생활을 소재로 한 작품들이다. 그의 관심을 끈 주제는 삶의 바닥에서 전전하는 가난한 농민의 생활상에 대한 것이다. 소설에 재현된 농민의 생활이라고 하면 흔히 이광수의 「흙」이나, 이기영의 「고향」과 같은 작품을 연상하기 쉽지만, 그가 보여주는 농민의 생활은 이와는 아주 다른 것이다. 그의 작품의 인물들은 어느 정도의 토지를 소유하고 있는 평야 지대의 중농이나 그 이하의 소농이 아니다. 작품의 배경은 작가의 고향인 강원도 산골, 주변에 약간의 토지 밖에 없어 경작지가 적은 지역이다. 그의 작품에는 대개 정상적인 일상생활에서부터 벗어난 도둑질, 매음, 도박, 아내 팔기와 같은 비정상적인 사건이 자주 등장한다. 정상적인 생활을 영위할 수 없을 정도로 삶의 극한에 내몰린 극도로 가난한 농민들이 벌이는 생존의 드라마, 그것이 그의 소설이다. 농민으로서 정상적인 삶이 해체된 이후의 고단한 생존의 이야기이다.

예를 들면 「만무방」의 응칠은 빚을 갚지 못해 5년 전에 집과 세간을 그만둔 채 아내와 야반도주해 산골에 들어온 인물이다. 아내, 아들과 함께 객지를 유랑하다가 서로 살기 위해 헤어졌다. 현재 그는 아우 응오가 사는 산골 마을에서 그 아우의 땅을 빌려 소작을 하고 있다. 응오는 성실한 농민이지만 그 역시 가난하다. 아내가 알 수 없는 병으로 오래 누워있으나, 수중에 돈이 없어 병원에 가지 못하고 있다. 가을 철 추수를 앞두고 투전판을 기웃거리던 응칠은 자신의 논에서 잘 익은 벼나락을 누군가 훔쳐갔다는 사실을 알게 되는데, 그 도둑을 잡고 보니 뜻밖에도 아우이다 —. 어처구니없는 이야기 같지만, 일반적 통념을 넘어서는 아주 리얼한 작품으로 읽을 수 있다. 각각 생존의 한계에 이른 산골 형제의 생존의 전략은 종종 이렇듯 일반적인 윤리, 도덕의 통념을 넘어선다.

상식과 통념을 넘어서는 이야기는 김유정 소설의 주요한 특성이다. 작품 「금」도 그렇다. 이 소설의 주인공은 몰락하여, 고향인 시골을 떠나 산속의 금광 주변에 정착한 어떤 광부이다. 그는 광부가 되어 금을 캐지만 적은 임금 때문에 가난한 생활에서 헤어나기 어렵다. 큰돈을 마련, 현재의 고달픈 생활에서 벗어나기 위해 그는 일반인의 상상력을 뛰어넘는 일을 감행한다. 갱 속에서 작업하다 어느 날 값나가는 금돌을 캐자, 그것을 갖고 나올 욕심으로 자기의 발을 돌로 쳐서 으깨고 헝겊으로 감싸 그 안에 광석을 숨기고, 부상자로 가장해 철철 피를 흘리며 기진맥진한 상태로 갱을 빠져 나오는 것이다. 회복하기 힘들 정도로 자신의 몸을 자해하는 주인공의 행동은 바보스럽고 끔찍하지만, 그의 처지를 생각해보면 이해되는 작품이다. 이 작중 인물이 보여주는 극한적 행동에는 어떤 맹목성, 섬뜩한 광기 같은 것이 숨겨져 있다. 이 맹목성은 생존의 극한 상황에 처한 주인공의 삶의 맹목성, 삶을 유지하기 위한 '삶 자체의 맹목성'이라고 할 수 있다. 작가는 이 인물의 모든 행동과 그 풍경을 담담하고도 초연한 자리에서 담담한 어조로 들려준다. 그 이야기의 전체 분위기는 비극적이라기보다는 차라리 해학적이다. 사건의 발단과 전개, 귀결이 모두 일반적인 통념과 윤리, 도덕과 논리를 넘어서는 지점에서 전개되지만 이를 이야기하는 어조가 담담하다는 사실은 이 작품의 중요한 특성이다.

작가 김유정은 죽음까지도 무릎 쓰는, 삶의 극한 지대, 아슬아슬한 삶의 경계에 이르기까지 하는 인물에 자주 이끌리고 있다. 노름꾼과 그의 어린 아내 사이에서 벌어지는 이야기를 다룬 「소낙비」의 경우도 이 삶의 아슬아슬한 경계선을 그린 작품이다. 건달이자 노름꾼인 춘호는 빚을 갚지 못해 강원도 인제에서 야반도주, 산골 마을에 정착한 가난한 농민이다. 오 원을 주고 누추한 오막살이를 사고 농사를 지어도 희망이 없다. 산나물을 캐고 동네의 허드렛일을 하는 아내와 근근이 살아가고 있다. 노름을 단숨에 큰돈을 벌 수 있는 유일한 수단으로 생각하는 남편은, 수중에 없는 노름 돈 이 원을 마련해오라고 죄 없는 아내를 구타한다. 결국 아내는, 이미 첩이 있는 동네 부자 남자에게 몸을 팔기 위해, 소낙비 내리는 날 매음의 길을 나선다.

김유정의 소설은 1930년대 농촌 사회의 이면을 주로 다루고 있다. 그래서 그 세계가 낯설게 느껴진다. 농민의 몰락과 유랑, 그들이 처한 가난과 삶의 한계, 그 지점에서 벌어지는 이야기이다. 「동백꽃」과 같은 10대의 연애담이 없지는 않지만, 대개 성인들의 이야기를 주로 다룬다. 작중 인물들의 가족관계도 단출하다. 「만무방」의 응칠은 단신이고, 그의 아우는 아내와 그, 두 식구이다. 「산골 나그네」의 가족은 노파와 그의 아들뿐이고, 「소낙비」의 가족도 내외뿐이다. 이것은 근대의 핵가족과는 다른 것이다. 일가친척들과 함께 산 적이 있었지만, 언제부터인가 가세가 기울어 가문의 직계 가족만이 산골에 들어와 살아가게 된 사람들의 이야기라고 보아야 할 것이다. 물론 그의 작품에는 비교적 유복하게 살아가는 아들, 딸을 둔 토착민도 등장한다. 김유정의 소설은 산골의 가난하고 단출한 농민 가족의 개별적인 생존의 모습을 다룬다.

첫 작품 「산골 나그네」를 보자. 이 단편은 병든 남편을 위해 남의 옷을 훔치는 이야기이다. 산골 외진 곳에 술집을 하는 덕돌과 그 모친이 살고 있는데, 어느 날 젊은 여자가 나그네가 찾아와 묵어갈 것을 청한다. 가난으로 노총각 신세를 못 면하는 아들을 생각해 모친은 그녀를 붙잡아 두고 서둘러 둘을 결혼시킨다. 결혼을 하고 신방을 치른 그날 밤 나그네는 잠에 떨어진 덕돌의 새 옷을 훔쳐 도망친다. 그 집으로부터 멀리 떨어진, 산길을 넘어 외진 곳 물방앗간에는 거적을 쓰고 누워 있는, 나그네의 '거지 남편'이 있다. 그녀는 황급히 그를 깨워 가져온 새 옷을 입히고는 길을 떠난다.

> 거지는 호사하였다. 달빛에 번쩍거리는 겹옷을 입고서 지팡이를 끌며 물방앗간을 등졌다. 골골하는 그를 부축하여 계집은 뒤에 따른다. 술집 며느리다.
>
> "옷이 너무 커— 좀 적었으면—"
>
> "잔말 말고 어여 갑시다. 펄쩍—"
>
> 계집은 불이나게 그를 재촉한다. 그리고 연해 돌아보길 잊지 않았다.
>
> (…중략…) 개울을 건너 불거져내린 신모롱이를 막 꼽들려 할제다 (…중략…) 멀리 뒤에서 사람 욱이는 소리가 끊일 듯 날듯 간신히 들려온다. 바람에 먹히어 말져는 모르겠으나 재없이 덕돌이의 목성임은 넉히 짐작할 수 있다.

이야기의 끝부분이다. '산골 나그네'는 이 산골 마을을 잠시 머물다 가는 유랑민인 것이다. 이야기의 끝 부분은 간단히 짧게 마무리되어, 이 이야기 전체의 원경遠景을 이루고 있다. 이야기의 포인트는, 얼핏 보면 나그네가 외딴 집에 찾아들면서 벌어지는 모녀의 법석과 결혼 이야기인 듯 보인다. 이 부분이 작품 속의 근경近景을 이루고 있기 때문이다. 작가는 노총각 이야기에 산골 나그네 이야기를 겹쳐 놓음으로써, 이야기를 흥미진진 있게 풀어가지만, 이 근경 뒤에 원경을 배치하고, 후자가 전자를 압도하게 하는 식으로 이야기를 구성해 놓고 있다.

누가 주인공인가. '나그네'라고 해야겠으나 실상 등장인물 모두이다. 작가는 어떤 감정의 개입도 없이 담담하고도 역동적인 필치로 속도감 있게 이 이야기를 그저 펼쳐 보일 뿐이다.

덕돌의 입장에서 보면 이 이야기는 아이러니지만, 나그네의 처지에서 보면 그녀의 가짜 결혼은 생존을 위한 전략이라는 의미를 지닌다. 서로 속고 속이는 이야기지만, 노총각은 바라던 결혼식을 치룬 셈이고, 나그네는 원하던 '옷'을 얻은 셈이다. 나그네의 절박한 처지는 윤리를 넘어선 지점에 놓여 있다. 서로 속고 속이는 민담 이야기가 그 민담 속의 인물들의 처지와는 상관없이 재미있듯, 이 이야기는 애처로우면서도 재미있게 단숨에 읽힌다.

아내를 파는 노름꾼이 등장하는 「소낙비」 이야기도 기막힌 이야기이지만, 기막히지 않은 이야기처럼 전개된다. 남편 춘호의 꿈은 단순하다. 노름판에서 "삼사십 원만 따서 동리의 빚이나 대충 가리고 옷 한 벌 지어 입고" 서울로 가서 "아내는 안잠을 재우고 자기는 노동을 하고" 둘이서 좀 "안락한 생활"을 해보는 것이다. 건달인 그는 지금 노름 밑천이 원이 필요한데 그게 없다. 그래서 그 돈을 당장 구해오라고 착한 아내를 "이년, 저년"하면서 며칠째 두들겨 패면서 득달을 하고 있다. 매 맞는 아내는 저항도 없이 순종적이다. 마침내 "니에(네)"라고 답하는데, 그 모습이 참담하다가보다는 유모러스하다. 노름 밑천장만을 위해 매음길에 나서는 마지막 장면은 이렇게 서술된다.

> 아내가 꼼지락거리는 것이 보기에 퍽이나 갑갑하였다. 남편은 아내 손에서 얼레빗을 쑥 뽑아들고는 시원스럽게 쭉쭉 내려 빗긴다. 다 빗긴 뒤 옆에 놓인 밥사발의 물을 손바닥에 연신 칠해가며 머리에다 번지르하게 발라 놓았다 (…중략…)

"인제 가봐!"

하다가

"바루 곧 와. 응?"

하고 남편은 그 이 원을 고이 받고자 손색없도록 실패 없도록 아내를 모양 내어 보냈다.

군더더기 없는 이 간단한 대화를 보라. 남편은 아내가 무엇을 할지를 묻지도 않고, 알고자하지도 않는다. 이야기는 거침없이 전개되고 거기에 작가의 자의식의 그림자 같은 것이 조금도 배어 있지 않다. 이야기를 시종 생기 있게 군더더기 없이 재빠른 속도로 이끌고 간다는 것은 김유정 소설의 지닌 중요한 미덕이다. 그러나 좀 더 생각해보면 아내를 매음으로 내모는 남편의 행동에는 어떤 악마성, 광기 같은 게 느껴진다. 도박을 위해 아내를 판다는 점에서 그렇다. 가난에서 벗어나고자 갱 안에서 자기의 살을 돌로 내리치는 금의 주인공의 행동도 정상을 넘어선다. 이런 광태는 인물이 직면하는 삶의 한계 상황에서 발생하고 있다.

'아내를 파는' 이야기는 「가을」에서도 등장한다. 가난한 시골 생활을 거듭하지만 뾰족한 수를 찾지 못하던 무능한 남편은 생각 끝에 이웃 마을 소장사 황거풍에게 아내를 팔기로 하고 황씨와 마주앉아 글을 아는 친구를 불러 '계약서'를 작성한다. 계약서 내용 — "매매 계약서 / 일금 오십원야라, 위 금은 내 아내의 대금으로써 정히 영수합니다." 아내 매매서는 아내의 동의 없이 작성되었지만, 두 부부가 함께 사라졌다는 결말에서 독특한 여운이 남는 작품이다. 아내의 도망은 이 작품이 「소낙비」와 달리 적어도 부부 사이의 윤리의 문제를 건드리면서도 그것을 전적으로 부정하지는 않은 작품으로 보게 한다.

두 작품에 재현된 아내 팔기는 서로 다른 것이지만, 김유정 소설에 아내 팔기 모티프가 반복되고 있다는 사실은 특기할 만하다.

3. 가난한 농민의 욕망, 환상과 윤리를 넘어선 생존 전략
—'들병이', 도박, 일확천금의 꿈

그의 소설은 농촌의 빈궁상을 다루고 있다는 점에서, 유치진의 몇몇 희곡 작품(「소」, 「버드나무 선 동리 풍경」 등)을 연상시킨다. 하지만, 자세히 보면 거기에 큰 차이가 있다. 유치진의 희곡은 대체로 보아 진보적인 리얼리즘에 속하며, 농민의 몰락을 일제하 당시 사회의 농민층의 몰락, 농촌의 해체라는 시선에서 다루지만, 김유정의 소설은 산골 농민의 개별적인 궁핍상을 어떠한 논평도 없이 사실적으로 이야기 할 뿐이다. 김유정은 특정한 세계관을 내세우는 작가라기보다는 근대의 이야기꾼에 가깝다. 합리주의적인 차원에서 볼 때 그의 이야기는 비극에 가깝지만 그렇다 해서 그것을 비극이라 말하기는 어렵다. 작가의 사상, 감정의 개입 없이 작중 인물과의 '미학적 거리두기'를 견지한 채 그저 이런 저런 이야기를 재미있게 들려줄 뿐이다. 이야기를 활기찬 입담(구어체)으로 거침없이 풀어가고 있다는 점에서 그의 소설은 민담, 설화의 전통과 이어져 있다고 볼 수 있다. 기막힌 이야기이되 거기에 유머, 해학적인 요소가 깃들어 있다.

김유정 소설에 반복적으로 나타나는 모티프는 '가난'이다. 작중 인물들이 보여주는 행동거지 모두는 가난과 불가분의 관계를 이루고 있다. 노총각 신세, 도주, 도둑질, 도박, 매음, 아내 팔기 등이 모두 작중인물이 직면한 가난 때문이다. 이 가난은 작품에서 땅 없음, 돈 없음, 양식 없음으로 나타나며, 이들의 관계는 서로 악순환의 관계를 이루고 있다. 특히 돈은 모든 작품의 중요한 모티프이다. 이 돈 때문에 야반도주하고 돈이 없어 장가를 못 든다. 「산골 나그네」의 덕돌이가 노총각 신세를 면하지 못하는 것도 돈 때문이었다. 돈을 들이지 않고도 결혼이 가능했던 '나그네' 여자는 그에게 더 없는 행운이었다. 이와 비슷한, 가난한 총각의 결혼의 꿈과 그 좌절에 이르는 이야기는 「총각과 맹꽁이」에서 반복되고 있다. 결혼할 길을 모색하던 총각의 산골마을 술집에 어느 날 '들병이'가 들어오자 이번에는 그녀에게 장가갈 생각을 한다. 들병이란 술이 든 항아리나 병을 들고 다니며 매음도 하는 유랑 여인이다. 그가 이런 천한 여자를 신부감으로 택한다는 것 자체가 그의 딱한 처지를 말해준다. 그는 자신의 생각을 수단이 좋은 친구에게 말하고, 그 친구는 그 일을 성사시키겠다고 약속한다. 그러나 노총각이 여자에게 말도 못 붙이지는 숙맥이라 여자의 환심을 사지 못한데다, 여자에게 눈이 먼 친구는 총각을 따돌리고 혼자서 들병이를 차지한다. 총각은 마음의 상처를 입은 채 아까운 돈만 쓰고 술집을 나서는데, 어디선가 '맹꽁이' 우는 소리만 들려온다. 총각은 맹꽁이, 바보나 다름없다.

김유정 소설에서 이 '들병이'는 그 비중이 큰 만큼 중요한 의미를 지니는 소재이다. 이 들병이를 소재로 한 작품이 몇 편 더 있다. 「솥」, 「아내」가 그것이다. 「솥」은 '들병이' 여인에 빠진 어리석은 농부의 이야기다. 아내가 있지만 그녀보다 잘생긴 들병이에 빠져, 돈 대신 아내 몰래 집안의 필수품인 세간 살이(함지박, 맷돌)를 대가로 내다주고 함께 어울리다 마침내 부엌의 '솥'까지 때다 주는 지경에 이른다는 이야기이다.

들병이는 농부를 남겨둔 채 어느 날 그 세간과 솥을 짊어진 그녀의 남편과 함께 마을을 떠난다. 이로 보면 들병이의 남편은 제 아내를 팔고 있는 자인데, 이는 객관적 사실에 바탕을 둔 이야기로 판단된다. 그의 소설에 재현되는 들병이는 농민들의 욕망의 대상이라는 의미 외에 두 가지 의미를 더 지니고 있다. ① 가난한 농민의 등골을 빼먹은 하층 유랑 여성이다. "들병이란 더러운 물건이다. 남의 살림을 망쳐놓고 게다 가난한 농군들의 피를 빨아먹은 여우다"(「솥」) ② 가난한 살림에서 벗어나 돈을 모을 수 있는, 몰락 농민이 마지막으로 선택할 수 있는 유력한 생활의 수단이다. 두 번째 의미는 작품 「아내」에 잘 구현되고 있다(가난에 쪼들리던 남편(농민)이 그 아내를 들병이로 내보낼 궁리를 하다가 결국 그만둔다는 이야기이다. 그 이유는, 아내를 들병이로 내보내기 위해 '노래, 술, 화장술' 등을 가르쳤더니 동네 건달과 술집에서 노닥이고 있는데, 자기는 그 꼴을 차마 못 보겠다는 것이다). 한 가지만 더 지적하자면, 그의 소설에서 '들병이'의 위치는, 거기에 '술병, 노래'가 없지만, '산골 나그네 여인'의 처지와 크게 다를 바 없다는 사실이다. 이 유랑 여인은, 아내를 매음시키는 저 '노름꾼'과 상호 대칭적 관계에 놓여 있다.

'도박'과, '노다지'를 향한 '금점'(금광) 사업은 모두 일확천금의 허황된 꿈, 환상을 부추긴다는 점에서 서로 닮았다. 도박과 금광 사업 모두 큰 돈의 꿈을 매개해준다. 김유정 소설에 나오는 '금'을 둘러싼 이야기로는 앞서 언급한 「금」 이외에도, 「노다지」, 「금따는 콩밭」이 있다. 모두 금에 환장한 사람들의 이야기이다. 「노다지」의 주인공은 산 속의 금광을 찾아다니며 금돌을 훔치는 일을 전문으로 하는 이인조二人組 광산 도둑의 이야기이다. 생활을 위해 죽음의 위험을 무릅쓰는 이 둘의 행각은 그 자체가 충격적이다. 서로 생사를 같이했던 이인조는 어느 산 속의 금광에 침입하여 마침내 '노다지'를 발견, 손에 넣지만, 갑자기 갱 속의 돌더미가 무너져 그 아래 깔리는 낙반사고에 직면한다. 또 한 사내는 죽어가는 그 선배 동업자(그는 한때 그의 생명을 구해준 은인이다)의 구원 요청을 외면한 채 홀로 그곳을 빠져나와 도망친다. 일체의 통념을 넘어서 생사를 걸고 나선 금광 도둑들의 치열한 생존 전략을 그 극단에서 이야기하고 있다는 점에서 아주 강렬한 작품이다.

「금따는 콩밭」은 이 일확천금의 주제를 농촌의 일상 속으로 끌어드린 작품이다. 금광업자 수재의 꼬임에 영식은 자신의 콩밭에서 금맥을 찾기 위해 수재와의 동업에 나선다. 결국 금맥을 찾지 못한 수재는 금맥을 찾았다고 거짓말을 해 영식을 안심시킨 후 도망친다. 성실한 농부가 금의 유혹에 넘어가는 장면은 이렇게 서술된다.

> "자네 돈벌이 좀 안하려나. 이 밭에 금이 묻혔네. 금이—"
>
> "뭐?" 하니까
>
> 바로 이 산 넘어 큰 골에 광산이 있다. 광부를 삼백여명이나 부리는 노다지판인데 매일 소출되는 금이 칠십 냥을 넘는다. 돈으로 치면 칠천원. 그 줄맥이 큰 산허리를 뚫고 이 콩밭으로 뻗어 나왔다는 것이다 (…중략…)
>
> 그러나 영식이는 귀담아 듣지 않았다. 금점이란 칼 물고 뜀뛰기다. 잘되면 이어니와 못되면 신세만 조진다. 이렇게 전일부터 들은 소리가 있어서이다.
>
> 하루에 잘만 캔다면 한해 줄곧 공들인 그 수확보다 훨씬 이익이다. 올봄 보낼 제 비료값 품삯 빚 칠 원 까닭에 나날이 졸리는 이 판이다. 이렇게 지지하게 살고 말 바에는 차라리 가루지나 세루지나 사내자식이 한 번 해볼 것이다.
>
> "낼부터 우리 파보세. 돈만 있으면이야 그까짓 콩은."

결국 돈 문제로 귀착된다. 힘들여 잘 가꾼 콩밭을 스스로 파헤치는 데는, 농사만으로는 돈을 쥐기 힘들다는 뻔한 삶의 논리가 작동하고 있다. 인가 주변의 콩밭에서 금이 나올 리 없다는 점에서 금광의 실패는 예견되어 있다. 김유정의 인물에는 지식인이 거의 등장하지 않는다. 단순하게 생각하고 행동하는 바보 같은 인물, 자신의 욕망에 맹목적으로 이끌리는 거침없는 인물, 우직하고 바보스러운 인물이 등장한다. 돈은 이들을 움직이고 조정하는, 숨겨진 욕망의 대상이다.

4. 여성의 수난과 사랑—도시와 시골

산골 마을의 가난한 가족은 거의 한결같이 역경에 처해 있지만, 그 가족 중에서 여성의 처지는 남성의 경우보다 한결 딱하다. 농촌에서의 생계가, 주로 남자들의 농사일에 의존하고 있는데서 비롯되는 남성중심주의적인 생활방식과 사고방식이 농촌을 지배하고 있기 때문이다. 김유정 소설에는 그런 남성중심주의적 사고방식이 크게 작용하고 있는 게 사실이다. 이야기 속에는 봉건적인 남존여비 사상의 잔재, 남성의 여성 학대, 남편의 폭력 같은 것이 그대로 나타나고 있다. 게다가 살림이 워낙 가난하다 보니 남성보다 여성의 처지가 곤경에 직면하는 빈도가 더 높다. 남편을 위해 남의 옷을 훔치고, 남편 노름 밑천 마련을 위해 자신의 정조를 팔고, 본인의 의사와는 상관없이 남편에 의해 일방적으로 다른 사람에게 팔리기도 하는 게 여성이다. 무능력한 남편에 의해 험한 일에 수모까지 당하는 것이다.

김유정 소설에 재현되는 여성은 편의상 도시와 농촌으로 구분해 살펴볼 수 있다. 김유정 소설에서 도시적 삶을 다룬 작품이 몇 편 있지만, 전체적으로 보면, 그의 문학세계에서 이 도시의 비중은 상대적으로 적은 편이다. 그의 작품에서 도시는 그 자체로 그려지지 않는다. 대개 그 실상이 왜곡되거나 도시 하층민의 시선에 의해 그려진다. 도시는 가난한 농민의 동경의 대상이기도 하지만(「소낙비」), 그의 소설에서 재현되는 도시 생활의 실체는 도시를 떠도는 자의 눈에 비친, 거기서 힘겹게 살아가야 하는 서먹한 생활의 낯선 공간 그것이다. 「따라지」, 「두꺼비」, 「정조」, 「슬픈 이야기」 등의 도시 배경 소설에서 그 점이 잘 드러난다. 「따라지」는 도시 변두리 셋방에서 만난 잡다한 부류의 사람들을 중심으로, 도시의 소외계층의 나날의 삶의 애환을 그린 것이다. 「두꺼비」에 등장하는 '두꺼비'는 화자가 짝사랑하게 된 기생의 오래비를 자칭하는 인물로서, 순진한 화자의 돈을 뜯어내고자 거짓말을 일삼는 인물이다. 그는 「소낙비」 속의 '노름꾼'과 비슷한, 도시 속의 건달이다. 그는 불쌍한 여자아이들을 '수양딸'로 데려다 기르지만, 그들에게 욕을 보이고 술집에 팔기도 하는 무뢰한이다. 비교적 안정된 삶을 영위하는 「정조」의 집 '주인' 남자도 건달에 가깝다. 그는 착한 아내 몰래 '행랑어멈'(하녀)과 정을 통하고 그녀에게 돈까지 주어, 착한 아내를 번민과 갈등 속에 빠뜨린다. 도시 여성도 '남편의 폭력'의 희생자로 나타난다. 「슬픈 이야기」에 나오는, 같은 집 옆방에 세 들어 사는 전기회사 '감독'이 바로 그 폭력 남편이다 그는 신여성인 여학생과 결혼하려는 엉뚱한 욕망에 사로잡혀, 그를 위해 평생 헌신한 성실한 아내에게 이유없이 폭력을 휘두르고 그녀를 내쫓으려 한다.

김유정의 부친은 서울의 집과 시골의 토지를 포함한 거액의 부동산을 소유한, 춘천 지역의 부자였다. 그러나 그가, 사망 후 그의 맏아들인 김유정의 형이 유산을 상속하면서 가세가 급격히 기울어 집안은 몰락했다고 한다. 형이 방탕한 생활을 하면서 가산을 탕진했기 때문이다. 김유정의 성장 과정은 그래서 결코 순탄하지 않았다. 그는 서울에서 휘문고보를 졸업한 서울 유학생이지만, 가난으로 인해 도시의 하층민의 처지에 놓였던 누이의 집과 도시의 변두리를 전전하였고, 전문대학에 합격은 했으나 대학에 다닐 수 없는 처지에 있었다. 그의 도시 소설은 바로 그런 작가 자신의 체험의 산물이다. 어머니와 어려서 사별하고 억압적인 형 아래서 성장한 그는 한때 당시의 유명 기생 박록주를 짝사랑 한 적이 있다. 「따라지」, 「두꺼비」 등은 자전적인 요소가 많은 작품이다. 「슬픈 이야기」에는 '옆방의 폭력 남편'에 대한 청년의 분노와 의협심이 잘 나타나 있다.

김유정의 고향은 시골이고, 그 자신이 한때 그 고향 마을로 내려와 주민들을 상대로 몸소야학당(금병의숙)을 연 적이 있다. 그가 쓴 농촌 배경 소설들은 이런 시골 경험과 무관하지 않다. 농촌 배경 소설에 재현되는 시골 여성의 모습이 어떠한지는 이미 살펴 본 바와 같다. 가난한 어른들은 생존을 위해 발버둥치지만, 아이들은 자란다. 그리고 자라서 사랑에 빠지고 마침내 결혼을 하는 것이 변함없는 인생사이다. 노총각 이야기와 겹치는 점이 없지 않지만 이 방면의 소설로는 「봄 · 봄」과 「동백꽃」이 있다. ① 「봄 · 봄」 — 집에 들어와 몇 년 동안 농사일을 거들면 자기 딸(점순이)과 결혼시켜주겠다는 말에 지주(봉필)의 데릴사위가 된 화자와, 그의 사랑 점순이의 안타까운 사랑 이야기이다. 봄이면 결혼시켜주겠다는 약속을 어기고 장인은 올봄에도 농사일만 시킨다. 말이 데릴사위지 무보수의 머슴이나 다름없다. 점순이는 '일만하는 바보'라고 핀잔을 주면서 화자를 은근히 부추겨 결혼을 재촉하는데, 장인은 막무가내, 점순이 키가 아직 다 자라지 않아 결혼하기엔 시기상조라는 핑계만 댄다. 게다가 동네 친구까지 올봄에는 꼭 결혼할 수 있게 장인에게 강하게 항의하라고 화자를 충동질한다. 들판에 봄빛이 출렁이는 어느 날 화자는 장인과 결혼일로 서로 다투다 급기야 서로 엉켜 싸움을 하고 화자는 장인을 땅바닥 처박고 혼을 내는데, 놀란 점순이는 오히려 제 아버지 역성만 든다—. 이 소설은 봄을 맞는 청춘 남녀의 사랑의 열병을, 화자와 장인 간의 한 바탕 소동에 빗대어 다루고 있다. 해학적인 문체를 걷어내면, 지주는 딸을 미끼고 화자의 노동력을 착취하고 있는 셈이지만, 장인이 시선이 아닌 순진한 화자의 시선으로 서술되고 아주 유쾌하고 해학적인 분위기를 띠고 있다. ②「동백꽃」— 화자와 점순이의 연애 이야기를 닭싸움에 빗댄 이야기이다. 지주의 딸과 소작인의 아들의 사랑싸움이 엉뚱하게도 닭싸움으로 변질되어 있지만, 결말은 화해로 이어지는 해피엔딩이다.

> "요담부터 또 그래봐라. 내 자꾸 못살게 굴테니!"
>
> "그래 그래. 인제 안그럴 테야!"
>
> "닭 죽은 건 염려 말아. 내 안 이를 테니."
>
> 그리고 뭣에 떠밀렸는지 나의 어깨를 짚은 채 그대로 픽 쓰러진다. 그 바람에 나의 몸뚱이도 겹쳐서 쓰러지며 한창 피어 퍼드러진 노란 동백꽃 속으로 폭 파묻혀버렸다.
>
> 알싸한 그리고 향긋한 그 내음새에 나는 땅이 꺼지는 듯이 온 정신이 아찔하였다.

산골 남녀 사랑과 연애담이 엉뚱한 싸움으로 변질되어있다는 것은 두 작품의 공통된 특성이다. 두 작품에서 젊은 여성의 남자의 애정에 감정의 표출은 극도로 억제되어 있거나, 표출된다 해도 소극적, 우회적인 수준에 머물러 있다. 약간 남녀 간의 사랑이 다소 왜곡되어 있기도 하다. 그리고 가족 내에서의 여성의 결혼문제는 본인의 의사보다도 전적으로 아버지의 의사에 종속되어 있다고 보아야 한다. 「봄 · 봄」의 여주인공의 처지가 특히 그렇다. 그렇다하더라도 김유정의 소설은 농촌의 젊은 남녀의 사랑을 극히 인생의 과정에서 나타나는 지극히 건강하고 자연스러운 현상으로서, 삶의 보편적 문제의 일부로서 바라보고 있다. 작가는, 사랑이란 언제 어디서나 그 모습은 조금씩 달라도, 모두 일종의 열병 같은 것, '하나의 소동'이라고 보고 있다.

자연과 계절의 묘사는 김유정 소설의 이야기 전개에서 중요한 기능을 담당하고 있다. 그 문학적 의미도 크다. 「동백꽃」의 '동백꽃'(생강나무꽃), 「봄 · 봄」의 '봄', 「소낙비」의 '여름, 소나기', 「만무방」의 '가을', 「총각과 맹꽁이」의 '맹꽁이', 「산골 나그네」의 '산골의 대자연' 등이 그 단적인 예이다. 자연과 가까이 지낸 그는, 농촌 출신답게 자연을 작품 속에 적극적으로 끌어들이고, 이를 중요한 소설적 장치로 활용하고 있다. 자연과 계절은 그의 이야기에서 큰 비중을 차지한다.

5. 생존의 극한, 광기, 작가의 문학적 시선

—작가의 전기적 사실과 관련하여

김유정의 소설 세계는 그의 몇 가지 전기적 사실을 이해할 때 더욱 분명하게 이해될 수 있다. 첫째, 작품에 나타나는 집안이 몰락한 후 그 가족이 겪는 가난의 문제는 그의 전기적 사실과 비유적 관계에 놓여 있다고 볼 수 있다, 김유정은 어려서 유복하게 자랐으나 어머니의 사망(7세 때)과 아버지의 죽음 이후 급격한 가정환경 변화를 경험하며 성장한 작가이다. 형의 시대에 와서 소문난 부자였던 집안 살림이 회복할 수 없을 정도로 기울었다고 전한다. 그는 생애는 가문의 몰락과 불가피하게 이어져 있다. 서울의 전문대학에 합격했으나 그만 둔 것은 그 때문이다. 그는 가장 감수성이 예민했던 청년기를 이곳저곳을 전전하며 지냈다. 게다가 1933년(25세)에 늑막염이 결핵으로 발전, 죽을 때까지 가난과 병마와 싸우며 소설을 썼다. 「형」, 「따라지」와 같은 자전적 소설에는, 그의 집안의 몰락과 가족 관계, 서울의 누님에게 얹혀살던 시절의 기억 등이 잘 나타나 있다. 그의 소설에 자주 등장하는 가난한 시골 농민 이야기는 그의 고향 마을(춘천 실례)에서 직접 보고 들은 농촌 체험이 크게 작용하고 있는 것으로 판단된다. 그는 한때 고향에 야학당을 열어 마을 농부(주민)의 자녀들을 모아 놓고 직접 글을 가르쳐 준 적도 있다.

둘째, 그의 소설에 나타나는 농민의 몰락과 유랑, 가난에 내몰린 그들의 생존의 극한적 상황 등은 그의 고향에서의 견문뿐만 아니라, 그 자신의 불안정한 유랑 생활, 그가 처했던 밑바닥의 삶의 처지, 직접 겪은 여러 극한적 상황 등과 무관하지 않다고 보아야 할 것이다. 그의 자전적인 작품의 하나는 그 제목이 「따라지」로 되어 있다. '따라지'라는 제목은 결코 행운을 잡을 수 없는 패로서, 투전판의 용어이다.

셋째, 그의 작품에 나타나는 인물 중에는 삶의 밑바닥을 전전하고 있지만, 강인한 신체의 소유자로서 거침없이 행동하면서 극한 상황에서 때때로 광기에 찬 행동을 서슴지 않는 인물들이 있는데, 이는 작가 자신이 거기에 매료된, 그의 분신과 같은 존재라고 할 수 있다(금광을 휘젓고 다니는 이인조 도둑, 농촌과 도시의 건달 등), 김유정은 학창 시절 투포환投砲丸 운동선수로서 몸을 단련한 경력이 있다. 어린 시절 고향 마을의 야학당에서 그로부터 직접 배운 적이 있는 현지 노인의 증언에 의하면, 그가 야학을 운영할 당시 그의 모습은 다부진 체격에 운동 감각이 뛰어났다고 한다. "동네의 개울을 물구나무 선채로 건너갔고", 춘천 시내에서 들어온 몇 명의 건달과 싸움이 벌어졌는데 "혼자서 여러 명의 상대와 맞붙어 상대방을 모두 제압했다"고 한다. 그는 "유도"를 했다고 들었다고 한다. "그렇게 운동 감각이 뛰어나고 건강했던 그가, 뒤에 병으로 죽었다는 사실을 믿을 수 없다"는 것이 그에게 직접 배웠던 마을 노인의 증언이다(이상은 필자의 현지 조사에 의함. 작가의 학창 시절의 사진을 보면 눈빛이 강렬한 건강체를 확인할 수 있다). 그의 소설에 나타나는 강인한 인물, 극한 상황에서도 초연하게 행동하는 듯한 인물은 그 자신의 신체적, 정신적 특질과 비유적 관계에 있다고 보아야한다. 삶의 극한에 처한 자들의 운명과 그들의 광기어린 행동은, 건강을 잃기 전 작가 자신의 분신이라 볼 수 있다. 작가로서의 그의 시선은 그들의 운명, 그들의 광기어린 행동을 따라 움직이고 있다. 그는 작중 인물의 행동과 동선. 그들의 시선의 작품에 나타난 김유정은 심약한 지식인 작가가 결코 아니다. 삶과 운명의 극한에 처한 인물들과 그들의 거침없는 행동을 묘사한 작품은, 그들의 눈높이에서 그들의 행동을 따라가면서 자신의 시선을 맞추고자했던 작가만이 쓸 수 있는 작품이다. 그는 바로 그런 독특한 시선을 지녔던 작가이다. 「노다지」가 그렇고, 「땡볕」이 그렇다(그는 한때 금광에 관심을 기울여 충청도의 금점판에 머문 이력이 있다). 그 중에서 「땡볕」은 그의 작품 중에서도 가장 뛰어난 작품, 그의 문학 전체의 한 정점에 속한다. 특히 죽어가는 아내를 지게에 지고, "쇠뿔도 녹이는 한여름 대낮 땡볕 속에 서 있는" 시골 출신의 가난한 남자(여자의 남편)의 섬뜩하고도 충격적인 장면 속에는, 그가 써온 모든 문학 작품의 내용 전체, 그의 시선의 움직임, 그가 도달한 '문학 정신의 극점'이 고스란히 담겨 있고 또

녹아 있다. '쏟아지는 땡볕'을 온몸으로 감당하고 있는 이 장면은 그가 살아온 한 인간으로서의 삶과 운명의 무게 전체, 자신이 처했던 불우한 삶의 극한, 직면했던 생존의 한계 상황 등을 압축적으로 제시한 것이다. 그 극한 속에서도 초연한 사내의 모습을 보라, 죽어가는 아내가 천연덕스럽게 세상에 남겨놓은 빚청산을 위한 몇 마디 유언을 하는 장면을 보라. 작가의 시선은 거기에 초점을 맞추고 있다. 거기에는 누추하지만 치열하게 살아온 한 기족의 인간적 위엄이 빛 속에 환히 드러나 있다. 이 사내의 모습이야말로 바로 작가 자신의 마지막 정신적 초상이 아닐까.

넷째, 작품에 등장하는 '들병이'는 작가 자신의 고향에서의 직접 체험에 바탕을 둔 것이다. 그가 쓴 산문 「조선의 집시」는 이 들병이를 이해하는 데 결코 빼놓을 수 없는 참고 자료이다. 이 들병이의 유래는 근대 이전 조선 후기로 거슬러 올라 갈 수 있다. 해방 직후 서울 남산에도 들병이가 있었다 한다.

김유정의 소설은 근대의 산물이지만, 동시에 한국의 오랜 이야기 문학의 전통에 그 맥을 대고 있는 그런 작품이다. 작품에 재현되는 몰락 농민과 유랑인들을 특정 시대의 특정한 부류라고만 생각해서는 그 실상을 놓치기 쉽다. 농민층의 해체와 몰락, 유랑인은 근대 이전에도 있었다. 그의 소설의 언어가, 지식인이 서적에서 배운 언어가 아닌, 삶의 바닥에서 거칠지만 힘차게 살아가는 세속인들의 입말, 즉 구연체 언어라는 사실은 주목을 요한다. 작품 곳곳에 배어있는 해학적 어조도 그렇게 볼 필요가 있다. 그는 무엇보다도 판소리를 좋아했던 작가이다. '흥부전'의 가난 이야기는 기막힌 이야기지만 해학적이다. 근대적인 희극 개념으로는 그의 작품에 빈번히 나타나는 유머의 그 묘한 뉘앙스를 온전히 이해하기 어렵다.

김유정은 근대의 이면에 감추어진 유랑 농민, 가난한 시골 사람들의 가난과, 생존의 극한 상황에 처한 여러 부류의 떠돌이들의 삶을 따스한 눈으로 그리고자 한 작가이다. 한계상황에 처한 그들의 독특한 생존의 방식과 종종 윤리, 도덕을 대신하는 그들의 생존전략을 그만큼 가까이서 깊이 이해하고 있던 작가는 없었다. 그의 문학은 그의 독특한 문학적 시선의 산물이며, 그 나름의 보편성을 확보하고 있다. 그의 소설은 그 점에서 재평가되어야 한다.

부권 상실에 대응하는 두 가지 방법

김유정과 현덕

전신재

1. 머리말

김유정金裕貞(1908~1937.3.29)이 이 세상에서의 마지막 몇 달 동안 가장 친하게 지낸 동무는 현덕玄德(본명 현경윤玄敬允, 1909~?)이다. 이상李箱(본명 김해경金海卿, 1910~1937.4.17)이 1936년 10월에 일본 동경으로 떠난 다음에 김유정의 허한 마음을 채워준 사람이 현덕이다. 같은 해인 1936년에 이상은 희망을 찾아 서울을 떠나 일본 동경으로 갔고, 현덕은 일본에서 절망하고 서울로 되돌아온 것이다. 서울로 되돌아와서 현덕은 병석에 누워 있는 김유정을 만나고, 그에게서 희망을 발견한다. 현덕은 김유정을 따라 문학의 길로 들어서기로 작정을 한 것이다.

김유정의 수필 「밤이 조금만 짧았드면」(『조광』, 1936.11)은 서울 정릉에서 5리 떨어진 작은 절에서 요양하고 있을 때 쓴 것인데 여기에 나오는 '동무'가 현덕이다. 이 수필에 현덕이 김유정에게 보낸 네 번째 편지의 끝부분이 인용되어 있다. "이처럼 사람의 일이 막막할 수가 없읍니다.

울어서 조금이라도 이 답답한 가슴이 풀릴 수 있다면 을마든지 울 것 같읍니다." 현덕도 그의 동생 현재덕과 함께 폐결핵으로 누워 있었던 것이다. 김유정은 이 편지를 읽고 또 읽으며 "지금의 나에게는 한 권의 성서보다 몇 줄의 이 글발이 지극히 은혜롭다"고 느끼며 눈물을 흘린다. 그리고 김유정은 자기의 아픔보다 현덕의 아픔을 더 걱정한다. 김유정의 또 다른 수필 「네가 봄이런가」(『여성』, 1937.4, 사후 발표)는 그의 병세가 더욱 악화되어 정릉의 절에서 떠나 형수댁으로 들어가 있을 때 쓴 것인데 여기에 나오는 '동무'도 현덕이다. 현덕은 김유정을 찾아와 '그의 가진바 모든 血誠을 다하'고 김유정은 '불현듯 내솟느니 눈물이다.' 이때 형수는 충신동에서 셋방살이를 하고 있었고, 현덕은 그 인근인 창신동에서 셋방살이를 하고 있었는데 현덕은 거의 매일 김유정을 찾아와서 이야기를 나누며 문학에 대한 꿈을 키웠다.

김유정이 박봉자에게 대한 열애를 거부당한 고통을 고백한 대상이 현덕이었고, 김유정이 형수댁을 떠나 경기도 광주 누님댁으로 갈 때 자동차부에 나가 송별한 이가 현덕이었고, 김유정의 죽음을 안회남에게 알려준 이가 현덕이었다.

김유정과 현덕은 삶의 조건에서도 공통되는 점이 있고, 작품세계에서도 공통되는 점이 있다.[1] 부유한 집안에서 태어났지만 당대에 몰락하여 친족집을 전전하며 살았다는 점, 소년시절에 말을 더듬었다는 점, 염인증厭人症이 있었다는 점 등에서 두 작가는 삶의 조건이 공통된다. 그리고 소설 문장에서 언어를 다루는 솜씨가 탁월하다는 점, 몰락한 농민의 궁핍한 삶을 주로 다루고 있다는 점, 작품들을 농민들이 몰락해 가는 단계별로 배열해 놓으면 연작소설로 볼 수 있다는 점[2] 등에서

1 현덕과 김유정의 친연성에 대해서는 원종찬이 이미 밝혀 놓은 바 있다. 원종찬, 『한국 근대문학의 재조명』, 소명출판, 2005, 75~79면.

두 작가의 작품세계는 공통점을 가진다. 현덕은 자기가 김유정의 영향을 받았다는 것을 공언한 바 있고,[3] 김유정이 소설을 쓰다가 끝을 내지 못하고 세상을 떠나자 현덕이 그 뒤를 이어서 완성해 놓은 바도 있다. 「두포전」이 그것이다.[4]

이 연구에서 필자는 두 작가의 소설을 비교한다. 비교의 방법은 배경, 등장인물, 사건 등이 서로 유사한 작품끼리 짝을 맞추어 비교하되, 해당 작품의 핵심 갈등을 중심으로 고찰하기로 한다. 그것이 해당 작품의 본질을 온전하게 해석하는 방법이다.

이 연구는 김유정 문학과 현덕 문학 각각의 정체성正體性을 좀 더 선명하게 밝혀내는 데에 기여할 수 있을 것이다.[5]

2 염희경과 원종찬은 현덕 소설을 연작소설로 다룬 바 있고, 윤지관과 전신재는 김유정 소설을 연작소설로 다룬 바 있다. 염희경, 「1930년대 후반 현덕 소설 연구」, 연세대 석사논문, 1996, 24면; 원종찬, 앞의 책, 105면; 윤지관, 「민중의 삶과 시적 리얼리즘—김유정론」, 『세계의 문학』, 1988 여름, 258면; 전신재, 「농민의 몰락과 천진성의 발견」, 『김유정 문학의 전통성과 근대성』, 한림대 아시아문화연구소, 1997, 314면.

3 박노갑이 현덕에게 김유정의 작풍과 상통한다는 말이 있는데 그에 대해 어떻게 생각하느냐고 묻자 현덕은 "있을 것입니다. 영향도 많이 받았으니까요"라고 대답하였다.
「신진작가 좌담회」, 『조광』, 1939.2, 246면(원종찬, 앞의 책, 78~79면에서 재인용).

4 「두포전」은 『소년』(조선일보사, 1939.1~5)에 연재되었는데, '1. 난데없는 업둥이'부터 '6. 이상한 노승'까지가 김유정의 집필이고, '7. 이상한 지팽이'부터 '10. 두포의 내력'까지는 현덕의 집필이다.
"여기까지 쓰시고, 그러께 봄에 金裕貞 선생님은 이 세상을 떠나셨읍니다. 이 다음 이야기는 다행하게도 김선생님 병간호를 해드리며 끝까지 그 이야기를 횅히 들으신 玄德선생님이 김선생님 대신 써주시기로 하였읍니다. 다음 호를 손꼽아 기다려주십시오"(『소년』, 1939.3, 59면).

5 필자는 2007년 10월 13일에 인천종합문화예술회관 국제회의실에서 인천문화재단이 주최한 현덕 탄생 98주년 기념 심포지엄에서 「현덕 소설의 원심력과 김유정 소설의 구심력」을 발표한 바 있다. 이 발표문은 『작가들』 2007년 겨울호(통권 23호)에 실려 있다. 그때의 발표문을 대폭 수정해가면서, 그리고 논의의 초점을 현덕에서 김유정으로 옮겨서 이 논문을 작성한다.

2. 「따라지」와 「골목」

김유정의 「따라지」(『조광』, 1937.2)와 현덕의 「골목」(『조광』, 1939.3)은 일제시대(1930년대) 서울의 빈민촌에서 셋방살이하는 사람들을 주요 등장인물로 설정한 세태소설世態小說이라는 점에서 공통점을 가진다. 계절적 배경이 봄이라는 점, 구성에서 마지막 장면에 골계를 배치하였다는 점에서도 두 소설은 공통된다. 그럼에도 불구하고 두 소설은 몇 가지 차이점을 가지고 있다.

「따라지」의 무대는 서울 '사직골 꼭대기에 올라붙은 깨웃한 초가집'이다. 이 집에 네 가구 여덟 사람이 살고 있다. 안방을 쓰고 있는 영감과 그의 아내 구렁이가 이 집 주인이고, 나머지 여섯 사람은 이 집에 세들어 살고 있는 사람들이다. 건넌방에는 톨스토이와 그의 누이가, 뜰아랫방에는 김마까(노랑퉁이)와 그의 딸이, 그리고 뜰아랫방 옆방에는 아끼꼬와 영애가 각각 살고 있다.

이들 중 여성은 생업이 있고 악착같이 산다. 톨스토이 누이는 과부인데 제복공장의 직공이고, 김마까의 딸은 버스 걸이고, 아끼꼬와 영애는 카페 여급이다. 이에 반하여 남성들은 생업이 없고 무기력하다. 그의 누이에게 얹혀사는 톨스토이는 밤낮 방구석에만 박혀 있기 때문에 햇빛을 못 봐서 얼굴이 누렇게 찌들었다. 그의 딸에게 얹혀사는 김마까는 부족증不足症 환자이고, 얼굴이 누렇게 말라붙었다. 그래서 별명이 김마까(일본어, 노란 참외)이다. 주인 영감과 그의 아내 구렁이의 관계도 이와 같다. 주인 영감은 허물어져가는 집을 고칠 줄도 모르고, 방세를 받아내지도 못한다. 그래서 구렁이가 나서서 방세를 받아내야 한다.

각 방의 두 사람은 늘 싸우지만 속으로는 끈끈한 정으로 결속되어 있다. 가령 건넌방의 누이는 남동생 톨스토이를 신경질적으로 들볶고, 톨스토이는 이에 항거하여 집을 나가버린다. 그러자 누이는 미치다시피 되어 통곡을 하며 동생을 찾아다닌다. 동생을 찾자 누이는 기뻐서 또 운다. 뜰아랫방의 딸은 건강을 위해 담배를 끊으라고 아버지를 쏘아박고, 아버지는 그 말이 섭섭하다고 어린애같이 껙껙 운다. 세입자들끼리도 끈끈하게 결속되어 있다. 그들은 일치단결하여 주인마누라의 사글세 독촉에 저항한다.

이 소설의 중심 갈등은 방세를 받아내려는 구렁이와 방세를 내지 않는 세입자들 사이의 갈등이다. 구렁이는 악착같이 방세를 받아내려 하고, 세입자들은 똘똘 뭉쳐서 한사코 방세를 내지 않는다. 구렁이는 끝내 방세를 받아내지 못한다.

이 소설에서 가장 날카롭게 대립하고 있는 인물은 구렁이(57세)와 아끼꼬(19세)이다. 구렁이는 악착같이 방세를 받아내려 하고, 아끼꼬는 악착같이 방세를 내지 않는다. 구렁이는 자기 혼자의 힘으로 방세를 받아낼 도리가 없어 조카를 불러온다. 그는 경성부청 직원이다. 그는 건넌방 톨스토이의 책상을 마루로 내놓으며 자기가 그 방을 쓰겠다고 한다. 이에 아끼꼬가 그에게 발악을 하며 덤벼들고, 다른 세입자들도 이에 합세한다. 구렁이는 순사를 부르러 간다. 순사가 와 보니 세입자들은 아무 일도 없었다는 듯이 각자 자기 방에서 얌전히 있다. 구렁이의 요청에 의하여 순사는 아끼꼬를 연행한다. 이 연행 장면에서의 자연묘사를 우리는 주목할 만하다.

> 순사는 아끼꼬를 데리고 느른한 거름으로 골목을 꼽든다. 쪽다리를 건느니 화창한 사직원마당. 봄이라고 땅의 잔디는 파릇파릇 돋았다. 저 우에선 투덕어리는 빨래소리. 한옆에선 풋뽈을 차느라고 날뛰고 떠들고 법석이다.[6]

봄의 생명력 넘치는 자연은 퇴락한 초가집 안에서 방세 문제로 싸우는 세속적 갈등을 무색하게 한다. 아끼꼬는 연행되어 가는 신세이지만 오히려 젊은 여성의 발랄한 생명력과 봄의 파릇파릇한 생명력이 조화를 이루어내어 방세조차 내지 못하는 구차하고 초라한 삶에 생기를 불어넣는다. 아끼꼬는 고반(파출소)에 이르기 전에 순사에게 "이담 또 만납시다"라고 제멋대로 작별을 남기고 저대로 산 쪽으로 올라간다. 아끼꼬는 산을 한 바퀴 돌아 내려가서는 장독대 위에 요강을 버리리라고 결심을 한다. 구렁이는 장독대 위에 오줌을 버리면 그것처럼 질색이 없기 때문이다.

그런데 아끼꼬가, 구렁이가 생각하는 대로, '망골'이고 '씨알이 될 것 같지 않은 계집애'이고 '말괄량이'인 것은 아니다. 아끼꼬는 여자고보를 중퇴하였고, 지금은 카페여급인데, 그녀가 '아끼꼬'라는 이름으로 행세하는 것은 자기를 카페 여급이라고 넘보는 손님들에게 조선 이름으로 불리는 것이 싫기 때문이다. 아끼꼬는 남 모르게 건넌방 문학청년 톨스토이를 마음에 두고 있다. 아끼꼬는 그를 존경해서 면전에서는 '선생님'이라고 부르고, 뒤에서는 '톨스토이'로 바친다. 그러면서 아끼꼬는 톨스토이만은 자기를 '아끼꼬'로 불러주지 말고, 조선 이름으로 불러주기를 바라고 있다.

> 아끼꼬는 톨스토이가 저한테 흥미를 안갖는걸 알고 좀 샐쭉하였다. 카페에서 구는 여급이라고 넘보는 맧인지 조선말로 부르면 숭해서 아끼꼬로 행세는 하지만 영영 아끼꼰줄 안다.(김유정, 310면)

6 전신재 편, 『원본 김유정 전집』, 강, 2012, 322면. 김유정의 소설을 인용할 경우 앞으로는 인용문 끝에 '(김유정, 면 수)'로 표시함.

「골목」의 무대도 서울의 어느 빈민촌이다. '강파른 비탈을 초가집 양철집이 벽을 향해 연해 올라앉은 골목'에 일각대문집과 푸른 대문집이 마주하고 있다.

일각대문집에는 세 가구 다섯 사람이 살고 있다. 안방의 주인마누라, 이 집에 세 들어 사는 건넌방의 젊은 부부, 아랫방의 노파와 아들, 이렇게 다섯 사람이다. 푸른 대문집에는 신식 여자와 그녀의 늙은 아버지가 살고 있다.

이들은 인간관계가 원만하지 않다. 우선 여자들. 일각대문집 건넌방 여자는 자기가 학교를 다닌 지식인이라는 것을 내세운다. 그녀는 집에 있을 때에도 화장을 하고 있다. 푸른 대문집 여자는 자기가 문화생활을 하고 있음을 내세운다. 그녀는 한길 모퉁이에 있는 간이식당 종업원이었는데, 땅장사로 부자가 된 사나이의 첩으로 들어가면서 사글세방에서 이 집으로 옮긴 것이다. 그녀는 늘 유성기를 틀어놓으며 극장 구경 가기를 즐긴다. 일각대문집 여자는 푸른 대문집 여자를 교양이 없어 유행가만 틀어놓는다고 비난하고, 후자는 전자가 잘난 체한다고 비난한다. 이에 대하여 일각대문집 아랫방 노파는 전통적 윤리관을 내세움으로써 전자와 후자를 싸잡아 비난한다. 일각대문집 건넌방 남자와 아랫방 남자도 서로 배척한다. 전자는 소지식인이며 무직자이다. 후자는 무학자로서 얼마 전까지 고무신행상을 하였는데, 지금은 헌 고무신을 거둬들이는 패와 그것을 구해 들이는 회사 사이의 중도위 노릇을 하고 있다. 전자는 후자를 무식하다고 무시하고, 후자는 전자를 가난하다고 무시한다.

이 소설에서 가장 날카롭게 대립하고 있는 인물은 일각대문집 건넌방의 남자와 여자(부부)이다. 남편은 전문학교를 중퇴하였고, 지금은 무직자이다. 지식인임에도 취직을 못하고 있는 데 대하여 그는 열등감을 가지고 있다.

가뜩이나 직업이 없어 어깨에 풀이 죽은 그였다. 하다 못해 생명보험 외교원을 지원하고 이력서를 들고 가 보아도 거절을 당할 때 그는 자기 사람됨이 부족해 그런 것만 같아 스스로 존재가 불쌍해지는 터다.[7]

그런데 그는 마치 회사원인 것처럼 매일 아침에 나갔다가 저녁에 들어온다. 그의 아내가 그렇게 하라고 시켜서 그렇게 하는 것이다. 아내는 이웃사람들에게 남편이 월급 3천 냥의 회사원이라고 소문을 내놓았다. 그런데 이것이 거짓말임이 탄로되어 그는 동네에서 조롱거리가 된다. 아내는 그에게 순사 시험을 보라고 조른다. 그러나 그는 이에 응하지 않는다. 신체검사에서 통과될 수가 없기 때문이다. 그의 친구가 필기시험에는 합격하였으나 신체검사에서 실격이 되었다. 체중이 15관 이상이어야 하는데 12관이어서 실격이 된 것이다. 그는 그의 친구보다도 체중이 가볍다. 아내는 이러한 사정도 모르고, 순사시험을 보지 않는 남편에게 더욱 압력을 가한다.

밖에서 돌아와 마룻전에 걸터앉아 구두를 벗는 남편을 걷어차기나 하는 것처럼 그 옆에 벗어 놓은 모자를 찬다. 남자가 잠자코 한 옆으로 집어치면 발길은 짓궂이 한 번 더 걷어차고 말아 필경은 뜰 아래로 굴러 떨어지게 하고 만다. 그제는 남자도 못 본 척 내버려 두고 방 안으로 들어가 버리고 여자는 여자대로 또 고집을 세우고 마주보고 앉았다. 모자는 마당에서 바람 부는 대로 이리 딩굴 저리 딩굴 구르다가 급기야 아랫방 노파의 손이 가서 먼지가 털렸다.(현덕, 128면)

---

7 현덕 · 송영, 『북으로 간 작가 선집』, 을유문화사, 1988, 120면. 현덕의 소설을 인용할 경우 앞으로는 인용문 끝에 '(현덕, 면 수)'로 표시함.

아내는 실업자인 남편을 거리로 내몰고, 저녁을 짓지 않고, 방에 불을 때지 않는다. 그러고도 모자라 남편의 모자를 걷어찬다. 이러한 압력에 굴복하여 그는 아내에게 순사시험을 보겠다고 한다. 이 작품의 마지막 장면은 다음과 같다. 이 작품의 처음과 끝은 같은 장면이다.

> 옷자락을 흔들고 달아나는 바람이 아주 맵다 해도 추운 겨울에서 벗어나 봄으로 향한, 얼마 안 있어 행복을 약속한 양명한 햇빛이고 그렇게 오늘 아침 그 시험장으로 내보낸 자기 남편의 결과도 복될 것만 같아 또 좀 호호호호 건넌방 여자는 얼마든지 그 웃음을 웃고 싶었다.(현덕, 133~134면)

아내의 집요한 술책에 그는 불합격이 분명한 순사 시험을 보러 간 것이다. 그는 이제는 집으로 돌아오지 못할지도 모른다. 그는 사회에서 소외되었고, 마을에서도 소외되었고, 드디어는 아내에게서도 소외되어 버린다. 이제 그는 갈 곳이 없고, 세상 모두에게서 소외된 아픔을 호소할 대상도 없다. 그런데 그의 아내는, 봄의 양명한 햇빛 속에서, 남편이 순사가 될 것이라고 생각하며 행복에 잠긴다. 「따라지」의 마지막 장면에서 아끼꼬는 자연과 조화되어 있는 데 반해서 「골목」의 마지막 장면에서 건넌방 여자는 자연과 괴리되어 있다.

「따라지」의 세입자들은 하나로 똘똘 뭉쳐 있고, 「골목」의 등장인물들은 각각으로 분열되어 있다. 전자의 여성들은 일체감을 유지하면서 각기 발랄한 생명력을 발산하고, 후자의 여성들은 제각기 허영심을 가지고 상대방을 폄하한다. 전자에서 남성들은 생업이 없고 무기력하여 여성들에게 기대어 살며(영감쟁이, 톨스토이, 김마까), 생업이 있더라도 모자라는 인물로 나타난다(얼짜, 순사). 이에 비하여 후자에서 일자리가 없는 지식인 남성은 사회에서도 소외되어 있고, 아내로부터도 소외되어 있는 가련한 사람으로 나타나고(건넌방 남자 김, 김의 친구 윤), 무식한 남성은 일자리가 있지만 건방진 사람으로 나타난다(아랫방 남자).

「따라지」의 주인공 아끼꼬는 여자고보를 중퇴한 여자로서 절망적인 상황에 처해 있지만 좌절하지 않고 발랄하게 살아간다. 그녀는 구렁이의 등쌀에 정면 대결한다. 「골목」의 주인공 건넌방 남자는 전문학교를 중퇴한 남자로서 절망적인 상황에 좌절하고, 갈 곳을 찾지 못한다. 그는 아내의 등쌀에 저항을 하지 못한다.

3. 「노다지」와 「경칩」

김유정의 「노다지」(『조선중앙일보』, 1935.3.2~9)와 현덕의 「경칩」(『조선일보』, 1938.4.10~23)은 자기가 살기 위하여 친구를 버리는 이야기라는 점에서 공통된다. 그러나 그 우정이 균열되는 양상은 서로 다르다.

「노다지」의 꽁보와 더펄이는 필요에 의해서 친구로 맺어진 사이다. 둘은 금점판 떠돌이인데, 꽁보는 금점판 경험은 풍부하지만 힘이 약하고, 더펄이는 힘은 억세지만 금점판 경험이 얕다. 또한 꽁보는 몸집이 작고 꽁한 성격을 가졌고, 더펄이는 몸집이 크고 더펄거리는 성격을 가졌다. 사정이 이러하기 때문에 잠채潛採에 성공하려면 꽁보의 기술과 더펄이의 힘을 합쳐야 한다. 마치 낭狼과 패狽처럼 두 사람은 서로 의지하며 같이 다녀야 한다.

거기에다가 더펄이는 꽁보에게 생명의 은인이다. 꽁보가 죽게 되었을 때 더펄이가 꽁보를 구해 준 일이 있다. 꽁보와 더펄이 등 5명이 잠채한 감돌을 분배할 때 감돌의 최초 발견자가 불평을 품고 꽁보를 구타하여 꽁보가 거의 죽을 지경에 이르렀을 때 더펄이가 꽁보를 구해 준 일이 있다.

> 현재 꽁보가 갓고다니는 그 목숨은 즉 더펄이 손에서 명줄을 바든 그때의 끄트마리다. 더펄이를 형이라 불럿고 형우 제공을 깍듯이 하는 것도 까닭업는 일은 아니엇다. (김유정, 55면)

그러나 더펄이가 죽게 되었을 때 꽁보는 더펄이를 구해 주지 않는다. 한밤중 산 속에서 꽁보와 더펄이는 잠채굴에서 채광을 하던 중 동발이 무너져 더펄이가 돌에 엎눌린다. 더펄이는 꽁보에게 구원을 요청한다. 그러나 꽁보는 이를 무시하고, 감돌 세 쪽을 집어 들고 혼자서 산을 내려온다.

이 소설은 3인칭 시점의 형식을 취하고 있지만 실제로는 꽁보의 시각으로 상황을 파악하게 하고 있다. 이 소설에서 꽁보의 심리 변천 과정은 다음과 같다.

> 산속의 어둠과 추위에 대한 공포심 → 힘센 더펄이에 대한 의뢰심, 생명의 은인 더펄이에 대한 감사의 마음 → 미래에 대한 기대감 → 감돌을 발견한 환희 → 더펄이의 간섭에 대한 아니꼬움 → 더펄이에 대한 증오심 → 더펄이에게 죽임을 당하면 어쩌나 하는 공포심 → 황금에 대한 욕망, 더펄이를 배반하고 혼자만 살아남으려는 본능

꽁보는 생명의 은인 더펄이를 구해주지 않은 데 대해서 양심의 가책을 느끼지 않는다. 더펄이를 구해주면 그는 더펄이에게 죽임을 당하는

상황이 될 것이다. 그는 자기 자신이 죽음의 위기에서 벗어나는 것이 급선무이다.

「경칩」의 노마 아버지와 기동 아버지는 정으로 맺어진 사이다. 둘은 소작인이다. 노마 아버지는 몸집이 작고, 힘이 약하고 성미가 급하며, 소를 잘 부리지 못한다. 이에 반하여 기동 아버지는 등판이 실팍하고, 속이 무디며 소를 잘 부린다. 이 대조성은 서로의 필요성을 서로 충족시켜 줄 수 있는 조건의 대조성은 아니다. 노마 아버지와 기동 아버지의 관계는 낭과 패의 관계와는 다르다. 낭은 앞다리가 길고 뒷다리는 짧은 데 반하여 패는 앞다리는 짧고 뒷다리가 길어서 언제나 서로 의지하며 같이 다녀야 한다. 그러나 노마 아버지와 기동 아버지는 이러한 실용적 상호보완의 조건으로 결합된 관계는 아니다. 기동 아버지는 체력과 기술을 함께 가지고 있고, 노마 아버지는 둘 다 가지고 있지 않다. 그럼에도 불구하고 둘이 늘 함께 다니는 것은 둘이 정으로 맺어져 있기 때문이다.

> 서로 손이 볼이 맞아 항구로 품을 팔러 나가도 짝을 지었다. …… 말을 아니해도 뜻이 통하고 맘이 맞아 행동이 같이 되었다.(현덕, 18면)

그런데 두 사람 사이가 벌어지기 시작한다. 노마 아버지가 앓아눕자 기동 아버지(홍서)는 노마 아버지가 소작하던 논을 자기가 맡고 싶어진다. 그러나 그는 그런 감정을 애써 숨긴다. 그러는 사이에 홍서 아내가 적극적으로 나서서 그 소작권을 얻어낸다. 홍서는 그 논에 가서 흡족감을 느끼고 이어서 '골수에 사무치는 외로움'을 느낀다.

홍서는 노마 아버지의 소작논을 드러내놓고 탐내는 경춘(경춘은 이른 새벽에 지주댁 마당을 쓸어주고, 어제는 오묵골 논에 두엄을 내주기도 하였다)을 야단치지만 스스로 경춘의 마음이 되어간다. 또한 지주댁에 선물을 가져가는 아내를 야단치지만 스스로 아내의 마음이 되어간다. 이 소설에는 기동 아버지의 심리 변천 과정이 상당히 섬세하게 나타난다. 그것은 다음과 같다.

> 노마 아버지의 병에 대한 걱정 → 서울댁(지주댁)에게 선물을 갖다 주려는 아내에 대한 거부감 → 노마네가 소작하고 있는 오묵골 논에 대한 욕심과 노마 아버지에 대한 우정 사이의 갈등 → 노마 아버지에 대한 거북한 감정 → 자기도 아내와 한편이 되어 노마 아버지를 희생시키고 싶은 마음을 가지고 있음에 대한 괴로움(자책감) → 오묵골 논에 두엄을 낸 경춘에 대한 분노 → 오묵골 논에 대한 욕심 → 오묵골 논에 욕심을 가지고 있는 자기 자신에 대한 자책감 → 지주에게 아첨하지 못한 자기 자신에 대한 자책감 → 노마 아버지가 자기 자신(기동 아버지)을 진정한 친구로 인정해 주기를 바라는 마음 → 오묵골 논의 소작권을 얻어낸 데 대한 흡족감 → 노마에 대한 측은함 → 노마 아버지로부터 분리된 외로움

두 작품은 친구를 배반하는 이야기이면서, 「노다지」는 육체적 생명에 초점을 맞추었고, 「경칩」은 정신적 윤리에 초점을 맞추었다. 전자는 살아남기 위한 처절한 투쟁 자체를 보여주고, 후자는 자기의 이익을 위하여 친구를 배반한 내면적 아픔을 감촉하게 해준다. 전자는 처절성을 그대로 노출시킨다. 이에 반하여 후자는 되도록 감정을 직접 노출시키지 않고 억제하려 한다. 아픔을 감추어놓음으로써 오히려 독자로 하여금 아픔을 절실히 느끼게 한다.

여기에 더하여 짚고 넘어갈 것은 미래에 대한 전망의 문제이다. 「노다지」에서는 미래에 대한 전망이 암시되어 있지 않다. 그러나 「경칩」

에서는 그것이 암시되어 있다. 그것은 아이들에 대한 희망이다. 어른들이 갈등에 휩싸여 있을 때, 그들의 아들들인 노마와 기동(홍서의 아들)은 여전히 즐겁게 놀이를 계속한다. 어른들은 자기가 살기 위하여 우정을 배반하고, 그들의 어린 아들들은 그런 것을 모르고 천진난만하게 우정을 이어간다.

4. 「떡」과 「잣을 까는 집」

김유정의 「떡」(『중앙』, 1935.6)과 현덕의 「잣을 까는 집」(『여성』, 1939.4)은 먹을 것을 몹시 밝히는 어린 여자아이를 통하여 빈곤의 참상을 다룬 작품이라는 점에서 공통점을 가진다. 그 여자아이의 이름이 '옥이'인 것, 그 옥이가 남의 집 먹을 것을 몰래 집다가 주인에게 발각되어 문제를 일으킨다는 점에서도 두 작품은 공통된다. 「떡」에서는 옥이가 날감자 두 개를 집다가 주인(개똥이 어머니)에게 발각되고, 「잣을 까는 집」에서는 잣 한 줌을 집다가 주인(아랫집 여자)에게 발각된다. 가장(남편)이 고정된 일자리를 가지고 있다가 현재는 생업이 없는 상태에 있다는 점, 계절적 배경이 겨울이라는 점 등도 공통이다. 그러나 두 작품에서 가장家長이 서로 다른 모습으로 나타난다.

「떡」의 옥이 아버지는 동네에서 가장 가난한 집의 가장이다. 과거에는 소작을 했으나 현재는 소작도 못한다. 땔나무를 해서 읍내에 나가 팔아 겨우 연명한다. 이러한 그가 가장으로서 아내와 딸 위에 제왕처럼 군림한다.

그의 딸 옥이(7세)가 배고프다고 칭얼거리면 그는 아내에게 옥이를 굶기라고 명령한다. 그는 입버릇처럼 "그놈의 계집애나 죽어버렸으면! 요건 먹어도 캥캥거리고, 안 먹어도 캥캥거리고, 이거 온—" 하며 탄식을 한다. 그러면서도 그는 집에 모아놓았던 됭을 지고 가서 혼자서 술을 먹는다. 그는 가끔 옥이를 모질게 쥐어박아서 울려놓는다. 그러다 울음이 된통 터지면 그는 칼을 들고, "울어봐라 이년, 죽일 터이니" 하고 위협하여 울음을 걷어놓는다. 옥이가 도사댁 생신 잔치에 가서 고기국, 쌀밥, 시루팥떡, 백설기, 주악 등을 주는 대로 다 먹고 까무러쳤을 때, 옥이 아버지는 옥이가 그 귀한 음식을 아버지에게 갖다 주지 않고 혼자 먹은 데 대해서 분노를 느낀다.

사정이 이러함에도 불구하고 그의 아내는 남편을 지성으로 섬긴다. 그녀가 겨울 새벽에 죽을 쑤어 남편에게 바치면 남편은 혼자서 죽을 마신다. 그 동안 그녀는 밖에 나가 덜덜 떨어가며 나뭇짐을 만든다. 딸 옥이도 잠이 깨어 배가 고파 죽을 먹고 싶지만 아버지가 죽을 마시는 동안 감히 일어나지 못한다. 옥이 아버지가 나뭇짐을 지고 읍내로 간 다음에야 그녀는 옥이와 둘이서 죽을 먹는다. 그것도 거의 다 옥이가 먹고 그녀는 조금밖에 못 먹는다.

정선아리랑에 "식은 밥을 달달 볶아서 간난이 아버지 드리고 / 간난이하고 나하고는 저녁 굶어 자자"라는 노랫말이 있는데, 이 노랫말의 상황은 옥이네 가정의 상황과 유사하다.

「잣을 까는 집」의 옥이 아버지는 채석장의 상급 기술자이다. 그는 상급 기술자라는 자존심 때문에 자갈 깨뜨리는 일 같은 허드렛일은 하지 않는다. 옥이 아버지의 이러한 태도에 대하여 그의 아내는 계속 잔소리를 하고, 끝에 가서는 대들기도 한다.

어린 자식들 고생시키는 것 불쌍히 아는 생각은 손톱만치도 없지. 당장 저녁 쌀이 없대두 윈편 눈 하나 꿈벅하지 않는 걸. 자기 몸 하나만 편하면 수야, 이 두상아. 망할 두상아.(현덕, 100면)

놀구 싶어 노는 게 아니면, 잣두 좀 못 깔게 뭬야. 혼자 까든 것 둘이 깠으면, 못 해두 두 말은 까겠지. 두 말이면 삼십 전, 쌀 반 되 값은 떨어지겠지. (현덕, 100면)

석수일은 없어서 못 한다 하구 왜 채석장에 나가 자갈은 좀 깨트리지 못할 게 뭬람. 뭐 창피가려서 못 하는 거야. 그것두 하루 양식 거리는 떨어지겠지.(현덕, 101면)

친차좋차 지내던 터니 오늘 같은 날은 삼봉네 집두 좀 못 가 볼게 뭬람. 그 집은 벌이허는 집이니 설마 쌀 한 되 팔 돈은 없다지 않을 테지.(현덕, 101면)

"모두 가장 잘못 둔 조애지, 가장 잘못 둔 조애야. 가장이 살림 건사를 잘해 자식들에게 배불리 먹이고 그랬으면 남의 집 잣을 훔칠 리두 없구, 동네 년들이 업신여기지두 않을 테지. 남에게 업신여김 받는 생각허면 치가 떨려, 치가 떨려."(현덕, 112면)

「잣을 까는 집」에는 남편에 대한 아내의 공격성 잔소리가 모두 아홉 번 나온다. 이에 반하여 「떡」에는 한 번만 나오는데 그것도 공격성이 약하다.

괜히 술 먹지 말구 양식 사오게유.(김유정, 86면)

「잣을 까는 집」에서 옥이 아버지의 심리와 태도는 다음과 같이 변천한다. 먼저 옥이 아버지는 옥이의 잣 쪼간으로 아랫집 여자와 싸우는 아내를 보고 마음이 불편해진다.

모두 아내의 속알찌 없는 데서 생긴 일로 자기 잘못은 없다. 그러나 낯이 확확 달아오른다. 전부터 느껴오던 가만히 있지 못할 불안, 지금 눈앞에서 아내가 악을 쓰고, 악정을 받고 하는, 그 전부의 원인이 옥이 아버지 자신에 있는 듯싶어지는 다급한 감을 어쩌지 못한다.(현덕, 108면)

다음에 옥이 아버지는 내면의 불을 억제하지 못한다.

그러나 그는 누구와 다투기나 하는 마음으로 그 곳에 머물러 삼봉 아버지가 돌아오길 기다리고 섰다. 뭐 아내의 권대로 저녁거리를 구처하려는 그것만이 아니다. 보다는 뜻대로 아니되게 하는 것이 본의로 백사에 조애를 노는 운수 이놈에게 이기대서 기어이 삼봉 아버지를 만나 보고 말려는 마음이다. 주위에는 어둑어둑 어둠이 짙어가고 그 어둠을 밝혀 대장간 화로에는 불이 확확 붙는다. 풀무가 푸우 푸 부는 대로 확확 불길이 이는 그대로 옥이 아버지도 홧홧 가슴 속에 불길이 일고 있다.(현덕, 110면)

그 다음에 옥이 아버지는 내면의 불을 폭발시킨다.

그 찌 얕은 방 한가운데 옥이 아버지가 컴컴한 속에 귀신처럼 앉아 있다. 아까부터 그러고 앉았던 모양으로 넙죽이 방바닥에 두 손으로 발목을 잡

고 앉아서 숙인 고개가 깊다.(현덕, 112면)

누군 생각 없이 노는 줄 알어, 생각 없이 노는 줄. 돌일 허기 시작헌 지 십 년야. 돌일 묘리 알기룬 남 아래 가지 않는 이눔야. 망치질이던 노미추기던. 남 못 허는 거 없는 이눔야.(현덕, 113면)

마지막 장면에서 옥이 아버지는 아내에게 은전 몇 닢을 던지며 절규한다. 바로 위의 인용(113면)이 그것이다. 그러나 옥이 아버지가 그 은전을 어디에서 구했는지는 소설 어디에도 나타나 있지 않다.[8]

살펴본 대로 「떡」에서나 「잣을 까는 집」에서나 옥이 아버지는 가장권을 상실한 인물로 나타난다. 다만 전자에서는 그것이 역설적으로 나타나고, 후자에서는 직설적으로 나타나는 것만 다르다. 그런데 가장권을 상실한 남편에 대한 아내의 태도가 대조적이다. 전자에서는 순종적이고, 후자에서는 비판적이다.

5. 「솟」과 「남생이」

김유정의 「솟」(『매일신보』, 1935.9.3~14)과 현덕의 「남생이」(『조선일보』, 1938.1.8~25)는 생계를 위하여 아내가 들병이로 나서는 이야기라는 점에

8 원종찬은 옥이 아버지가 노파네 집에 들렀을 때, 『죄와 벌』의 주인공 라스꼴리니코프처럼 범죄 충동에 사로잡히는 대목을 주목한다. 원종찬, 앞의 책, 134면.

서 공통된다. 그러나 매춘하는 아내에 대한 남편의 심리와 태도는 서로 다르다.

「솟」에서 들병이 계숙의 남편이 그의 아내에 대하여 어떠한 태도와 심리를 가지고 있는지를 파악하기는 쉽지가 않다. 그는 작품의 말미에 잠깐만 등장하기 때문이다.

유랑하는 들병이 계숙이 실레마을로 들어온다. 그녀는 어린 아들을 데리고 있고, 남편과는 석 달 전에 갈렸다고 말한다. 아내가 번 돈을 노름으로 탕진하고 후딱하면 아내를 두들겨 패기 때문에 헤어졌다는 것이다. 실레마을의 핫아비 근식은 아내와 어린 아들을 버리고, 계숙을 따라 나서기로 한다. 아내는 돈을 못 버는 여자이고, 계숙은 돈을 버는 여자이기 때문이다. 계숙도 근식을 흔쾌히 받아들인다. 그런데 함께 떠나기로 약속한 날 새벽에, 헤어졌다던 계숙의 남편이 나타난다. 근식이 계숙과 동침을 하고 있는데 윗목 쪽에서 웬 사내의 걸걸한 목소리가 들리는 것이다. 근식은 그가 낫을 들어 자기를 찍을 것이라고 생각하며 거의 산송장이 되어 버린다.

> 남편은 어청어청 등뒤로거러오듯 하드니 아이를 번쩍 들어안는 모양이다.
>
> "이놈아, 왜 성가시게 굴어?"
>
> 이러케 아이를 꾸짓고
>
> "어여들 편히자게유!"
>
> 하며 쾌히 선심을 쓰고 웃묵으로 도로나려간다.
>
> 그 태도며 그 말씨가 매우 맘세조하 보엿다. 마는 근식에게는 이것이 도리어 견딜수 업슬만치 살을 저미는듯 하엿다. 이러케 되면 이왕 죽을바에야 얼른 죽이기나 바라는 것이 다만 하나 남은 소원일지도 모른다.(김유정, 152~153면)

그러나 태도며 말씨는 마음씨 좋아 보이고, 얼굴도 감때는 그리 사나워 보이지 않는 그는 근식에게 전혀 행패를 부리지 않는다. 그는 근식에게 "여보기유, 일어나서 이 짐 좀 지워주게유—"라고 말한다. 그것은 솥, 맷돌, 함지박 등이다. 이것들은 근식이 계숙에게 갖다 바친 것들이다. 특히 그 솥은 4년 전 신혼시절의 행복했던 추억이 어리어 있는 살림살이다. 그는 근식에게 동행하자고 권한다. 그리고 계숙은 어린 아이를 업고, 남편은 계숙이 벌어들인 물건들을 지게에 지고 늠름히 마을을 떠난다.

그 언행으로 보아 계숙의 남편은 지식인은 아니다. 김유정의 다른 소설들에 미루어보면, 그는 농촌에서 뿌리뽑힌 유랑민이다. 그는 아내, 어린 아들과 함께 유랑하고 있다. 세 가족이 먹고살 길이 없어 아내가 들병이로 나선 것인데, 남편은 아내가 번 돈을 압수하여 그것으로 도박을 하는 유형의 인물은 아니고, 아내에게 온 손님을 협박하여 금품을 가로채는 유형의 인물도 아니다. 그는 필요에 따라 몸을 숨기기도 하면서 아내가 하는 일을 잘 도와준다.

이 소설에서 들병이 부부는 강력하게 결합되어 있다. 부부는 강력한 응집력으로 냉혹한 현실에 맞선다. 이 부부의 결집력은 현실의 중압에서 살아남기 위한 치열한 의지에서 오는 것이다. 가정이 파괴되고 부부마저 분열되면 혹독한 현실에서 살아남을 길이 없다. 강력한 파괴력을 가진 현실의 혹독한 바람 앞에 가정은 최후의 보루이다. 대상의 압력에 대하여 자아는 부부의 응집력으로 맞선다. 외부의 바람이 거세면 거셀수록 부부의 응집력은 내부로 더욱 강해진다. 냉혹한 현실에서 살아남기 위하여 부부는 윤리 문제를 따질 겨를이 없다.

「남생이」는 농민운동을 주동하고 소작권을 빼앗긴 노마 아버지의 고되고 외로운 삶과 쓸쓸한 죽음을 제재題材로 한 작품이다. 노마 아버지는 농촌(절골)에서 소작을 하다가 마름의 횡포에 정면 대결하여 소작인들의 정당한 권리를 되찾는다. 즉 소작인들은 지주에게서 나오는 비료 값을 제대로 받게 되고(이전에는 마름이 그것을 중간에서 착취했었다), 마름집 농사에 품을 바치지 않게 된다. 그러나 이 저항운동으로 그는 소작권을 빼앗긴다. 그는 항구 도시로 이주하여 막노동(선창에서 소금을 져 나르는 일)을 하다가 몸이 견디어 내지 못하여 쓰러진다. 그의 병이 깊어져 생계를 이어갈 수 없게 되자 아내가 들병이로 나선다. 아내를 찾아온 손님 털보에게 수모를 겪고 나서 그는 아내에게 들병이 노릇을 못하게 한다. 그는 성냥갑 붙이는 일을 함으로써 돈을 벌려 한다. 그러나 아내는 협조를 해 주지 않는다. 생계를 이어갈 방법이 없어 아내가 다시 들병이로 나선다. 그는 아내가 들병이 노릇을 하는 데에 대해서 자괴감을 느낀다. 병이 더욱 깊어져 노마 아버지는 세상을 떠난다. 이것이 노마 아버지의 생애사이다.

작가는 노마 아버지의 내면을 드러내 보여주지 않는다. 작가는 노마 아버지와 독자 사이에 거리를 형성해 놓는다. 노마 아버지에 대한 노마의 감정과 태도, 노마 어머니의 감정과 태도, 영이 할머니의 감정과 태도 등을 통해 독자로 하여금 노마 아버지의 인간상과 내면을 파악하게 한다. 독자는 노마 아버지를 거리감을 두고 파악하게 되고, 입체적으로 파악하게 된다. 즉 객관적으로 파악하게 된다.[9] 그의 아버지에 대한 노마의 감정과 태도의 변천 과정은 다음과 같다.

---

9 현덕의 이러한 기법에 대해서는 염희경이 이미 언급한 바 있다.
"독자는 서술자의 시점 서술과 인물의 시점 서술 그리고 인물 간의 시점 서술에 의한 다양한 목소리의 대결 양상을 포착해 내고 이 과정을 종합함으로써 작품의 의미를 주체적으로 재구성하게 된다." 염희경, 앞의 글, 105면.
"현덕의 소설들에서 독자는 직접적인 작가의 목소리를 들으려 하기보다는 대상세계에 대한 서술자의 거리 조절이나 시점 전환 등을 통해 서술자와 등장인물들의 다양한 목소리의 대결 양상을 읽어내야 한다." 위의 글, 107면.

① 아버지의 부름에 일부러 응하지 않음. → 아버지보다는 어머니에게 하는 반항(현덕, 42면. 이하 모두 현덕 책의 면수임.)

② '노마는 조마조마 다음에 일어날 행동을 기다리며 발발 떤다. 아버지는 호흡이 차츰 졸아들며, 평조로 가라앉는다. 그러나 움직이지 않는 아카시아 나무와 한가지 아버지는 어느 때까지나 미동도 없다. 거칠게 들고 나는 숨 그것 때문에 성이 모두 풀리었는지 모른다. 노마는 좀 싱거워진다. 아버지가 막연히 내려다보는 컴컴한 바다 저편에는 등대가 이따금씩 끔벅일 뿐, 밤은 괴괴하다.'(53면)

③ '노마는 아버지의 시늉을 내어, 무릎 하나를 올려 턱을 고이고 앉아 이 손등 저본 손등으로 코를 문대며 뺨에 풀칠을 한다.'(55면)

④ '그 때에 노마는 자기 아니라도, 족히 아버지 모시고 잘 살 수 있는 노마임을 여보란 듯이 어머니에게 보여 줄 수도 있으련만, 아아!'(67면)

⑤ '이 날처럼 노마에게 집의 아버지가 불쌍하고 쓸쓸하게 생각된 때는 없다. 아버지는 쓰레기통 옆의 다리 병신보다 더 가엾고 노마 가정보다 더 작고 쓸쓸하다.'(72면)

⑥ '골목길로 들어서 늙은이가 앉았는 구멍가게에서 노마는 붕어과자 하나와 바꾼다. 아버지에게 드릴 생각이다. 아버지는 노마 이상으로 이런 것들에 군침이 나리라.'(72면)

⑦ 노마 아버지의 고무신 : 노마 아버지가 돌아가시자 노마 어머니는 댓돌에 있는 남편의 고무신을 '그것을 신을 임자가 없다는 듯이 뒷간 옆에 내던져' 버림. → '노마는 언짢은 생각이 들어 도로 제 자리에 집어다 놓'음 → '어머니는 고질을 떼어버리듯이 한짝씩 집어 멀리 길 아래 쓰레기 더미가 있는 편으로 팽개'쳐 버림.(73~74면)

⑧ 노마는 혼자서 호젓한 집 뒷담 밑으로 돌아가 담벼락의 모래알을 뜯어내며 "아버지는 죽었다" 하고 입 밖에 내어 외어 봄. → 노마의 머리 속에 아버지의 생전의 모습이 나타남. 아버지의 손과 발의 모습은 선명하지

만 얼굴의 모습은 잡히지 않음. → 아버지의 희미한 얼굴을 덮고 노마가 나무 올라가기에 성공한 장면이 선명히 나타남. → '노마는 부지중 마음이 기뻐진다. 어쩔 수 없는 기쁨이다. 아아, 그러나 이것은 아버지에게 죄스런 마음이다. 어떻게 무슨 커다란 착한 일을 하기나 하지 않고는 무얼로 이 마음을 씻을 수 있으리오.'(75~76면)

노마의 눈을 통하여 노마의 아버지를 보게 해주는 기법은 독자로 하여금 정서를 섬세하게 감촉하게 해준다. 또한 같은 대상에 대한 '노마의 생각과 감정'과 '독자의 생각과 감정'에 거리를 형성하는 아이러니를 장치해 놓음으로써 독자로 하여금 연민의 정서를 더욱 절실하게 체험하게 한다.

「솟」과 「남생이」는 몇 가지 점에서 대조가 된다. 전자에서는 아내가 들병이 노릇을 잘 하도록 남편이 협조를 하는 데 반하여 후자에서는 아내가 들병이로 나서는 것을 남편이 반대한다. 전자에서는 부부가 결속되어 있고, 후자에서는 분열되어 있다. 전자는 냉혹한 현실 앞에서도 좌절하지 않는 삶의 강인성에 초점을 맞추었고, 후자는 유능한 인물이 사회, 가정, 아내로부터 소외되는 내면적 고통에 초점을 맞추었다. 전자에서는 남편과 아내가 단합하여 냉혹한 현실을 함께 헤쳐 나간다. 후자에서 노마 아버지는 아내에 대한 혐오감, 질투심과 자신에 대한 자괴감, 무력감 등을 동시에 경험하면서 아내로부터 떨어져 고립된다. 이러한 차별성은 전자가 무식하지만 순박한 농민(이농민)을 다룬 데 반하여 후자는 유식한 농민운동 주동자를 다룬 데에서 기인하는 부분도 있다.

여기에 더하여 또 하나 주목할 것은 가정의 중심축의 문제이다. 남편이 전통적인 가장권을 행사하지 못하고 있는 상황에서, 가정의 중심

축이 「솥」에서는 아내에게로 옮겨가 있고, 「남생이」에서는 아들로 옮겨가고 있다. 두 작품에서 남편과 아버지는 이름이 없다. 「솥」에서 아내의 이름은 '계숙'이고, 「남생이」에서 아들의 이름은 '노마'이다. 그러나 계숙의 남편은 이름이 없고, 노마 아버지도 이름이 없다.

6. 맺음말

우리는 이제까지 김유정과 현덕의 소설을 유사한 것끼리 짝을 맞추어 각각 4편씩, 도합 8편을 살펴보았다. 이 작품들은 부자유친父子有親과 부부유별夫婦有別로 대변되는 유교적 가정질서, 그리고 붕우유신朋友有信이라는 친구 사이의 윤리가 붕괴되어 있는 상황을 보여준다.

김유정의 소설은 가정이 해체되어 있는 상황을 보여준다. 「따라지」에서 톨스토이의 누이는 과부인데 남동생과 함께 셋방살이를 하고 있다. 아끼꼬는 가족과 함께 있지 아니하고 직장 동료 영애와 함께 셋방살이를 하고 있다. 영애는 아버지가 팔아먹은 딸이다. 「노다지」의 꽁보와 더펄이, 그리고 「솥」의 계숙과 그녀의 남편과 어린 아들은 정착하고 있지 못하고 유랑을 하고 있다. 근식도 가정을 버리고 계숙을 따라 유랑하기를 희망한다. 「떡」은 옥이 아버지가 가장권을 상실하였음을 아이러니로써 보여준다. 그는 표면으로는 가장권을 강력하게 행사하지만 실제로는 가장권을 상실한 것이다.

현덕의 소설은 가정이 해체되고 있는 상황을 보여준다. 「골목」에서 셋방살이하는 건넌방 부부는 심각하게 분열되어 있다. 아내의 강압에 짓눌려 남편은 다시는 아내에게 돌아가지 못할 듯하다. 「잣을 까는 집」에서 옥이의 아버지와 어머니도 심각하게 분열되어 있다. 남편은 아내의 공격에 속수무책이다. 「남생이」에서 노마의 아버지는 아내로부터 소외되어 있다가 세상을 떠난다. 「경칩」은 작품의 초점이 친구의 분열에 있는데 기동 아버지가 절친한 친구인 노마 아버지와 갈라서게 되는 계기들 중에 기동 어머니의 욕망이 포함되어 있다.

부자유친과 부부유별의 가정 질서가 붕괴되었을 때, 아버지가 부권父權을 상실하고 남편이 가장권家長權을 상실하였을 때, 이에 대응하는 김유정과 현덕의 방법은 서로 다르다.

김유정에게 그 대안은 여성이다. 김유정 소설에서는 여성이 남성을 부양한다. 「솟」에서는 아내가 남편을 부양한다. 아내가 가장 노릇을 하는 것이다. 「따라지」에서는 제복공장에 다니는 누이가 무위도식하는 남동생을 부양하고, 버스 걸인 딸이 병석의 아버지를 부양한다. 김유정 소설에서 남성은 무기력하고, 여성은 발랄하다. 남성이 생업을 가질 수 없을 정도로 현실이 냉혹하여도 여성은 좌절하지 않으며, 현실이 부부를 갈라놓으려 하여도 아내는 절대로 남편으로부터 떨어지지 않으며, 남성은 힘을 잃어도 여성은 발랄한 생기를 잃지 않는다. 「떡」에서 옥이 어머니는 남편이 무능력한데다가 가족에게 폭력을 행사하기도 하지만 그런 남편을 지성으로 섬긴다. 「따라지」에서 아끼꼬는 절망적인 상황에 처해 있지만 좌절하지 않고 발랄하게 살아간다. 그녀는 구렁이의 악착같은 등쌀에 정면 대결한다. 그녀의 발랄한 생명력은 봄의 생생한 자연과 잘 조화가 된다.

현덕에게 그 대안은 아동이다. 냉혹한 현실에서 혼자라도 살아남기 위하여 어른들의 세계에서는 사회적 인간관계가 와해되고, 우정이 균열되고, 부부도 분열되지만 아동들의 세계에서는 우정의 분열이 없다. 그들은 여전히 발랄하고, 여전히 순수하다. 「경칩」에서 기동 아버지는 자기가 살기 위하여 노마 아버지를 배반하지만 기동과 노마는 천진난만하게 우정을 이어간다. 「남생이」의 결말 부분에서 노마가 나무에 오르는 장면은 아버지의 빈자리를 노마가 채우려는 노력을 암시한다.

이제 논의를 요약하자. 김유정과 현덕은 부권(가장권)을 상실한 상황을 그려내는 데에 주력하였다. 그리고 거기에 대한 대응책으로 김유정은 발랄한 여성을 내세웠고, 현덕은 씩씩한 아동을 내세웠다.

우리가 검토한 8편의 소설은 모두 일제강점기인 1930년대에 발표된 작품들이다. 이 시기의 문학작품들을 시대정신에 맞추어 분석할 경우 '부권'을 더 확대된 개념으로 파악할 수도 있을 것이다. '국가 상실의 개념을 정신사적 문맥으로 바꾸면 부의식父意識의 상실로 될 것'[10]이기 때문이다. 이 연구를 이러한 시각으로 확대하고 심화하면 또 다른 명제를 찾아낼 수도 있을 것이다.

---

10 김윤식, 『한국 근대문학사상비판』, 일지사, 1978, 7면.

: 참고문헌 :

전신재 편, 『원본 김유정 전집』, 강, 2012.
현덕 · 송영, 『북으로 간 작가 선집』, 을유문화사, 1988.

김윤식, 『한국 근대문학사상비판』, 일지사, 1978.
염희경, 「1930년대 후반 현덕 소설의 연구」, 연세대 국어국문학과 석사논문, 1996.
원종찬, 『한국 근대문학의 재조명』, 소명출판, 2005.
윤지관, 「민중의 삶과 시적 리얼리즘－김유정론」, 『세계의 문학』, 1988 여름.
전신재, 「농민의 몰락과 천진성의 발견」, 『김유정 문학의 전통성과 근대성』, 한림대 아시아 문화연구소, 1997.

들병이 문학 연구

'김유정 · 안회남 · 현덕'의 들병이 소재 작품을 중심으로

유인순

1. 들어가는 글

터키의 고대 항구도시 에페소의 마블 거리에는 발바닥과 심장, 그리고 여자의 얼굴이 그려진 사방 60cm 정도의 대리석 바닥돌이 있다. 이것은 지금까지 알려진 가장 오래된 간판으로, 홍등가를 알리는 것이다. AD 79년, 베수비오스 화산의 폭발로 역사 속에서 실종되었다가 16세기 말 우연히 우리 앞에 나타난 폼페이 시가지의 한 자락에는 홍등가의 건물이 남아 있다. 벽에는 전문화된 다양한 성애장면을 그린 채색화가 걸려 있어 손님은 취향에 따라 전문화된 성노동자[1]를 선택하게 했던 흔적을 보여준다.

---

1 '성노동', '성노동자'란 용어는 2012년 7월 2일 한겨레신문사에서 발행하는 주간지 『한겨레21』 917호에서 처음 사용했다. 성노동자들은 자신들의 호칭에 대해, "우리는 생계를 위해 일하는 거니까 '노동'이고요, 그 중에서 성적 분야니까 '성노동자'가 맞겠네요"라며 자신들을 성노동자라고 정리 · 결정했다. 이들은 '창녀'라는 굴레에서 벗어나고 성매매여성을 범죄화 하는 것에 대한 반대로 스스로 노동자라는 자각을 갖고서 자신들을 성노동자라로 불러달라고 했다. 본고에서도 성매매를 하는 당사자를 범죄인으로 보지 않기에 이후 이들에 대한 명칭을 성노동자로 부르기로 한다. http://www.k-hnews.com/home/bbs/view.php?id=column&no=160

대체 언제부터, 무엇이 홍등가와 성노동자를 존재하게 하였을까.

프로이드는 '인류의 잠재의식 가운데 가장 심오하고도 강력한 충동'은 성욕[2]이라고 했다. 죠르쥬 바따이유는 '에로티즘, 그것은 죽음까지 파고드는 삶'이며, '생식의 특수한 한 형태'[3]라고까지 했다. 다시 프로이드의 말을 빌린다면 성욕의 발산은 '자신의 몸 안에 본래부터 있어 세차게 출렁이는 생명력을 발견하도록'[4] 만든다고 한다. 사실 성욕이란 인간 삶에 있어서 대단히 중요한 것임에도 불구하고 문화적 구속을 받아왔다. 정상적으로 성욕을 해결할 수 없는 상황에서의 성욕해결과 이를 위한 성매매는 사실상 인류의 역사와 함께 했으면서도 오래도록 모르는 척 해야 하는 것으로 강요되어 왔으며 홍등가와 거기에 종사하는 성노동자는 음성적으로 취급되어 왔다.

그러나 문학작품 속에서는 성매매에 관련된 작품들이 많이 있다. 김유정 작품에도 성매매와 성노동자, 특히 들병이를 다룬 작품들이 있다.

김윤식은 김유정 문학의 문학사적인 고찰을 위한 과정에서, 김유정 작품의 출발점이 들병이 철학과 알몸의 사상[5]에 있었음을 밝혀냈다. 김유정 관련 연구서 가운데 들병이란 어휘가 제목으로 등장한 최초의 논문이다. 그런데 여기서 들병이 사상이란 아내를 들병이로 내어놓고 살아야 하는 남편의 입장을 말한다. 자신의 상처를 위장하고 자신에 대한 연민을 제거하면서 철저하게 자신을 분석하는 태도가 김유정 문학의 출발점이고, 이것이 1930년대 문학에서 김유정을 모더니즘계열에 소속시키게 했다는 것이다.

---

2 왕일가, 노승현 역, 『성과 문명』, 가람기획, 2001, 16면에서 재인용.

3 죠르쥬 바따이유, 조한경 역, 『에로티즘』, 민음사, 1996, 9면.

4 왕일가, 앞의 책 20면에서 재인용.

5 김윤식, 「들병이 철학과 알몸의 시학」, 전신재 편 『김유정 문학성의 전통성과 근대성』, 한림대 아시아문화연구소, 1997, 273~285면.

조남현은 김유정 작품에서 반복되는 모티브 가운데 하나로 들병이를 들고 있고[6] 박세현은 김유정 소설의 매춘구조가 식민지 시대 사회경제 구조와 한 틀을 이루고 있음[7]을, 김종호는 김유정 소설 속 들병이가 몸을 돈과 교환하는 것은 '밥'을 찾는 과정이며, '밥'에 밀착된 농촌현실을 김유정은 살아 있는 육성의 언어로 표현했다고 본다.[8] 김주리는 들병이가 '가난한 농민들의 성욕에 기생하여 살아가는 존재', '근대인의 이방인인 동시에 농경문화의 이방인이며 가족관계의 이방인으로 괴물이 될 수밖에 없다'[9]고 했다.

이들에서 보았듯 김유정 소설에서 들병이에 대한 언급은 대개 밥의 문제와 관련이 있는 것으로, 동시에 비윤리적인 존재로 다루어왔다. 그러나 김미현은 김유정 소설 가운데 아내팔기 모티브에 소속된 작품을 분석, 이들 속에는 불쾌와 쾌의 공존과 불쾌에서 쾌로의 변화, 불쾌를 통한 쾌의 추구라는 '숭고'의 매카니즘을 찾아낸다.[10] 그리고 이것이야 말로 김유정 소설이 지닌 건강성과 현실성이라고 지적한다.

전통과 근대가 공존하던 1930년대적 삶에서 성노동자가 될 수밖에 없었던 최초의 이유는 밥과 관계된 것이 사실이지만, 작품에 나타난 들병이의 선택이 오직 밥 때문이고 정조의 개방이라는 이유로 해서 비윤리적이라고 비난만 받아야 하는 것일까. 왜 김유정은 그의 작품 속에 들병이를 출현시켰을까.

본고에서는 김유정의 작품에 좀더 가까이 접근하기 위해 「총각과 맹꽁이」, 「솥」 뿐만 아니라 동시대의 작가 안회남의 「등잔」, 현덕의

6 조남현, 『한국 현대소설사』 2, 2013, 문학과지성사, 487면.
7 박세현, 「김유정 소설의 매춘구조」, 『김유정의 소설세계』, 국학자료원, 1998, 271면.
8 김종호, 「김유정 소설에 나타난 들병이에 대한 일 고찰」, 『한국민족어문학』 제43권, 2003, 121면.
9 김주리, 「김유정 소설에 나타난 파괴적 신체고찰」, 『 한국문예비평연구』 26권, 2006, 388면.
10 김미현, 「숭고의 탈경계성」, 『한국문예비평연구』 제38집, 2012, 193면.

「남생이」를 대상으로 작품 속에 그려진 들병이, 들병이에 대한 작가의 시선, 작중인물들의 시선, 들병이가 자기 자신을 바라보는 시선 등을 살펴 이들이 그려낸 들병이 문학의 성격을 고찰해 보려고 한다. 여기서 이들의 작품을 비교하려는 것은 김유정과 안회남은 학창시절부터의, 김유정과 현덕은 문학적 선후배 관계로 친밀함을 유지한 문학적 동지였던데 있다.

2. 김유정과 안회남 · 현덕 그리고 들병이

본 항에서는 먼저 문학적 동지로 만났던 김유정과 안회남 · 현덕의 관계를 살펴보고 다음으로 이들이 작품의 소재로 택한 '들병이'에 대한 간략한 고찰, 그에 따라 들병이 소재 텍스트 선정의 준거를 밝히기로 한다.

1) 문학적 동지로서의 만남

김유정과 안회남의 만남은 휘문고보 1학년 때부터이지만 두 사람이 친밀해진 것은 고보 3학년 시절부터였다고 한다.

안회남은 신소설작가 안국선의 아들로 늘 아버지에 대한 자부심과 존경심이 컸다고 한다. 안회남은 1931년 『조선일보』 신춘문예에 「발

髮」이 가작으로 당선되면서 문단에 등단했다. 이후, 안회남은 유정을 격려하여 글을 쓰게 했다. 유정의 「산골나그네」와 「총각과 맹꽁이」는 안회남의 주선으로 잡지에 발표되었으며 이때 발표되지 못했던 「흙을 등지고」는 후에 「따라지 설움」으로 개작되어 1935년 『조선일보』 신춘문예에 투고되고, 이 작품은 다시 신문사에서 그 제목을 「소낙비」로 개제하여 신춘문예 당선작으로 발표했다. 말하자면 안회남이 있었기에 김유정은 작가가 될 수 있었던 것이다.

김유정은 사망 11일 전에 친구인 안회남에게 구원을 요청하는 편지를 쓰기도 했다. 안회남은 김유정 사후, 김유정 실명소설 「겸허－김유정전」을 썼다.

현덕玄德(1909~?)[11]과 김유정의 만남이 언제부터 비롯되었는지는 정확하게 알 수 없다. 현덕은 현경윤이라는 본명으로, 1927년 『조선일보』 신춘문예 동화부분에 「달에서 떨어진 토끼」가 1등 당선되었고 1932년 동화 「고무신」으로 동아일보 신춘문예에 가작으로 입선, 같은 해 4월에는 시 「봄」이 잡지 『신생』에 발표되었다. 이 무렵 현덕은 수원 발안 근방의 매립공사장, 일본의 교토, 오사카 등지에서 막노동판을 떠돌다가[12] 문학에 뜻을 두면서 1936년 이래 김유정을 만난 듯하다. 현덕의 동생 현재덕玄在德(1912~?) 역시 아동 문학가이며 아동 미술가였다.

김유정의 조카 김영수에 의하면 현덕과 그의 아우 현재덕은 자주 병든 김유정을 찾아와 위로해 주었고 현재덕은 김유정의 초상화를 그려주었다[13]고 한다. 한편 안회남은 김유정 실명소설 「겸허」에서 1937년

11 현덕의 출생연대에 대해서 「신춘현상문예입선자약력」, 『조선일보』, 1938.1.7에는 1911년생으로 나온다. 그러나 호족부에는 1909년 2월 15일자로 되어 있다. 이경재, 「현덕의 생애와 소설연구」, 『관악어문』 제29집, 490면.

12 이경재, 위의 글, 491면.

13 김영수, 「김유정의 생애」, 『김유정 전집』 하, 김유정기념사업회, 1994, 341면.

3월초 유정이 경기도 광주로 떠나던 날 현덕과 그의 동생 현재덕이 차부에 나와 배웅 했다고 기억한다.

김유정은 소설 외에도 동화를 썼는데, 그가 남긴 동화 「두포전」은 전체 10장으로 구성되어 있다. 그런데 이 작품에서 1~5장까지만 김유정이 쓰고, 김유정 사후 현덕이 이를 이어받아 6~10장까지 완성하여 발표했다. 현덕은 1938년 조선일보 신춘문예에 「남생이」로 당선되었다. 현덕과 그의 아우 현재덕은 한국전쟁 중에 월북했다.

2) 들병이와 갈보

이능화의 『조선해어화사』에서는 신라중엽에 처음으로 원화源花를 받들었는데 이 제도가 존재한 때에 이미 음방淫坊과 창녀의 매춘 풍속이 있다[14]고 보았다. 이능화는 기생 보다 넓은 개념으로 '갈보'를 제시한다. 김유정의 「솥」에서 근식은 화가 났을 때 들병이 계숙을 갈보라고 부른다. 그런데 왜 들병이를 갈보라고 부르는 것일까. 갈보의 의미[15]는 빈대와 같은 것으로 사람의 피를 빠는, 남자에게 몸을 팔면서 남자를 파멸에 이르게 하는 존재라는 것이다.

한편 이능화에 의하면 갈보의 등급은 다시 여섯 등급[16]으로 나눌 수

---

14 이능화, 『조선해어화사』, 동문선, 1992, 20면.

15 진태하 교수는 계림유사에 전하는 '갈보'는 '빈대'라고 주장한다. 명대 필사본에 적혀 있는 '취충왈갈포臭蟲曰蝎鋪'에서 '포鋪'의 송대 발음이 '보', 그래서 빈대의 고려시절의 말은 '갈보'였다는 것이다. 현재도 중부지방에서는 빈대를 '갈보'로 쓰는 지역이 일부 남아있다고 주장한다. 이에 따르면 '갈보 = 빈대'라는 공식이 성립한다. 그런데 빈대는 사람의 피를 빨아먹는 곤충이다. 따라서 갈보란 남자에게 몸을 팔면서 남자를 파멸에 이르게 하는 존재라는 것이다. 『경향신문』, 2003.10.16. http://news.naver.com/main/read.nhn?mode=LSD&mid=sec&sid1=103&oid=032&aid=0000036589

16 갈보에는 화랑유녀花郎遊女, 여사당패女社堂牌, 색주가色酒家 또는 작부酌婦 그리고 삼

있다고 하는데 들병이는 그중 제일 하층에 속하는 것으로 보인다.

김유정의 소설에서 나오는 들병이는 성매매 방식으로 보아 포주에게 고용되지 않은 직거래성 매매[17]에 속하고, 농번기에는 농사를 짓고 살림을 하다가 농한기를 이용하여 농어촌을 찾아다니며 성매매를 하는 관계로 일시적인 겸업형 성매매자로도 볼 수 있다. 들병이로 나선 것은 강요에 의한 것이 아니라 스스로의 선택과 남편의 협조에 따른 것이다.

들병이에 대한 성노동이 겸업형이고 직거래적이며 일정기간 지속적인 것이었다는 전제 하에 본다면 김유정작품에서 들병이를 소재로 다룬 것은 「총각과 맹꽁이」, 「솥」에 한정된다. 「안해」에도 들병이란 용어가 여러 번 나오지만, 아내는 들병이가 되기 위한 수련과정 중에 질투심에 타오른 남편에 의해 중도 탈락되고 만다. 이 작품에서 직업적 들병이는, 아내의 입을 통해 동네로 들어온 들병이, 들병이가 되기 위해서는 술도 담배도, 남자도 주무를 줄 알아야 한다는 정보를 제공하는 존재로만 등장한다. 「소낙비」, 「산골나그네」, 「가을」, 「정조」에서 아내의 성노동은 일시적인 것이었고, 성매수자도 그 대상이 한정되어 있었기로 그들을 들병이로 부르는 것에는 한계가 있다. 이에 비해 안회남의 「등잔」과 현덕의 「남생이」는 각각 철도공사판과 항구 도시를 배경으로 술을 팔고 다양한 다수의 성매수자를 상대로 한 지속적인 성노동을 한다. 또한 작가도 작품 속 여주인공에 대해 들병이, 또는 들병장사라는 호칭을 분명하게 사용하고 있다.

패三牌의 유녀가 있다. 삼패유녀 가운데 일패一牌는 관기기생, 이패二牌는 일패보다 한 급수 떨어진 기생이나 퇴물기생, 삼패三牌는 매음에 큰 비중을 둔 창녀가 이에 속한다. 정병설, 『나는 기생이다』, 문학동네, 2007, 372면.

17 김춘진, 「성매매 방지를 위한 여성부 기능 및 조직 개편 방향」(동향 및 연구보고서), 대한민국국회, 2008(국회도서관 청구기호 328.345-9-122).

3. 김유정 작품 속의 들병이

김유정이 들병이를 소재로 다룬 것은 소설이 먼저였고[18] 이후 수필[19]에서 들병이에 대한 자세한 정보를 제공하고 있다. 김유정의 조카 김영수에 의하면 「솥」에는 김유정의 자전적 요소가 들어가 있는데 젖먹이 딸린 들병이를 따라다니며 한 달 정도 함께 살았다는 것[20]이다.

1) 김유정 수필 속의 들병이 - 「조선의 집시」

「조선의 집시」에서는 들병이가 된 이유, 들병이에 대한 인식, 들병이의 역할과 자격, 들병이 남편의 자세와 역할, 들병이의 영업기간 등이 언급된다.

먼저 들병이가 된 이유는 구명도생求命圖生에 있다. 살기 위해서 아내는 몰자각적 복종과 파렴치적 허세와 매춘부적 애교와 아첨이 필요하고 남편은 '모든 가면 허식을 벗어난 각성적 행동'의 하나로 '아내를 내놓고 그리고 먹는 것'[21]을 선택한다.

여기에서 김유정은 자기 아내를 대중에게 봉사하게 하는 것, 애교를 파는 것은 곧 '노동'이고 '노동하여 생활하는 여기에는 아무도 이의가 없을 것이다'[22]라고 하여 성노동자로서의 들병이의 직업을 인정한다.

---

18 「총각과 맹꽁이」의 퇴고일은 1933년 8월 6일, 「솥」의 퇴고일은 1934년 8월 16일이다. 「솥」이 「정분」의 수정본으로 발표된 것은 1935년 9월 3~14일까지 『매일신보』를 통해서다. 「솥」과 「정분」의 관계를 밝힌 것은 졸고, 『김유정 문학연구』, 강원대 출판부, 1988, 23~25면에서이다.

19 「조선의 집시」는 1935년 10월 22~29일까지 『매일신보』 지면을 통해 발표되었다.

20 김영수, 앞의 글, 329면.

21 김유정, 「조선의 집시—들병이 철학」, 『원본 김유정 전집』(개정증보판), 강, 2012, 414~415면.

한편 들병이의 역할은 밥만큼이나 심각한 성욕의 문제를 해결하지 못한 시골 늙은 총각들의 '정열의 포만상태를 주기적으로 조절하고 완화'[23] 시켜주는 것이다. 이를 위해 들병이는 인물 좋고 애교가 있으면 금상첨화이고, 술판의 흥취를 돋우기 위해 기본적인 소리 정도는 알아야 하고, 지속적인 사랑의 균등 분배로 손님 모두에게 즐거움을 충분히 느끼게 해주어야하고, 또 임자 없는 몸임을 강조하여 술꾼을 매혹시켜야 한다.

들병이 남편의 자격은 사내로서의 체통과 자존심과 아내에 대한 소유권을 포기하고 철저하게 성노동자로서의 아내에 대한 조력자가 되어야 한다. 다시 말하면 남편은 아내가 들병이 자격을 갖출 수 있도록 소리를 가르쳐야 하고, 영업을 시작하면 아내에게 손님몰이를 해준다든가 술판에 사고가 생겼을 때 이를 정리해 주어야 한다. 혹여 임신 중에 나섰다가 한 겨울에 아내가 아이를 낳게 되면 그 아이의 아비가 누구인가를 따지지 말고 모든 산관을 떠맡아야 한다.

들병이 부부의 성노동 영업기간은 대개 추수가 끝난 '가을에 그들은 결사적으로 영업을 개시한다.'[24] 왜냐하면 그들은 가을과 겨울에 벌어 봄과 '여름의 생활까지 지탱해나갈 연명자료'를 모두 마련해 놓아야 하기 때문이다.

들병이는 일단 영업기간이 끝나면 고향으로 돌아가 품을 팔거나 농사를 짓는다.

「조선의 집시」는 상대적으로 들병이 소재 소설이 먼저 지어진 다음에 지어지고 발표된 것이지만, 이 작품은 「총각과 맹꽁이」, 「솥」을 읽

22 위의 글, 415면.
23 위의 글, 418면.
24 위의 글, 416면.

고 해명하는데 열쇠 역할을 한다.

흔히 수필의 생명은 개성적이어야 하고 소재에 대해 충분히 알고 있어야 하고 비판정신과 자기 철학이 있어야하고 위트와 유머가 있어야 하고 관조적이어야 한다고 한다. 그런 측면에서 보았을 때 김유정은 1930년대 당시 심각한 농촌 노총각 문제에 대한 관심을 가지고 문제 해결의 한 방책으로 나타난 들병이의 실상에 대한 고찰을 한다. 그리고 김유정은 자신이 들병이와 동거생활 했었던 경험을 바탕으로, 일반인이 알고 있는 들병이와 그 남편에 대한 부정적인 견해와는 달리 연민의 마음을 가지고 일반인이 잘 모르는 들병이에 대한 이야기를 한다. 김유정은 무엇보다도 들병이를 정당한 성노동자로, 그들의 행위를 정당한 노동이라고 주장한다. 이것은 당시 가치관으로 보면 지극히 혁신적이고 개성적인 주장이다.

그런가 하면 들병이 부부가 함께 조력하며 벌이는 성노동, 정당한 성노동 장소에 때로 나타나는 불법행위, 들병이인 아내의 영업장을 불법 습격하여 성매수자로부터 용돈을 뜯어가는 남편과 그런 남편 앞에 대처하는 성매수자의 모습을 풍자적, 희화적으로 그려내기도 한다.

2) 김유정 소설 속의 들병이 – 「총각과 맹꽁이」·「솥」

「총각과 맹꽁이」는 어느 여름날, 마을에 나타난 들병이를 두고 34세의 노총각 김덕만이 장가들 꿈에 부풀었다가 꿈에서 깨어나는 이야기다. 덕만은 뭉태에게 중매를 부탁하고 술값과 술안주까지 모두 도맡기로 했지만, 실제 들병이를 차지할 수 있었던 것은 뭉태였고, 꿈과 약속에 배신당한 현장에서 덕만은 눈물을 흘리게 된다.

「총각과 맹꽁이」의 들병이는 단연 들병이로서의 자격을 갖춘 존재다. 남편 잃고 홧김에 들병이로 나섰다는 스물두 살짜리 들병이는 마을 총각들에게 대단히 매혹적인 상대이다.

이 작품에서 마을의 총각들에게 들병이의 몸은 판매 되는 물품[25]이고 '내려 씹어두 비린내도 없을'[26] 고기 덩어리이다. 마을의 노총각들은 포만상태에 있는 정열을 들병이를 통해서 해결하고자 한다. 들병이 또한 자신을 인격체로 보다는 물화物化된 존재로 본다. 들병이는 뭉태의 품에 껴안긴 상태에서 주물리키면서, 술을 권하다가 그 술이 다 없어지면 무엇을 할 셈이냐는 질문 앞에 '없으면 가친 자지유 —'[27] 하며 거침이 없다. 실상 술값과 술안주 값은 덕만이가 내기로 했는데 뭉태는 혼자 들병이를 독차지 하려하고 다른 총각들은 강제로 들병이와 입을 맞춘다든가 속곳자락 들고 인심 쓰라고 핀잔을 한다. 그러나 덕만이에게 들병이는 단순히 물화된 타자가 아니다. 덕만이는 남편 없다는 스물두 살짜리 들병이를 아내로 맞을 생각을 한다. 덕만은 예쁜 아내가 아들을 낳아주고, 술장사로 돈을 벌어 주기를 꿈꾼다. 작가는 덕만의 이와 같은 행복추구 욕망을 통해서 덕만이 지닌 어린애에 가까운 천진함을 그려낸다. 아들을 낳아주어야 할 여자에게 술장사를 시킨다, 술장수는 손님의 모든 요구에 응해야 한다. 그런데 그 마지막 요구가 무엇인가에 대해서는 생각 하지 않는다. 덕만은 자신이 살아온 경험세계에서 술장수와 술장사를 정당한 노동자와 정당한 노동으로 생각하고 있는 것이다.

이 작품의 표면에서 흐르는 작중인물간의 갈등은 들병이를 사이에

25 정병설, 『나는 기생이다』, 문학동네, 2007, 208면.

26 김유정, 「총각과 맹꽁이」, 유인순 편, 『동백꽃』, 문학과지성사, 2005, 31면. 이후 김유정 작품은 위의 책을 사용한다.

27 위의 글, 35면.

둔 덕만과 뭉태로 보이지만, 여기에는 새벽녘 콩밭까지 진출한 깜둥이 총각도 있고, 이미 술에 곯아떨어진 다른 4명의 총각들도 있다. 그들은 모두 들병이를 꼭지점으로 공평한 애정분배를 기다리다가 탈락된 인물들이다. 결국 정열의 포만상태를 해결할 수 있었던 인물은 뭉태 한 사람뿐이다.

한편 들병이에게 장가들 꿈에 부풀어 닭 한 마리를 자진 공급한 덕만 또한 모든 것을 상실한 패배자인 것만은 아니다.

이 작품의 서사전개는 한 낮에서 시작되어 다음 날 새벽에 끝난다. 덕만이 꿈에 부풀기까지의 시간은 낮부터 저녁까지이고, 이후 술자리에서 덕만은 천당과 지옥사이를 오가다가 새벽 콩밭에서 비로소 꿈에서 깨어나 현실을 인식한다. 그가 멀어져가는 뭉태와 들병이를 향해서 들었던 돌멩이를 방향을 바꾸어 골창으로 내던진 것은 미망과 분노로부터의 해방을 의미한다. 새벽은 하루의 시작이고 모든 것의 시작이며 희망의 시작이다. 지난 밤 술좌석에서 들었던 암수 맹꽁이의 합창이 덕만을 울화에 빠뜨리게 하고 돌발적인 행동을 하게 했다면 새벽의 그것은 이제 더 이상의 맹꽁이 짓은 그만두라는, 덕만을 격려하고 자극하는 것으로 보아도 무방할 것이다.

「솥」에서 근식은 한겨울 농촌을 배경으로 젖먹이를 데리고 마을로 들어온 들병이에게 반해 아내의 속곳, 맷돌, 매함지박까지 술값으로 갖다 주며 사랑에 빠졌다고 착각한다. 그런데 호사다마로 마을 농민회 회장으로부터 퇴출 명령을 받은 들병이가 마을을 떠나게 되었다는 이야기를 하자 근식은 절망한다. 이에 들병이가 그 근식에게 동행을 권하자 근식이는 들병이를 아내로 맞아 일하지 않고도 잘 먹을 생각으로 솥까지 빼다주지만 들병이 남편의 출현으로 근식의 꿈은 깨지게 되었다는 것이 이 작품의 내용이다.

「솥」에서 근식이는 처자식이 있는 가장이고 호포를 내지 못해 면서기의 재촉을 받는 중이다. 그런 와중에 그는 마을에 들어온 들병이와 눈이 맞아 집안세간은 물론 아내의 속곳까지 술값으로 갖다 주며, 아내가 자신의 비행을 알고 있다는 사실에 미안함보다는 남편의 권위로 아내를 면박한다.

일반적으로 '한 가족을 구성한 남편과 아내는 상호간에 부부로서 자신들의 윤리적 책임을 충실하게 수행할 의무'[28]가 있다. 그럼에도 불구하고 근식은 들병이인 계숙에게 집착한다. 근식에게 부부윤리의 의식이 아주 없는 것은 아니다. 자신이 계숙을 만나는 일은 낭만적인 사랑이지만, 만일 자신의 아내가 다른 남자와 특수한 관계에 있다면 상대 남자의 다리를 부러뜨려놓아야 한다는 것이 그가 생각하는 윤리이고 남편의 권리이다.

> "그 뭐 기집이 어디가 떨어지나 그러게?"
> 하고 샐쭉이 뒤둥그러지는 데는 어쩔 수 없이 저도
> "허긴 그렇지— 놈이 온 체 못나서 그래"
> 하고 얼뜬 눙치는 게 상책이었다.
> 내일부터라도 계숙이를 따라다니며 먹을 텐데 딴은 이것저것을 가리다가는 죽도 못 빌어먹는다. 그보다는 몸이 열파에 난대도 잘 먹을 수만 있다면야 고만이 아닌가 —[29]

그러나 계숙은 근식의 의견에 반발한다. 이에 근식은 어쩔 수 없이 계숙의 의견에 동조한다. 이는 앞으로 계숙이 다른 남자와 성관계를

28 한상무, 「김유정 소설에 나타난 부부 윤리」, 『김유정의 귀환』, 소명출판, 2012, 109면.
29 김유정, 「솥」, 『동백꽃』, 74면.

한다할지라도 관여해서는 안 된다는 암시가 들어가 있는 것이다. 동시에 근식은 들병이가 정조 무소유의 대상이라는 것에도 동의를 하고 있는 것이다.

근식은 자신의 쾌락을 위해 아내와 아들을 버리고 들병이를 택할 만치 행복의 욕망에 매달린다. 행복하기 위해 그는 단숨에 처자식을 버려도 된다는 악덕에 몸을 맡겼다. 그런데 이때 근식이 악덕을 채택하는 이유는 쾌락원칙에 앞서 일하지 않고도 들병이가 벌어주는 옷과 밥을 얻을 수 있으리라는 판단착오로 인해 근식은 철저한 악인이 되지도 못한다.

들병이 계숙과 관련된 또 다른 남자, 이 작품의 말미에 나오는 계숙의 본남편의 경우는 어떤가. 그는 철저하게 아내를 내놓고 아내로부터 얻은 경제적 가치를 공유하는 사람이다. 아내와 외간남자의 동침 현장에서 그는 외간남자가 편히 잘 수 있도록 젖먹이를 떼어내고, 또 마을을 떠날 때에도 동행을 요구한다. 살기 위해서는 어떤 자존심도 다 내려놓을 수 있다는 비장함마저도 보이는 사내가 계숙의 남편이다.

이번에는 들병이인 계숙이 자신을 어떻게 연출하고 있는가를 보아야 할 차례다. 계숙은 근식이 가져온 세간 집기 등을 보며 반색을 하고, 모쪼록 근식으로부터 끌어낼 수 있는 모든 경제적 가치에 눈독을 들인다. 또 근식과 함께 살기로 하고는 '살림을 하려면 그릇 쪼각이라두 있어야 할 텐데—'[30]라며 사내로서의 근식의 자존심을 자극하여 말 그대로 남자의 피를 빨아먹는 갈보 역할에 충실하다. 그리고 근식이 남의 기집 오입질하다 다리 부러진 사내 이야기를 하는 중에 흥분해서 자기가 그런 일을 당했다 하더라도 오입질하던 사내를 가만두지 않겠다고 하자 '그 뭐 기집이 어디 떨어지나 그러게?'[31]라며 암팡지게 근식을 타

30 위의 글, 67면.

박한다. 그녀에게 몸은 그대로 물화된 자산인 것이다. 나아가 마지막 장면에서 마을을 떠나려 할 때 근식의 아내가 달려와 서로 육탄전을 벌일 때 계숙은 결코 기죽지 않는다.

> "그럼 저 솥이 누 거야?"
> "누 건 내 알아? 갖다 주니까 가져가지—"[32]

근식의 아내에 대한 계숙의 응대와, 중인환시 속에서 들병이 부부가 '하나는 짐을 하나는 아이를 둘러업은 채 언덕으로 늠름히 내려가며 한 번 돌아보는 법'도 없는 상황에서 사드의 『소돔의 120일』이 연상된다.

> 자연계의 법칙은 조화롭지도 일치하지도 않는 것이므로, 우리 개인은 재산에 있어서나 육체에 있어서나 불평등하게 마련이야. 그렇기 때문에 약자는 타인의 재산을 도둑질함으로써 불평등을 수정하려 하고, 강자는 약자에 대한 지원을 거부함으로써 불평등을 확립하거나 방어하려고 하지.[33]

사드는 존경받을 만한 사람은 아니지만 그가 그의 작품에서 작중인물을 통해 하는 말은 때로 종교와 교육을 통해 우리가 볼 수 없었던 실질적인 자연계의 삶이 어떤 것인지를 돌아보게 한다.

「솥」에서도 공간배경은 농촌이되 서사의 배경은 한겨울 저녁부터 다음 날 새벽까지이다.

등장인물은 근식을 사이에 두고 근식처와 들병이가 삼각관계를 이루

---

31 위의 글, 73면.
32 위의 글, 83면.
33 마르키 드 사드, 김문운 역, 『소돔의 120일』, 동서문화사, 2012, 197면.

지만 들병이의 승리로 끝난다. 그리고 다시 들병이를 사이에 두고 근식과 뭉태가 삼각관계를 이루지만 뭉태의 퇴장으로 근식이 올라선다. 마지막으로 들병이를 사이에 두고 근식과 들병이 본남편이 삼각관계를 이루지만, 근식이 패하고 만다. 전체 이야기에서 애정의 삼각형이 세 개나 배치되어 상황의 다양한 변화와 속도감을 볼 수 있는 작품이다.

이 작품은 표면적으로 들병이에게 간도 쓸개도 다 빼준 근식의 어리석음을 드러낸 것으로 보인다. 그러나 실은 들병이와의 사랑이란 비정한 노동의 대가가 따른 다는 것을 깨닫게 해주는 것이다.

「총각과 맹꽁이」, 「솥」 모두에서 뭉태는 들병이를 향한 덕만과 근식의 욕망을 자극하고 희롱했다. 이후 덕만과 근식은 모두 자신들의 욕망이 물거품이었다는 사실을 깨달으며 현실적인 삶으로 시선을 돌리게 될 것이다. 그들은 그들이 갖고 있는 것들 가운데 현실적으로 가장 필요한 것을 투자하고 냉혹한 자연계에서의 삶을 배울 것이다. 그들이 겪는 꿈의 배신과 고통은 성장을 위한 하나의 통과제의이다.

4. 안회남 · 현덕 소설 속의 들병이 — 「등잔」, 「남생이」

안회남의 「등잔燈盞」은 초가을 밤, 철도공사 중인 터널 개천공사판에 임시로 지은 술집에서 전개된다. 놈새와 달순은 부부간으로 돈을 벌기 위해 농촌에서 나와 공사판을 전전, 결국 놈새가 병이 나자 달순이 들병이로 나선 것이다. 달순이 돈을 벌어오면서 놈새는 '큰 재물덩이나 만난 것처럼 마음이 대견' 해오고 부끄러움이 사라져 이제는 서로 도우며 들병이 일을 돕는다. 고향친구 순팔이는 어느 때고 놈새가 공사판에서 사고로 죽게 되면 달순을 차지하려고 기다리고 있다. 어느 날 놈새가 위험한 공사장에 투입되었다가 사고를 당하고 간신히 구출되어 나왔을 때 순팔이는 놈새의 귀환을 반가워하면서도 달순이에 대한 마음을 놓지 못한다는 것이 이 작품의 내용이다.

「등잔」에서 놈새는 공사판을 따라 이동하며 적당한 곳을 물색, 달순이가 영업할 수 있는 자리를 만들어 주고 그리고 동료 인부들에게 술광고 갈보광고를 한다.

> 신문지를 가로 세로 또는 아주 거꾸로 처덕처덕 붙인 벽에 사람들의 그림자가 점점 난잡하게 요동한다. 술 따르는 달순이의 손목을 텁석 붙잡는 작자도 있다. 한 잔 받아서 쭉 들이키고는 계집의 허리를 한 팔로 휘어 댕기는 놈도 있다. 아리숭한 낯빛으로 쳐다보고 혀를 차는 친구도 있다. 술 취한 호흡이 잣고 입김이 훗훗하여 방문을 연다. 차디찬 산바람에 등잔불이 꺼질 듯 파득거린다.[34]

임시로 만든 술집 방안에서 철도공사판의 인부들은 들병이를 탐한다. 공사판 인부의 삶으로 그동안 해결하지 못한 성욕을 들병이의 손을 잡아 보는 것으로 해결하려고 한다. 그러나 술판이 끝나고 숙소로 돌아가는 길, 놈새는 재주껏 일행에서 떨어져 나와 달순의 방으로 들어간다. 그것은 곧 다른 인부들이 달순에게 접근하는 것을 원천 봉쇄하는 것이다.

---

34 안회남, 「등잔」, 『안회남 단편선』(조선문고 2-14), 학예사, 1939, 70면.

뒤늦게 놈새의 부재를 알게 된 동료인부들은 놈새가 들병이를 차지했다는 사실 앞에 제각기 투덜대며 '제기 그 까진 놈이 데리고 잔 것은 왜 좀 못 건드리나 제길할 내일밤에는 내걸쎄'[35]라고 하지만 그것은 그들의 희망사항으로 그치고 만다.

인용문에서 보았듯이 인부들에게 들병이는 성욕해결의 대상이다. 그러나 놈새에게 달순이는 돈을 벌어주는 대견한 존재이고 또한 돈을 벌면 어느 때고 고향으로 돌아가서 살아야할 대상이다. 놈새를 부러워하는 성팔이는 달순이가 이쁜 데다 '술장사를 해서 척척 돈을 버는 것이 귀엽고 부럽다.'[36] 그럼에도 불구하고 달순이와 술손님들이 벌이는 술판은 '그림자가 난잡하게 움직이고', 방안은 '초라하고 추잡하여 보잘 것 없는' 광경이 된다. 이것은 들병이 생활에 대한 작가 안회남의 판단의식이 들어간 것으로 보인다.

> 굶주리고 춥고도 고달픈 며칠이 계속하는 동안 어느새 달순이는 들병이되고 말았던 것이다. 날마다 은전 몇 잎씩을 쥐여 주고 마코라 때로는 피존 같은 권연을 모아다 주는 것에 맛을 들였을 때 놈새는 오히려 무슨 큰 재물덩이나 만난 것처럼 마음에 대견하기까지 하였다. 계집 팔아먹는다는 생각이 점점 적어지고 나중에 가서는 형적도 없어졌다. 그렇기 까닭에 달순이의 들병이 경력이 거듭 할수록 거기에 따라 기둥서방 놈새의 솜씨도 점점 늘어갔다. 술병을 가지고 들병이로 가서 파는 것 보담은 달순이를 앉혀놓고 제법 방술로다 술집행세를 하기 시작했다. [37]

---

35 위의 글, 78면.

36 위의 글, 84면.

37 위의 글, 76~77면.

놈새가 들병이의 기둥서방으로 변해가는 과정을 지켜보는 작가의 시선은 차갑다. 놈새는 돈에 대한 욕망으로 아내의 들병이로의 변신을 대견해하고, 달순이를 들병장수에서 방술장수로 바꾸어 놓는다. 또 공사판을 따라서 인부들이 자리를 옮기면 놈새도 그들을 따르고 달순은 또 놈새를 따르며 놈새는 앞장서서 술팔 장소를 물색해서 달순에게 넘긴다. 술을 팔기 위해 놈새는 달순의 남편이 아닌 '술꾼이며 주정뱅이'로 위장한다.

들병이 달순은 술손님들이 손을 잡고 허리를 휘어 감아도, 심지어는 남편의 고향 친구인 순팔이가 자신을 들병이로 취급해 접근해 올 때에도 '갈보 행태를 잊어버리지 않고 쌩끗 웃는' 모양을 보여준다. 그녀는 또 어느 새 노련한 들병이가 되어 가는 것이다.

「등잔」에서 들병이 남편은 아내를 술판에 내놓되 잠자리에는 내놓지 않는다. 일반적으로 들병이가 성노동자임에 비해서 달순은 마지막 보루는 지키고 있는 셈이 된다. 놈새는 돈을 벌기 위해 아내를 들병이로 내놓고, 험한 노름판이나 공사판에 뛰어든다. 순팔의 야심을 모르는 놈새는 언제고 돈이 돌면 아내와 순팔과 함께 고향에 돌아갈 꿈을 꾼다.

안회남은 「등잔」에서 달순을 사이에 둔 놈새와 순팔이 만든 삼각구도를 중심으로 들병이와 공사판 인부들의 고단한 삶을 반복적으로 그려낸다. 돈은 벌되 아내의 정조는 포기하지 못하는 남편의 집착, 놈새의 불행이 곧 자신의 행복이라는 기대감으로 두 사람 주변을 배회하는 순팔의 욕망은 어느 때고 깨지고 말 유리그릇처럼 독자를 불안하게 만든다. 놈새 부부는 동료 인부들을 속이고 순팔이는 놈새 부부를 속인다. 이것은 '속이다—속이다'의 구조로 전개된다. 「등잔」에서 초가을 밤, 밤에서 시작하여 밤으로 되돌아가는 들병이 부부의 삶은 고단하고 불안하다. 그 불안의 요소에는 성적 욕망과 돈의 욕망 여기에 반쪽뿐인 부부윤리와 의리의 문제, 더욱 '속이다—속이다'의 구조가 뒤섞여 있기 때문이다.

현덕의 「남생이」는 항구가 있는 마을과 항구를 배경으로 한다. 몇 해 전, 농사짓던 노마네는 항구의 선창가 벌이가 쏠쏠하다는 말에 항구 마을로 이사 왔다. 노마의 아버지가 선창가의 노동자로 일하다가 쓰러지자 노마의 어머니는 항구 마당의 낙정미를 쓰레질을 하다가 들병장수가 되었다. 노마 아버지는 아내의 들병이질에 병이 덧치고, 마당지기 앞잡이인 털보는 노마 어머니의 보호자가 되며 노마 어머니를 짝사랑하는 무허가 이발사 바가지는 노마 어머니의 들병장사를 방해한다. 노마는 어느 날 마침내 원하던 양버들 가지 위로 오르고, 그날 아버지는 사망한다. 노마는 양버들 나무 위로 올랐다는 그 벅참 때문에 아버지가 죽었는데도 슬프지도 눈물도 나지 않는다는 것이 이 작품의 내용이다.

노마의 어머니가 들병이로 나선 것은 마당의 낙정미를 쓸어 모는 것만으로 생활보장을 할 수 없었기 때문이다. 그녀는 병든 남편과 아들을 위해서 뭇사내를 상대로 술을 팔고 몸을 판다. 어린 노마가 선창가로 찾아가 사내들과 희롱하고 있는 어머니, 사내들로부터 사랑받고 있는 어머니에게 자신의 존재를 알리기 위해 어머니를 부른다.

> 노마는 어머니를 불렀다. 두 번 세 번 그러나 햇볕을 손으로 가리고 지그시 노마를 보던 어머니는 점점 자기집 부엌에서 흔히 볼 수 있는 일그러진 얼굴로 변했다. 같은 얼굴로 어머니는 노마를 창고 뒤로 끌고 가 말없이 머리를 쥐어 박았다.[38]

그러나 노마의 어머니는 자신이 하는 일을 아들에게 보이고 싶어 하지 않는다. 자신의 행위를 목격한 어린 아들에게 일그러진 얼굴이 되

38 현덕, 「남생이」, 『북으로 간 작가 선집』 9집(현덕 남생이 · 송영 선동자), 을유문화사, 1988, 42면.

고 아들을 창고 뒤로 끌고 가 머리를 쥐어박는다. 또 집으로 찾아온 털보와 함께 있는 장면을 아들에게 보이지 않으려고 일부러 먼 거리에 있는 곳으로 군밤을 사오라고 집밖으로 내보낸다.[39] 그런가 하면 아들이 바가지와 함께 항구로 나와 자신이 술과 떡을 팔고 있는 모습을 보게 되자 '낭패한 빛'[40]을 띠운다. 어머니는 자신이 하는 들병장사가 정당한 노동이라고 생각하지 않음을 반증하는 것이다.

한편 노마의 아버지는 아내의 정부인 털보가 준 돈으로 노마가 사온 군밤을 더럽다며 발로 뭉개고, 이튿날 아침 아내가 외출준비를 하며 나가려 하자 술병을 빼앗아 깨뜨려 버린다.[41] 노마 아버지는 중병으로 한 가정을 이끌어 갈 수 없는 자신의 무능으로 인해 아내가 들병장수로 나선 것이 참을 수 없는 것이다.

이에 비해 털보는 마당지기 앞잡이로 세도와 주먹이 세어서 노마 어머니가 낙정 쓰레질을 할 때에도 편의를 보아주고, 떡과 막걸리 장수를 할 때에는 옆에서 시중까지 들어주며 바가지가 노마 어머니의 영업을 방해하자 억센 손길로 바가지를 끌어내기도 한다. 털보는 성미가 겁겁해서 노마 아버지가 살아 있음에도 노마의 집으로 노마 어머니를 찾아오기도 하며, 노마 아버지가 사망하였을 때는 '남의 집 일에 발 벗고 나서서 초상비 일동일정을 대고 백지 한 장을 사려 손수 비탈을 오르고 내리며'[42] 장례를 돕는다. 털보에게 노마 어머니의 들병장사는 하나의 직업일 뿐이다.

노마 어머니를 사이에 두고 노마 아버지와 털보 사이에 이루어진 삼각구도는 노마 아버지의 사망으로 제거된다. 바가지는 애초부터 기형

39 위의 글, 52면.
40 위의 글, 69면.
41 위의 글, 53면.
42 위의 글, 75면.

적인 모습과 신실치 못함으로 노마 어머니의 상대가 되지 못한다.

「남생이」에는 한 삶의 단락이 지어지면서 다음 단락으로 넘어가는 모습이 보인다. 비록 어머니는 들병이였지만 자신의 직업이 떳떳치 않다고, 자식에게 보여지는 것을 거부하며, 노마의 아버지는 아내의 직업에 분노하고 슬퍼했다. 이들 부부는 전통사회에서 내려온 도덕이며 부부윤리의 테두리에 갇혀 주어진 현실 앞에서 심리적 고통을 겪는다. 그러나 털보는 노마 어머니가 들병이라는 사실을 인정하고 노마 어머니를 돕는다. 털보에게는 세상의 소문이나 격식으로부터 자유로운 모습이 보인다. 노마 아버지의 사망으로 어머니는 털보의 보호를 받게 될 것이며, 양버들 나무 가지위에 올라 성취감에 빠져 있는 노마는 또 열심히 살아갈 것이다.

5. 나가는 글

본고에서는 김유정 문학에 나타난 들병이 문학의 특성을 알아보기 위해 김유정과 그의 문학적 동지인 안회남 현덕의 들병이 소재 작품들을 함께 살펴보았다.

먼저 김유정의 수필 「조선의 집시」를 통해 들병이에 대한 제반 정보를 살피고 수필작품으로서 「조선의 집시」가 지닌 수필 미학적 입장을 점검했다.

김유정의 「총각과 맹꽁이」, 「솥」에 나타난 들병이는 수필 「조선의 집시」에서 제시한 여러 조건들에 완벽하게 부합하고 있었다. 김유정의 들병이 소재 소설작품에 나타난 들병이는 들병이로서의 주어진 역할에 충실하며 일단 술자리가 끝나면 영악스럽게 노동의 대가를 수령한다. 이것은 자신이 수행한 일이 정당한 노동이었음을 주장하는 것이다.

들병이의 남편은 또 어떤가. 「총각과 맹꽁이」에서는 남편이 나오지 않지만 「솥」에서 계숙의 남편은 남편으로서의 모든 체면과 소유욕을 포기하고 아내를 돕고 아내가 벌어놓은 재산(재물)을 관리하며 들병이 남편역할에 철저하다. 이때 들병이 부부를 바라보는 작가의 시선은 따뜻하다. 들병이를 하나의 정당한 노동으로 보고 있는 것이다.

앞의 두 작품은 모두 '속이다—속다'의 구조로 전개되고 있어 표면적으로는 덕만과 근식이 뭉태와 들병이에게 속은 것으로 보인다. 그러나 크게 보면 갖지 못한 자가 가진 자에게서 얻어내는 것이다. 그 양과 질에 있어서는 문제가 있지만 들병이는 갖지 못한 자이고 덕만과 근식은 가진 자이다. 들병이들은 성노동을 통해 상대방의 성욕 포만상태를 해결해주고 정당한 보수를 받는다. 적어도 김유정은 그렇게 보고 있는 것이다.

김유정의 두 작품 모두 농촌을 배경으로 들병이의 삶 자체를 조명한 것은 아니다. 오히려 들병이를 욕망하는 순진한 농민의 삶이 한 단락을 거쳐 다음 단락으로 성숙해가는 가능성에 초점을 맞추고 있다. 들병이를 향한 꿈의 배신 결과, 그들은 비싼 보수를 치루고 미망에서 깨어나게 될 것이다. 여름날 콩밭 또는 겨울 산모퉁이 길에서 그들이 맞는 새벽은 이제부터 미망에서 깬 젊은이들이 새로운 삶을 꾸려나갈 것임을 상징적으로 보여준다.

안회남의 「등잔」에서, 놈새네는, 숙달된 들병이 부부다. 놈새의 동향친구인 순팔은 달순을 소유하려는 꿈을 꾼다. 들병이 부부는 동료인부들을 속이고 순팔은 놈새를 속이며, 놈새는 돈에 대한 욕망과 아내에 대한 소유욕을 포기하지 않는다. 작품은 '속이다-속이다'의 순환구조로 이루어진다. 이들에게서는 미래의 개선책이 보이지 않는다. 들병이 부부와 순팔이들의 욕망에는 성적 욕망과 돈의 욕망, 반쪽뿐인 부부윤리와 의리의 문제, 그리고 여기에 '속이다'가 지속되고 있기 때문이다.

현덕의 「남생이」 공간은 항구지역이고 노마 어머니가 들병장수다. 이 작품은 앞의 작품과 달리 이야기를 끌어가는 큰 줄기의 '속다-속이다'의 모습은 보이지 않는다. 노마의 부모는 전통사회에 전수 받은 윤리의식 때문에 고통과 분노를 감수해야 한다. 들병장사를 직업으로 인정하는 이는 털보뿐이다. 이 작품의 미래는 긍정적으로 끝난다. 들병장사를 인정하는 털보와 그렇게도 원하던 양버들 나뭇가지 위로 올라간 노마가 있기 때문이다.

문학적 동지로 만났던 김유정 · 안회남 · 현덕 세 사람은 들병이 소재를 다루되 서로 다른 방향으로 나아간다. 현덕은 윤리와 도덕 그리고 생존의 문제로 고민하는 들병이 부부와 여기에 대칭되는, 자유로운 생각을 가진 털보와 천진한 노마를 배치했다.

안회남은 돈의 욕망이 윤리적 부끄러움을 소멸시키지만 돈에 대한 욕망과 아내에 대한 소유욕에 집착하는 들병이 부부, 친구 아내에 대한 욕망을 포기하지 않는 순팔의 욕망을 통해 욕망에 탐익한 인간들의 어두운 전망을 보여준다.

김유정이 그의 작품에 들병이를 출현시킨 것은 1930년대 삶에서 농촌 노총각 문제와 유랑농민의 애환에 대해 잘 알고 있었기 때문이다. 노총각과 들병이의 문제는 동전의 양면과 같은 것이었다.

김유정에게 들병이는 살기 위해 모든 허식을 내려놓고 살아가는 존재이다. 농촌 노총각에게 필요한 것은 성적욕망의 처리이고, 들병이에게 필요한 것은 최소한의 연명거리이다. 들병이와 노총각은 서로의 필요에 의해 성과 연명거리를 교환한다. 살기 위해서는 밥도 중요하고 성욕도 중요하다. '자연계란 아무리 흐트러지고 부패해도 결코 숭고함을 잃지 않는다'[43]라고 한 사드의 말을 떠올리면 김유정이 들병이 문학을 통해서 추구하려고 했던 것이 무엇인지 가늠할 수 있다.

사드가 추구한 것이 철저하게 쾌락원리에 있었다면 김유정은 빈부귀천에 관계없이 철저하게 삶의 문제에 집착한다. 그 가운데서도 삶에 연관된 인간 본능을 파헤쳐 보려 한다. 마땅히 있어야 할 것을 갖지 못한 자의 자기 결핍 채우기는 그것이 비록 악덕 쪽에 기울어져 있다고 할지라도 삶의 의지를 느끼게 한다. 삶의 의지를 느낄 수 있다는 것은 숭고하다. 김유정은 들병이 문학을 통해서 도덕도 중요하지만 자연계를 이어나갈 생명은 더욱 소중하고 위대하다는 것을 말하려고 하는 것이 아닌가.

물론 들병이 문학에서는 30년대 당대의 사회적 모순과 궁핍의 문제를 고발하려는 목적이 있을 수 있다. 그러나 그에 앞서 김유정은 비굴하고 비참하고 어리석어 보이는 삶이라 할지라도 모든 존재는 소중하다는 것, 냉혹한 자연계에서 살아남는다는 것은 위대하고도 숭고한 일이라는 것, 살아남기 위해서는 그 어떤 것도 감내하지 않으면 안 된다는 것을 우리 앞에 보여주고 있는 것이다.

43 마르키 드 사드, 『소돔의 120일』, 17면.

: 참고문헌 :

김유정, 전신재 편, 『원본 김유정 전집』(개정증보판), 강, 2012.

______, 유인순 편, 『동백꽃』, 문학과지성사, 2005.

안회남, 『안회남 단편선』(조선문고 2-14), 학예사, 1939.

현　덕, 『북으로 간 작가 선집』 9집(현덕, 남생이 · 송영, 선동자), 을유문화사, 1988.

김미현, 「숭고의 탈경계성」, 『한국문예비평연구』 제38집, 2012.

김영수, 「김유정의 생애」, 『김유정 전집』 하, 김유정기념사업회, 1994.

김윤식, 「들병이 철학과 알몸의 시학」, 전신재 편, 『김유정 문학성의 전통성과 근대성』, 한림대 아시아문화연구소, 1997.

김종호, 「김유정 소설에 나타난 들병이에 대한 일 고찰」, 『한국민족어문학』 제43권, 2003.

김주리, 「김유정 소설에 나타난 파괴적 신체고찰」, 『한국문예비평연구』 26권, 2006.

김춘진, 「성매매 방지를 위한 여성부 기능 및 조직 개편 방향」(동향 및 연구보고서), 대한민국국회, 2008(국회도서관 청구기호 328.345-9-122).

박세현, 「김유정 소설의 매춘구조」, 『김유정의 소설세계』, 국학자료원, 1998.

유인순, 『김유정 문학연구』, 강원대 출판부, 1988.

이경재, 「현덕의 생애와 소설연구」, 『관악어문연구』 제29집, 서울대, 2004.

이능화, 『조선해어화사』, 동문선, 1992.

정병설, 『나는 기생이다』, 문학동네, 2007.

조남현, 『한국 현대소설사』 2, 문학과지성사, 2013.

한상무, 「김유정 소설에 나타난 부부 윤리」, 『김유정의 귀환』, 소명출판, 2012.

마르키 드 사드, 김문운 역, 『소돔의 120일』, 동서문화사, 2012.

왕일가, 노승현 역, 『성과 문명』, 가람기획, 2001.

죠르쥬 바따이유, 조한경 역, 『에로티즘』, 민음사, 1996.

고상한 여성상 / 타락한 여성상

김유정의 두 작품에 그려진 여성상

한상무

1. 머리말

김유정 소설 세계 속에는 많은 여성 인물이 등장한다. 「산골」, 「동백꽃」, 「봄·봄」 같은 작품에 등장하는 순진한 시골 처녀, 「소낙비」, 「산골 나그네」, 「가을」 같은 작품에 등장하는, 남편을 위해 성적 폭력이나 인간적 수모도 감수하는 아내, 「총각과 맹꽁이」, 「안해」, 「정분」 같은 작품에 등장하는 들병이 등 많은 타입의 여성들이 등장한다. 이들 여성 인물은 거의 김유정의 소설이 발표되던 1930년대, 일제 강점기 하에서 황폐화된 농촌 사회에서 극도의 빈궁 속에 허덕이거나, 남성에 의해 삶의 도구로 전락할 수밖에 없었던 인물들이다. 따라서 이들은 당대의 사회적 삶과의 연관성 하에서 고찰함으로써 그 인물적 특성을 가장 폭넓고 풍부하게 천착할 수 있는 인물들이다.

그러나 여성 인물, 특히 젊은 여성 인물의 경우, 일반적으로 남성 인물의 성적 욕망이나 충동의 대상으로 설정되어 있는 것은 특이한 예가 아니다. 그리고 이런 여성 인물 중에 특히 여성과는 다른, 남성의 특징적인 성적 욕망이나 충동의 본성을 탐구하거나 구명하는 데 매우 적절한 대상이 있는 경우가 있다. 인간의 무의식에 대한 탐구를 통해 성적 욕망이나 충동 문제를 주로 탐구하는 정신분석학적 관점에서 이런 여성 인물을 고찰할 경우, 우리는 여성과는 다른, 남성만이 가지고 있는 고유한 성적 욕망이나 충동의 본성에 대한 이해에 가깝게 다가갈 수 있고, 김유정과 같이 작가가 남성인 경우, 작가의 여성에 대한 욕망이나 충동, 혹은 환상의 본질을 이해하는 데 좀 더 가깝게 다가갈 수 있다.

물론 작가는 자신의 허구적 작품 속에서 자신 혹은 다른 작가의 작품 속에서 볼 수 없는, 특이한 개성을 가진 인물을 창조하는 것을 목표로 하는 만큼, 작품 속의 작중인물이 꼭 특정한 학문적 이론에 걸맞은 인물이 아닐 수도 있다. 그러나 여하튼 소설 속의 작중인물들은 전체적으로든 부분적으로든 특정한 학문적 이론 — 이를테면, 정신분석학 — 에 비추어 보다 쉽게 해명이 가능하고, 이를 통해 인간 주체의 성성 — 남성성 혹은 여성성 — 에 대한 이해에 보다 쉽게 접근할 수 있을 가능성을 배제할 수 없다. 실제로 이런 문학 연구들은 헤아릴 수 없이 많이 생산되었고, 하나의 문학 학문적 연구 분과로 자리를 잡아 왔다.

이런 관점에서, 김유정의 소설 중 『생의 반려』와 「정조」 두 작품은 위에서 지적한 과제를 구명하는 데 적합한 작품이라 하겠다. 두 작품 모두 남성의 여성에 대한 성적 욕망이나 충동, 또는 환상을 투영하고 있는 작품으로 정신분석학적 관점에서 고찰하기에 적합한 작품이다. 특히 『생의 반려』는 작가 김유정의 자전적인 소설로서, 그의 이성에 대한 사랑 혹은 욕망, 그리고 환상을 투영하고 있다는 점에서 남성 작가 김유정에 대한 이해를 심화하는 데도 적합한 작품이 아닐까 한다. 아래에서 먼저 작품 『생의 반려』를 대상으로 남성의 이성에 대한 사랑 혹은 욕망, 그리고 환상의 문제, 그리고 남성의 사랑이나 욕망이 투영된 대상으로서의 여성상을 구명하고, 다음 「정조」를 대상으로 동일한 과제를 논의하겠다.

2. 『생의 반려』에 투영된 여성상

김유정 문학에 대한 연구자들에 의하면, 『생의 반려』는 김유정의 전기적 사실과 관련이 깊은 작품들이다. 즉 이 작품은 김유정이 당대의 명창이며 기생인 박녹주에 대한 짝사랑을 투영한 작품으로,[1] 가난과 병고에 시달리며 소설 창작에 열정을 쏟아 붓고 짧은 생애를 마감한, 불우한 젊은 작가 김유정의, 여성에 대한 사랑 혹은 욕망, 그리고 그 환상의 일면을 엿볼 수 있게 해 주는 작품이다. 그러나 동시에 이들 작품은 남성의 성적 대상으로서 여성에 대해 남자들이 갖는 사랑 혹은 욕망, 그리고 환상의 본질의 한 측면을 엿보게 해 준다는 점에서 논의의 가치가 충분한 작품이라 하겠다.

『생애 반려』는 학생 신분의 남성 주인물의, 연상의 기생에 대한, 이루어질 수 없는 열정적인 사랑을 모티프로 삼고 있는 작품이다. 이 작품에서 여인을 사랑하는 주인물은 유명렬이라는 이름의 고보 학생이며, 이야기의 서술은 주인물과 가까운 학교 친구인 1인칭 서술자 '나'에 의해서 이루어지고, 플롯의 중심 갈등은 연상의 기생인 나명주에게 유명렬의 사랑의 뜻을 전하는 편지를 위임받은 서술자 '나'와 주인물 유

1 유인순, 『김유정을 찾아가는 길』, 솔과학, 2003, 25~26면.

명렬 사이에서 편지를 전하는 과정에서 야기되는 일련의 갈등이다. 이 소설에서 정신분석학적 관점에서 주목할 점은, 젊은 남성의, 연상의 기생에 대한 열정적 혹은 광적인 사랑의 성격, 그리고 주인물의 여성에 대한 사랑의 실현이 타자의 개입에 의해 거듭 지연됨으로써 사랑의 불가능성을 암시하는 내용이다.

『생의 반려』에서 주인물 유명렬은 이른바 사회적 외톨이라고 부를 만한 사회병리적인 한 전형이다. 그는 고보 재학생이지만 학업은 불성실하기 짝이 없고, 결혼에 실패하고 홀로 사는, 역시 사회병리적 성격의 소유자인 누이에 얹혀사는 신세다. 그는 타인과의 대면을 극히 싫어하는 은둔형 외톨이로 바깥 외출도 안 하고, 방 속에 틀어박혀 짐승 같은 몰골을 하며 날을 보내는 우울증자이다. 서술자는 이 인물을 이렇게 묘사한다.

> 오래동안 볕을 못본 탓으로 얼골은 누렇게 들떴고 손 안댄 입가에는, 스물셋으론 고지 듣지 않을 만치 제법 검은 수염이 난잡히 뻗히었다. 물론 번이는 싱싱해야 할 두 볼은 꺼지고 게다 연일철야로 눈까지 퀭 들어간, 말하자면 우리에 가친 사람이라기보다 즘생에 가까웠다.[2]

주인물이 얹혀사는, 그의 누이 또한 사회병리적인 여성이다. 결혼에 실패하고 홀로 가난 속에서 동생을 부양하는 그녀는 감정적 기복이 몹시 심한 인물이다. 때때로 그녀는 동생에 대해 가학적인 언동을 보이는 데, 이런 누이의, 동생에 대한 불안정하고 사디즘적인 언동이 주인물이 보이는 폐쇄적, 퇴영적 증상에 원인이 된 것으로 볼 수 있다.

2 전신재, 『김유정 전집』, 한림대 출판부, 1987, 228~229면.

이런 주인물은 우연히 집밖에 나갔다가 목욕탕에서 나오는 한 여인을 본 후로 그녀에 대한 사랑의 열정에 병앓이를 한다. 그가 처음 그녀를 본 장면을 작품에서는 다음과 같이 그리고 있다.

> 그가 집의 일로하여 봉익동엘 다녀 나올 때 조고만 손대여를 들고 목욕탕에서 나오는 한 여인이 있었다. 화장 안한 얼골은 창백하게 바랬고 무슨 병이 있는지 몹시 수척한 몸이었다. 눈에는 수심이 가득히 차서, 그러나 무표정한 낯으로 먼 하늘을 바라본다. 힌 저고리에 힌 치마를 훑여 안고는 땅이라도 꺼질까봐 이렇게 찬찬히 걸어 나려오는 것이었다.
>
> 그 모양이 세상고락에 몇 벌 씻겨 나온, 따라 인제는 삶의 흥미를 잃은 사람이었다.[3]

주인물이 처음 본 뒤 사랑의 열병을 앓게 된 대상은 주인물보다 다섯 살이나 연상의 기생으로, 기생 나이로 보면 삼십이 가까운, 한 고비를 넘은 시들은 몸이었다. 더구나 그녀는 외양도 출중하게 두드러진 곳이 없었다. 이런 소위 화류계 여성을 두고 짝사랑의 열병을 앓는 주인물을, 가까운 친구인 서술자 '나'는 도무지 이해할 수 없다. 서술자는 유명렬이 그녀를 사랑하게 된 이유를 자기 나름으로 다음과 같이 해석한다.

> 그는 자기의 머릿속에 따로히 저의 여성을 갖고 있는 것이다. 말하자면 그와 가치 생의 절망을 느끼고, 죽자하니 움직이기가 군찮고 살자하니 흥미없는 그런 비참한 그리고 그가 지극히 존경하는 한 여성이 있는 것이다. 그는 그 여성을 저쪽에 끌어내놓고 연모하기 시작하였다. 그리고 명주는

3 위의 책, 232면.

우연히 그 여성의 모형이 되고 말았을 그 뿐이었다.[4]

주인물의, 나명주에 대한 사랑의 의미에 대한 해석에는 매우 의미심장한 함의가 담겨져 있다. 즉 이런 해석은, 주인물의 나명주에 대한 사랑이 단순히 이성에 대한 사랑이나 욕망이 아니라는 의미가 함축되어 있는 것이다. 이는 단순한 이성적인 사랑의 대상으로서의 여성이라기보다, 이 여성 속에 있는 것으로 상상되는 여성 이상의 것에 대한 욕망일 가능성이 커 보인다.

이 작품의 인물 구도와 서사 구조에서 흥미로운 것은 주인물의 사랑의 대상이 학생 신분의 주인물보다 다섯 살이나 연상의 여성이라는 점, 이 여성의 직업이 기생이라는 점, 그리고 특히 주인물의 이 여성에 대한 사람의 감정을 담은 편지가 서술자에 의해 계속해서 지연되고 있다는 점 등이다. 인물 설정과 플롯 전개에서 특별한 주목을 끌만한 이러한 요소들은 남성의 이성애적 사랑의 대상인 여성에 대해, 그리고 남성과 여성의 성적인 사랑 혹은 욕망의 관계에 대해 무엇을 시사하는가?

이 문제에 접근하기 위해서는 정신분석학적 관점에서 남성의 여성에 대한 사랑의 본질은 무엇인가를 검토할 필요가 있다. 프로이트의 정신분석을 창조적으로 계승, 발전시킨 자크 라깡J. Lacan은 인간 주체의 본능적인 욕구need와 충동drive, 그리고 욕망desire을 엄격히 구분한다. 욕구는 인간이 가진 자연적, 생물학적 본능에 상응하는 개념이다. 욕구는 순수한 육체적 생존을 위해 충족되어야 할 생물학적 필요성이다. 반면 충동은 충족될 수 없는 것으로, 의식에 가해지는 압력의 항구성에 의해 특징지어 진다. 이런 충동의 전형은 리비도libido, 즉 성적 에너지이며, 욕구의 영역에 성애적 요소가 첨가됨으로써 욕구를 대체하게

4 위의 책, 236면.

된다. 그런데 인간의 본능적인 욕구가 언어적 상징을 통해 표출되면, 이는 요구demand가 된다. 요구는 무엇보다도 사랑에 대한 요구이다. 요구는 타자의 완벽한 사랑의 대상이 되기를 욕망하는 것이다. 즉 모든 요구는 궁극적으로 완전한 사랑에 대한 요구이며, 부모든 아이든, 남자든, 여자든 무엇인가를 요구할 때 이 요구의 바탕에는 완벽한 사랑에 대한 기대가 깔려 있는 것이다. 그런데 순수한 동물적 욕구는 요구의 차원으로의 진입을 통해 순수한 육체적 의미를 벗어나 상징적, 심리적 의미를 획득하게 된다. 그리고 또한 이런 요구에서 욕구를 제하게 되면 이것이 바로 욕망이 된다.[5]

욕구가 쉽게 충족될 수 있는 반면, 욕망은 인간의 기본 욕구 너머의 충족될 수 없는 어떤 것을 가리킨다. 라깡에 의하면, 욕망은 인간의 본질이다. 욕망은 인간 존재의 핵심에 있고, 그것은 본질적으로 결여와 관계된다. 사실 욕망과 결여는 분리할 수 없을 정도로 밀착되어 있다. 라깡은 욕망을 요구에서 욕구를 제했을 때 발생하는 잔여물로 설명한다. 욕망은 욕구와 요구가 완전히 일치할 수 없다는 사실로부터 발생하는 결여의 체험에서 발생한다. 즉 욕망은 욕구와 요구를 통해서도 결코 충족될 수 없으므로, 끊임없이 새로운 어떤 대상을 찾아야 하는 주체의 결여 상태를 지칭한다.

그러면 사랑과 욕망은 어떤 관계인가? 일찍이 프로이트는S. Freud는 남자가 사랑의 대상을 선택할 때 어떤 유형을 선택하며, 왜 그런 유형을 선택하는지 고찰한 바 있다. 프로이트는 남자의 사랑 선택의 방식을 '강박적 성격'으로 파악한다. 그리고 그 대상을 둘로 분리시킨다. 그는 인간이 가지고 있는 '사랑의(애정적) 성향'과 '관능적 성향'을 구분한다. 발달적 관점에서 보면, 두 성향 중 더 오래 된 것은 사랑의 성향이다. 우선

5 홍준기, 「자끄 라깡, 프로이트의 복귀」, 『라깡의 재탄생』, 창작과비평사, 2002, 73~78면.

어린 아이는 '자기보존 충동'을 갖고 있으므로, 이를 근거해 자기의 양육자를 사랑한다. 사랑은 자기보존 충동과 관련되어 있고, 욕망(성적)은 성 충동과 관련된다는 것이다. 성 충동은 우선 자기보존 충동에 의존해 발달하게 되므로, 양육자가 가지고 있는 사랑이 아이의 관능적 요소의 발달에 기여한다. 그리고 이러한 사랑의 양육을 통해 발달한 아이의 관능적 충동은 후일 주체의 성과 사랑, 대상 선택에 결정적 영향을 끼친다. 이러한 프로이트의 설명은 바로 애정적 사랑은 주체의 자기보존 충동과, 관능적 욕망은 성 충동과 관련된다는 것을 알 게 해준다.[6]

프로이트에 의하면, 인간에게 있는 두 종류의 충동 — 자기보존 충동과 성 충동 — 이 결합할 수 있다면, 이는 가장 바람직한 사랑의 생활이 될 것이다. 이러한 의미에서 프로이트는 가장 행복한 사랑은 근친상간적인 사랑이라고 말한다. 근친상간적인 사랑에서 애정적 사랑과 관능적 욕망은 하나로 결합하기 때문이다. 그러나 정확하게는 이런 이유로, 즉 근친상간적 사랑 혹은 욕망을 회피하기 위해 인간은 사랑 대상과 욕망 대상을 분리하는 성향을 갖게 된다. 프로이트에 의하면, 근친상간적 욕망을 방어하기 위해 남자는 사랑과 욕망을 분리한다고 분석한다.

앞에서 프로이트가 남자의 사랑 선택의 방식을 강박적 성격으로 파악했음을 지적했지만, 이런 강박적 성격의 남자는 두 종류의 여성을 만들어 낸다. 하나는 성모형 여성이며, 또 하나는 창녀형 여성이다. 즉 한편에 사랑과 숭배의 대상인 어머니의 형상이 있다면, 다른 한편에는 어머니의 형상으로 결코 변형될 수 없는, 소위 욕망의 원인 대상인 대상 a를 구현하는 성적인 대상이 있다.[7]

남자에게 사랑이나 숭배의 대상인 성모형 여성이란 어떤 여성인가?

---

6 홍준기, 『오이디푸스 콤플렉스, 남자의 성, 여자의 성』, 아난케, 2002, 277~284면.

7 브루스 핑크, 맹정현 역, 『라캉과 정신의학』, 민음사, 2002, 217면.

정신분석에서 어머니는 최초의 사랑의 대상이지만, 동시에 영원히 상실된 사랑의 대상이며 근친상간 금지의 대상이다. 따라서 어머니는 라깡이 지칭한 큰사물Das Ding로서 주체가 영원히 지향하는 대상이면서, 영원히 상실한, 그 결과 결코 도달할 수 없는 대상이다. 이 큰사물은 주체에게 매우 친숙하면서도 결코 범접할 수 없는 높은 데 있는, 따라서 주체에게 지고선으로 비치면서 동시에 그 거리감 때문에 생소하고 낯설게 느껴진다. 큰사물은 욕망이 생성되는 근원에 있다. 즉 큰사물은 욕망이라는 해바라기가 지향하는 태양과 같다. 큰사물은 욕망의 지향점이지만, 결코 도달할 수 없는 지향점이다.[8] 라깡은 중세의 소위 기사도적 사랑 혹은 고상한 궁정풍 사랑에서 흔히 볼 수 있는 이런 사랑 대상을 "어떤 대상을 큰사물의 위엄에까지 끌어올리는 것"이라고 말한 바 있다.[9]

다시 김유정의 『생의 반려』로 돌아가, 첫 번째 과제인 주인물, 유명렬의 사랑의 대상이 다섯 살이나 위인 연상의 여성으로 설정된 이유는 무엇일까? 또 처음 보고 주인물을 사랑의 열병에 빠뜨린 그녀의 직업이 기생인 이유는 무엇일까? 유명렬은 그녀를 단순한 성적 욕망이나 욕동의 대상으로 보지 않고, 무의식적 환상 속에서 그녀에게 어린 시절 사별한 어머니의 영상을 투영하고 있는 것으로 보인다. 이런 해석은 작품에서 보이는, 주인물의 어머니에 대한 강렬하고 절절한 그리움을 토로한 부분이 단서가 될 수 있다.

그는 잇다금식 나에게

8 임진수, 『부분대상에서 대상 a로』, 파워북, 2011, 192면.

9 임진수, 『상징계－실재계－상상계』, 파워북, 2012, 211면; 슬라보예 지젝, 이만우 역, 『향락의 전이』, 인간사랑, 1994, 178~188면.

"어머니가 난 보고 싶다."

이렇게 밑도끝도없이 부르짖었다.

나이 찬 기생을 그가 생각하게 된 것도 무리는 아닐 것 같다. 그는 그 속에서 여러 가지를 보았으리라. 즉 어머니로써 동무로써 그리고 연인으로써 명주가 필요하였다.

또한 주인물이 서술자 '나'를 통해 그의 사랑의 대상인 나명주에게 보낸 편지에도, 어린 시절 상실한 어머니에 대한 강렬한 그리움과 사별한 어머니를 여읜 슬픔을 토로한 문장이 포함되어 있는데, 이 역시 나명주에게 어머니의 영상을 투영하고 있는 사실을 짐작할 수 있다.

선생이시어

저에게 지금 단 하나의 원이 있다면 그것은 제가 어려서 잃어버린 그 어머님이 보고싶사외다. 그리고 그 품에 안기어 저의 기운이 다 할 때까지 한껏 울어보고 싶사외다. 그러나 그는 이 땅에 이미 없노니 어찌하오리까.[10]

위 첫째 인용문에서 서술자는, 주인물이 나명주를 "어머니로써 동무로써 연인으로써" 필요로 하였다고 기술하고 있다. 그러나 동무와 연인을 동격으로 볼 때, 한 여성을 어머니이면서 동시에 연인으로써 사랑한다는 것은 불가능한 일이다. 왜냐하면, 앞의 프로이트의 견해에서도 지적하였지만, 한 여성을 어머니로서 사랑하면, 남자는 심인성 성불능증에 빠지기 쉽기 때문이다. 남자는 근친상간적 대상을 무의식적으로 연상시키는 대상의 경우, 이성애의 대상으로 욕망할 수 없다. 앞

10 전신재, 앞의 책, 243면.

에서 지적한 대로, 남자가 사랑의 대상과 욕망의 대상을 분리하는 성향을 갖게 되는 것은 바로 이 때문이다.

주인물 유명렬에게 나명주는 이성애의 대상이 될 수 없으며, 따라서 두 사람이 연인이 되거나 서로 성적 관계를 갖는 것은 불가능하다. 이런 불가능성은 이 작품의 플롯의 중심 갈등을 분석하면 이해할 수 있게 된다. 플롯의 중심 갈등은 유명렬이 자신의 열정적인 사랑의 감정을 담은 편지를 매일 써서 서술자 '나'를 통해 전달하고 그 답장 받기를 열망하나, 서술자가 직접 나명주의 집을 세 번이나 찾아가도 실패하고, 마침내 서술자가 그 부담을 감당할 수 없어 그의 편지를 종종 뜯어 읽고 그 답장을 대신 써준다는 것이다. 이런 과정에서 유명렬은 나명주를 더욱 더 숭배하게 되고, 종국에는 완전히 상대를 우상화하고 신앙의 대상으로 삼게 된다는 내용이다.

이 일련의 사건에서 주목할 점은 서술자 '나'에 의해 유명렬의, 나명주에 대한 사랑의 감정 전달이 반복해서, 계속 지연된다는 사실이다. 이는 어린 시절 상실한 어머니, 그리하여 지고선의 지위로 승격한 큰 사물로서의 어머니에 대한 사랑을 나명주에게 투사한, 유명렬과 나명주와의 근친상간적인 성적 관계의 불가능성을 무의식적으로 회피하려는 서술자의 시도로 해석할 수 있다. 직업이 기생인 나명주를 가령 고상한 사랑의 대상으로 볼 수 있는가의 문제는, 이 작품이 발표되던 1936년 경에 나명주의 모델이라고 볼 수 있는 박녹주가 단순한 기생이 아니라, 당시 국내에서 알아주는 명창 중 하나로 예술인으로서 전성기를 누리던 때였다는 사실을 고려하면 주인물 유명렬과 나명주와의 거리가 결코 그 일방적 사랑이 이루어질 수 없는 관계임을 짐작할 수 있다. 그러나 역으로 이런 사실, 즉 결코 이루어질 수 없는 거리를 두고 있는 사랑의 대상이기에 이는 주체에게 그것을 향락할 수 있다는 환상을 불러

일으킨다. 즉 주체에게 금지를 위반하면 향락jouissance을 누릴 수 있다는 무의식적 환상을 갖게 함으로써 대상에 대한 사랑의 열정을 더욱 더 강렬화한다. 그러나 이는 영원히 불가능한 향락이며, 게다가 이것을 만나면 죽음과 공포라는 끔직한 환각적 현실만이 있을 뿐이다. 지젝Slavo Zizek은 『향락의 전이』에서 이런 고상한 사랑은 단지 그 획득가능성을 방해함으로써 대상의 가치를 고양시키는 근본적인 전략이라고 지적하고 있다. 사랑 대상의 획득의 불가능성을 강조, 부각시킴으로써 대상의 가치를 큰 사물의 위엄에까지 끌어올리려는 전략이란 의미이다.[11]

물론 이 작품에서 주인물의 사랑의 대상인 기생 나명주에 대해 부분적으로 평가절하적인 묘사가 포함되어 있긴 하지만, 전체적으로 볼 때 이 부분이 별로 강조, 부각되고 있지 않은 점도 위의 해석과 무관하다 할 수 없다.

3. 「정조」에 투영된 여성상

김유정의 소설 중 「정조」는 당대의 부유층-양반 혹은 지주 계급 가족 내에서 가부장적 남성에 의해 자행되는 성적 행태와 그 윤리적 파탄, 그리고 이와 대조적인 하층 빈민들의 성적 윤리의 아노미 현상을 적나라하게 보여줌으로써, 당대 사회의 풍속사의 일면과 함께 여성에 대립되는 보편적인 남성의 성적 욕망이나 충동의 일단을 엿보게 해 준

11 슬라보예 지젝, 이만우 역, 『향락의 전이』, 인간사랑, 2001, 179~182면.

다. 이런 점에서 3인칭 전지적 시점에 의해 서술되고 있는 이 작품은 앞에서 논의한 『생의 반려』와는 작품적 모티프나 서사구조, 인물구도, 배경, 시점 등이 매우 상이한 작품이다. 그러나 이 작품에서 그려지고 있는 남성의 비정상적인 성적 욕망이나 충동은, 『생의 반려』와 더불어 남성의 성적 욕망이나 충동, 그리고 그 환상의 본질을 엿볼 수 있게 해주는 점에서 함께 논의할 가치가 있다.

「정조」는 도시 소재의 한 부유한 양반 집안에서 주인인 남편의 소위 충동적, 탈규범적인 외도 행위와 이에 따른 일련의 내적, 외적 갈등을 다룬 작품이다. 3인칭 서술자에 의한 서술이지만, 주로 주인의 아내의 시점으로 서술되는 이야기에서, 남편은 술이 만취한 상태에서 귀가 중 집안의 행랑어멈과 충동적인 성적 관계를 갖게 된다. 주인의 행동이 전적으로 무의식적인 충동에 의한 성 관계였는가는 의심의 여지가 있다. 즉 주인은 술에 만취되었다고 하지만, 행랑어멈의 남편이 잠시 동안 귀향 중인 사실을 알고 있었기 때문이다. 말하자면, 부분적으로 주인은 자신의 의식이 작동하는 정신 상태에서 행랑어멈과 부적절한 성적 관계를 가진 것이다. 소설의 플롯의 중심 갈등은 이 사건 이후 돌연한 사건의 충격파를 최소화하려는 주인 아씨와, 이 사건을 빌미로 가족의 생계를 위해 최대의 물질적 보상을 받아 내려는 행랑어멈과의 일련의 외적 충돌과 내적 갈등이다.

외도의 당사자인 주인은 부유한 양반 집안의 가부장이다. 그는 부모가 물려준 재산을 바탕으로 아내 외의 다른 여성과 탈윤리적인 외도 행각을 벌여 왔다. 그는 본처인 주인 아씨 외에 기생 첩이 있고, 또 여학생 첩도 있다. 주인 아씨의 눈으로는 “꽃같은 계집들이 이렇게 앞에 놓였으련만 무슨 까닭에 행랑어멈을 그랬는지” 도무지 그 속을 알 수 없다. 이 점은 당사자인 주인 서방님도 명징한 의식으로는 자신을 납득

시키지 못한다. 행랑어멈과의 충동적인 성 관계 이후 주인은 자괴감에 빠져, "문지방 하나만 더 넘어스면 곱고 깨끗한 안해가 있으련만 그걸 뭘보구?", "그것두 …… 그 상파대기를 뭘 보구? 에! 추해!" 하고 후회하며, 창자가 뒤집힐 듯한 역겨움을 느낀다.

주인 아씨는 이런 남편의 탈윤리적 행태에 대하여 명시적인 저항이나 반발을 보이지 못한다. 기껏해야 남편에게 사태의 수습을 전적으로 미루거나 불륜 사실을 빈정거리다가 남편의 폭력적 행태에 고개를 움츠리고, 행랑어멈의 불손한 태도에 집안에서 자신의 위상 추락에 전전긍긍하는 나약한 소극적 태도를 보일 뿐이다. 그녀는 남편의 외도 행각이나 행랑어멈과의 불륜 사실을 자신과 가족의 지배자이며 가부장인 남편의 당연한 권리이며 관행으로 여기고 이를 용인할 뿐 아니라, 단지 남편의 수치스러운 불륜 사건이 원만히 수습됨으로써 집안에서의 자신의 위상이 계속 보장되기만을 바랄 뿐이다.

소설 속의 중심 사건의 발달이 된 주인과 행람어멈과의 충동적인 성 관계가 시사하는 부부 윤리의 탈규범성은 전통적인 가부장적 가족제하에서는 오랜 세월 동안 하나의 인습을 이루어 왔다. 가부장적 가족, 특히 양반 귀족 계급 가정에서 많은 가부장 남성들은 자신이 소유하고 있는 가부장적 권력과 물질적 부를 이용해 자신의 아내는 정조라는 이념적 족쇄로 묶어 놓고, 자신은 마음껏 아내 외의 여성들과 성적 쾌락을 추구했으며, 이는 역사적, 사회적으로 공공연하게 용인되는 관습의 일부를 이루어 왔다. 조선조 시대에서 지배 계급인 양반 가정의 소위 사대부 남편들 중 많은 이들이 정처 이외에 하나 이상의 첩을 두고 성적 향락을 일삼았다는 사실은 많은 역사적 기록에 의하여 입증된다.

앞에서 프로이트가 남자의 사랑 대상 선택 방식을 강박적 성격으로 파악했음을 인용했지만, 가부장인 남성은 스스로 가정의 주인이며 지배자인 만큼 성적 욕망이나 충동 측면에서 스스로 자신의 성적 정체성을 잃지 않고, 지속적으로 의식적인 주체로서의 자신을 고수할 필요가 있다. 그는 설사 여성과의 성 관계를 가지더라도 상대 여성을 부정하거나 폐지시킴으로써 상대 여성에게 큰 가치를 부여하지 않는다. 전통적인 가부장제 가족제 하에서 가부장인 남성이 이런 강박증적 성적 성향을 가질 가능성은, 집안에서 남편과 아내가 동등한 인격체로 살아가는 현대 사회의 핵 가족제보다는 훨씬 클 가능성이 있다. 김유정의 주요 소설의 배경이 되고 있는 1930년대에도 이런 가족제적 인습이 지속되고 있었으며, 「정조」의 작중인물인 주인 역시 강박증적 성격을 지닌 남성 주체일 가능성이 매우 크다. 그리고 그의 이런 신경증적 특성은 그가 정처 외에 여러 첩을 두고도, 이에 만족치 못하는 — 강박증자의 욕망은 불가능한 욕망이다 — 여성 편력을 주저치 않는 남성 주체일 가능성을 시사해 준다.

정신분석학적 관점(프로이트-라깡)에서, 인간 주체는 존재론적으로 결여를 안고 살아가는 존재로서 그의 욕망이나 충동은 무의식적인 것이다. 따라서 주인 남편의 행랑어멈에 대한 욕망 혹은 충동은 부분적으로는 의식적이지만, 본질적으로는 무의식적인 것이다. 그리고 앞에서 거론한 욕망과 충동의 개념적 차이에 비추어 볼 때, 행랑어멈은 주인 남성의 충동의 부분 대상으로서의 대상 a에 해당한다고 볼 수 있다.

라깡에 의하면, 인간 주체는 사회적인 금기를 내면화함으로써 문화 혹은 상징계 속으로 탄생하며, 바로 이 금기로 말미암아 어린 시절 지울 수 없는 욕망을 지니게 된다. 이 욕망의 대상이 바로 어린 시절 영원히 상실한 대상인 어머니 — 큰사물의 환유인 대상 a이다. 주체의 욕망은 본질적으로 금지된 대상이 약속하는 향락을 향해 움직인다. 이는 욕망은 금지에 의해 창출되기 때문이다. 그런데 대상에 의해 활성화된 욕망의 일부는 문화와 제도, 즉 상징적 법에 의해 다시 사회적 환상으로 수렴되면서 쾌락원칙에 묶이게 된다. 즉 불쾌의 회피를 특성으로 하는 쾌락원칙은 현실원칙과 결합하여 금지된 대상에 대한 욕망을 포기하게 만들지만, 결국 쾌락원칙은 사회적, 상징적 법의 한계를 넘어서지 못한다. 이 때 사회적 환상에 사로잡히지 않은 욕망은 쾌락원칙을 넘어서 직접적인 충족을 요구하는 욕망으로 다시 태어나는데 이것이 바로 충동이다.

앞에서 이미 간략하게 검토했지만, 이 충동은 쾌락원칙을 위반하고 향락을 즐길 수 있는 유일한 방식이다. 욕망이 쾌락의 현실에 안주한다면, 충동은 향락의 실재를 향해 끊임없이 움직인다. 프로이트는 사회적으로 규범화되기 이전의 인간의 성, 즉 충동이 본질적으로 다형도착성polymorphously perverse을 띠고 있음을 지적한 바 있다. 이런 특성을 지닌 충동은 본능적인 생식과 성기 중심의 조직화나 표준화된 사회적 규범을 거부하고 비정상적인 다양성을 지닌 채 자유롭게 흘러 다닌다.

이런 충동은 항상 부분 충동으로 그 지향 대상 역시 개별적으로 파편화된 부분 대상이다. 라깡은 성적 충동의 부분 대상으로 젖가슴(구강 충동), 대변(항문 충동), 시선(시각 충동), 음성(청각 충동) 등을 들었지만, 이밖의 다른 감각적 대상들도 부분 충동의 대상이 될 수 있다. 인간의 삶의 현실에서 욕망이나 충동의 대상 a는 다양한 모습으로 나타날 수 있다. 그것은 어떤 여성의 젖가슴, 혹은 누군가가 나에게 건넨 시선일 수도, 혹은 누군가의 음성이나 냄새, 하얀 살결, 누군가의 눈동자 색깔일 수도 있으며 말하는 태도가 될 수도 있다. 이런 목록은 열거하자면 무궁무진할 수 있다. 충동의 부분 대상으로서의 대상 a가 쾌락원칙의 한계를 넘는 실재적 향락의 대상이라는 사실은, 「정조」에서 남편이 비천한 신분의, 외양조차 추하고 역겨운 냄새가 나는 행랑어멈과 만취 상태에서 충동적인 성 관계를 갖게 되는 이유의 일단을 설명해 준다.

> 문지방 하나만 넘어스면 곱고 깨끗한 안해가 있으련만 그걸 뭘보구?[12]

> 아아! 내 뭘 보구 그랬든가 검붉은 그 얼골 푸리딩딩하고 꺼칠한 그 입살 그건 그렇다고 찝찔한 짠지냄새가 확 끼치는 그리고 생후 목물한번도 못 해봤을 듯 싶은 때꼽 낀 그 몸둥아리는? 에잇 추해! 추해! 내 뭘보구?[13]

주인 남편에게 "문지방 하나만 넘어서면 있는 곱고 깨끗한 아내"는 쾌락원칙의 한계 내에 존재하는 욕망의 대상이라면, 추하고 역겨운 냄새가 나는 행랑어멈은 무의식적 환상 속에서 주인 남편의 충동을 자극하는 대상 a에 해당한다고 할 수 있다. 특히 주인 남편의 성적 충동의 미끼로 작용하는 대상 a는 위의 인용에서는 역겨운 후각적 감각 자극으로 보인다.

앞에서 지적했지만, 프로이트가 규정한 대로 사랑 대상의 선택 방식에서 강박적 성향을 지닌 남성은 환상 속에서 남근적 향락을 추구하는 성적 주체이다. 이런 남성은 무의식적 환상 속에서 아득한 원시 부족시대에 모든 여성을 독점적으로 소유한 채 절대적 향락을 누리던 원초적 아버지를 꿈꾸며, 여성과의 성적 관계를 통해 완벽한 향락을 누리려는 착각에 빠지지만, 결국은 항상 결여를 남기고 마는 '남근적 향락 phallic jouissance'을 취할 뿐이다. 이런 남성에게 성적 상대인 여성은 다만 대상 a의 우연적 용기나 매체에 지나지 않는다. 남근적 향락은 항상 결여를 남기고 실패로 끝날 수밖에 없는데, 이것이 남자들이 여성에 비

12 위의 책, 266면.
13 위의 책, 265면.

해 성적 편력이나 성적 불륜에 쉽게 빠지는 주된 원인의 하나가 된다.

「정조」의 주인 남성은 바로 가족 내에서의 가부장적 권력과 재화의 힘을 빌어, 또한 아내에 대하여 주인으로 군림하는 부부 관계를 통해서 상징적인 법과 윤리의 규범을 위반하며 부단히 외설적 향락을 추구하는 전형적인 남성 주체이다. 앞에서 이미 인용했지만, 강박적 성향의 남성은 성모형과 창녀형 두 종류의 여성을 만들어 내는데, 전자는 사랑과 숭배의 대상인 어머니의 형상이고 후자는 어머니의 형상으로 결코 변형될 수 없는, 소위 욕망의 원인-대상인 대상 a를 구현하는 성적인 대상이다. 남자는 근친상간적 대상(어머니)을 무의식적으로 연상시키는 경우 그녀를 성적으로 욕망할 수 없다. 그리하여 그는 심리적 성불능에 대한 방어 수단으로 일반적으로 성적 대상에게 부여했던 높은 심리적 가치를 떨어뜨린다. 이런 조건이 충족되면 자신의 성적 욕망이나 충동을 자유롭게 표출하고, 그 대상에서 커다란 쾌락을 획득할 수 있다. 그러나 이렇게 가치절하 평가를 받은 성적 대상 역시 남자의 무의식 속에서는 여전히 근친상간적인 대상이다. 프로이트는 남자 아이가 어머니를 성적 대상으로 선택하기 위해서는 '천사' 혹은 성모와 같은 이상적 어머니가 아니라, '타락한'·'부정한' 어머니라는 환상이 필요하다고 주장한다.[14]

프로이트가 강박적 성격인 남자의 욕망 대상을 부정한 여자, 즉 매춘부와 같은 여성이라고 말했을 때, 이는 남자가 모두 실제 매춘부를 성적 파트너로 욕망한다는 뜻이 아니라, 아버지에게 성적 특혜를 제공하며 성적 쾌락을 추구하는 어머니를 타락한 어머니로 환상 속에서 상상하며, 그런 한에서 후일 남자의 욕망의 대상이 '타락한' 여자가 된다는 의미이다. 즉 남자는 환상 속에서 부정한 어머니를 가정했을 때에

14 홍준기, 앞의 책, 282면.

만 스스로 아버지가 되어 어머니를 욕망할 수 있다.[15]

「정조」에서 주인 남편의 성 관계의 대상은 바로 그가 손쉽게 남근적 향락을 충족시킬 수 있는, 부분 충동의 원인 — 대상인 대상 a의 용기, 혹은 대상 a를 구현하는 창녀형 여성이다. 그녀는 『생의 반려』에 그려진 고상한 여성상과는 대조되는 창녀형 여성으로, 단지 일시적으로 남자의 부분 충동을 충족시키는 용기로서 소위 '타락한 어머니'의 형상을 구현하는 여성일 뿐이다. 「정조」에서 주인 남편은 고상하고, 깨끗한 아내를 통해서는 자신의 남근적 향락을 손쉽게, 마음껏 충족시킬 수 없었기에 바로 창녀형의 행랑어멈을 충동적인 성 관계의 대상으로 선택했던 것이다.

4. 맺음말

본고에서 논의한 바, 김유정의 두 소설 『생의 반려』, 「정조」에 그려진 두 여성상은 남성의, 여성에 대한 사랑 혹은 욕망, 충동, 그리고 환상을 투영하고 있는 유니크한 여성상이다. 정신분석학적 관점에서 이들 여성상을 해석함으로써, 우리는 남성이 그의 환상 속에서 추구하는, 여성에 대한 사랑이나 욕망, 충동의 본질을 좀 더 심층적으로 이해할 수 있다. 또한 이런 논의를 통해 비록 굴절된 관점에서나마, 젊은 나이에 가난과 병고에 시달리며 주옥같은 단편들을 창작해 내던 작가 김유

15 위의 책, 283면 참조.

정이 이성에 대해 품었던 사랑과 욕망의 본질을 좀 더 잘 이해할 수 있게 되었다.

위의 본론에서 프로이트의 견해를 인용하여, 모든 인간의 사랑이나 욕망은 본질적으로 어린 시절 영원히 상실한 대상—'큰사물'을 지향하는, 결코 도달할 수 없는 무의식적 욕망임을 서술하였지만, 어린 시절 일찍 어머니를 여읜 김유정의 상실감과 어머니에 대한 그리움이 그의 작품 『생의 반려』에서 주인물의, 이성애를 넘어서는 고상한, 거의 우상에 가까운 한 여성상의 창조로 이어진 것으로 보인다. 그러나 이는 결코 성적 향락의 대상이 될 수 없는 여성으로 그 이유를 본론에서 상세히 논증하였다.

이에 반해 「정조」에 그려진 여성상은 남성의 성적인 부분 충동의 대상으로서의 대상 a를 구현하는 여성상이다. 프로이트가 주장한 타락한 어머니로 평가절하 되는 여성상으로, 남근적 향락을 추구하는 남성이 쾌락원칙의 한계를 벗어나 마음껏 성적 향락을 추구할 수 있는 창녀형 여성상이다. 그리고 작가이면서 동시에 젊은 남성인 김유정의, 이성에 대한 성적 욕망 혹은 충동이 이런 여성상에 굴절적으로 투영되었다는 점을 조금도 이상한 일이라고 할 수 없다.

: 참고문헌 :

권택영, 『프로이트의 성과 권력』, 문예출판사, 1998.

김상환 · 홍준기 엮음, 『라깡의 재탄생』, 창작과비평사, 2002.

김용수, 『자크 라캉』, 살림, 2008.

딜런 에반스, 김종주 외역, 『라깡정신분석사전』, 인간사랑, 1998.

브루스 핑크, 맹정현 역, 『라캉과 정신의학』, 민음사, 2002.

숀 호머, 김서영 역, 『라캉 읽기』, 은행나무, 2006.

슬라보예 지젝, 김영찬 외역, 『성 관계는 없다』, 비, 2005.

__________, 이만우 역, 『향락의 전이』, 인간사랑, 1994.

유인순, 『김유정을 찾아가는 길』, 솔과학, 2003.

이종영, 『지배양식과 주체형식』, 백의, 1994.

임진수, 『부분 대상에서 대상 a로』, 파워북, 2011.

_____, 『상징계-실재계-상상계』, 파워북, 2012.

전신재, 『김유정 전집』, 한림대 출판부, 1987.

조엘 도르, 홍준기 역, 『라깡과 정신분석임상』, 아난케, 2005.

홍준기, 『오이디푸스 콤플렉스』, 아난케, 2005.

한상무, 『한국 근대소설과 이데올로기』, 푸른사상, 2004.

_____, 『한국 근대소설에 나타난 이데올로기』, 푸른사상, 2007.

김유정 개작 「홍길동전」(1935) 연구[*]

이민희

1. 들어가며

최근 김유정 개작 「홍길동전」의 존재가 세상에 알려졌다. 1935년에 잡지 『신아동新兒童』 2호에 「홍길동전」이 14쪽 분량으로 실린 사실이 2012년 3월 29일에 열린 김유정선생 제75주기 추모제에서 처음으로 소개[1]된 후, 작품 전문이 『근대서지』[2]에 실림으로써 작품의 전모를 확인할 수 있게 되었다.[3] 이는 기존에 김유정의 작품이 총 31편에서 32편으로 1편 더 늘어났다는 의미뿐 아니라, 김유정의 작품 세계를 보다 더 다양한 각도에서 조명할 수 있는 자료의 추가, 『홍길동전』의 이본 관계

* 이 글은 『인문학연구』(제45집, 조선대 인문학연구원, 2013)에 실렸던 것을 재수록한 것이다.

1 고문서 수집가이자 서지 연구가인 김현식 씨가 이를 찾아내 전상국 교수에게 이 사실을 알리면서 세상에 알려지게 되었다.

2 홍기돈, 「김유정의 「홍길동전」」, 『근대서지』 제5호, 근대서지학회, 2012, 472~486면.

3 최근 전신재 편, 『원본 김유정 전집』(개정증보판), 강, 2012에서도 「홍길동전」이 새로 추가 수록되었다.

를 살필 수 있는 자료의 추가, 그리고 1930년대 고소설 작품을 매개로 한 근대 작가의 다시쓰기rewriting의 양상과 성격을 고구할 수 있는 자료의 추가라는 점에서 의미가 있다.

현재 김유정 개작 「홍길동전」과 관련해 전문 소개와 함께 짧은 해제의 글과 신문 기사 정도가 있었을 뿐[4] 아직까지 작품론에 해당하는 본격적 연구는 없었다.[5] 따라서 본 연구는 김유정의 「홍길동전」에 관한 첫 번째 연구에 해당한다. 본고에서는 이본 대비를 통해 김유정 개작 『홍길동전』의 위치와 가치를 가늠해 보는 한편, 내용 분석을 통해 작품의 문학적 성과를 살피고, 김유정의 『홍길동전』 개작이 갖는 시대적, 사회적 의미가 무엇인지를 고찰하는 데 초점을 두려 한다.

2. 이본으로서의 김유정 개작 「홍길동전」의 위치

1) 선행 『홍길동전』 이본과의 관계

김유정 개작 「홍길동전」[6]은 과외교육잡지科外教育雜誌를 표방한 『신

4 홍기돈, 앞의 글, 466~471면.

5 현재 김유정과 김유정의 작품에 대한 연구는 현대문학 전공자를 중심으로 활발히 이루어지고 있는데, 다대하여 여기서 일일이 언급할 수 없을 정도이다. 최근에 김유정학회까지 만들어져 그 성과물까지 나오고 있다. 이런 상황에서 필자는 고전문학 전공자 입장에서 이번에 새로 발견된 김유정 개작 「홍길동전」을 고소설 『홍길동전』 이본의 하나로 파악하고, 이본과의 대비 속에서 작품의 위치와 작품내용을 분석하고자 한다.

6 이하에서는 '김유정 개작 「홍길동전」'을 '김유정 본'으로 약칭略稱하기로 한다.

아동新兒童』 제2호(1935년 10월 10일자)에 실렸다. 발표 시기를 기준으로 할 때 김유정 본은 1935년 문단 데뷔 후 얼마 지나지 않아 발표한 소설 작품이다. 데뷔 전부터 발표한 작품까지 포함시키더라도 소설로서는 11번째, 전체로서는 12번째에 해당하는 작품이다.[7] 그가 언제 이 작품을 썼는지 알 순 없다. 그러나 1933년 3월에 첫 번째 소설 「산ㅅ골나그내」를 발표한 이래로 1937년 3월에 요절한 시기를 고려할 때, 그가 본격적으로 작품 활동을 전개하던 때에 발표된 것이라 할 것이다.

「홍길동전」이 실린 『신아동』은 조선아동교육회朝鮮兒童教育會에서 자체적으로 운영하던 신아동사新兒童社라는 출판사에서 발간한 잡지이다. 조선아동교육회는 아동교육에 관심이 많았던 김소운金素雲(1907~1981)이 일본에서 돌아와 1933년에 설립한 단체로 4년 동안 『신아동』뿐만 아니라 『아동세계』, 『목마』 등 여러 아동잡지를 발간한 바 있다.[8] 당시 『신아동』의 '편집 겸 발행인'은 아동문학 분야에서 활동한 인물로 보이는 김계득金癸得[9]이었다.

그런데 『신아동』이 창간된 1935년에는 이미 아동문학 관련 각종 활동과 잡지 간행이 활발하던 시기였다. 동화회, 소년회, 동화경연대회 등 아동문화운동과 관련 사업이 서울과 지방 도시에서 성행하고 있었고, 아동용 정기 간행물 역시 1920년대부터 다수가 간행되고 있었다. 단적인 예로, 1908년에 신문관에서 종합잡지 성격의 『소년』이 처음 창간된 이후로 1920년대까지 등장한 아동용 잡지만 해도 44종에 이른다.[10]

---

7 전신재 편, 『원본 김유정 전집』(개정판), 강, 2007, 714~715면 수록 '작품 일람' 참조.

8 박현수, 『모더니즘과 포스트모더니즘의 수사학』, 소명출판, 2003, 308면.

9 김계득金癸得에 관한 자료가 많지 않으나, 대구여자공보교大邱女子公普校 6학년 시절인 1925년에 어린이 잡지 등에 글을 발표해 상을 받는 등 글 솜씨가 뛰어나 장래의 문학가로 주목할 만하다는 내용의 기사가 『동아일보』(1925년 4월 26일자)에 실렸던 것으로 보아 아동문학가로 활동한 여성 문인이었을 것으로 짐작된다.

10 조은숙, 『한국 아동문학의 형성』, 소명출판, 2009, 155~181면.

이는 1920년대 초반에 방정환을 중심으로 한, 소위 '아동의 발견'이 하나의 사회적 관심사와 화두거리가 된 이후에 지식인들을 중심으로 짧은 시간에 급속도로 발전해 나간 교육 문화 현상이었다는 점에서 주목을 요한다. 『신아동』은 이런 사회적 분위기 속에서 1930년대에 문학과 교육의 주요 대상으로 급부상한 아동독자를 겨냥해 나타난 간행물 중 하나였다.

그렇다면 이런 잡지에 김유정이 고소설 작품 중 최고 인기를 누리던 「홍길동전」을 개작한 이유가 무엇일까? 이를 고구하기 위해서는 먼저 선행 『홍길동전』 이본들과의 관계 속에서 김유정 본이 어떤 위치를 점하고 있는지 살펴볼 필요가 있다. 『홍길동전』의 원본은 현재 전하지 않고, 작자 및 창작 시기 논란이 여전히 남아 있지만, 현재 전하는 이본들은 19세기 후반 이후의 것들로 김유정 본과 그다지 시간적 상거가 멀지 않다.

현전 선행 『홍길동전』 이본은 총 29종이다. 이들 이본은 크게 필사본 계열, 경판 계열, 완판 계열로 나눠지는데[11] 계열 중에서는 19세기 후반의 필사본 계열 이본이 가장 앞선다. 이 필사본 계열 이본 중에는 김동욱 89장본이 가장 앞선다.[12] 필사본 계열 이본 다음에는 경판 계열

11 이윤석, 『홍길동전 연구』, 계명대 출판부, 1997, 29~156면. 29종의 이본 관계에 대한 검토는 주로 이윤석의 논의를 참조했다.

이본	필사(판각)년도	계열	비고
판각본			
경판 30장본	1890년경	경판	
경판 24장본		경판	
경판 23장본		경판	
경판 21장본		경판	낙장본
안성판 23장본		경판	
안성판 19장본		경판	
완판 36장본		완판	
필사본			
김동욱 89장본		필사	국한문혼용
김동욱 55장본	갑오(1894)	필사	특이한 내용

이본이 이른 시기에 나타났다. 이 계열 이본 중에는 1890년에 간행된 30장본이 가장 선행한다.[13] 물론 경판 계열 이본들은 경판 30장본을 축약한 것과 그대로 필사한 것, 그리고 옮기는 과정에서 변이가 생긴 필사본 등으로 세분화할 수 있는데, 이 계열 이본들은 줄거리나 자구는 동일하나 대체로 후반에 축약이 나타난다는 특징을 갖는다. 가장 늦게 나타난 완판 계열 이본은 36장본이 대표적이다.[14] 완판 계열 이본은 불교 비판적 내용이 강조되고 있으며, 율도국을 건설하는 과정에서 투쟁하는 내용이 다른 판본에 비해 길고 자세히 서술되어 있는 것이 특징이다. 요컨대 기존『홍길동전』이본들은 비교적 풍부한 내용과 다양한

김동욱 47장본	壬子(1912)	경판	
김동욱 28장본	丁卯(1927)	완판	
김동욱 18장본	긔미(1919)	필사	낙장본
박순호 86장본	갑술(1934)	필사	
박순호 53장본		경판	
박순호 52장본	긔유(1909)	완판	
박순호 41장본		완판	낙장본
이가원 21장본	계사(1893)	경판	
정명기 77장본	계유(1933)	필사	
조종업본 1권 31장		필사	세책
2권 33장	경술(1910)		3권 이하 없음
정우락본 상권 37장	병즈(1936)	필사	
하권 23장			
국립도서관 70장본	갑인(1914)	완판	
동양문고본 1권 31장	신축(1901)	경판	세책
2권 31장			
3권 33장			
서강대 30장본	己酉(1909)	필사	한문본
숭실대 19장본		경판	
연세대 48장본		경판	
정신문화원 68장본	庚子(1900)	완판	
강전섭 51장본		경판	
강전섭 34장본		완판	낙장본
신활자본			
덕홍서림본	1915	경판	

12 김동욱 89장본 외에 조종업본, 정우락본, 정명기 77장본 등 8종이 이 계열에 해당한다.

13 그 밖에 경판 24장본, 경판 23장본, 경판 21장본, 안성판 19장본, 동양문고본 등 14종이 이에 해당한다.

14 김동욱 28장본, 한중연 68장본 등 7종이 이에 해당한다.

서술을 갖춘 필사본에서 점차 판각본(경판본, 완판본)으로 바뀌었으며, 이 과정에서 점차 내용이 조잡해지고, 서술과 분량도 간략해지거나 축소되는 경향을 보인다고 할 것이다.

그런데 기존 『홍길동전』 이본들은 각 계열 별 뿐만 아니라, 같은 계열 내에서도 전반부보다는 후반부에서 이본 간 내용 차이가 현저하다. 특히 율도국 대목이 아예 빠져 있거나 부분적으로 생략, 축소되는 등 변이가 심하다.[15] 그런데 김유정 본은 길동이 조선을 떠나는 장면 이후 대목이 완전히 생략되어 있다는 점에서 기존 이본에서 보여주는 변이, 또는 생략의 폭을 완전히 벗어나고 있다. 이는 김유정 본에서 작가가 직접 제시해 놓은 소제목만 보더라도 쉽게 확인 가능하다.

一. 길동이 몸이 천하다
二. 길동이 슬퍼하다
三. 길동이 집에서 없어지다
四. 길동이 도적 괴수가 되다
五. 길동이 해인사를 치다
六. 길동이 함경감사를 골리다
七. 길동이 죄로 잡히다
八. 여덟 길동이 대궐에 오다
九. 길동이 조선을 뜨다

길동의 행위를 중심으로 소제목을 설정해 놓았기 때문에 작품의 사건과 서사 내용을 쉽게 파악할 수 있다. 이로 볼 때, 서사의 기본 얼개

15 이윤석은 후반부의 주요 서사인 율도국 대목이 이본 전체에서 차지하는 비율이 3~30%까지 차이가 난다는 사실까지 밝힌 바 있다(이윤석, 앞의 책, 109면).

는 기존 여느 『홍길동전』과 크게 다르지 않음을 알 수 있다. 다만 조선을 떠난 이후의 이야기가 전혀 없는 것이 매우 이례적이라 할 만하다. 이는 주인공의 일생 전체를 다루던 기존 '전傳'이라는 서사 양식에서도 탈피해 있는 것이라 주목을 요한다.

그렇다면 후반부가 생략된 기존 이본 중에서 김유정 본의 저본이 되거나 친연성을 찾을 만한 이본이 있는가? 기존 이본 중에서 후반부의 에피소드가 빠져 있는 축약본으로는 경판 24장본과 안성판 19장본, 그리고 숭실대본, 이렇게 세 가지이다.[16] 그리고 이 중에서도 율도국 건설 대목이 생략된 이본은 안성판 19장본과 숭실대본, 이렇게 두 가지밖에 없다.[17] 그러나 안성판 19장본과 숭실대본은, 비록 율도국 건설 대목이 빠져 있다지만, 대신 길동이 남경 제도에 들어가 무예를 연마하고 농사를 지으며 이상적인 섬을 만든다는 서사로 축약된 것일 뿐, 아예 생략된 것은 아니다. 따라서 이 두 이본도 길동이 조선을 떠난 이후의 이야기가 아예 생략된 김유정 본과는 직접적 연관이 적다. 다시 말

16 이윤석, 앞의 책, 152~154면.

17 안성판 19장본과 같은 계통의 필사본이 바로 숭실대 19장본이다. 숭실대 도서관 소장본으로 필사년도는 알 수 없고, 『숭실어문』(소재영, 「홍길동전(숭실대본) 해제」, 『숭실어문』 제7집, 숭실어문학회, 1990, 157~198면)에 소개되어 있다. 두 이본은 경판 30장본의 전반 50%와는 완전히 일치하고, 후반 30%는 축약되었고, 후반의 나머지(율도국 건설) 20%는 생략되어 있다. (이윤석, 앞의 책, 54~55면) 안성판 19장본의 판각년도는 모르지만 판권지에 '大正 六年 十一月'에 초판 발행한 것으로 기재되어 있어 1916년 간행본임을 알 수 있다. 현재 국립중앙도서관에 소장되어 있고, 『영인 고소설판각본전집 3』(김동욱 편, 「홍길동전」(안성 19장본), 『영인 고소설판각본전집』 3, 국학자료원, 1997, 435~444면)에 실려 있다. 전체적으로 경판 30장본과 일치하나 후반부에서 길동의 율도국 공략과 군담 대목이 없고, 남경 제도에 들어가 무예와 농업으로 이상적인 섬을 만든다는 것으로 끝이 난다. 한편, 숭실대본은 필사본으로 전체적으로 안성판 19장본과 동일하며 분량도 대동소이하다. 그러나 숭실대본의 경우, 경판본과 완판본에서 보이는 율도국 공격과 태수 김현충金顯忠과의 군담이 없고, 세 아들과 두 딸을 낳았다는 서술 등이 보이지 않는다. 이렇듯 후반부 사건이 삭제된 이유는 비현실성을 제거하고자 한 의도 때문으로 보인다(소재영, 「홍길동전(숭실대본) 해제」, 『숭실어문』 제7집, 숭실어문학회, 1990, 159면).

해, 기존 『홍길동전』 이본 중에서 후반부 내용이 아예 생략된 이본은 김유정 본 이전에는 한 편도 존재하지 않는다. 결국 김유정 본은 기존 어느 특정 『홍길동전』 이본에 기대거나 저본으로 삼아 개작했다고 보기 어렵다. 오히려 김유정 본보다 더 늦게 발표된 박태원의 『홍길동전』(1947)[18] 개작본에서 김유정 본처럼 기존 『홍길동전』 후반부의 내용이 사라지고 없다. 그렇다면 김유정 본은 근대 작가의 관점에서 개작 의도를 갖고 의도적으로 기존 『홍길동전』의 주요 서사를 생략한 것으로 보아도 무방할 것이다. 이는 선행 『홍길동전』과 질적으로 다른 성격을 보여주는 최초의 개작 이본으로 김유정 본을 언급할 수 있다는 의미가 된다. 김유정 본은 더 이상 적서 차별 문제를 주제의식으로 설정할 필요가 없다고 보고 이상적 국가 건설이라는 후반부의 서사를 과감히 삭제해 버린 것이다. 당대 독자를 고려해 개작을 가한 것임을 짐작할 수 있다. 더욱이 박태원이 개작한 『홍길동전』(1947)에 이르면, 김유정 본에서 여전히 잔존하는 서사, 곧 병조판서 제수를 바라던 길동의 바람이나 온갖 도술을 부리던 길동의 신이한 행적에 관한 이야기마저 보이지 않는다. 현실적, 사실적 요소를 더욱 강화하는 방향에서 개작 서술이 이루어지고 있음을 확인할 수 있다. 이런 점들을 두루 고려할 때, 김유정 본은 선행한 다수의 이본(필사본, 판각본)들과 이후에 등장한 박태원 개작본의 중간적 성격을 지니고 있다고 범박하게나마 요약해 말할 수 있을 것이다.

18 분량이 김유정 본보다 수 배 더 늘어나고, 결말도 길동이 조선을 떠나는 것이 아닌, 활빈당과 함께 연산군을 폐위시키는 장면에서 끝이 나고 있어 김유정 본과도 또 다른 차이를 보인다. 더욱이 김유정 본에 여전히 등장하고 있는 병조판서 제수 희망 내용도 빠져 있어 별개의 개작본이라 할 수 있다.

3. 김유정 개작 「홍길동전」의 공시적 의미

그렇다면 고소설을 개작한 김유정 본이 나타날 수 있었던 1930년대의 독서 환경은 어떠했는가? 1910~20년대만 해도 고소설에 대한 관심과 인기는 여전했으며, 실제 독서도 일상 속에서 이루어졌다. 고소설을 향유하던 독자들이 적지 않았던 것이다. 비록 신소설과 근대소설이 등장했지만, 그 독자는 신식 학문과 신문 연재소설을 접한 일부 젊은 독자층에 불과했다. 그렇기에 상업적 판매를 목적으로 한 출판사(겸 서점) 입장에서는 판로가 확실한 기존 고전 작품과 상업성이 검증된 인기 고소설을 가져와 그대로 출판하는 일을 한편에서 지속적으로 해 나갔다. 『홍길동전』만 놓고 보더라도 최남선이 운영하던 신문관新文館에서 1913년에 활자본 『홍길동전』을 간행한 것을 비롯해 전주의 다가서포多佳書鋪와 안성의 박성칠朴星七 서점, 그리고 1920년에 서울의 한남서림翰南書林에서 국문 목판본 『홍길동전』을 간행했다.[19] 이때 『홍길동전』의 인기는 대단해 일본인 세정 조細井肇가 편집하고 백석중白石重이 번역한 『홍길동전』이 1921년에 동경 소재 자유연구사自由研究社에서 일본어로 출판되기도 했다.[20] 그밖에 1925년에는 조남희趙男熙가 동양서원東洋書院에서 37쪽 분량의 『홍길동전』을 내놓기도 했다. 이렇듯 일반 독자를 대상으로 한 『홍길동전』이 거듭 간행되면서 홍길동 이야기는 이미 항간에 널리 알려진 인기 소설로 자리를 잡을 수 있었다.

그러나 30년대에 이르러 신식 독서물을 즐겨하는 독자층이 점차 증

19 이창헌, 「한남서림 간행 경판방각소설 연구」, 『한국문화』 제21집, 서울대 한국문화연구소, 1998, 63~111면.

20 '통속 조선문고通俗朝鮮文庫'라는 총서 중 제7집에 수록되어 출판되었다.

가하면서 독서시장이 빠르게 근대문학 작품으로 재편되었다.[21] 고소설을 향유하는 독자층이 여전히 존재했지만, 대세를 만회하기는 어려웠다. 그래서 아쉬운 대로 작가나 출판업자 입장에서 돈벌이가 되는 일을 찾아야 했는데, 그 중 하나가 고소설을 근대소설 독자의 감각에 맞게 다시 쓰는 일이었다. 변화하던 독자의 취향과 시대감각에 부응하면서 여전히 재미와 흥미를 끌 만한 고소설 작품을 접목시킨 다시쓰기물이 등장하게 된 것도 이와 무관하지 않다. 이런 상황에서 김유정은 특별히 아동 독자를 고려한 「홍길동전」 개작본을 1930년대에 세상에 내놓게 된 것이다.

물론 김유정 이후에도 근대적 성격의 개작 『홍길동전』 출판은 지속되었다. 그리하여 1947년에는 박태원의 『홍길동전』이 나오고[22] 1951년에는 신태삼申泰三이 경영하던 세창서관世昌書館에서 36쪽 분량의 『홍길동전』을 활자본으로 간행했다. 또한 정비석이 개작한 『홍길동전(上·下)』은 1955년 같은 해에 대양출판사大洋出版社와 학원사學園社에서 '시대 소설'이라는 부제를 달고 출간되었다. 북한에서는 1954년에 윤세평이 개작한 『홍길동전』이 평양 국립출판사에서 출간되고, 다음 해인 1955년에는 이 책이 동경의 학우서방學友書房에서 재출간되기도 했다.

이처럼 1950년대까지 한정지어 살펴보더라도 여러 유명 작가의 손을 거친 개작 『홍길동전』이 지속적으로 출판되었음을 알 수 있다. 이런 일련의 『홍길동전』 출판과 개작의 흐름을 고려할 때, 근대 작가의 손을 거친 『홍길동전』 개작본으로는 김유정 본이 시기상 가장 앞선다.

21 이민희, 「1920~30년대 고소설 향유 양상과 비평 연구」, 『인문과학논총』 제28집, 순천향대 인문과학연구소, 2011, 113~147면.

22 박태원의 『홍길동전』은 조선금융조합연합회에서 기획해 출간한 것으로, 조선금융조합연합회는 『홍길동전』 외에도 다른 고소설 작품의 개작본을 간행했다. 『허생전』(채만식, 1946), 『이춘풍전』(김영석, 1947), 『양반전』(이석구, 1947) 등이 있다.

김유정 이전에 신문관, 박성칠 서점, 한남서림, 동양서원에서 간행한 『홍길동전』은 모두 필사본을 목판, 또는 활판으로 찍어낸 것들이었다. 이로 볼 때, 김유정 본은 개작 의도를 분명히 갖고 전문 작가(소설가)가 근대적 독자를 고려해 산출해낸 『홍길동전』 이본으로는 최초의 작품에 해당한다.

4. 김유정 개작 「홍길동전」의 작품 분석과 평가

1) 작품 분석

이제 김유정 본의 작품 세계를 들여다보기로 하자. 김유정 본에 나타난 서사상 특징을 중심으로 다루고자 한다.

첫째, 서사 갈등 요인의 차이를 들 수 있다. 김유정 본이 선행 『홍길동전』과 가장 큰 차이를 보이는 서사상 특징은 등장인물 간 갈등 요인이다. 즉, 사건 전개의 주된 축이 첩들 간의 질시가 아닌 형제 사이의 경쟁 관계로 바뀌져 있다. 이는 김유정 본의 갈등이 신분 차이에서 촉발된 것이 아닌, 일반 가족 구성원 간의 갈등 문제로 변모되었을 것으로 짐작케 해준다. 그러나 정작 갈등 유발의 이유 제시는 기존 『홍길동전』에서 보여주던 문제의식과 다르지 않다. 형제 간 갈등 내용이 길동의 형인 인형이 동생 길동을 좋아하지 않기 때문인데, 그 이유가 여전히 길동의 출신 문제, 즉 서자 태생이라는 데서 찾고 있기 때문이다.

> 인형이는 그 아우 길동이를 그리 썩 탐탁히 녀겨주지 안엇다. 왜냐면 자기는 정실 유씨부인의 소생이로되 길동이는 게집종 춘섬의 몸에서 난 천한 서자이기 때문이엇다.[23]

형제간 갈등이 어느 한쪽이 열등의식을 가짐으로써 발생하는 미움과 질시에 의한 것이 아니라, 단지 길동이 서자 출생이라는 데 있음을 확인할 수 있다. 더욱이 작품에서는 신분상 차이 이외에 인형이 동생 길동을 미워하거나 싫어하는 이유가 전혀 제시되어 있지 않다. 따라서 김유정 본에서 보여주는 갈등이란 선행 『홍길동전』의 그것을 그대로 답습하고 있음을 알 수 있다. 그렇다면 후반부의 과감한 생략이 1930년대 현실에서 율도국과 같은 이상국가가 더 이상 필요 없다거나 합리적 문제 해결의 추구와 같은 이유에서 일부러 이루어졌을 것이라고 본 가정과도 불일치하게 된다. 또한 김유정 본에서 길동이가 집을 떠나게 되는 직접적 이유 역시 형 인형이 길동이를 죽이려는 음모를 꾸몄기 때문으로 설정해 놓고 있는데, 이 역시 선행 이본에서 초란이 정실부인과 인형의 묵인 하에 자객을 동원해 길동을 죽이려 한 것과 별반 다르지 않다.

> 인형이네 집안은 대대로 높은 벼슬을 살아오는 명문거족名門巨族이요 게다가 홍문까지 세운 충신이엿다. 길동이가 만일에 엉뚱한 생각을 먹고 난리를 일으킨다면 온 집안이 역적으로 몰릴 것이요 따라 빛나든 문벌이 고만 망치고 만다. 이러케 생각하고 인형이는 길동이를 죽이어 업새고자 결심햇든 것이다.[24]

23 홍기돈, 앞의 글, 472면.

24 위의 글, 474면.

인형이 길동이가 서자로서 훗날 왕이 될 상이라는 관상쟁이의 말을 듣고 길동이로 인해 명문 집안에 혹 누가 될까 염려해 나머지 그를 해칠 결심을 하게 되었다고 했다. 이러한 설정은 인형이 가문 존숭의 유교 도덕과 이념에 충실한 인물임을 의미한다. 이 또한 기존 여타 이본들의 문제의식과 크게 다르지 않다. 즉, 전반부의 주된 서사 갈등과 문제의식은 기존 이본의 그것과 별반 차이가 없다. 그렇다면 김유정 본은 적어도 1930년대라는 시대적, 사회적 환경을 토대로 당대적 고민이나 문제의식을 담아내려 한 개작물은 아니었음을 알 수 있다. 그리고 후반부의 생략이 전반부의 특별한 개작 의도를 고려한 유기적 설정은 아님 또한 알 수 있다.

둘째, 장면 전환과 시간의 흐름이 기존 『홍길동전』에 비해 현저히 빠르다. 이는 고소설에서 보이던 상투적이며 관습적 표현들이 과감히 생략되고, 사건 위주로 서술이 이루어지고 있음을 의미한다. 서술자적 논평과 같은 관습적 표현도 일체 보이지 않고, 사건이 속도감 있게 전개된다. 이는 기존에 방각본·필사본 국문소설에서 음독용으로 구연되는 상황을 고려해 일부러 장면 묘사와 사건 서술 대목을 늘리거나 글자 수를 맞추는 등 표현 외적인 측면을 염두에 둔 서술과도 거리가 있다. 김유정 본은 적어도 소리 내어 읽던 낭독(음독)용 독서가 아닌, 눈으로 읽는 묵독용 독서를 염두에 둔 장면 묘사와 대화 제시를 시도하고 있다고 할 것이다.[25]

그러나 이렇듯 간결하고 빠른 장면 전환은 자칫 사건 전개 논리를 선명히 드러내지 못할 수도 있다. 빠른 사건 전개는 서사 상 논리적 비

25 전상국 교수가 "단문 형식과 김유정 소설 문장의 특징인 의성·의태어 활용이 작품에 생동감을 불어넣어준다"(『강원일보』 2012년 3월 30일자 기사)고 평가한 것도 이런 요소를 염두에 둔 것이라 하겠다.

약과 비현실적 표현으로 대체되기 쉽기 때문이다. 예를 들어, 길동이 도적들을 만나자마자 무리의 괴수가 되어 곧바로 해인사의 보물을 훔치러 가는 대목만 해도 그렇다.

> "우리들이 괴수를 정할래두 저 돌을 드는 사람이 업드니 장군께서 오시어 처음 드셧습니다. 원컨대 우리들의 괴수가 되어 줍시사" 하고 절을 하엿다. 그리고 아이에게 술을 들어 권하고 돼지고기를 비어 받치고 퍽들 기뻐서 야단이다. 얼마를 흥들이 나서 뛰놀다가 한 도적이 말하기를 "우리가 몇 달 전부터 해인사海印寺 절의 보물을 훔쳐오랴 하다가 재주가 부족해서 못햇으니 장군께서 힘을 모아줍시오", "염려마라, 그대들은 그럼 나의 지휘대로 해야 할 것이다" 하고 길동이는 쾌히 승낙하고 주는 술잔을 또 받아들엇다.[26]

인용문대로라면 길동은 도적들을 만난 후 곧바로 우두머리가 되고, 우두머리가 되자마자 곧바로 해인사의 보물을 뺏는 일을 맡게 된다. 여기에는 도적들이 해인사의 보물을 왜 뺏고자 하는지 그 명분과 이유도 전혀 제시되어 있지 않다. 그럼에도 길동이 아무런 문제의식 없이 해인사 보물을 뺏는 일에 흔쾌히 승낙하는 것이야말로 사건 개요만 보여줄 뿐 서사 논리는 고려되지 않고 있음을 알 수 있다.[27]

또한 김유정 본에서는 길동이 병조판서를 제수받기 원했다는 사실

26 홍기돈, 앞의 글, 477면.

27 이 대목이 숭실대본을 비롯한 다수의 이본에서는 길동이 활빈당의 괴수가 된 지 시간이 꽤 지나서야 해인사 공격 계획을 의논하는 것으로 서술되어 있다. "이후로 길동이 졔인으로 더부려 무예를 연습ᄒᆞ여 슈월을 지닌니 군볍이 즁계ᄒᆞᆫ지라. 일일은 졔인이 이로ᄃᆡ, 아등이 발셔 합쳔 ᄒᆡ인ᄉᆞ를 쳐 그 직물을 탈취코ᄌᆞ ᄒᆞ나 지략이 부족ᄒᆞ여 계교를 발치 못ᄒᆞ던이 이졔 중군의 의향이 엇떠ᄒᆞ신잇고. 길동이 쇼 왈, 닉 중ᄎᆞ 발군ᄒᆞ린이 그ᄃᆡ 등은 지위ᄃᆡ로 ᄒᆞ라 ᄒᆞ고"(「홍길동전」, 숭실대본, 13b).

을 알려주는 어떤 서술도 보이지 않는다. 게다가 병조판서를 주면 조선을 떠나겠노라고 길동이가 약속했다는 대목도 전혀 보이지 않는다. 그런데 작품에서는 임금이 길동의 도술과 재주를 이기지 못해 결국 그의 소원대로 병조판서 벼슬을 시켜준다고 조서를 내리는 장면이 뜬금없이 등장한다. 그러자 길동 역시 "약속대로 지금 곳 멀리 조선을 떠나겟나이다" 하며 임금에게 하직을 고하는 것으로 처리되어 있다. 이처럼 김유정 본 자체만을 놓고 본다면 사건과 대화의 앞뒤 논리가 맞지 않거나 논리적 비약이 더러 보인다. 이미 기존 작품 내용을 다 알고 있는 독자라면 모를까 처음 김유정 본을 읽는 독자라면, 그것도 아동 독자라면 더더욱 쉽게 납득하기 어려울 것이다.

셋째, 분량의 축소를 들 수 있다. 분량 축소와 주요 서사의 삭제라는 측면에서 볼 때, 기존 『홍길동전』과 달라진 점은 '호부호형呼父呼兄 대목'과 '율도국 대목'이라 할 것이다. 전자의 경우, 기존 『홍길동전』에서는 길동이 서자 출신이라 아버지와 형을 제대로 호부호형하지 못함을 한스러워 하다가 결국 자객과 초란을 죽이고 집을 떠나게 될 때 홍판서로부터 호부호형을 허락받는 대목이 있어 그 부분을 읽는 독자들에게 가슴 뭉클한 동정심과 비장감마저 자아내게 만든다. 그런데 김유정 본에서는 인형이 서자인 길동을 싫어해 자객을 통해 길동을 죽이려 했다가 실패한 사실을 알고는 제 방으로 돌아와 문고리를 잠그고 숨는 장면이 나오고, 그 뒤에 길동이 활빈당 소굴을 찾아가는 것으로 장면이 급변한다. 그러므로 기존 『홍길동전』에서 '호부호형'이 갖는 상징적 의미, 비록 가정 내이지만 아버지와의 관계에서 신분차별이 사라졌다는 의미마저 김유정 본에서는 읽어내기 어렵다.

그런가 하면 길동이 병조판서에 제수 받고 조선을 떠나가는 결말 부분에서 구름을 타고 사라지는 길동의 모습을 본 임금이 비로소 그의 재주와 인격을 알게 되어 뉘우치면서 "길동이를 한 번 더 보고 싶다"고 말하는 것으로 끝나는 대목은 어색하기 짝이 없다.

> 그러나 길동이는 어느 틈에 알앗는지 문간까지 한서너 발자욱을 남기고 공중으로 후루루 솟아 힌 구름을 타고 가는 것이 아닌가. 모두들 고개를 들고 닭쫓는 개모양으로 하눌만 멀뚱이 쳐다보앗다. 임금님도 그제야 길동이의 참 재조와 그 인격을 아르시고 비로소 뉘우치섯다. 저런 길동이을 신하로 데리고 일을 하엿드면 얼마나 행복이엿을가, 또는 얼마나 정사을 편히 할 수가 잇섯을가—이러케 생각하시고 옆에 서잇든 신하에게 "홍길동이를 한 번 더 보고 싶다"하고 멀리 노처 버린 길동이를 매우 아깝게 말습하셧다.[28]

이는 서사 전개상 인과적 결말 제시와는 거리가 먼, 그저 서둘러 끝내고자 한 흔적으로밖에 보이지 않는다. 이러한 결말 부분은 소위 신작 구소설(구활자본 소설)에서 발견되는 서술상 특징이기도 하다. 특히 후반부가 허무할 정도로 서둘러 결말짓는 방식이 공통적이다.[29] 임금이 길동을 붙잡으려 한 것을 뉘우치는 이유도 분명히 제시되어 있지 않다. 이런 상황에서 갑자기 길동이를 더 보고 싶다고 안타까워하는 임금의 모습은 결코 자연스러워 보이지 않는다.[30]

---

28 홍기돈, 앞의 글, 486면.

29 이민희, 「구활자본 고소설 「셔산대사젼」 연구」, 『국학연구』 제5집, 한국국학진흥원, 2004, 125~161면.

30 길동이 병조판서 제수 후 공중으로 사라질 때 임금이 그의 재주를 안타까워하는 장면은 숭실대본 「홍길동전」을 비롯한 여러 이본에서도 동일하게 나타난다. 그러나 길동의 재주를 안타까워할 뿐 그 이상도 그 이하도 아니다. 오히려 조선을 떠났으므로 문제가 더 이상 생기지 않을 것이라는 사실에 안도하고 마는 것으로 그리고 있다. "길동이 궐너의 들어가 슉비ᄒᆞ고 쥬 왈, 신의 죄악이 지즁ᄒᆞ옵거날 도로혀 쳔은를 입ᄉᆞ와 평싱 ᄒᆞᆫ를 풀옵고 도라가온나 영결젼ᄒᆞ ᄒᆞ은이 복망 젼ᄒᆞ넌 만슈무강ᄒᆞ옵쇼셔 ᄒᆞ고 몸을 공즁의 쇼쇼와 구름의 씨히여 가거날 상이 탄 왈 길동 신긔ᄒᆞᆫ 죄죠ᄂᆞᆫ 고금의 ᄒᆞᄒᆞᆫᄒᆞ도다. 제 조션을 써ᄂᆞᆫ쓴이 다시ᄂᆞᆫ 작폐 읍스리

넷째, 개작 의도에 관한 것이다. 홍기돈은 김유정본이 아동 잡지인 『신아동』에 실린 글이라는 점에 주목해 이 작품을 "아동을 위해 써내려간 글"이라고 보고, 1937년에 발표된 번역소설 「귀여운 소녀少女」와 함께 김유정이 남긴 아동 대상 작품이 두 편임을 확인한 바 있다.[31] 그렇다면 김유정 본이 아동문학용으로서의 작품 내적 근거 역시 확보되어야 할 것이다. 이는 앞서 첫째부터 셋째까지 김유정 본의 특징으로 언급한 것들과 무관하지 않다. 즉, 처첩간의 질시 문제를 생략한 것부터 후반부의 율도국 건설 대목의 생략과 빠른 전개 및 장면의 요약 제시 등이 작품을 단순화해 아동문학 작품으로 만들기 위한 작가의 전략이었다고 볼 수 있기 때문이다. 아동문학 작품으로 적절한 길이와 단순한 갈등, 일관된 서사전개, 등장인물의 축소와 평면화, 합리적인 해결 추구 등의 요소들이 아동 독자를 겨냥한 이유 있는 서사 장치들이라 볼 수 있다. 분명 김유정은 아동 독자를 고려해 이런 서사 전략을 구사한 점이 인정된다. 그러나 그렇다고 해서 그것이, 첫째부터 셋째 항목에서 언급한 내용들을 무화시킬 수 있는 것은 아니다. 아동 문학용이라고 해서 논리적 비약이나 성급한 결말 처리 등까지 용인될 수 있는 것은 아니기 때문이다. 더욱이 다음과 같은 대목은 아동 독자를 고려한 개작이라면, 좀 더 섬세하게 다뤄졌어야 할 것이다.

> 대신들은 이것을 보고 서루 의론하야 보앗다. 홍길동이 이놈을 제 원대로 병조판서를 시켜주면 그 은혜를 갑고자 대궐로 하직을 올 것이다. 그때 문간에서 여럿이 도끼를 들고 잇다가 밧그로 나올랴 할 제 달겨들어 찍어 죽이면 고만이 아닌가. (…중략…) 대문 뒤에서는 길동이 나오기를 고대하

라 ᄒᆞ시고 팔도의 길동 잡는 영을 거두니라"(「홍길동전」, 숭실대본, 14b).

31 홍기돈, 앞의 글, 466면.

> 며 손에 땀이 나도록 도끼를 힘껏 잡고 잇섯다. 그러다 길동이가 문간으로 나오는 것을 보고 틀림업시 머리우에 나려지도록 도끼를 꽉 견양을 대고 잇섯다.[32]

인용문은 길동이 병조판서에 제수받기 위해 대궐에 입궐할 때 어떻게 그를 죽일까 의논하는 부분에 해당하는데, 이 부분이 여타 『홍길동전』 이본보다도 훨씬 더 섬뜩하게 서술되어 있다.[33] 여기서 도끼로 찍어 죽이겠다고 말하는 발화 내용은 길동이 극악무도한 죄를 지었기에 이에 상응하는 처벌을 내려야 한다는 발화자의 강한 의지를 보여주려 함에 있지 않다. 그것은 다만 과장된 표현, 내지 관습적 표현으로, 거기엔 진정성이 담보되어 있지 못하다. 이는 오히려 독자들에게 재미를 주기 위해 고소설 작품 중 국문 영웅소설(통속소설) 등에서 일부러 동원하던 상투적 표현에 가깝다. 그러나 김유정 본에서는 앞뒤 맥락을 고려할 때 굳이 과장된 표현을 등장시킬 필요도 없거니와 이것이 등장인물들의 행위와 심리 묘사에 기여하는 효과 또한 미미하다. 따라서 작가가 아동 독자를 위해 개작을 했다면, 서사 전개 및 표현의 문제를 보다 신중히 고려해 세심한 서사전략을 마련했어야 했다.

32 위의 글, 485~486면.

33 예를 들어 숭실대본에는 이 대목이 다음과 같이 서술되어 있다. "빅관이 의논ᄒᆞ되 길동이 오날 ᄉᆞ은ᄒᆞ고 나오거던 도부슈를 민복ᄒᆞ엿다가 쳐 죽이라 ᄒᆞ고 약속을 증하엿던이 길동이 궐니의 들어가 슉비ᄒᆞ고 쥬 왈"(13b~14a).

5. 의의와 한계

김유정 본은 그가 29살의 나이로 요절할 때까지 남긴 32편의 작품 중 유일한 개작물rewriting이다. 이로 보더라도 고소설 개작이 그의 글쓰기에서 차지하는 비중은 결코 크다고 말하기 어렵다. 그렇다면 김유정이 다소 예외적이라 여겨지는 고소설 개작을 시도한 이유는 무엇일까? 직접 이에 관해 작가가 언명한 바가 없는 상태에서 작품 외적 요소를 통해 작가의 개작 의중을 나름대로 재구성해보고 미루어 짐작해 볼 수밖에 없다.

첫째, 아동문학을 위한 개작 활동과 사회 분위기를 고려할 수 있다. 1930년대에 아동문학 활동이 더욱 활발히 전개되면서 신흥 독자층으로 급부상한 아동 독자를 위한 글이 여러 분야에서 요구되었다. 아동의 발견과 그들의 교육(계몽)이 주요 관심사로 부상하고 아동문학에 대한 사회적 관심이 증가하게 되자, 사회 여러 기관과 출판계에서는 이런 수요에 부응할 수 있는 독서물이 필요했다. 1920년대 이후로 '옛 것'과 '고유한 것'이 가질 수 있는 근대적 가치를 일찍 간파한 작가들이 이를 '조선적인 것'의 자양분으로 삼고자 한 의식이 고전 작품의 개작이라는 형태로 표출된 것이다.[34] 김유정 외에 이태준, 박태원, 채만식 등 다른 근대 작가들이 고전작품을 소재로 개작물을 내놓은 것도 이런 사회적 분위기와 출판계의 요구와 무관하지 않다.

당시 아동을 위한 창작 또는 개작은 무엇보다도 아동에게 흥미와 재

34 『흥부전』, 『심청전』 등 잘 알려진 이야기들을 7・5조 4행 연속체 틀에 맞춘 시가 작품으로 개작해 『아이들보이』와 같은 아동잡지에 게재한 것이 그 좋은 예이다(조은숙, 앞의 책, 232~240면). 최남선이 고소설을 '육전소설' 시리즈로 새롭게 선보이고 옛이야기를 공모하거나 판소리계 한글소설과 설화 등을 7・5조 음수율의 서사창가로 발표한 것도 바로 그러한 의식의 실천적 결과물이었다.

미를 제공하는 것을 목표로 했다. 이때 여기서 말하는 '흥미와 재미'란 '오락' 이상의 의미, 곧 '교훈'까지 포함한 개념어이다. 김유정 본이 기존 『홍길동전』과 주제 설정에 있어 별 차이를 보이지 않고 있는 것도 바로 전통적 의미의 '교훈'을 염두에 두었기 때문으로 보인다. 실제로 김유정은 「病床의 생각」에서 「홍길동전」과 제임스 조이스의 「율리시즈」를 비교하면서 새로운 문학이 인류 사회에 적극적 역할을 할 수 있도록 하는데 의미를 두어야 하며 그러한 작품이 훨씬 더 예술적 가치를 지닌다고 말한 바 있어[35] 작가가 개작과 교훈을 예술적 가치와 결부시켜 생각하고 있었음을 추론할 수 있다.

둘째, 호구지책의 일환으로 고소설 개작을 시도했을 것이라는 점이다. 죽기 직전까지도 안회남安懷南에게 일거리를 달라는 내용의 편지[36]를 쓴 것에서 김유정의 생활이 얼마나 절박했는지 잘 보여준다. 그가 등단한 1935년에도 김유정의 생활은 이에서 자유롭지 못했다. 다소 논리적 결함이 있음에도 불구하고 개작본을 내놓을 수밖에 없었던 이유는 이렇듯 경제적 요인을 무시할 수 없었기 때문으로 보인다.[37] 고소설 작품 중 특별히 『홍길동전』을 택한 것도 이미 널리 알려진, 인기 있는

35 김유정, 「병상의 생각」, 전신재 편, 『원본 김유정 전집』(개정판), 강, 2007, 470면. "새롭다는 문짜는 다만 시간과 공간의 전환轉換만에 그칠 것이 아니라, 좀 더 나아가 우리 인류 사회에 적극적積極的으로 역할役割을 가져오는데 그 의미를 두어야 할 것입니다. 얼른 말하면 쪼이스의 『율리시스』보다는, 저 봉근시대의 소산이던 홍길동전洪吉童傳이 훨적 뛰어나게 예술적 가치를 띠이고 있는 것입니다."

36 김유정, 「필승前」, 전신재 편, 『원본 김유정 전집』(개정판), 강, 2007, 474면. "내가 돈 百圓을 만들어 볼 작정이다. 동무를 사랑하는 마음으로 네가 좀 助力하여 주기 바란다. 또 다시 探偵小說을 飜譯하여 보고 싶다. 그 外에는 다른 길이 없는 것이다. 허니 네가 보던 중 아주 大衆化되고 興味 있는 걸로 한두 卷 보내주기 바란다. 그러면 내 十五日 以內로 譯하여 너의 손으로 가게 하여 주마. 허거던 네가 極力周旋하여 돈으로 바꿔서 보내다오."

37 이와 관련해 채만식 역시 해방 후 1947년에 조선금융조합연합회의 문고판에 『흥부전』을 개작해 연재한 바 있는데, 가난과 병마 속에서 호구지책으로 고전소설을 패러디한 작품을 썼다고 한다.(「채만식의 소설 「흥부전」 발굴」, 연합뉴스, 2004.2.27)

고전이라야 판매에 유리했기 때문이었다. 김유정 본이 고유한 주제의식과 작품성을 갖추지 못한 것 역시 작가가 시간과 정성을 들여 쓸 수 없었던 환경과 무관하지 않다고 본다.

셋째, 고소설 개작에 임하는 작가의 태도, 내지 개작 방법에 관한 것이다. 김유정의 개작 의도나 방법을 고려해볼 만한 직접적 자료는 없다. 다만 앞서 언급했듯이, 박태원朴泰遠 역시 개작『홍길동전』을 발표한 바 있고 개작의 변을 밝힌 자료가 있어 이를 참고할 수 있다. 박태원(1909~1987)과 김유정(1908~1937)은 나이도 비슷할 뿐더러 30년대에 활발히 활동한 소설가였다. 그런데 박태원 개작『홍길동전』(1947)[38]은 김유정 본보다 분량이 대거 늘어났을 뿐 아니라, 개작의 폭 또한 매우 크고 문제의식도 분명하다. 박태원은 「책끝에」라는 제목 하에『홍길동전』개작에 관한 자신의 견해를 다음과 같이 밝힌 바 있다.

> 원작에는 없는 인물로, 나는 '음전'이란 소녀와 '조생원'이란 기인을 꾸어왔다. 그러나 조생원이 곁에서 그렇듯 충동이지 않고, 또 음전이가 그렇듯 죽는 일이 없었다 하더라도 그러한 시절에 있어, 길동이는 결국 '활빈당'의 맹주가 되지 않고는 못 배겼으리라 믿는다.
>
> 그러나 나는 이곳에서 솔직히 고백하지 않으면 안 된다. 나는 이 소설을 쓰면서 여러 가지 점으로 나의 용의用意가 부족하였던 것을 절실히 느꼈다. 허락 받은 맷수 삼백매의 갑절, 육백 매를 없앳으면서도 나는 결국 할 말을 못 다 하고 말았다. 더구나 결말에 이르러서는 작자 자신 크게 불만이

38 박태원,『홍길동전』(협동문고 4-4), 조선금융조합연합회, 1947, 1~173면. 조선금융조합연합회에서 간행한 협동문고 시리즈물의 하나로 이 책 말미에 '協同文庫 刊行의 辭'라는 제하에서 특별히 지식수준이 낮은 대중, 곧 농민의 계몽을 위해 고전을 일부러 소개하고 보급하려는 데 있다는 사실을 밝혀 놓았다. 이로 미루어 박태원의『홍길동전』개작본의 출판 성격과 방향을 짐작해 볼 수 있다.

> 다. 모처럼 홍길동이란 인물을 살려 보자고 붓을 들었던 노릇이, 결말에 이르러 아주 죽이고 말았다. 나는 혼자 생각이거니와 언제고 다시 기회가 있다면 좀 더 달른 『홍길동전』을 써 볼까 한다.[39]

여기서 박태원은 원작과 달리 새로운 인물 창조에 심혈을 기울였음을 알 수 있다. 그런데 그는 새 인물 창조의 이유가 길동이 활빈당의 우두머리가 될 수밖에 없는 이유, 즉 개연성 있는 논리를 보여주고자 함에 있었노라고 했다. 또한 인용문 외 다른 부분에서는 의도적으로 시대적 배경을 원작과 달리 바꿨음을 강조했다. 기존 이본에서는 시간적 배경을 공히 '세종 시절'로 설정해 놓고 있는데, 개작가가 볼 때 세종 시절은 역사적으로 성군의 통치기로 그런 태평성대에 활빈당이 활약한다는 설정 자체가 적절하지 않다고 판단해 일부러 연산군 시절로 바꿔 놓았다는 것이다.[40] 이것만 보더라도 박태원은 스스로 개작 대상 고소설 작품을 철저히 분석한 뒤 당대 독자의 감각과 현실적 의식에 맞는 상황과 문제의식을 설정하는 서사 전략을 구사하고자 했음을 알 수 있다. 그러나 아무리 치밀하게 플롯과 사건, 인물을 설정하고 제시했다 할지라도 원작의 수준과 감동을 뛰어넘기란 쉽지 않다. 따라서 위 인용문에서 자신의 개작에 만족하지 못한다고 밝힌 박태원의 발언은 단

---

39 위의 책, 175~176면.

40 위의 책, 175면. "이미 읽으셨으면 다 이시려니와, 나의 홍길동전은 이와는 이야기가 매우 다르다. 나는 우선 시대時代부터 고처 잡았다. 홍길동과 그의 활빈당活貧黨이 눈부신 활약을 하고, 그들의 활약이 충분히 뜻 있는 것이기 위하여는 아무래도 어두운 시절, 어지러운 세상이어야만 하겠다. 이조李朝에 있어, 드물게 보는 영명英明한 군주君主로, '해동요순海東堯舜'의 일커름까지 받는 세종대왕世宗大王 재위 년간에 이러한 일이 있었다 하여서는 모처럼의 '홍길동'이도 한갓 요망스런 작란꾼에 지나지 않을 것이다. 이리하여 나는 역사 위에 있서, 가장 어둡고 어지러웁고 또 추악하던 인군 연산燕山의 시절을 빌기로 하였다. 연산은 내 자신이 실로 사갈蛇蝎처럼, 구수仇讐처럼 미워하는 인물이다. 그의 가지가지의 학정虐政과 추행醜行을 이 작품 속에서 들추어내며, 나는 심히 홍분하고 또 분개하였던 것이다."

순히 겸양의 언사라기보다 진심이 담긴 자기 고백에 가깝다고 하겠다.

이렇듯 박태원의 개작 의도를 참고할 때, 김유정 본의 경우, 그 한계가 더욱 두드러져 보인다. 전체 서사 얼개와 주제 의식이 기존 이본들과 큰 차이가 없으며, 김유정만의 개작 의도를 표현과 서술 측면이 아닌, 내용 측면에서 쉽게 발견할 수 없기 때문이다. '호부호형' 허락 대목이나 율도국 건설 대목을 빼는 등 기존의 주요 서사를 배제하면서까지 내용과 사건 전개를 단순화하고 간결한 표현을 동원해 아동 독서물로 개작을 시도했지만, 거기엔 특별한 감흥과 독자적 문학성을 담보해 내고 있지는 못하다 할 것이다. 김유정이 아동 독자를 위해 서사의 축약과 생략, 합리적 사건 해결을 추구하는 방법을 택한 것은 한편으로 높이 평가될 만하나, 오히려 후반부의 허술한 결말 처리는 기존 작품이 지닌 미덕과 주제 의식마저 모호하게 만들어 버렸다는 비판에서 자유롭지 못하다.

6. 나오며

그동안 고소설 『홍길동전』은 시대를 앞서 봉건지배 이념 사회가 담아내지 못하는 세계를 투영해 낸 작품이라는 점에서 높게 평가되어 왔다. 작품에서 말하고 있는, 이념과 관념으로부터의 일탈과 방외인적 사유의 지평이야말로 작가가 누구냐는 사실 문제를 떠나 작가 의식과 창작 의도 측면에서 볼 때 시대를 초월해 충분히 문제적이라 할 수 있기 때문이다. 따라서 다양한 『홍길동전』 이본 출현의 이면에는 작가의식뿐 아니라 시대의식과 그 사회 담론, 그리고 독자 의식의 반영이라는 측면을 간과해서는 안 될 것이다. 본고는 이런 문제의식 하에서 1930년대 중반에 발표된 김유정 개작 「홍길동전」의 출현 동인과 이본 관계를 통시적, 공시적 관점에서 살펴보고자 했다.

김유정 본은 주요 서사 장면을 위주로 간결한 필치로 속도감 있는 서사 전개를 이끌어 내고 있어 근대 독자의 독서 감각을 일정 부분 충족시켜 주었다고 평가할 만하다. 그러나 기존 이본에서 보이는 주제의식과 주요 서사 골격은 그대로 답습한 채, 개작에 따른 작가의 문제의식을 제대로 담고 있지 못하다. 물론 율도국 건설로 대표되는 후반부 이야기를 완전히 생략한 채, 길동이 조선을 떠나는 것으로 이야기를 끝낸 것은 현실적 서사 전개를 의도한 것이라 할 것이다. 그러나 어색한 결말 처리나 비현실적인 주인공의 활약상 서술 등은 김유정 본이 여전히 고소설 서사와 표현의 자장에서 벗어나지 못하고 있음을 보여준다. 이는 후에 나타난 박태원의 『홍길동전』과 비교했을 때, 그 차이가 더욱 두드러진다.

김유정이 고소설 『홍길동전』을 아동용 독서물로 개작하여 세상에 내놓은 이유를 정확히 알 순 없다. 그러나 본고에서는 이를 당시 아동문학에 대한 지식인과 사회의 관심 확대에 따른 개작 분위기에다 작가 개인이 처한 경제적 요인에 기인한 글쓰기 결과물로 보았다. 그러나 김유정본이 선행 『홍길동전』에 비해 진일보한 측면 역시 간과해서는 안 될 것이다.

본고는 김유정의 작품 전체를 고려하면서 새로 발견된 「홍길동전」의 의미를 살핀 것은 아니었다. 따라서 김유정 작품세계 전반을 아울렀을 때 개작 「홍길동전」이 어떤 위치를 점하고 있는가에 대해서는 충분히 다루지 못했다. 미진한 부분은 후일의 연구 과제로 남겨 둔다.

: 참고문헌 :

『강원일보』, 2012.3.30.

김동욱 편, 「홍길동전」(안성 19장본), 『영인 고소설판각본전집』 3, 국학자료원, 1997.

김유정, 「병상의 생각」, 『조광』, 1937.3.

______, 「讀書設問」, 『조광』, 1937.3.

______, 「홍길동전」, 『신아동(新兒童)』 제2호, 신아동사, 1935.10.10.

『동아일보』, 1925.4.26.

박태원, 『홍길동전』(협동문고 4-4), 조선금융조합연합회, 1947.

소재영, 「홍길동전(숭실대본) 해제」, 『숭실어문』 제7집, 숭실어문학회, 1990.

전신재 편, 『원본 김유정 전집』(개정판), 강, 2007.

________, 『원본 김유정 전집』(개정증보판), 강, 2012.

「채만식의 소설 「홍부전」 발굴」, 『연합뉴스』, 2004.2.27.

홍기돈, 「김유정의 「홍길동전」」, 『근대서지』 제5호, 근대서지학회, 2012.

『홍길동전』, 경판 30장본.

권혁래, 『고전소설의 다시쓰기』, 박이정, 2012.

박현수, 『모더니즘과 포스트모더니즘의 수사학』, 소명출판, 2003.

유인순, 『김유정 문학 연구』, 강원대 출판부, 1988.

이민희, 「구활자본 고소설 「셔산대사젼」 연구」, 『국학연구』 제5집, 한국국학진흥원, 2004.

______, 「1920~30년대 고소설 향유 양상과 비평 연구」, 『인문과학논총』 제28집, 순천향대 인문과학연구소, 2011.

이윤석, 『홍길동전 연구』, 계명대 출판부, 1997.

이창헌, 「한남서림 간행 경판방각소설 연구」, 『한국문화』 제21집, 서울대 한국문화연구소, 1998.

조은숙, 『한국 아동문학의 형성』, 소명출판, 2009.

「동백꽃」의 주제 전개 방식에 대한 고찰

오현아

1. 들어가기

본고는 김유정의 대표적인 단편소설인 「동백꽃」이 서사 텍스트로서 이야기의 체계와 완결성을 갖추기 위한 요건을 살피는 데 목적이 있다. 특히 여기에서는 이야기 형성에서 주요한 역할을 하는 것으로 여겨지는 결속구조cohesion[1]의 실현 양상이 「동백꽃」의 주제 전개에 어떤 방식으로 기여하는지에 중점을 두고 논의하고자 한다. 이를 위해 연구자는 「동백꽃」을 하나의 텍스트로 보고, 이를 명제적 관점에서 분석하고자 한다. 여기서 명제적 관점은 문장의 상위 단위로 텍스트를 설정

1 고영근(1999)에서는 담화를 담화답게 해 주는 모든 형태 상의 조건을 응결성cohesion으로, 담화를 담화답게 해주는 의미상의 조건으로 응집성coherence의 용어를 사용하고 있으나, 형태상의 조건을 드러내기에는 '결속구조cohesion' 라는 용어의 사용이 좀 더 두렷하게 여겨져 본고에서는 '응결성cohesion' 대신에 '결속구조', '응집성coherence' 대신에 '결속성'의 용어를 선택하여 사용하였다. 교육과정 상에서는 '결속구조cohesion' 대신에 '응집성', '결속성coherence' 대신에 '통일성'이라는 용어가 사용되고 있다.

하여 그 구조를 분석하려는 입장으로, 하나의 문장이라도 일단 의사소통 상황에서 기능적으로 사용된다면 이를 텍스트로 보고 그 기능을 살피려는 동태적 관점과는 구별된다.

명제적 관점에서 「동백꽃」을 분석하기 위해서는 우선 텍스트를 구성하는 '문장' 단위에서 구조를 살피고, 문장의 연속체인 텍스트가 텍스트성을 갖추기 위해서 어떠한 결속구조를 갖추고 있는지, 그리고 어떠한 방식으로 주제 전개에 기여하고 있는지 살펴보는 과정이 필요하다. 따라서 본고에서는 2장에서 문장 단위에서 「동백꽃」의 구조적 특성을 고찰하고, 3장에서 「동백꽃」의 주제 전개 양상의 특징을 구체적으로 살펴보고자 한다.

2. '문장' 단위로 구조 살피기

다음 「동백꽃」 텍스트는 37개의 형식적인 단락과 133개의 문장들로 이루어져 있다. 이제 문장 단위로 번호를 매겨 나열하여 그 각각의 구조를 살펴보자.('S'는 'sentence'의 약자이고 숫자는 일련번호를 나타냄)

S1. 오늘도 또 우리 수탉이 막 쫓기었다.

S2. 내가 점심을 먹고 나무를 하러 갈 양으로 나올 때이었다.

S3. 산으로 올라서려니까 등뒤에서 푸드득 푸드득 하고 닭의 횃소리가 야단이다.

S4. 깜짝 놀라서 고개를 돌려 보니 아니나 다르랴 두 놈이 또 얼리었다.

S5. 점순네 수탉(대강이가 크고 똑 오소리같이 실팍하게 생긴 놈)이 덩저리 작은 우리 수탉을 함부로 해내는 것이다.

S6. 그것도 (점순네 수탉이) 그냥 해내는 것이 아니라 푸드득하고 면두를 쪼고 물러섰다가 좀 사이를 두고 푸드득하고 모가지를 쪼았다.

S7. (점순네 수탉이) 이렇게 멋을 부려 가며 여지없이 닦아 놓는다.

S8. 그러면 이 못생긴 것은 쪼일 적마다 주둥이로 땅을 받으며 그 비명이 킥, 킥, 할뿐이다.

S9. (우리집 수탉이) 물론 미처 아물지도 않은 면두를 또 쪼이며 붉은 선혈은 뚝뚝 떨어진다.

S10. (나는) 이걸 가만히 내려다보자니 내 대강이가 터져서 피가 흐르는 것같이 두눈에서 불이 번쩍 난다.

S11. (나는) 대뜸 지게 막대기를 메고 달려들어 점순네 닭을 후려칠까 하다가 생각을 고쳐먹고 헛매질로 떼어만 놓았다.

S12. 이번에도 점순이가 쌈을 붙여 놨을 것이다.

S13. (점순이가) 바짝바짝 내 기를 올리느라고 그랬음에 틀림없을 것이다.

S14. 고놈의 계집애가 요새로 들어서 왜 나를 못 먹겠다고 고렇게 아르릉거리는지 모른다.

S15. 나흘 전 감자건만 하더라도 나는 저에게 조금도 잘못한 것은 없다.

S16. 계집애가 나물을 캐러 가면 갔지 남 울타리 엮는 데 쌩이질을 하는 것은 다 뭐냐.

S17. (점순이가) 그것도 발소리를 죽여 가지고 등뒤로 살며시 와서,

"얘! 너 혼자만 일하니?"

하고 긴치 않는 수작을 하는 것이다.

S18. 어제까지도 저와 나는 이야기도 잘 않고 서로 만나도 본체만체고 이렇

게 점잖게 지내던 터이련만 오늘로 갑작스레 대견해졌음은 웬일인가.

S19. 항차 망아지만 한 계집애가 남 일하는 놈 보구…….

S20. (내가) "그럼 혼자 하지 떼루 하디?"

S21. 내가 이렇게 내배앝는 소리를 하니까,

S22. (점순이가) "너 일하기 좋니?"

또는,

"한여름이나 되거든 하지 벌써 울타리를 하니?"

S23. (점순이는) 잔소리를 두루 늘어놓다가 남이 들을까봐 손으로 입을 틀어막고는 그 속에서 깔깔댄다.

S24. (나는) 별로 우스울 것도 없는데 날씨가 풀리더니 이 놈의 계집애가 미쳤나 하고 의심하였다.

S25. 게다가 조금 뒤에는 (점순이가) 제 집께를 할금할금 돌아보더니 행주치마의 속으로 꼈던 바른손을 뽑아서 나의 턱밑으로 불쑥 내미는 것이다.

S26. 언제 구웠는지 더운 김이 확 끼치는 굵은 감자 세 개가 손에 뿌듯이 쥐였다.

S27. (점순이가) "느 집엔 이거 없지?"

하고 생색 있는 큰소리를 하고는 제가 준 것을 남이 알면은 큰일날 테니 여기서 얼른 먹어 버리란다.

S28. 그리고 또 (점순이가) 하는 소리가,

"너 봄감자가 맛있단다."

S29. "난 감자 안 먹는다. 너나 먹어라."

나는 고개도 돌리지 않고 일하던 손으로 그 감자를 도로 어깨 너머로 쑥 밀어 버렸다.

S30. 그랬더니 (점순이가) 그래도 가는 기색이 없고, 뿐만 아니라 쌔근쌔

근하고 심상치 않게 숨소리가 점점 거칠어진다.

S31. 이건 또 뭐야 싶어서 그때에야 비로소 돌아다보니 나는 참으로 놀랐다.

S32. 우리가 이 동네에 들어온 것은 근 삼년째 되어오지만 여태껏 가무잡잡한 점순이의 얼굴이 이렇게까지 홍당무처럼 새빨개진 법이 없었다.

S33. 게다 (점순이가) 눈에 독을 올리고 한참 나를 요렇게 쏘아보더니 나중에는 눈물까지 어리는 것이 아니냐.

S34. 그리고 (점순이가) 바구니를 다시 집어들더니 이를 꼭 악물고는 엎어질 듯 자빠질 듯 논둑으로 횡하게 달아나는 것이다.

S35. 어쩌다 동리 어른이,

"너 얼른 시집을 가야지?"

하고 웃으면,

"염려 마서유. 갈 때 되면 어련히 갈라구!"

이렇게 천연덕스레 받는 점순이었다.

S36. (점순이가) 본시 부끄럼을 타는 계집애도 아니거니와 또한 분하다고 눈에 눈물을 보일 얼병이도 아니다.

S37. (점순이는) 분하면 차라리 나의 등어리를 바구니로 한번 모질게 후려쌔리고 달아날지언정.

S38. 그런데 (점순이가) 고약한 그 꼴을 하고 가더니 그 뒤로는 나를 보면 잡아먹으려 기를 복복 쓰는 것이다.

S39. 설혹 (내가) 주는 감자를 안 받아먹는 것이 실례라 하면, 주면 그냥 주었지 '느 집엔 이거 없지'는 다 뭐냐.

S40. 그러잖아도 저희는 마름이고 우리는 그 손에서 배재를 얻어 땅을 부치므로 일상 굽실거린다.

S41. 우리가 이 마을에 처음 들어와 집이 없어서 곤란으로 지낼 제 집터를 빌리고 그 위에 집을 또 짓도록 마련해 준 것도 점순네의 호의였다.

S42. 그리고 우리 어머니 아버지도 농사 때 양식이 딸리면 점순이네한테 가서 부지런히 꾸어다 먹으면서 인품 그런 집은 다시없으리라고 침이 마르도록 칭찬하곤 하는 것이다.

S43. 그러면서도 열일곱씩이나 된 것들이 수군수군하고 붙어 다니면 동네의 소문이 사납다고 주의를 시켜준 것도 또 어머니였다.

S44. 왜냐하면 내가 점순이 하고 일을 저질렀다가는 점순네가 노할 것이고, 그러면 우리는 땅도 떨어지고 집도 내쫓기고 하지 않으면 안되는 까닭이었다.

S45. 그런데 이놈의 계집애가 까닭 없이 기를 복복 쓰며 나를 말려 죽이려고 드는 것이다.

S46. (점순이가) 눈물을 흘리고 간 담날 저녁나절이었다.

S47. (내가) 나무를 한 짐 잔뜩 지고 산을 내려오려니까 어디서 닭이 죽는소리를 친다.

S48. 이거 뉘집에서 닭을 잡나, 하고 점순네 울 뒤로 돌아오다가 나는 고만 두 눈이 똥그랬다.

S49. 점순이가 저희 집 봉당에 홀로 걸터앉았는데 이게 치마 앞에다 우리 씨암탉을 꼭 붙들어 놓고는,

"이놈의 씨닭! 죽어라 죽어라."

요렇게 암팡스레 패 주는 것이 아닌가.

S50. 그것도 대가리나 치면 모른다마는 아주 알도 못 낳으라고 (점순이가) 그 볼기짝께를 주먹으로 콕콕 쥐어박는 것이다.

S51. 나는 눈에 쌍심지가 오르고 사지가 부르르 떨렸으나 사방을 한번 휘둘러보고야 그제서야 점순이 집에 아무도 없음을 알았다.

S52. (나는) 잡은 참지게 막대기를 들어 울타리의 중턱을 후려치며,

"이놈의 계집애! 남의 닭 알 못 낳으라구 그러니?"

하고 소리를 빽 질렀다.

S53. 그러나 점순이는 조금도 놀라는 기색이 없고 그대로 의젓이 앉아서 제 닭 가지고 하듯이 또 죽어라, 죽어라, 하고 패는 것이다.

S54. 이걸 보면 (점순이가) 내가 산에서 내려올 때를 겨냥해 가지고 미리부터 닭을 잡아 가지고 있다가 네 보라는 듯이 내 앞에서 줴지르고 있음이 확실하다.

S55. 그러나 나는 그렇다고 남의 집에 뛰어들어가 계집애하고 싸울 수도 없는 노릇이고 형편이 썩 불리함을 알았다.

S56. 그래 닭이 맞을 적마다 (나는) 지게 막대기로 울타리를 후려칠 수밖에 별 도리가 없다.

S57. 왜냐하면 (내가) 울타리를 치면 칠수록 울섶이 물러앉으며 뼈대만 남기 때문이다.

S58. 허나 (내가) 아무리 생각하여도 나만 밑지는 노릇이다.

S59. "아, 이년아! 남의 닭 아주 죽일 터이야?"

내가 도끼눈을 뜨고 다시 꽥 호령을 하니까 그제서야 울타리께로 쪼르르 오더니 울밖에 섰는 나의 머리를 겨누고 닭을 내팽개친다.

S60. (점순이가) "에이 더럽다! 더럽다!"

S61. "더러운 걸 널더러 입때 끼고 있으랬니? 망할 계집애년 같으니"

하고 나도 더럽단 듯이 울타리께를 횡허케 돌아내리며 약이 오를 대로 다 올랐다, 라고 하는 것은 암탉이 풍기는 서슬에 나의 이마빼기에다 물지똥을 찍 갈겼는데 그걸 본다면 알집만 터졌을 뿐 아니라 골병은 단단히 든 듯싶다.

S62. 그리고 (점순이가) 나의 등뒤를 향하여 나에게만 들릴 듯 말 듯한 음성으로,

"이 바보 녀석아!"

"애! 너 배냇병신이지?"

S63. 그만도 좋으련만,

(점순이가) "애! 너 느 아버지가 고자라지?"

S64. (내가) "뭐 울 아버지가 그래 고자야?"

할 양으로 열벙거지가 나서 고개를 홱 돌리어 바라봤더니 그때까지 울타리 위로 나와 있어야 할 점순이의 대가리가 어디 갔는지 보이지를 않는다.

S65. 그러다 (내가) 돌아서서 오자면 아까에 한 욕을 울 밖으로 또 퍼붓는 것이다.

S66. 욕을 이토록 먹어 가면서도 (나는) 대거리 한 마디 못하는 걸 생각하니 돌부리에 채이어 발톱 밑이 터지는 것도 모를 만큼 분하고 급기야는 두눈에 눈물까지 불끈 내솟는다.

S67. 그러나 점순이의 침해는 이것뿐이 아니다.

S68. 사람들이 없으면 (점순이가) 틈틈이 제 집 수탉을 몰고 와서 우리 수탉과 쌈을 붙여 놓는다.

S69. (점순이는) 제 집 수탉은 썩 험상궂게 생기고 쌈이라면 홰를 치는 고로 으레 이길 것을 알기 때문이다.

S70. 그래서 툭하면 (점순이가) 우리 수탉이 면두며 눈깔이 피로 흐드르하게 되도록 해 놓는다.

S71. 어떤 때에는 우리 수탉이 나오지를 않으니까 요놈의 계집애가 모이를 쥐고 와서 꾀어내다가 쌈을 붙인다.

S72. 이렇게 되면 나도 다른 배차를 차리지 않을 수 없었다.

S73. 하루는 (나는) 우리 수탉을 붙들어 가지고 넌지시 장독께로 갔다.

S74. (내가 듣자니) 쌈닭에게 고추장을 먹이면 병든 황소가 살모사를 먹고 용을 쓰는 것처럼 기운이 뻗친다 한다.

S75. (나는) 장독에서 고추장 한 접시를 떠서 닭 주둥아리께로 들여 밀고 먹여 보았다.

S76. 닭도 고추장에 맛을 들였는지 거스르지 않고 거진 반 접시 턱이나 곧잘 먹는다.

S77. 그리고 (나는) 먹고 금시는 용을 못쓸 터이므로 얼마쯤 기운이 돌도록 횃속에다 가두어두었다.

S78. (나는) 밭에 두엄을 두어 짐 져내고 나서 쉴 참에 그 닭을 안고 밖으로 나왔다.

S79. 마침 밖에는 아무도 없고 점순이만 저희 울안에서 헌옷을 뜯는지 혹은 솜을 터는지 웅크리고 앉아서 일을 할 뿐이다.

S80. 나는 점순네 수탉이 노는 밭으로 가서 닭을 내려 놓고 가만히 맥을 보았다.

S81. 두 닭은 여전히 얼리어 쌈을 하는데 처음에는 아무 보람이 없었다.

S82. (점순네 수탉이) 멋지게 쪼는 바람에 우리 닭은 또 피를 흘리고 그러면서도 날갯죽지만 푸드득푸드득하고 올라 뛰고 뛰고 할 뿐으로 제법 한번 쪼아 보지도 못한다.

S83. 그러나 한번엔 어쩐 일인지 (우리 수탉이) 용을 쓰고 펄쩍 뛰더니 발톱으로 눈을 하비고 내려오며 면두를 쪼았다.

S84. 큰닭도 여기에는 놀랐는지 뒤로 멈씰하며 물러난다.

S85. 이 기회를 타서 작은 우리 수탉이 또 날쌔게 덤벼들어 다시 면두를 쪼니 그제서는 감때사나운 그 대강이에서도 피가 흐르지 않을 수 없다.

S86. 옳다 알았다, 고추장만 먹이며는 되는구나 하고 나는 속으로 아주 쟁그러워 죽겠다.

S87. 그때에는 뜻밖에 내가 닭쌈을 붙여 놓는 데 놀라서 울 밖으로 내다보고 섰던 점순이도 입맛이 쓴지 눈쌀을 찌푸렸다.

S88. 나는 두 손으로 볼기짝을 두드리며 연방,

"잘한다! 잘한다!"하고, 신이 머리끝까지 뻗치었다.

S89. 그러나 얼마 되지 않아서 나는 넋이 풀리어 기둥같이 묵묵히 서 있게 되었다.

S90. 왜냐하면 큰 닭이 한번 쪼인 앙갚음으로 호들갑스레 연거푸 쪼는 서슬에 우리 수탉은 찔끔 못하고 막 곯는다.

S91. 이걸 보고서 이번에는 점순이가 깔깔거리고 되도록 이쪽에서 많이 들으라고 웃는 것이다.

S92. 나는 보다 못하여 덤벼들어서 우리 수탉을 붙들어 가지고 도로 집으로 들어왔다.

S93. (나는) 고추장을 좀더 먹였더라면 좋았을 걸, 너무 급하게 쌈을 붙인 것이 퍽 후회가 난다.

S94. (나는) 장독께로 돌아와서 다시 턱밑에 고추장을 들이댔다.

S95. (수탉은) 흥분으로 말미암아 그런지 당최 먹질 않는다.

S96. 나는 하릴없이 닭을 반듯이 눕히고 그 입에다 궐련 물부리를 물리었다.

S97. (나는) 그리고 고추장 물을 타서 그 구멍으로 조금씩 들여 부었다.

S98. 닭은 좀 괴로운지 킥킥하고 재채기를 하는 모양이나 그러나 당장의 괴로움은 매일 같이 피를 흘리는 데 댈 게 아니라 생각하였다.

S99. 그러나 한 두어 종지 가량 고추장 물 먹이고 나서는 나는 고만 풀이 죽었다.

S100. 싱싱하던 닭이 왜 그런지 고개를 살며시 뒤틀고는 손아귀에서 빼드러지는 것이 아닌가.

S101. 아버지가 볼까 봐서 얼른 홰에다 감추어 두었더니 (닭이) 오늘 아침에서야 겨우 정신이 든 모양 같다.

S102. 그랬던 걸 이렇게 오다 보니까 또 쌈을 붙여 놓으니 이 망한 계집애

가 필연 우리 집에 아무도 없는 틈을 타서 제가 들어와 홰에서 꺼내 가지고 나간 것이 분명하다.

S103. 나는 다시 닭을 잡아다 가두고 염려는 스러우나 그렇다고 산으로 나무를 하러 가지 않을 수도 없는 형편이었다.

S104. (나는) 소나무 삭정이를 따며 가만히 생각해 보니 암만해도 고년의 목쟁이를 돌려 놓고 싶다.

S105. (나는) 이번에 내려가면 망할 년 등줄기를 한번 되게 후려치겠다 하고 싱둥겅둥 나무를 지고는 부리나케 내려왔다.

S106. 거지반 집에 다 내려와서 나는 호드기 소리를 듣고 발이 딱 멈추었다.

S107. 산기슭에 널려 있는 굵은 바윗돌 틈에 노란 동백꽃이 소보록하니 깔리었다.

S108. 그 틈에 끼어 앉아서 점순이가 청승맞게시리 호드기를 불고 있는 것이다.

S109. (내가) 그보다도 더 놀란 것은 고 앞에서 또 푸드득, 푸드득, 하고 들리는 닭의 횃소리다.

S110. 필연코 요년이 나의 약을 올리느라고 또 닭을 집어내다가 내가 내려올 길목에다 쌈을 시켜 놓고 저는 그 앞에 앉아서 천연스레 호드기를 불고 있음에 틀림없으리라.

S111. 나는 약이 오를 대로 올라서 두 눈에서 불과 함께 눈물이 픽 쏟아졌다.

S112. (나는) 나뭇지게도 벗어 놀 새 없이 그대로 내동댕이치고는 지게 막대기를 뻗치고 허둥 허둥 달려들었다.

S113. (내가) 가까이 와 보니 과연 나의 짐작대로 우리 수탉이 피를 흘리고 거의 빈사 지경에 이르렀다.

S114. (나는) 닭도 닭이려니와 그러함에도 불구하고 눈 하나 깜짝 없이 고대로 앉아서 호드기만 부는 그 꼴에 더욱 치가 떨린다.

S115. 동네에서도 소문이 났거니와 나도 한때는 걱실걱실히 일 잘 하고 얼굴 예쁜 계집애인 줄 알았더니 시방 보니까 그 눈깔이 꼭 여우 새끼 같다.

S116. 나는 대뜸 달려들어서 나도 모르는 사이에 큰 수탉을 단매로 때려 엎었다.

S117. 닭은 푹 엎어진 채 다리 하나 꼼짝 못 하고 그대로 죽어 버렸다.

S118. 그리고 나는 멍하니 섰다가 점순이가 매섭게 눈을 홉뜨고 닥치는 바람에 뒤로 벌렁 나자빠졌다.

S119. "이놈아! 너 왜 남의 닭을 때려죽이니?"

(나는) "그럼 어때?"

하고 일어나다가,

"뭐 이 자식아! 누 집 닭인데?"

하고 복장을 떼미는 바람에 다시 벌렁 자빠졌다.

S120. 그리고 나서 (나는) 가만히 생각을 하니 분하기도 하고 무안도스럽고, 또 한편 일을 저질렀으니, 인젠 땅이 떨어지고 집도 내쫓기고 해야 될는지 모른다.

S121. 나는 비슬비슬 일어나며 소맷자락으로 눈을 가리고는, 얼김에 엉 하고 울음을 놓았다.

S122. 그러나 점순이가 앞으로 다가와서,

"그럼 너 이담부텀 안 그럴 테냐?"

하고 물을 때에야 비로소 살길을 찾은 듯싶었다.

S123. 나는 눈물을 우선 씻고 뭘 안 그러는지 명색도 모르건만,

"그래!"

하고 무턱대고 대답하였다.

S124. (점순이가) "요담부터 또 그래 봐라, 내 자꾸 못살게 굴 테니."

S125. (**나는**) "그래 그래 이젠 안 그럴 테야!"

S126. (**점순이가**) "닭 죽은 건 염려 마라, 내 안 이를 테니."

S127. (**점순이는**) 그리고 뭣에 떠다 밀렸는지 나의 어깨를 짚은 채 그대로 퍽 쓰러진다.

S128. 그 바람에 **나의 몸뚱이도** 겹쳐서 쓰러지며, 한창 피어 퍼드러진 노란 동백꽃 속으로 폭 파묻혀 버렸다.

S129. 알싸한, 그리고 향긋한 그 냄새에 **나는** 땅이 꺼지는 듯이 온 정신이 고만 아찔하였다.

S130. (**점순이가**) "너 말 마라!"

S131. (**나는**) "그래!"

S132. 조금 있더니 요 아래서,

"점순아! 점순아! 이년이 바느질을 하다 말구 어딜 갔어?"

하고 어딜 갔다 온 듯싶은 **그 어머니가** 역정이 대단히 났다.

S133. **점순이가** 겁을 잔뜩 집어먹고 꽃밑을 살금살금 기어서 산 아래로 내려간 다음 **나는** 바위를 끼고 엉금엉금 기어서 산위로 치빼지 않을 수 없었다.

위에서 S1, S2 등으로 나열된 것들이 개별 문장들이고 이 문장들이 텍스트를 구성하고 있고, 이 문장들은 주제부(강조한 부분)와 설명부로 구성되어 있다.

그리고 이 텍스트에서 주제부들의 유형을 나누어 보면 다음과 같다. (':' 표시 뒤쪽은 주제부가 생략된 경우임, 강조된 문장은 주제부가 두 개로 구성된 경우임)

(1) '나는'인 것(S2, S15, S21, S29, S31, S32, S44, S48, S51, S55, S59, S61, S72, S73, S74, S75, S80, S86, S88, S89, S92, S96, S99, S103, S106, S111,

S115, S116, S118, S121, S123, S128, S129, S133 : S10, S11, S20, S24, S33, S34, S39, S47, S52, S56, S57, S58, S64, S65, S66, S77, S78, S93, S94, S97, S104, S105, S109, S112, S113, S114, S119, S120, S125, S131)

(2) '점순이는'인 것(S12, S13, S14, S16, S19,S45, S49, S53, S67, S71, S79, S87, S91, S102, S108, S110, S122, S133 : S17, S22, S23, S25, S27, S28, S30, S36, S37, S38, S46, S50, S54, S60, S62, S63, S68, S69, S70, S124, S126, S127, S130)

(3) '나와 점순이는'인 것(S18, S43)

(4) '점순이네 집' 인 것(S40)

(5) '우리 집'인 것(S40, S41, S42)

(6) '우리집 수탉은'인 것(S1, S8, S76, S85, S95, S98, S100 : S9, S83, S101)

(7) '점순이네 수탉은'인 것(S5, S84, S90, S117 : S6, S7, S82)

(8) '양쪽 집 수탉은'인 것(S3, S4, S81)

(9) '감자는' 인 것(S26)

(10) '동리 어른이'인 것(S35)

(11) '동백꽃이'인 것(S107)

(12) '점순이네 어머니'인 것(S132)

이상을 통해 우리는 다음과 같은 사실을 확인할 수 있다.

첫째, 주제부 유형의 가장 많은 비중을 차지하는 것이 '나는'인 것을 통해 이 소설이 1인칭 주인공 시점의 소설임을 예상할 수 있다.

둘째, 주제부 유형에서 '나는'인 것과 '점순이는'인 것의 비중이 높아, 이 소설은 '나'와 '점순이' 가 주인공으로 등장하여 벌어지는 사건임을 짐작할 수 있다.

셋째, '우리집 수탉은'인 것과 '점순이네 수탉은'인 것의 비중이 '나는'

인 것과 '점순이는' 인 것 그 다음으로 높아, '우리집 수탉'과 '점순이네 수탉'을 둘러싼 사건이 전개되고 있음을 알 수 있다.

3. 주제 전개 양상 살피기

텍스트에서 나타나는 주제부 관계의 전체적인 복합체를 '주제 전개 Thematische Progression'이라 하는데 이는 텍스트 구성의 뼈대를 이룬다. 이 장에서는 텍스트의 주제 전개 양상을 살피기 위한 분석틀로서의 주제 전개 모형 도입과 그 소개, 「동백꽃」 텍스트의 주제 전개 양상을 살펴보고자 한다.

1) 분석 틀로서의 주제 전개 모형 도입

국내 텍스트 이론에 많은 영향을 끼친 연구로는 드레슬러Dressler(1973), 반 다이크van Dijk(1977, 1980, 1980a), 아그리콜라Agricola(1977, 1979) 등을 들 수 있는데, 이들 연구들은 형식 면에서 표층구조와 심층구조의 구분을 바탕으로 한 생성변형문법에 초점을 둔 다양한 텍스트 이론적 연구 방향을 지니고 있다. 이 방향에서 가장 명시적으로 개진된 것은 반 다이크가 서사 텍스트 분석의 테두리에서 발전시킨 텍스트의 '거시구조Makrostruktur' 개념을 들 수 있다(이성만 역, 2003, 73~75면).

반 다이크에 따르면 의미론적 텍스트적 심층구조나 거시구조는 텍스트의 '전국적 의미'를 제시해 주고, 이것은 바꿔쓰기식 환원 방식을 통해 얻어진다. 구체적인 텍스트, 곧 표층 텍스트의 명제들로부터 반 다이크는 스스로 거시규칙이라 부른 일련의 연산 과정들을 적용함으로써 이른바 거시 명제들을 유도해낸다.

반 다이크의 거시 규칙으로는 크게 다음의 세 가지가 있다.

1. 삭제 규칙 : 언어 사용자가 다음에 오는 명제의 해석에 더 이상 관여적이지 못한 것으로 받아들인 명제들은 모두 삭제된다.

2. 일반화 규칙 : 하나의 공통적인 상위 개념에 의해 파악되는 개념들이 나타나는 각각의 명제 계기는 이 초시 개념을 포함한 하나의 명제를 통해야 대치된다.

3. 구성 규칙 : 보다 전국적인 사태의 규준적 전제, 구성 요소, 결과, 특성들과 같은 것들을 나타내는 각각의 명제 계기는 이러한 전국적인 사태를 나타내는 하나의 명제를 통해 대치된다.

반 다이크는 이 규칙들이 맥락, 수용자, 그리고 수용자의 인지적 입장이나 태도에 의존하여 다양하게 응용될 수 있으며, 이에 따라 동일한 텍스트도 다양하게 요약될 수 있음을 고안해 내었다. 결국, 텍스트 주제는 "일정한 요약 차원에서 유도된 하나의 거시 명제"와 다를 바가 없으며 이것은 텍스트에서 명시적으로 명명되지 않는, '주제어'나 '주제문'에 해당된다.

반 다이크의 이러한 이론에 기댈 경우, 기존의 텍스트 분석에서 이루어지던 텍스트 전체를 아우르는 커다란 주제 아래 어떠한 하위 주제들이 기여하고 있는가 하는 의미론적인 분석에 그치게 되고 만다. 그러나 다네쉬 텍스트 주제 전개 모형에 기대어 텍스트 분석을 진행하게 되면, 문장 안에서의 화제와 초점의 분석을 통해 문장 간에 초점이 어떻게 이동하고 있으며, 그 초점의 이동에 기여하고 있는 문법적인 형태들에는 무엇이 있는지를 함께 살필 수 있다. 즉, 의미론적인 분석과 함께 그러한 텍스트의 의미론적 구성에 기여하는 의미 형태론적 분석을 함께 병행할 수 있다는 점에서 본고의 목적에 적합한 텍스트 주제 전개 이론이라 할 수 있다.

따라서 이 연구에서는 다네쉬(Daneš, 1970, 74면)[2]에서 제시한 5가지 텍스트 주제 전개 모형(단순 선형식 전개 유형, 주제일관식 전개 유형, 상위 주제 파생식 전개 유형, 설명부 분열식 전개 유형, 주제 비약식 전개 유형)에 상위 주제 수렴식 전개 유형[3]을 추가한 6가지 텍스트 주제 전개 모형을 바탕으로 김유정의 「동백꽃」의 구조를 유형화하고, 거시적인 주제 전개 구조의 틀 안에서 문장 간 연쇄 방식을 논하고자 한다.

---

2 다네쉬의 75세 생일을 축하하기 위해 만들어진 기념논문집(Cmejrkova, S. & Sticha F. eds., 1994)에서 그의 연구 목록을 살펴보면, 이 연구와 관련 깊은 다네쉬(1970)은 드레슬러(1978)에 의해 재인쇄되었으며, 이후 1994년에 이르기까지 그의 주된 연구는 언어에 대한 화자 의도 현상의 체계적인 정교화에 기여한 것임을 확인할 수 있다.

3 상위주제 수렴식 전개 유형은 오현아(2010)에서 5차 이후 고등 국어 교과서에 수록된 설득 텍스트의 주제 전개 구조를 밝히는 과정에서 추가된 유형으로, 본고에서도 이 유형을 도입하였다. 여기서 상위 주제 파생식 전개 유형이 연역적인 글의 전개 방식이라고 한다면, 상위 주제 수렴식 전개 유형은 귀납적인 글의 전개 방식이라고 할 수 있다. 즉, 상위 주제가 먼저 제시되지 않고 하위 주제들의 제시 이후에 상위 주제로 수렴되는 방식이다.

2) 다네쉬(1970)의 주제 전개 유형

고영근(1999, 206~210면)에서는 다네쉬(Daneš, 1970)에 의해 유형화된 테마-레마 전개 방식을 다섯 가지로 소개하고 있는데, 다음과 같다.

(1) 단순 선형식 전개 유형 : 문장의 설명부(Rhema : R)가 다음 문장의 주제부가 되는 주제 전개형

예문) 철수는(T1) 자전거를 한 대 샀다(R1). 그 자전거는(T2=R1) 지하실에 있다(R2). 지하실에는(T3=R2)……

T1 → R1
↓
T2(=R1) → R2
↓
T3(=R2) → R3

(2) 주제 일관식 전개 유형 : 문장이 이어질 때 주제부는 변동이 없고 개별 문장에 설명부만 추가되는 유형

예문) 내 자전거는(T1) 새로 산 것이다(R1). 그것은(T2) 우리 아버지가 주신 선물이다(R2). 그것은(T2) 지하실에 있다(R3). 그것은 내일 타기로 하였다.

(T1 → R1)
↓
T2(=R1) → R2
↓
T2(=R1) → R3
↓
T2(=R1) → R4

(3) 상위주제 파생식 전개 유형 : 개별 문장의 주제가 상위 주제(Hyper-thema)로부터 파생되어 나오는 전개 유형

예문) 코끼리의 긴 코는(T1) 매우 작은 물건까지 감아 올린다(R1). 코끼리의 귀는(T2) 움직일 수 있다(R2). 코끼리의 성질은(T2) 온순하다(R3).

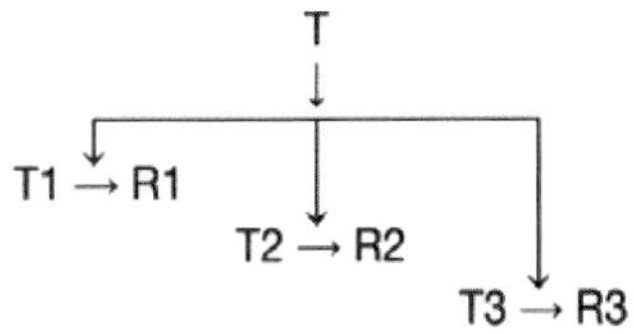

(4) 설명부 분열식 전개 유형 : 한 문장의 설명부가 여러 주제들로 갈라지는 전개 유형

예문) 원탁에는(T1) 두 사람이 앉아 있었다(R1=R1'+R1"). 한 사람은(T2'=R1') 담배를 피우고 있었다(R2'). 다른 한 사람은(T2"=R1") 물을 마시고 있었다(R2").

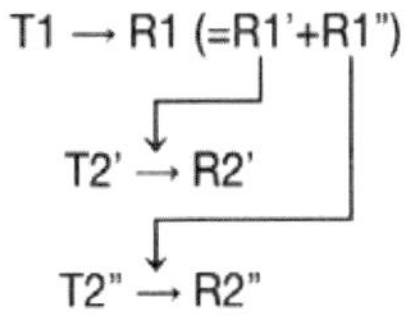

(5) 주제 비약식 전개 유형 : 맥락을 통해 어렵지 않게 보충될 수 있는 주제핵의 성분은 생략되는 유형

예문) 철수는(T1) 어두운 방으로 안내받았다(R1). 그 방은(T2=R1) 값비싼 가구들로(R2) 장식되어 있었다. …… 양탄자는(T4) 색상이 현란하였다.

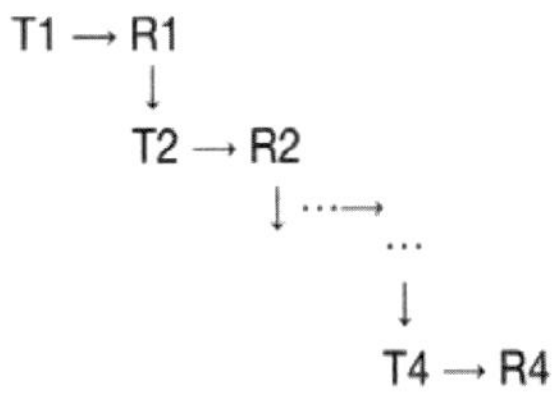

3) 「동백꽃」의 주제 전개 모형

본고의 분석 대상인 「동백꽃」은 '산골 마을 젊은 남녀의 순박한 마음'을 그려낸 30년대 단편소설이다. 이러한 주제를 그려내기 위해 소설가는 '닭싸움으로 나를 속상하게 하는 점순이', '나흘 전 점순이가 준 감자를 거절하면서 더욱 괴롭힘을 당하는 나', '닭에게 고추장까지 먹여 싸우게 했으나 별 소득이 없는 닭싸움', '닭싸움에서 빈사 지경의 닭을 보고 점순네 닭을 때려 죽인 나', '점순이가 닭 사건을 봐 주기로 하고, 동백꽃 속에 파묻히는 점순이와 나', '점순이를 찾는 점순 어머니 소리에 마을로 슬며시 내려가는 점순이와 산으로 줄행랑을 치는 나'로 세분화해 이야기를 전개해 나가고 있다.

그렇다면 우리가 이 소설에서 그려내고 있는 젊은 남녀의 티격태격한 사랑 싸움에 푹 빠져들게 되는 원인은 무엇인가? 이 부분이 바로 이 장에서 집중적으로 조명하고자 하는 부분이다.

결론을 먼저 말하자면, 「동백꽃」은 앞서 살핀 여섯 가지 전개 모형 가운데, '상위주제 파생식 전개 유형'과 '주제 일관식 전개 유형'이 결합되어 있는 것으로 분석된다. 즉, 전체적으로 '상위주제 파생식 전개 유형'을, 부분적으로 '주제 일관식 전개 유형'을 활용하고 있음을 의미한다. 다시 말해, '시골 남녀의 순박한 사랑'을 '닭싸움으로 나를 속상하게 하는 점순이', '나흘 전 점순이가 준 감자를 거절하면서 더욱 괴롭힘을 당하는 나', '닭에게 고추장까지 먹여 싸우게 했으나 별 소득이 없는 닭싸움', '닭싸움에서 빈사 지경의 닭을 보고 점순네 닭을 때려 죽인 나', '점순이가 닭 사건을 봐 주기로 하고, 동백꽃 속에 파묻히는 점순이와 나', '점순이를 찾는 점순 어머니 소리에 마을로 슬며시 내려가는 점순이와 산으로 줄행랑을 치는 나'의 하위 이야기 구조로 나눈 점에서 상위 주제 파생식 전개 유형을 활용하였고, 구체적인 전개 방식에서 '주제 일관식 전개 유형'을 활용하고 있다.

우선 전체적인 구성방식으로 내세운 '상위주제 파생식 전개 유형'을 살펴보면 다음과 같다.

(1) HT : 시골 남녀의 순박한 사랑

→ ① 닭싸움으로 나를 속상하게 하는 점순이(T1~T14)

② 나흘 전 점순이가 준 감자를 거절하면서 더욱 괴롭힘을 당하는 나(T15~T72)

③ 닭에게 고추장까지 먹여 싸우게 했으나 별 소득이 없는 닭싸움(T73~T105)

④ 닭싸움에서 빈사 지경의 닭을 보고 점순네 닭을 때려 죽인 나 (T106~T121)

⑤ 점순이가 닭 사건을 봐 주기로 하고, 동백꽃 속에 파묻히는 점순이와 나(T122~T131)

→ ⑥ 점순이를 찾는 점순 어머니 소리에 마을로 슬며시 내려가는 점순이와 산으로 줄행랑을 치는 나(T132~133)

세부적인 구성 방식인 '주제 일관식 전개 유형'은 다음과 같은 사례에서 확인할 수 있다.

(2) 감자를 거절한 나로 인해 화가 난 점순이(S32~S34)

S32. 우리가 이 동네에 들어온 것은 근 삼년째 되어오지만 여태껏 가무잡잡한 점순이의 얼굴이 이렇게까지 홍당무처럼 새빨개진 법이 없었다.
S33. 게다 (점순이가) 눈에 독을 올리고 한참 나를 요렇게 쏘아보더니 나중에는 눈물까지 어리는 것이 아니냐.
S34. 그리고 (점순이가) 바구니를 다시 집어들더니 이를 꼭 악물고는 엎어질 듯 자빠질 듯 논둑으로 횡하게 달아나는 것이다.

S32 : T32 → R32
↓
S33 : T33(=T32) → R33
↓
S34 : T34(=T33) → R34

(3) 나에게 화가 나 심술을 부리는 점순이(S67~S71)

S67. 그러나 점순이의 침해는 이것뿐이 아니다.
S68. 사람들이 없으면 (점순이가) 틈틈이 제 집 수탉을 몰고 와서 우리 수탉과 쌈을 붙여 놓는다.
S69. (점순이는) 제 집 수탉은 썩 험상궂게 생기고 쌈이라면 홰를 치는 고로 으레 이길 것을 알기 때문이다.
S70. 그래서 툭하면 (점순이가) 우리 수탉이 면두며 눈깔이 피로 흐드르하게 되도록 해 놓는다.
S71. 어떤 때에는 우리 수탉이 나오지를 않으니까 요놈의 계집애가 모이를 쥐고 와서 꾀어내다가 쌈을 붙인다.

S67 : T67 → R67
↓
S68 : T68(=T67) → R68
↓
S69 : T69(=T68) → R69
↓
S70 : T70(=T69) → R70
↓
S71 : T71(=T70) → R71

(4) 약이 올라 닭에게 고추장을 먹이는 나(S72~S78)

S72. 이렇게 되면 나도 다른 배차를 차리지 않을 수 없었다.
S73. 하루는 (나는) 우리 수탉을 붙들어 가지고 넌지시 장독께로 갔다.
S74. (내가 듣자니) 쌈닭에게 고추장을 먹이면 병든 황소가 살모사를 먹고 용을 쓰는 것처럼 기운이 뻗친다 한다.
S75. (나는) 장독에서 고추장 한 접시를 떠서 닭 주둥아리께로 들여 밀고 먹여 보았다.

S76. 닭도 고추장에 맛을 들였는지 거스르지 않고 거진 반 접시 턱이나 곧잘 먹는다.
S77. 그리고 (나는) 먹고 금시는 용을 못쓸 터이므로 얼마쯤 기운이 돌도록 횃속에 다 가두어두었다.
S78. (나는) 밭에 두엄을 두어 짐 져내고 나서 쉴 참에 그 닭을 안고 밖으로 나왔다.

S72 : T72 → R72
↓
S73 : T73(=T72) → R73
↓
S74 : T74(=T73) → R74
↓
S75 : T75(=T74) → R75
↓
S76 : T76(=T75) → R76
↓
S77 : T77(=T76) → R77
↓
S78 : T78(=T77) → R78

(5) 빈사 상태의 닭을 보고 화가 나 점순네 닭을 때린 나(S111~S116)

S111. 나는 약이 오를 대로 올라서 두 눈에서 불과 함께 눈물이 퍽 쏟아졌다.
S112. (나는) 나뭇지게도 벗어 놀 새 없이 그대로 내동댕이치고는 지게 막대기를 뻗치고 허둥 허둥 달려들었다.
S113. (내가) 가까이 와 보니 과연 나의 짐작대로 우리 수탉이 피를 흘리고 거의 빈사 지경에 이르렀다.
S114. (나는) 닭도 닭이려니와 그러함에도 불구하고 눈 하나 깜짝 없이 고대로 앉아서 호드기만 부는 그 꼴에 더욱 치가 떨린다.
S115. 동네에서도 소문이 났거니와 나도 한때는 걱실걱실히 일 잘 하고 얼굴 예쁜 계집애인 줄 알았더니 시방 보니까 그 눈깔이 꼭 여우 새끼 같다.
S116. 나는 대뜸 달려들어서 나도 모르는 사이에 큰 수탉을 단매로 때려 엎었다.

S111 : T111 → R111
↓
S112 : T112(=T111) → R112
↓
S113 : T113(=112) → R113

↓
S114 : T114(=113) → R114
↓
S115 : T115(=114) → R115
↓
S116 : T116(=115) → R116

이상의 분석을 통해, 「동백꽃」은 '상위주제 파생식' 전개 양상을 취함으로써 단편 소설 특유의 빠른 전개를 통해 독자의 흥미를 지속시키면서, '주제 일관식 전개 유형'을 택함으로써 하나의 주제에 대한 상세한 설명을 통해 독자가 소설 속의 등장인물에 몰입하여 실감나게 소설을 읽어 내려갈 수 있었던 것으로 보인다.

4. 나오기

본고는 명제적 관점에서 「동백꽃」을 분석하기 위해 우선 텍스트를 구성하는 '문장' 단위에서 구조를 살피고, 문장의 연속체인 텍스트가 텍스트성을 갖추기 위해서 어떠한 결속구조를 갖추고 있는지, 그리고 어떠한 방식으로 주제 전개에 기여하고 있는지 살펴보고자 하였다. 이를 위해 2장에서는 문장 단위에서 「동백꽃」의 구조적 특성을 고찰하고, 3장에서 「동백꽃」의 주제 전개 양상의 특징을 구체적으로 살펴보고자 하였다.

그리하여 문장 단위 차원에서는 주제부 유형의 가장 많은 비중을 차지하는 것이 '나는'인 것을 통해 이 소설이 1인칭 주인공 시점의 소설임을 예상할 수 있었다. 그리고 주제부 유형에서 '나는'인 것과 '점순이는'인 것의 비중이 높아, 이 소설은 '나'와 '점순이' 가 주인공으로 등장하여 벌어지는 사건임을 짐작할 수 있었다. 또한 '우리집 수탉은'인 것과 '점순이네 수탉은'인 것의 비중이 '나는'인 것과 '점순이는' 인 것 그 다음으로 높아, '우리집 수탉'과 '점순이네 수탉'을 둘러싼 사건이 전개되고 있음을 알 수 있었다.

그리고 주제 전개 유형은 다네쉬(Daneš, 1970, p.74)에서 제시한 5가지 텍스트 주제 전개 모형(단순 선형식 전개 유형, 주제일관식 전개 유형, 상위 주제 파생식 전개 유형, 설명부 분열식 전개 유형, 주제 비약식 전개 유형)에 상위 주제 수렴식 전개 유형을 추가한 6가지 텍스트 주제 전개 모형을 바탕으로 분석을 진행하였다.

그 결과, 「동백꽃」의 상위 주제는 '시골 남녀의 순박한 사랑'으로 상위 주제 파생식 유형에 의해 전체적인 구성이 이루어졌음을 확인할 수 있었다. 그리고 세부적으로는 주제 일관식 유형을 통해 하나의 주제에 대해 상세히 설명하는 방식을 취하여 독자가 특정 주제에 몰입할 수 있도록 구성되어 있음을 확인할 수 있었다.

: 참고문헌 :

김유정, 「동백꽃」, 생각의 나무, 2010.

고영근, 『텍스트이론』, 아르케, 1999.

김태옥 · 이현호 공역, 『텍스트 언어학 입문』, 한신문화사, 1995.

박용익, 『대화분석론』, 한국문화사, 1998.

서 혁, 「담화의 분석과 화제 · 초점에 대하여」, 『이용주교수 정년퇴임기념논문집』, 1994.

______, 「담화의 기능과 유형」, 『국어교육연구』 5집, 국어교육학회, 1995.

신지연, 「구어의 텍스트 형성에 대한 연구」, 『텍스트언어학』 7, 텍스트언어학회, 1999.

오현아, 『표현 문법 관점의 문장 초점화 교육 내용 연구』, 서울대 박사논문, 2010.

이삼형, 「텍스트 이해와 추론」, 『텍스트언어학』 7, 텍스트언어학회, 1999.

이성만 역, 『텍스트언어학의 이해』, 한국문화사, 1994.

이희자, 「주제부 전개로 본 텍스트 구성 연구－텍스트를 단위로 풀어 쓰는 국어지식 이야기」 I, 『텍스트언어학』 17, 한국텍스트언어학회, 2004.

Beaugrande & Dressler, 김태옥 · 이현호 역, 『텍스트언어학입문(*Introduction to text linguistics*, 1972)』, 한신문화사, 1995(1999).

Brinker, K., 이성만 역, 『텍스트 언어학의 이해(*Linguistische textanalyse*, 1985(2002.5))』, 역락, 2004.

Daneš, F., "Zur linguistischen analyse der textstruktur", In : *Folia Linguistica* vol. 4 issue 1-2, 1970.

Daneš, F., "Feedback dynamics between written and spoken", Daneš, F. et al eds., *Writing vs Speaking*, Tübingen : Gunter Narr Verlag, 1994.

김유정 소설에서 여성인물이 겪는 수난의 양상과 그 의미

윤현이

1. 들어가는 말

김유정의 소설로는 단편 30편과 미완의 장편 『생의 반려』가 있고, 번역소설로 「귀여운 소녀」와 「잃어진 보석」이 있다. 번역소설은 제외하고, 그의 소설을 읽다보면, 기아棄兒, 매매혼, 매춘 등으로 내몰리거나 구타를 당하는 여성들을 쉽게 발견할 수 있다.

본고에서는 김유정 소설에 나타나는 이 같은 여성들의 수난을 태어나면서부터 성년에 이르기 까지 생애주기로 살펴보고자 했다. 먼저 여성이 태어나서 유년기, 청소년기, 성년기를 거치면서 겪게 되는 수난의 양상을 구체적으로 작품 속에서 찾아보고, 다음으로 왜 이 같은 수난을 겪게 되는지를 살펴보고, 이것이 갖는 의미에 대해 생각해 보았다.

대상작품으로는 김유정의 단편 중 여성의 수난이 구체적으로 드러나는 「떡」, 「산ㅅ골나그내」, 「산골」, 「솟」, 「봄봄」, 「안해」, 「가을」, 「동백꽃」, 「옥토끼」, 「정조」, 「슬픈이야기」, 「땡볕」, 「애기」로 하였다.

2. 작품에 나타난 여성수난의 양상

김유정 소설에서 수난을 겪는 여성들은 인간이 아닌 교환가치로 여겨지고 있다. 그의 작품 속에는 가족—아내 또는 자식—을 재화로 환산하는 행위는 여러 작품을 통해 지속적으로 되풀이 되어 나타나고 있다.[1] 1930년대 일제 강점하에서 극도의 궁핍함 속에서 가족관계마저도 금전적 가치가 개입되면서 상대적으로 약자인 여성과 아이들은 수난을 겪게 되는데 각 작품을 통해 이러한 모습을 살펴보겠다.

1) 소아, 유년기 – 축복받지 못한 출생, 굶주림, 구타

「애기」, 「떡」에는 소아, 유년기 여아들이 겪는 수난이 여실히 드러나고 있다. 「애기」에서 아기 엄마는 임신한 몸인데도 숫처녀라 속이고, 신랑 측에 땅 오십 석을 준다고 하면서 결혼을 제안한다. 신랑 측은 신부 측이 제안한 땅 오십 석에 눈이 어두워 결혼을 허락한다. 막상 결혼을 하고 나서, 신부가 다른 사람의 아이를 임신한 상태라는 걸 알게 되고, 얼마 후, 아이가 태어난다. 그러니 아기는 태어날 때부터 축복받지 못하는 불쌍한 신세인 것이다.

> 어머니가 시집온 지 둬달만에 심심히 빠친 악아요. 그는 바루 개밥의 도토립니다. 뉘라고 제법 다정스러운 시선한번 돌려주는 이 없습니다. 악아는 고집이 된통 세입니다. 그래도 제 권리를 막우 행사하고자 기를 까륵,

1 박세현, 『김유정 소설연구』, 인문당, 1990, 54면.

까륵, 씁니다. 골치를 찌푸리고 어른은 외면합니다. 울음도 한이 있습니다. 얼마 후에는 근력이 지치고 목은 탁 잠깁니다. 그제서는 찍, 찍, 하고 생쥐 돛에 친 소리가 들립니다.[2]

이렇듯 아기는 천덕꾸러기로 태어난 것이다. 소설 속의 호칭도 '아기'나 '애기'가 아닌 '악아'로 설정되어 있는데, 천덕꾸러기로 모질게 잡초처럼 살아가야 한다는 의미가 다분히 반영된 것으로 보인다. '악을 쓰는 아이', '천덕꾸러기', '악아惡兒(악한 아이)'의 이미지가 연상된다.

게다가 이 아기가 태어날 때의 모습을 보면 축복받지 못한 출생임을 여실히 드러내고 있다.

동짓달 초순 그것도 몹시 사나운 날이었습니다. 아츰부터 산모가 배가, 아프다고 뒷간엘 펄적 드나들드니 저녁나절쯤 하여 한데다가 빠치고 말았습니다. 그런 줄이야 누가 알았겠습니까 별안간 "아구머니 이보레—" 이렇게 께메기소리를 지름으로 집안식구가 허겁지겁 달려가 보니 악아는 발판널에 걸쳤습니다. 그럼그렇지 네가 자식하나 변변히 빠쳐보겠니! 시어미는 눈살을 찌그리고 혀를 챕니다. 시애비도 이꼴을보니 마뜩지않어서, 입맛만 쩍쩍 다십니다. 그건 하여간 우선 급하니까 남편은 들어 덤비어 안해를 부축하고 시어미는 악아를 두 손에 받들고 이렇게 수선을 부리며 방으로 끌어드립니다. 악아는 응아! 응아! 하고 자그마한 입으로 웁니다. 일부러 볼려는 이도 없거니와 얼뜬 눈에 띄는게 딸입니다.[3]

깨끗하게 준비된 산실産室에서 태어난 것이 아니라, 가장 더럽고 위

2 전신재 편, 「애기」, 『원본 김유정 전집』, 강, 1997, 387~388면.
3 위의 책, 403면.

험한 재래식 화장실에서 태어나 그것도 화장실의 널판널에 걸려 있는 아기의 모습은 가히 저주받은 출생이라 할 수 있다. 게다가 여자아이로 태어난 것이다. 남자아이라면 커서 노동력을 창출할 수 있는데, 여자아이는 그렇지 못하다. 아기는 국을 끓이지도, 떡을 하지도 못하는 소용없는 존재이고, 나중에 커서 기생이 된다면 돈을 벌어들여 그 덕을 볼 수 있다고 말하고 있다. 여기서 아기는 사용가치조차 계산되지 않는 폐기의 대상물로 간주된다.[4] 현재로선 아무 가치가 없기 때문에 폐기의 대상으로 인식되고 있다. 이런 면에서 아기는 태어나면서부터 수난을 받고 있다.

> 이렇게 흔캄스럽게 나왔건만 복이 없는지 귀염을 못받습니다. 악아를 제일 미워하는 이는 할머니입니다. 그는 뻔찔 영감을 꼬드기며 성화를 합니다. 그까진거 남의 자식은 해 뭘한담! 갖다 내버리든지, 죽여 없애든지, 하자는 것입니다. 영감역시 가만히 생각해보니까 따는 괴이치않은 말입니다. 남의 자식을 애써 길러 뭘합니까. 그걸 국을 끓입니까. 떡을 합니까. 아무 소용이 없거든요. 혹 기생을 만들며는 나종에 덕좀 볼런지 모르지요. 마는 어느 가가에 그만치 자라고 소리도 배우고합니까. 그때는 벌써 전에 두 늙은이 땅속에서 힌 백골이 되어 멀건이 누었을 겁니다.[5]

이 소설에서는 아기를 소중한 생명체로 인식하기보다는 태어나서는 안 되는데 태어난 저주받은 인물이다. 어떤 이유에서든 태어난 아기는 충분한 보호를 받고 양육되어야 함에도 이렇게 사용가치가 없는

4 김화경, 「김유정 문학의 근대 자본주의 경험과 재현 양상」, 김동환 외, 『김유정의 귀환』, 소명출판, 2012, 168면.

5 전신재 편, 앞의 책, 403~404면.

폐기의 대상[6]으로 여겨지며 수난을 당하고 있다.

이렇게 겨우 목숨을 부지한 아기는 유년기를 맞이하는데, 역시 궁핍하고 불행하기는 마찬가지이다. 「떡」에는 궁핍하고 불행한 유년기 여아의 모습이 여실히 드러나고 있다. 「떡」에는 평소에 굶주리던 '옥이'라는 여자아이가 잔칫집에서 이것저것 마구 먹고 체하여 사경을 헤매다가 침을 맞고 겨우 회복된다는 이야기다. 궁핍하고 가난한 시기에 굶주림과 구타에 시달리고, 음식물로 아동을 학대하는 내용이 드러나 있다. 「떡」에 옥이는 일곱 살 난 아이로 죽조차 배불리 먹지 못하는 궁핍한 가정환경에서 살고 있다. 경제적 능력을 상실한 무능력한 아비는 딸 옥이가 배고파 울면 때린다.

> 딱 때리고 우니까 다시 딱 때리고. 그럴쩍마다 조꼬만 옥이는 마치 오뚝이 시늉으로 모두 스러젓다는 다시 이러나 울고 울고 한다. 죽은 안주고 때리기만 한다. 망할새끼 저만 처먹을랴고 얼른 죽어버려라 염병을 할자식. 모진 욕이 이러케 입끝까지 제법 나왓스나 그러나 그러나 뚝부르뜬 그눈, 감히 얼굴도 못처다 보고 이라믈 두 손으로 바처들고는 으악으악 울뿐이다.[7]

이렇듯 제대로 먹지 못하고 구타까지 당하는 옥이는 아비에게 모진 욕을 머릿속으로 할 만큼 독기가 있는 아이이다. 이런 상황에서는 자생능력이 강하고 눈치가 빨라야 살아남을 수 있다. '옥이'는 먹을 것을 귀신같이 찾아내어 먹는 아이이다. 그런 아이가 먹을 것이 지천인 잔칫집을 찾게 되었다. 계획적으로 찾아간 것은 아니고, 방에는 엄마가

---

6 김유정 작품 전반에 걸쳐 상품화되는 인간관계를 묘사하고 있음은 김화경, 「김유정 문학의 근대 자본주의 경험과 재현 양상」, 김동환 외, 『김유정의 귀환』, 소명출판, 2012에서 다루고 있다. 여성을 인간이 아닌 교환가치를 가진 상품으로 간주되고 있음을 다루고 있다.

7 전신재 편, 앞의 책, 84면.

앓는 소리를 하고, 밖에 있자니 춥고, 어디 마땅히 갈 곳도 없고 해서 무심코 개똥어미를 따라 갔다가 잔칫집에 가게 된 것이다. 그곳에서 일하는 아주머니들은 옥이에게 먹을 것을 주지 않는다. 왜냐하면 옥이는 남의 집 부엌에 들어가서 먹을 것을 귀신같이 찾아내어 먹곤 하여 그것을 얄밉게 생각했기 때문이다. 하지만, 주인집 아씨가 옥이에게 국밥을 말아주는 것을 시작으로 하여 옥이는 그동안 허기를 달래게 된다. 국밥에 이어 시루팥떡, 팥떡, 백설기, 꿀바른 주왁 등을 먹는다.

> 마침 이때 자근아씨가 나려왓다. 옥이 왓니 하고 반기드니 왜 어멈들만 먹느냐고 게집들을 나므랜다. 그리고 옆에 섯는 개똥어멈에게 얘가 얼마든지 먹는단애유 하고 옥이를 가르치매 그대답은 다만 싱글벙글 웃을 뿐이다. 자근아씨도 따라 웃엇다. 노랑저고리 남치마 열서넛밖에 안된 어여쁜 자근아가씨. 손수 솥뚜껑을 열드니 큰 대집에 국을 뜨고 거기에다 하얀 이밥을 말아 수저까지 꽂아준다. 옥이는 황급히 얼른잡아채엇다. 이밥 이밥. 그 분량은 어른이 한때 먹어도 양은 조히 차리라. 이것을 옥이가 뱃속에 집어넣은 시간을 따져본다면 고작칠팔분 밖에는 더 허비치 않엇다. 고기 우러난 국맛은 입에 달앗다 (…중략…) 자근아씨는 생긋이 웃드니 그손을 이끌고 마루로 올라간다. 날이 몹시 추어서 마루에는 아무도 없엇다. 찬장 앞으로 가드니 손벽만한 시루팥떡이 나온다. 받아들고는 또 널름 집어치엇다. 곧 뒤이어 다시 팥떡이 나왓다. (…중략…) 밤 대추가 여기저기 삐저나온 백설기. (…중략…) 그 다음 꿀바른 주왁 두 개는 어떠케 먹엇슬까.[8]

옥이가 주는 음식을 넙죽넙죽 받아먹는 모습은 사람들에게는 하나

8 위의 책, 90~91면.

의 구경거리가 되고 만다. 주인집 아씨가 옥이에게 음식을 주는 것은 호의로 시작한 것이지만, 이것은 옥이를 배려한 처사는 결코 아니다. 옥이가 무엇이든 잘 먹는다는 아이인지를 확인하고, 얼마나 잘 먹는지 확인해 보려는 치기어린 심사도 다분히 있었다고 보인다. 나이 열 댓밖에 안 된 아씨인 점, 옥이를 보며 아주머니들과 함께 웃었다는 점 이런 것들을 통해 확인할 수 있다. 아씨가 옥이를 생각하는 마음이 있었다면 어느 정도 음식을 먹인 후에 더 이상은 먹지 못하게 말렸어야 했고, 떡이며, 다른 음식들을 싸서 보내주었어야 했다. 그러나 아씨는 그러지 않았다. 아씨를 비롯한 어른들은 모두 옥이가 음식 먹는 것을 구경거리로 여기고 있었던 것이다. 오랜 굶주림 속에 먹을 것을 보면 절제를 못하는 어린아이 옥이와 그것을 좋은 구경거리로 여기는 어른들의 냉혹한 마음씨 때문에 옥이는 결국 급체하여 사경을 헤맬 만큼 고통을 겪게 되고, 또 사람들로부터 웃음거리가 되는 모욕을 당하게 된 것이다.

보호자들로부터 충분한 영양과 안정된 환경을 제공받아야 할 일곱 살짜리 옥이는 굶주리고, 아버지로부터 구타당하고, 잔칫집에 갔다가 많은 양의 음식을 먹으면서 사람들의 놀림감이 되고, 결국은 급체를 하고 고생을 하다가 겨우 회복된다. 아버지에게 구타당하고, 마을 사람들로부터 웃음거리가 되는 수난을 당하고 만 것이다.

소아, 유년기의 여자들은 태어나면서부터 인간이기보다는 경제적 가치로 환산한 대상물으로 취급받으며, 경제적 가치가 적은 경우 폐기의 대상으로 인식되며, 굶주리고 학대받으며, 놀림감이 되는 수난을 당하고 있었다. 아이로서 받아야 할 충분한 영양과 안락한 환경을 제공받지 못하고 학대당하는 모습이 여실히 드러나고 있다.

2) 청소년기 - 매매혼, 데릴사위, 혼사장애

소아, 유년기 시절 경제적 도구로 취급받으며 폐기의 대상으로 여겨져 온갖 학대를 받으며 자란 아이들이 청소년기를 맞게 되면, 혼사婚事와 관련하여 수난을 당하게 된다. 「봄봄」, 「동백꽃」, 「산골」, 「옥토끼」, 「애기」에는 결혼과 관련하여 수난을 당하는 여성들의 모습이 드러나 있다. 이들 여성의 부모들은 딸을 이윤추구의 수단으로 생각하고 있다. 즉 딸을 결혼시켜서 돈을 벌어보려는 생각을 가지고 있다. 부모들의 이러한 속물적인 생각 때문에, 이 시기 여성들은 자유연애마저 금기시되고, 자신이 원하는 상대와의 결혼이 순탄하지 못하다. 결혼이 인간의 행복한 생활을 위해서라기보다는 경제적인 이윤을 추국하는 수단적 가치로서 기능하게 있다.

「봄봄」에서 점순 아버지인 봉필은 젊은 청년을 데릴사위로 들여 노동을 시키면서 딸과의 결혼을 최대한 미룬다. 점순 아버지 봉필은 점순을 미끼로 내세워 젊은 청년의 노동력을 착취하면서 이윤을 추구한다. 점순은 인격체로서의 여성이 아닌 이윤 추구를 위한 도구로서 기능할 뿐이다.

> 우리 장인님이 딸이 셋이 있는데 맛딸은 재작년 가을에 시집을 갔다. 정말은 시집을 간 것이 아니라 그 딸도 데릴사위를 해가지고 있다가 내보냈다. 그런데 딸이 열 살때부터 열아홉 즉 십년동안에 데릴사위를 갈아 드리기를, 동리에선 사위부자라고 이름이 낫지마는 열네놈이란 참 너무 많다. 장인님이 아들은 없고 딸만 있는고로 그담 딸을 데릴사위를 해올 때까지는 부려먹지 않으면 안 된다. 물론 머슴을 두면 좋지만 그건 돈이 드니까, 일 잘하는 놈을 고르누라고 연팡 바꿔드렸다. 또 한편 놈들이 욕만 줄창 퍼

붓고 심히도 부려먹으니까 뱀이 상해서 달아나기도 했겠지. 점순이는 둘째 딸인데 내가 일테면 그 세 번째 데릴사위로 들어온 셈이다. 내담으로 네 번째 놈이 들어올 것을 내가 일두 잘하구 사람이 좀 어수룩하니까 장인님이 잔뜩 붙들고 놓질 안는다. 셋재 달이 인제 여섯살, 정어두 열 살은 돼야 데릴사위를 할테므로 그동안은 죽도록 부려먹어야 된다. 그러니 인제는 속좀 채리고 장가를 들라구 떼를 쓰구 나자빠저라, 이것이다.[9]

점순과 아버지 사이에 이런 것에 대한 합의가 이루어지지 않았다. 아버지의 일방적인 욕심을 채우기 위해 점순은 단지 노동력 착취를 위한 허울로서 존재할 따름이다. 점순은 이와 같은 아버지의 생각에 동의하지 않기 때문에 아버지에 대한 다소의 반감을 갖고 있으며, 적극적으로 남자 주인공인 '나'에게 구애활동을 하게 되는 것이다. 그런 행동을 통해 자신은 경제적 수단이 아닌 인간으로 살고자 하는 마음을 표현한 것이라 볼 수 있다.

이러한 양상은 「동백꽃」에서도 나타난다. 「동백꽃」에서 점순은 마름집 딸이고, 나는 소작농의 아들이다. 경제적으로 우위에 있는 점순이가 소작농 아들인 '나'에게 적극적으로 접근한다. 경제적인 우위가 사랑에 있어서도 적극적인 행동으로 나타나고 있다. 한편 점순네 집에서는 소작농집 아들인 나를 좋아할 리 없다. 점순의 집에서는 점순이가 소작농 아들인 '나'를 좋아하는 것을 금기시 할 것이다. 이런 금기가 점순에게 더 적극적으로 다가가게 만든 것이다. 자신의 사랑을 마음껏 펼칠 수 없는 상황에서 점순은 그에 맞서 더 적극적으로 반응하게 된 것이다. 결혼을 통해 경제적 이윤을 추구하려는 당시 생각을 거부하고

9 위의 책, 164면.

인간적인 삶(진정한 사랑)을 추구하는 적극적인 모습을 발견할 수 있다.

「산골」에서 이쁜이는 도련님과의 사랑을 믿고 기다리는 인물이다. 그러나 그의 어머니나 주변 사람들은 그것이 부질없는 행동임을 주지시킨다. 그러나 이쁜이는 아랑곳하지 않고 도련님과의 사랑을 믿고 기다리고 있다. 도련님이 자신을 찾아올 것이라 생각하고 있지만, 현실적으로 그럴 가능성은 없어 보인다. 「산골」의 이쁜이는 주인집 도련님에게 농락당한 한 여인에 불과한 것으로 보인다. 경제적으로 약자인 이쁜이는 현실적인 흐름을 파악하지 못한 순진한 여성으로 약삭빠르게 돌아가는 세태를 잘 파악하지 못해 수난을 받게 된다. 경제적으로 약자의 위치에 있는 이쁜이네 집은 주인집 도련님에게 당당히 청혼도 하지 못하는 신세가 되고 만다.

「봄봄」과 「동백꽃」에서 점순이는 자신이 경제적 이윤추구의 도구로 이용되는 것을 거부하는 적극적인 모습을 보였다면, 「애기」에서 아기의 고모로 등장하는 여인은 결혼을 재산 증식을 목적으로 하는 아버지의 욕심 때문에 철저히 희생된 인물로 볼 수 있다.

> 어미는 더 묻지 않어도 뻔한 속입니다. 영감을 곧바루 깨물고 싶을만치 그런 호된 미움이 불일듯합니다. 백죄 열네 살짜리를 설흔일곱 먹은 놈에게로 다섯째 애첩으로 보내다니 이야 될말입니까. 만여석 지기니깐 하불상 백석쯤이야 떼어주겠지, 하고요. 하드니 덕은 고사하고 고작 딸 얼굴에 꽃만 노랗게 피었습니다. 게다 놈이 술을 쳐먹으면 곱게 못 새기고 개지랄이납니다. 때리고 차고 또는 벌개 벗겨놓고 새면 물고 뜯고 이지랄이니 세상에 온 이런 망측이…… 허나 모두가 네 팔짜다 —[10]

10 위의 책, 397면.

신랑 집안이 만석꾼이라는 얘기만 듣고 열 네 살밖에 안 된 딸을 서른 일곱 먹은 사람의 다섯째 첩으로 강제 결혼을 시킨 것이다. 딸의 행복한 삶을 위해서가 아니라 경제적인 이득을 위해 강제 결혼을 시킨 것인데, 남편에게 온갖 학대를 당하다 못해 친정으로 쫓겨 온 신세가 되고 말았다. 결국 경제적 이득을 취하려고 딸을 결혼시켰다가 딸의 인생을 망쳐놓고 말았다. 「애기」에 나오는 아기의 고모는 돈벌이를 위한 수단으로 결혼했다가 결국 이런 수난을 당하고 만 것이다.

「애기」에서 아기의 어머니의 경우도 그런 면이 발견된다. 아기의 어머니 역시 그의 아버지(아기의 외조부)에게 재산증식을 위한 상품으로 여겨졌다.

> 외조부, 그는 사람이 썩 이상합니다. 커다란 딸이 있건만 시집을 안보내지요. 젖이 푹 불거지고 얼굴에 여드름까지 터쳐도 그래도 안보내지요. 그 속이 이렇습니다. 딸을 나가지고 그냥 내줄게 뭐야. 앨써 길렀으니 덕좀 봐야지. 부자놈만 하나 걸려라. 잡은참 물고 달릴터이다. 그러나 부자가 어디 제멋 안 부리고 이런델 뭘 찾어먹으로 옵니까. 부자는 좀더 부자를 물어 볼랴고 느무는 것이 원측이니 좀체 해볼 수가 없었습니다. 괜히 딸의 나히만 더끔더끔 늘어갑니다.[11]

결혼을 통해서 재산을 증식해 보려는 의도가 다분히 드러난다. 척박한 환경에서 태어나 유아기, 청소년기를 거쳐 결혼 적령기에 다다른 여성들은 이렇듯 결혼이라는 중대한 과업을 앞두고 이윤추구를 위한 경제적 수단으로 전락하고 만다. 사실 「애기」에서 아기의 엄마는 이미

11 위의 책, 389면.

전기회사 다니는 사람과 연애를 하며 이미 임신한 상태였다. 이를 안 아기의 외조부는 전기회사 다니는 딸의 애인을 불러다 늘씬하게 두들게 패고, 결혼도 시키지 않는다.

> 날이 갈스록 배는 여일히 불러옵니다. 예전 동이같이 되었습니다. 이러고보면 의심할 건덕지가 없습니다. 대뜸 매를 들고 딸을 사뭇 나려팹니다. 하니까 그제서야 겨우 부는데 어떤 전기회사 다닌다는 놈인가 하고 둘이 그 꼴을 만들었던 것입니다. 잘만하면 만원이 될지, 이만원이 될지, 모르는 이 몸이다. 복을 털어도 분수가있지 그래 그까진 전기회사놈허구! 그는 눈에서 피눈물이 날지경입니다. 즉선 아들을 시키어 그놈을 붙들어왔습니다. 칼라머리를 홍켜잡고 방추로 꽁무니를 막 조겼습니다. 그리고 식칼을 들고 들어와 너죽고 나죽자고 날뜁니다. 신주같이 위하든 남의밥줄을 끊어놨으니 하긴 죽여도 시원치는 못하겠지요. 어씨 혼이 났든지 그놈은 그길로 도망을 간것이 어디로 갔는지 종적을 모릅니다. 즈어머니만 뻔찔 찾어와서 내아들 찾아 놓라고 울고불고 악장을 치다 가고가고 합니다. 그러니 일만 점점 난처하게 됩니다. 그놈이나 그대루 두었으면 사위라도 삼을걸! 우선 이애를 어떻게 처치해야 옳겠습니까. 낙태할 약은 암마 사다가 퍼부어도 듣지를 않습니다. 인제는 별도리 없습니다. 아무 놈이나 하나 골라서 처맡기는 수밖에는요[12]

아기의 외조부는 딸(아기의 엄마)을 부잣집에 결혼시켜 만원, 이만원 정도의 돈을 벌 심사였던 것이다. 딸의 임신으로 그런 계획이 수포로 돌아가자, 딸의 애인을 구타하고 결혼도 시키지 않았던 것이다. 아이

---

12 위의 책, 389~390면.

아빠 되는 사람이 종적을 감추어서 딸을 시집도 보내지 못하고 결국 딸을 아무 놈에게나 시집을 보내게 된 것이다. 딸(아기 엄마)은 원래 좋아하던 사람과 결혼도 못하고, 그 사람보다도 훨씬 못한 사람에게 강제로 시집가게 된다. 집안이 잘 살든 못 살든 부모에게 딸들은 존엄한 가치를 가진 인간으로서가 아니라 재산을 증식시켜주는 경제적 수단으로밖에는 여겨지지 않는다.

딸을 통해 돈을 버는 것이 불가능해짐을 알자 아기의 외조부는 '아무 놈'에게 아기 엄마를 시집보내기 위해 자기 딸은 처녀이고, 딸과 결혼만 하면 땅 오십 석을 떼어준다고 하고 결혼시킨다. 이렇게 결혼한 아기 엄마는 자신이 원하는 상대와 결혼할 수 없었고, 아버지의 지시대로 사기결혼을 하게 되지만, 그 다음부터는 땅 오십석을 핑계로 삼아 뻔뻔하게 살아간다. 친정이 시댁보다 돈이 많다는 점을 이용했기 때문이다. 남의 아이를 임신한 상태로 사기 결혼을 해 놓고도 큰소리를 쳐가며 시누이를 부려 먹고, 시어머니에게 반찬투정을 하는 등 뻔뻔하게 행동한다.

> 있는집 시악씨란 번이 다 그런지요. 이 며누리도 매우 시큰둥합니다. 시집온지 사날도 채 못되건만 해가 꽁무니를 치받혀야 일어나고 합니다. 거침없이 기침도 쾍쾍, 하고 가래를 뱉지요. 그대는 시어미가 벌서전부터 일어나 아츰을 합니다. 없는 돈을 끌어가며 며누리입네 맞도록 찬을합니다. 김을 굼니다. 고기국을 끓입니다. 혹은 입맛이 지칠가바 간간 떡도 합니다. 그전에야 어디 감히 함부로 김이 뭐며 떡이 뭡니까. 상을 받혀들고 방으로 들어가면 그제야 며누리는 권연쯤 피다가 방바닥에 쓱 문태끕니다.[13]

13 위의 책, 396면.

이것은 자신을 재산증식의 수단으로 이용하려던 아버지에 대한 반항이고, 그에 대한 복수를 시댁 식구들에게 하는 것으로 보인다. 돈이면 무마되는 세태에 자신도 부잣집 딸이라는 걸 영악하게 역이용하여 다소 뻔뻔하지만 굳세게 살아보려는 것으로 생각해 수 있다.

「옥토끼」에는 옥토끼를 매개로 하여 순진한 청소년들의 사랑을 보여주고 있다. 남자 주인공 집에 어느 날 옥토끼가 들어온다. 집에서는 좋은 징조라 여긴다. 남자 주인공은 숙이에게 옥토끼를 주어서는 안 된다는 어머니의 말도 듣지 않고, 여자 친구 숙이에게 옥토끼를 갖다 준다. 남자 주인공의 어머니는 숙이네 집에 통혼을 했다 거절당한 이후로 별로 숙이네를 좋아하지 않는다. 남자 주인공이 거절당한 이유는 집이 가난했기 때문이다. 역시 돈 있는 집에 숙이를 시집보내겠다는 숙이 부모님의 생각이다. 여기서도 결혼을 재산증식의 수단으로 여기는 풍조를 발견할 수 있다. 그리던 어느 날 님주인공 어머니는 숙이가 토끼를 잡아먹었다는 이야기를 한다. 남주인공은 이 이야기를 듣고 직접 숙이에게 따졌더니 숙이는 자신이 무척 아팠는데, 자신의 아버지가 토끼를 잡아 몸보신을 시켰다고 실토를 했다. 남자 주인공은 옥토끼를 잡아먹었으니 숙이 아버지가 결혼을 반대해도 이제 숙이는 자기 아내가 될 것이라 생각한다.

> 실상은 이때 숙이가 한 사날동안이나 밥도 안 먹고 대단히 앓고 있었다. 연초회사에 다니며 벌어들이는 딸이 이렇게 밥도 안 먹고 앓으므로 그 아버지가 겁이 버쩍 났다. 그렇다고 고기를 사다가 몸보신시킬 형편도 못되고 하야 결국에는 딸도 모르게 그 옥토끼를 잡아서 먹여버리고 말었든 것이다. (…중략…) 망할 계집애 남이 옥토끼를 먹고 요렇게 토라지면 나는 어떻거란 말인가. 허나 여기서 더 지꺼렸다는 나만 앵한 것을 알았다. 숙

이의 옷가슴을 불야살야 헤치고 허리춤에다 그 지갑을 도루 꾹 찔러주고는 쫓아 올까봐 집으로 힝하게 다라왔다. 제가 내 옥토기를 먹었으니까 암만 즈 아버지가 반대를 한다드라도 그리고 제가 설혹 마음에 없드라도 인제는 하릴없이 나의 안해가 꼭 되어주지 않을수 없을 것이다. 이렇게 나는 생각하고 이불속으로 잘 따져보다 그 옥토끼가 나에게 참으로 고마운 동물임을 비로소 깨달았다.(인제는 틀림없이 너는 내거다!)[14]

이 소설에서는 둘 다 못 사는 집안이지만, 결혼에 있어서 역시 경제적인 것이 개입되고 있다. 숙이의 아버지가 숙이에게 옥토끼를 잡아먹인 것은 숙이가 연초공장에 다니며 일을 하고 있기 때문에 돈 버는 일에 차질이 생길까봐 그런 것이다. 이렇게 본다면 「옥토끼」에서 숙이의 부모도 숙이를 결혼시켜 재산을 증식시키려는 수단으로 여기고 있음을 알 수 있다. 한편, 주인공인 나는 숙이가 자신의 옥토끼를 잡아먹었기 때문에 자기 아내가 될 수밖에 없다고 생각한다. 숙이를 옥토끼 한 마리와 같은 몸값으로 보고 있다는 것이 우스꽝스럽긴 하지만 이것 역시 인간을 경제적 가치를 가진 대상으로 여기는 사고에서 비롯된 것임을 알 수 있다. 「옥토끼」 숙이 역시 경제적인 이윤 추구를 위한 대상물로 여겨지며 수난을 당하고 있다.

김유정 소설에서 청소년기에 있는 여성들은 결혼이라는 문제에 부딪쳐 수난을 겪게 된다. 자신이 인간으로서 스스로의 의지에 의해 선택한 대상과 결혼하기보다는 집안의 경제적 이익을 앞세운 강제혼을 강요당하게 되거나, 결혼을 빙자하여 상대방을 이용하는 미끼로서 기능하게 된다. 이에 대한 여성들의 대응방식은 다양하게 드러난다. 「동

14 위의 책, 244~245면.

백꽃」에서는 경제적인 차이로 결혼이 힘든 상대지만, 순수한 마음으로 그것을 극복하는 모습이 드러나고 있다. 「봄봄」에서 점순이는 바보 같은 데릴사위인 '나'를 일깨워주며 적극적으로 구애를 하며 성례를 치르도록 종용하고 있으며, 「산골」에서 이쁜이는 떠난 도련님과의 약속을 믿으며 자신의 신념을 드러내고 있으나, 도련님에게 버림받은 것으로 보인다. 「애기」에서 아기의 고모는 불행한 결혼으로 말미암아 고통당하는 모습을 보여주고 있다. 반대로 「애기」에서 아기의 엄마는 결혼의 좌절, 미혼모, 돈을 미끼로 한 사기 결혼이라는 일련의 과정을 통해 오히려 그 상황을 이용해 뻔뻔하고 영악하게 살아가는 모습을 보이고 있다. 「옥토끼」의 남자 주인공과 숙이는 그나마 순수한 사랑의 모습이 보이지만, 숙이네 집에서 부잣집에 시집보내 경제적 난국을 극복해 보려는 의도가 드러나면서 역시 숙이를 경제적 이득을 위한 수단으로 여겼다는 점이 발견되다. 또한 숙이가 아파서 남주인공이 선물로 준 옥토끼를 잡아먹었는데, 그것을 먹었기 때문에 숙이는 자기 아내가 될 수밖에 없다고 생각하는 남주인공 역시 숙이를 옥토끼값밖에 안 되는 경제적 수단으로 보고 있다. 숙이 역시 인간이 아닌 경제적 수단으로 인식된다는 점에서 수난을 당하고 있으며, 그에 대한 숙이의 대응방식은 구체적으로 드러나지 않고 있다.

3) 성년기 - 매춘, 인신매매, 구타

청소년기에 결혼과 관련한 여러 가지 수난을 받으며, 결혼한 성년기의 여성들은 또 다른 모습으로 수난을 당하게 된다. 이들은 남편에게 구타를 당하거나, 매춘을 강요받거나, 팔려 가는 등의 수난을 겪는다.

이 때 여성들은 그 당시 사회에 만연되어 있던 가부장제의 인습과 극도의 가난이라는 두 가지 삶의 질곡으로부터 자유롭지 못하다. 가난하지만 남편에 대한 공경과 의리를 지키고 가정을 지키기 위해 내몰리는 여성들의 삶의 모습이 다양하게 드러나고 있다. 「산ㅅ골나그내」, 「아내」, 「솟」, 「소낙비」, 「가을」, 「슬픈 이야기」, 「정조」, 「땡볕」 등의 작품에 나타난 여성들의 수난을 살펴보기로 하겠다.

「산ㅅ골나그내」에서 나그네는 젊은 여자다. 궁벽한 시골 두 모자가 사는 주막에 한 여자가 찾아와 하루 잘 수 있느냐고 청한다. 하루가 지나고 며칠 이 주막에 머물면서 술심부름도 하며 주막 일을 돕고 들병이 일까지 하다가 그 집 아들 덕돌과 결혼하게 된다. 다소 행복한 생활을 하는 듯하다가 어느 날 덕돌의 바지저고리를 훔쳐 달아나, 병든 본 남편에게 입힌다는 이야기이다. 결국 병든 남편을 뒷바라지하기 위해 위장결혼을 하였고, 겨우 바지저고리 한 벌을 훔쳐서 본 남편에게 입히고는 달아난다는 이야기이다. 산골 나그네로 등장하는 여인은 극도의 가난하에서 병든 남편을 구완하고 남편에게 옷 한 벌 입히기 위해 술집에서 뭇 남성들에게 모욕을 당하는 것도 서슴지 않았고, 좀 더 나은 환경에 결혼하여 잘 살 수 있었는데도 남편을 위해 다 버리고, 결혼 예물로 받은 은비녀도 버리고, 바지 저고리 한 벌만 달랑 들고 온 것이다. 가난 속에서도 병든 남편을 위해 술꾼들 시중에, 위장결혼까지 마다하지 않고, 끝까지 의리를 지키는 여인의 모습이 보인다. 가난에 병든 남편까지 돌보아야 하는 여인의 남편을 위한 의리를 지키기 위해 들병이 일에 위장결혼까지 하면서 수난을 겪는 여인의 모습이 드러나고 있다.

「아내」는 극도의 빈곤을 견디지 못해 아내를 들병이를 만들려고 하다가 실패를 보고, 대신 아내가 아들이나 열다섯 쯤 낳아줄 것을 기대하는 내용의 작품이다. 빈곤과 굶주림을 이기지 못해 아내를 들병이(술집 작부)

를 만들어서 입에 풀칠이나 하려는 남편의 이기적인 생각과 남편이 하라는 일에 별 불평 없이 수용하는 아내의 모습이 나타난다. 「아내」에서는 남편이 아내를 어떻게 여기고 있는지를 극명히 드러내는 부분이 있다.

> 계집 좋다는건 욕하고 치고 차고, 다 이러는 멋에 그렇게 치고보면 혹 궁한 살림에 쪼들리어 악에 받인 놈의 말일지는 모른다. 마는 누구다 다 일반이겠지. 가다가속이 맥맥하고 부하가 끓어오를 적이 있지 않냐. 농사는 지어도 남는것이 없고 빚에는 몰리고, 게다가 집에 들어스면 자식놈 킹킹거려, 년은 옷이 없으니 떨고 있어 이러한 때 그냥 백일수야 있느냐. 트죽태죽 꼬집어 가지고 년의 비녀쪽을 턱 잡고는 한바탕 훌두들겨대는구나. 한참 그 지랄을 하고나면 등줄기에 땀이 빽 흐르고 한숨까지 후, 돈다면 웬만치 속이 가라앉을 때였다. 담에는 년이 도로 밀처버리고 담배 한 대만 피어 물면 된다. 이멋에 계집이 고마운 물건이라 하는 것이고 내가 또 년을 못잊어하는 까닭이 거기 있지 않냐[15]

경제적인 빈곤함, 남편의 왜곡된 가부장적 태도에 내몰려 남편이 하라는 대로 해야 하는 여성들의 고난에 찬 삶의 모습이 드러난다.

「솟」에서 여자주인공은 남편의 외도와 가부장적 권위를 내세우며 아내를 억압하는 태도, 가난함 때문에 수난을 받는다. 남편 근식은 들병이 계숙에게 얹혀 살 요량으로 계숙과 도망가려고 집안의 살림살이를 아내 몰래 가져다 계숙에게 주는데 심지어 아내의 속곳과 맷돌까지 갖다 준다. 그러면서도 아내에게는 가부장적 권위를 내세우며 아내를 윽박지른다. 마지막엔 집안의 솥마저 내주고 들병이 계숙과 떠나려고

15 위의 책, 171~172면.

하는데, 계숙의 남편과 아이가 있는 그 틈을 끼어들지 못하고 떠나지 못하고 만다. 근식의 아내는 자기집 솥을 계숙이 훔쳐간다면 발악을 하지만 계숙의 부부는 들은 척도 하지 않고 가는 길만 간다. 바보 같은 근식은 그게 자기네 솥이 아니라는 말만 하며 멍하니 쳐다보고 만다. 근식이는 들병이에게 얹쳐 살려고 하다가 결국 살림살이만 들병이 계숙에게 빼앗긴 셈이다. 근식의 아내는 바보 같은 남편 때문에 더 가난하게 살아야 한다.

먹고 살기 힘들어 들병이 노릇을 하는 계숙이나 경제적인 능력이 없는 남편 근식 밑에서 고생하는 근식의 아내나 모두 가난 때문에 수난을 당하는 여인들이라 볼 수 있다. 계숙은 생존문제를 해결하기 위해 어쩔 수 없이 들병이로 내몰린 것이고, 근식의 아내는 무능력한 남편 밑에서 고생하는 여성이다. 극도의 가난 속에서 서로 살아보겠다고 발버둥 치면서 나타난 여성들의 수난이라 할 수 있다.

「소낙비」에서 춘호는 돈 2원이 필요하다며 아내에게 돈을 강요하고 구타하기도 한다. 연약하고 경제능력이 없는 여인에게서 돈이 나올 리 없다. 춘호의 처는 춘호가 노름 밑천 2원을 가지고 돈을 따서 다른 마을에 가서 잘 살자는 말에 동조한다. 돈 2원이 없다며 남편에게 구타당하고, 이주사에게 몸을 허락하고 돈 2원을 얻어오게 된다.

> 그는 배를 튀기며 다시 한번
> "돈 좀 안해준터여?" 하고 소리를 벅 질렀다.
> 그러나 대꾸는 역 업섯다. 춘호는 노기충천하야 불현 듯 문찌방을 떼다 밀며 벌덕 일어섯다. 눈을 홉뜨고 벽에 기대인 지게 막대를 손에잡자 안해의 엽흐로 바람가티 달려들엇다.
> "이년아 기집 조타는게 뭐여? 남편의근심도 덜어주어야지 끼고자자는

기집이여?"

지게막대는 안해의 연한 허리를 모지게 후렷다. 까브러지는 비명은 모지락스리 끼그러진 울타리틈을 뻬어 나간다. 잽처 지게막대는 안즌채 고까라진 안해의 발뒤축을 얼러 볼기를 내려갈렷다.

"이년아 내가 언제부터 너에게 조르는게여?"

범가티 호통을 치고 남편지게막대를 공중으로 다시 올리며 모즈름을 쓸 때 안해는

"에그머니!"

하고 외마디를 질렷다. 연하야 몸을 뒤치자 거반 업퍼질듯이 싸리문 박그로 내달렷다.[16]

남편도 아내의 매춘을 묵인하고 오히려 더 독려하고 있다. 춘호는 아내를 인격적으로 사랑하지도 않고 단지 돈을 벌어오면 매춘도 묵인해 주는 무능력한 사람이며, 도덕적인 생각도 잃어버린 사람이다. 춘호의 아내는 이런 남편 때문에 매춘이라는 극단적인 상황으로 내몰리며 수난을 당하고 있다.

「가을」에서는 남편이 아내를 소장수에게 파는 내용이 나온다. 여기에서 아내는 인간이 아닌 돈으로 사고 파는 물건으로 전락하고 만다. 인간들은 아무런 죄의식도 없이 마치 소를 팔듯 아내를 판다. 아내를 사는 소장수도 아내를 사는 이유가 행복한 결혼생활을 위한 것이 아니라 들병이를 시켜서 돈을 벌어 무위도식하자는 심산이다. 여성을 돈을 벌기 위한 수단으로밖에는 여기지 않는다. 아내를 파는 남편이나 남의 아내를 돈 주고 사서 들병이를 시켜 편하게 살아보려는 소장수나 모두

16 위의 책, 39~40면.

도덕과 윤리를 망각한 사람들이다. 「가을」의 매매계약서를 쓰는 부분을 보면 이러한 과정이 잘 드러나 있다.

> 매매계약서
>
> 일금 오십원야라
>
> 우금은 내 안해의 대금으로서 정히 영수합니다.
>
> 갑술년 시월 이십일
>
> 조복만
>
> 황거풍전[17]

이들 역시 가난함, 배고픔에서 벗어나 보려고 이같은 행동을 한 것이며 이런 상황 속에서 인간이 아닌 상품화된 수단으로서 수난을 겪게 된다.

「슬픈 이야기」는 구타당하는 여성의 모습을 그리고 있다. 남편에게 순종하며 사는 여인을 남편은 구타한다. 벽 하나를 두고 사는 '나'는 그 모습을 보다 못해 남편에게 아내를 때리지 말라고 조언하다가 그것이 오히려 화근이 되어 그 집 아내는 더 맞게 되고, '나'는 그 곳을 떠난다는 이야기이다. 남편에게 이유 없이 구타당하며 수난을 당하는 여인의 삶이 그려지고 있다.

「정조」에서는 남편이 행랑어멈과 바람이 나서 아내를 힘들게 하는 내용이다. 행랑어멈은 얼굴이 예쁘지도 않은데, 남편이 술김에 행랑어멈과 일이 있었고, 행랑어멈은 이것을 기회로 남편에게 돈을 뜯어내려 하고 결국은 돈 이백 원을 뜯어내고 이것을 밑천으로 술장사를 한다는 말을 남기고 순순히 떠나게 된다. 이 소설에서 행랑어멈은 「솟」의 들

17 위의 책, 194~195면.

병이 계숙의 이미지와 겹친다. 계숙이 들병이 노릇을 하면서 근식의 살림살이를 거의 다 들어내어 챙기고는 남편과 아이와 함께 그 동네를 떠나는 내용인데 그런 계숙이 도시에 정착한다면 바로 행랑어멈과 같은 사람이 될 것이다. 도시빈민인 행랑어멈을 살기 위해 발버둥 치는데 운 좋게도 서방님이 술에 취해 행랑어멈과 하루 자고 만다. 남편인 행랑아범의 묵인과 행랑어멈의 계략으로 서방님에게 결국 돈 200원을 받고 이 집을 떠나게 된다. 아내인 주인아씨는 이 사실을 알고는 분노한다. 서방님은 알고도 모른 척하고 만다. 서방님이 바람을 피워서 아씨가 마음고생을 하며, 닳고 닳은 행랑어멈에게 당한다는 이야기이다.

이 작품에서는 남편의 잘못을 보고도 묵묵히 참아야 하는 왜곡된 가부장제의 풍토로 주인아씨가 수난을 겪는다. 또한 사람의 몸을 돈으로 환산하여 무슨 일이든 돈으로 해결하려는 금전 만능주의적 생각 때문에 행랑어멈과 같은 여성이 생겨난 것으로 볼 수 있나. 먹고 살기가 녹록치 않다 보니 일종의 매춘행위를 통해 한 밑천 잡아보려는 생각인데, 행랑어멈의 삶 또한 생존을 위한 몸부림으로 볼 수 있다. 그런 면에서 본다면 행랑어멈 역시 수난 받는 여성의 삶이라 볼 수 있다. 「정조」에서도 여성들은 돈을 벌기 위한 수단으로서 기능하면서 수난을 당하고 있다.

「땡볕」에서는 덕순은, 죽은 태아를 품고 있는 아내가 기괴한 병이 걸린 줄 알고 대학병원에 가면 희귀병을 연구하는 실험대상이 되어 돈을 받아가며 치료를 할 수 있다는 얘기를 듣고 찾아가나 수술을 하지 않으면 일주일을 살기 힘들다는 판정을 받고 절망한다는 내용이다. 가난하여 제대로 된 의료혜택을 받지 못하여 뱃속의 아이가 죽은 줄도 모르고 있다가 자신까지 생명이 위험해진 여성의 비극적인 이야기를 다루고 있다. 이 작품에서 남편인 덕순은 병든 아내를 대학병원의 실험대상이 되게 하여 그 돈으로 병을 치료하고 생활에 보태려고 한다.

시골서 올라온지 얼마 안 되는 그로써는 서울일이라 호욕 알수 없을 듯 싶어 무료진찰권을 내온데 더 되지 않았다. 그렇다 하드라도 병이 괴상하면 할스록 혹은 고치기가 어려우면 어려울수록 월급이 많다는 것인대 영문모를 안해의 이 병은 얼마짜리나 되겠는가. 고속으로 뭇척 궁금하였다. 아히가 십원이라니 이건 한 십오원쯤 주겠는가. 그렇다면 병 고치니 좋고, 먹으니 좋고, 두루두루 팔짜를 고치리라고 속안으로 육조배판을 느리고 섰을때.[18]

서울에 올라온 지 얼마 안 된 덕순은 아내의 병으로 십오원쯤 받을 수 있다고 보고 팔짜를 고칠 생각을 하고 있다. 역시 아내를 인간이 아닌 돈을 벌 수 있는 수단으로 보고 있다. 이런 면에서 덕순의 아내 또한 남편으로부터 인간이 아닌 수단으로 취급받으며 수난을 당하고 있다.

김유정 소설에서 성년기 여성들은 결혼을 하여 남편에게 돈을 벌 수 있는 수단으로 기능하게 되고, 이에 따라 매춘을 강요받거나, 매매되거나, 병원의 실험대상이 되거나, 들병이가 되길 강요받거나, 구타를 당하는 수난을 겪는다. 인간으로서 대접받기보다는 돈을 벌 수 있는 수단으로서 기능하며 남편에게 억압받고 고통을 당하는 모습으로 등장하고 있다.

18 위의 책, 326면.

3. 여성 수난의 원인, 의미

김유정 소설에 등장하는 여성인물들은 인간이 아닌 경제적 가치를 지닌 수단으로 여겨지고 있다. 그러면서 이들의 수난은 시작된다. 인간으로서 고귀하게 대접받기보다는 돈으로 환산되는 수단적 가치로서 기능하고 있다.

인간이 인간으로 대접받지 못하고, 돈으로 환산된 대상으로 기능하는 것은 무엇 때문일까? 그것은 그 당시가 경제적으로 궁핍한 시대였기 때문이다. 김유정 소설의 시대적 배경은 1930년대로 볼 수 있다. 1930년대는 일제 강점기하에 있던 시대이다.

일제는 1912년부터 1918년까지 토지조사사업을 실시하고, 1920년부터는 본격적인 농촌수탈정책을 자행했다. 농촌의 궁핍화는 토지수용土地收用－동양척식주식회사－식량수탈－고리채 등의 과정을 밟아 행해진다. 일본의 한국 토지조사는 1910년대에 시작되어 1918년에 끝난다. 그것은 일본인의 사적私的토지 수탈의 근거를 마련해 준다. 그 토지수탈은 1911년 토지수용령土地收用令에서부터 본격화된다. 이렇게 수탈된 토지는 동양척식주식회사를 거쳐 일본 농민들에게 배부된다. 1919년 이후에는 상당량의 토지를 빼앗긴 한국 농민들에게 식량 수탈이 시작된다. 한국 쌀을 빼앗아간 대신에 한국 농민들에게는 만주의 잡곡이 주어진다. 총독부는 산미증산정책을 통해 한국 농민으로 하여금 자기가 만든 좋은 쌀을 헐값으로 약탈당하게 만들고 반면 보다 비싼 만주의 조를 먹지 않을 수 없는 긴박한 조건에 묶어 놓았다. 농민의 궁핍화를 촉진하는 또 하나의 요소는 고리대高利貸이다. 그 고리대금은 일본 은행의 산업 자금이다. 그 결과 농민의 궁핍화는 극대화된다. 1930년의 조사에 의하면, 전소작농의 75%에 이르는 농민이 빚을 지고 있는데, 그것은 식산은행殖產銀行의 것이 39.2%, 동양척식주식회사의 것이 14.6%, 금융 조합의 것이 17.4%로 합계 70%를 넘고 있으며, 이자는 연 15~35%의 것이다. 그 결과 농촌에서는 자작농의 감소와 소작농의 증가라는 계층적 분화가 촉진되며, 이농離農·식민현상이 생겨난다. 다음의 표를 통해 소작농의 증가와 이농의 모습을 엿볼 수 있다.[19]

(1) 자작농의 감소와 소작농의 증가

연도	자작		자작겸 소작		소작	
	호수(천호)	%	호수(천호)	%	호수(천호)	%
1923~27	529	20.2	920	35.1	1,172	44.7
1928~32	497	18.3	853	31.4	1,360	50.2
1933~37	547	19.2	732	25.6	1,577	55.2
1939~	539	19.0	719	25.3	1,583	55.7

(2) 1925년도 이농자 현황

① 산업으로 분산 23,728 (15.82%)

② 공장 잡업으로 분산 6,879 (11.24%)

③ 노동자·고용인 69,644 (46.39%)

④ 일본 이주 25,308 (16.85%)

⑤ 만주· 시베리아 이주 4,224 (2.88%)

⑥ 가족 분산 6,835 (4.55%)

⑦ 기타 진영 3,497 (2.27%)[20]

19 김현·김윤식, 『한국문학사』, 민음사, 1987, 137~138면.

20 위의 책, 135면.

이러한 일제의 식민지 정책의 결과로 우리 농민들은 화전민과 빈농들이 늘게 되었고, 이로 인해 농민들은 토지를 상실하고 소작농으로 전락하는 경우가 많았다. 위의 자료를 통해 보면 도시로 이주하여 노동자가 되거나 만주나 시베리아 등지로 이주하는 경우도 생겨나고 가족들이 분산되는 경우도 생겨나게 되었다. 결국 1930년대 농촌은 일제의 가혹한 식민지 정책으로 농민들이 소작농으로 전락하거나, 농토를 잃고 도시의 노동자로 전환하거나 이주하는 사람들이 많았다. 농촌의 경제적 기반이 거의 무너지다시피 하여 헐벗고 굶주리는 극도의 빈곤 상태였음을 알 수 있다.

앞서 살펴본 김유정 소설에 등장하는 남성인물들은 경제적 능력을 상실한 경우가 많다. 소작농으로 있다가 땅을 떼이거나, 농사를 지어도 이익이 적어 살 길이 막막하거나, 나무를 태다 팔아 어렵게 살아가거나, 도시에 사는 빈민으로 등장한다. 농사지을 땅이 없는 농민은 삶의 기반을 상실한 것과 마찬가지이다. 이전까지는 농토를 기반으로 하여 경제력을 확보하고 이를 통해 가정에서는 가장으로서의 권위를 내세울 수 있는 처지였다. 그러나 경제적 기반인 농토를 빼앗기고 나서는 더 이상 가장으로서의 권위와 위신을 세울 수가 없었다. 그럼에도 기존의 가지고 있던 가부장적 권위를 놓으려 하지 않고 경제력을 잃은 가장의 자존심을 세우려 했다. 이런 궁지에 몰린 가장들은 도박을 일삼거나 술로 도피하거나 금광에 집착하였다. 그리고 이러한 방법이 현실적으로 도움이 되지 않자, 가장으로서의 권위를 내세울 수 없게 되자, 아내나 자녀들에게 폭력적인 모습을 보이면서 위엄을 갖추려고 하였다. 또한 자신이 더 이상 경제적인 일을 할 수 없음을 알고는 이제 아내를 통해 돈을 버는 방법을 생각하게 되었는데 그것이 바로 매춘, 매매혼, 들병이 생활의 권유 등이다. 그만큼 생존의 문제가 절박했던 것으로 생각해 볼 수 있다.

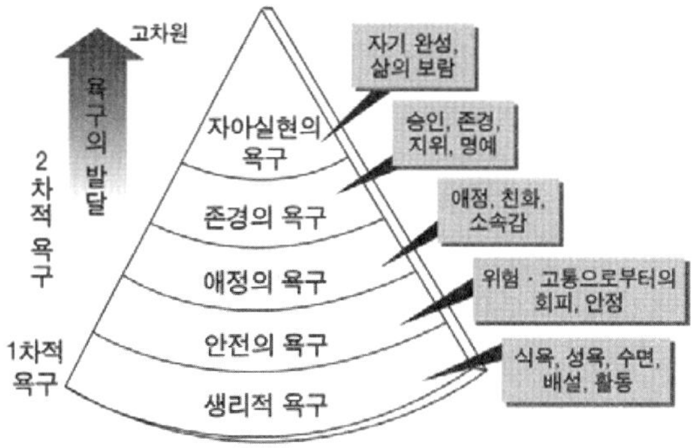

매슬로우의 욕구의 5단계

인간에게 먹고 사는 생존의 문제는 그 어떤 가치보다 우선한다고 볼 수 있다. 심리학자 매슬로우는 인간의 욕구는 동시에 나타나서 상호 경쟁하는 것이 아니라, 계층에 따른 질서를 가지고 있다고 하였다. 한 계층의 욕구가 만족되면 그 욕구에 대해서 더 이상의 동기를 부여받지 못하고 다른 욕구로 전환된다는 것이다. 그에 따르면, 일차적이고 가장 기본적인 욕구는 생리적 욕구로서 배고픔, 목마름, 성욕과 같은 것들이 여기에 속한다. 이것은 가장 기본적으로 충족되어야 할 욕구로 생존을 위해서는 반드시 필요한 것으로 보았다. 안전의 욕구는 천재지변, 맹수의 위협 등으로부터 벗어나 안전한 곳에 살고 싶은 욕구로서 이 두 가지는 기본적인 욕구에 속한다. 애정의 욕구는 일정한 집단에 소속되어 그 구성원들로부터 사랑받고 싶은 욕구이며, 존경욕구는 다른 사람들로부터 존경받고 싶어하는 욕구이고, 자아실현욕구는 자신이 지니고 태어난 능력과 '잠재적 가능성을 최대한 발휘하여 자아의 본질을 완전히 실현'하는 일이다.[21]

매슬로우의 욕구이론에 따르면, 인간은 기본적인 욕구가 충족되어

21 유승우 · 이종문, 『인간자원개발론』, 한국방송통신대 출판부, 2007, 21면.

야 그보다 더 상위의 정신적인 욕구를 생각하게 된다고 한다. 김유정 소설에서 등장인물들은 가장 기초적인 욕구인 생리적 욕구 특히 배고픔의 문제가 해결되지 않은 상태이다. 그렇기 때문에 그보다 상위의 욕구인 애정이나 존경의 욕구로 나아가지 못하는 것이다. 가장 기초적인 배고픔의 문제 생리적인 욕구가 만족되지 않은 상태에서 더 무엇을 생각할 수 있겠는가? 이런 상황에서 도덕이니 윤리니 하는 것은 따질 겨를이 없어지게 되는 것이다. 기본적인 생리적 욕구를 충족시키기 위해 그보다 상위의 욕구를 생각할 겨를이 없었던 것으로 보인다.

이 이론에 의하면 김유정 작품에 등장하는 인물들은 가장 기본적인 1차적인 욕구인 식욕조차도 충족되지 않은 상태에 있다. 극도의 빈곤으로 헐벗고 굶주린 상태에 있어서 그보다 상위 단계의 욕구인 애정, 존경, 신뢰감, 부부간의 윤리나 가족 간의 애정 등은 생각할 수조차 없는 상황에 놓여있었다.

극도의 빈곤함, 경제력을 상실한 남편, 그런 가운데도 가장으로서의 권위를 잃지 않으려는 가부장제의 인습이 작동하는 상황에서 여성들은 척박한 환경에 내몰리게 된다. 가장을 대신해 가족을 지키고 가장을 먹여 살리기 위해 매춘, 매매혼, 사기결혼 등의 극단적인 상황으로 내던져지게 된다. 경제적으로 극도로 궁핍한 상태에서도 남성들은 봉건적 가부장제에 얽매인 인습에 얽매여 아내 위에 군림하려는 자세를 버리지 못하고 있으며, 아내를 하나의 인격체로 존중하기보다는 어려울 때 팔아먹거나, 이용할 수 있는 수단으로 여기고 있었다.

일제 강점하라는 척박하고 궁핍한 상황에서 기본적인 생존의 문제에 맞닥뜨려 가장家長들이 경제력을 상실함으로써 여성들은 수난을 당하게 된다. 절박한 생존의 문제 앞에서 도덕이니 인륜이니 하는 것들은 더 생각할 여지조차 없는 것이다. 생존의 절박함을 충족시키기 위해 그보다 덜 절박한 것을 포기하는 것이다. 김유정 소설에 등장하는 여성인물들은 이러한 시대에 맞서 가장을 대신하여 가족들의 생존을 위해 매춘이나 매매혼이라는 수난도 서슴지 않고 받아들였던 것으로 보인다. 그것은 자신의 일신상의 안정이나 쾌락의 추구가 아닌 가족들의 생존을 위한 것이었다는 점에서, 힘없고 배운 것 없는 여성의 입장에서 선택할 수 있는 마지막 방법이었다는 점에서 그 의미를 가진다고 할 수 있다. 가족의 생존을 위한 극단적인 선택이었다고 볼 수 있다.

4. 나오는 말

김유정 소설에 등장하는 여성들의 삶은 태어나면서부터 수난의 연속이다. 1930년대라는 일제강점하의 궁핍한 경제현실과 봉건적 가부장제라는 이중의 질곡 속에서 여성들은 기아棄兒, 매춘, 매매혼, 구타 등의 극단적인 상황으로 내몰린다.

소아 · 유년기에는 겪는 수난은 「애기」와 「떡」에 드러나 있다. 축복받지 못한 상태로 태어나 쓸모없는 폐기의 대상으로 내몰리기도 하는 아기의 수난은 「애기」에, 자라서는 굶주림과 구타에 시달리다가 잔칫집에서 과도하게 먹은 음식을 먹고 체해 겪는 수난은 「떡」에 나타나 있다.

이렇게 힘든 환경에서 청소년기를 맞은 여성들은 결혼이라는 문제와 맞닥뜨려 또 한번 수난을 당한다. 인간이 아닌 경제적인 수단으로 대상화되어 돈벌기 목적으로 결혼을 강요받게 된다. 「봄봄」에서 봉필

(점순 아버지)에게 딸 점순은 일 잘하는 데릴사위를 낚기 위한 '미끼'의 역할에 불과하다. 이는 「애기」에 나오는 아기의 외조부도 딸을 부잣집 아들에게 시집보내 경제적으로 이득을 취해 보려 하는데 「봄봄」의 봉필과 같은 차원이다. 「동백꽃」의 점순도 마찬가지이다. 점순과 주인공인 내가 적극적으로 연애를 못하는 것도 다 이런 차원이다. 한편 「산골」의 이쁜이는 주인집 도련님과 연애를 하지만, 역시 경제적인 이유, 도련님의 무책임한 행동 때문에 결혼이 성사되지 않는다. 「옥토끼」의 숙이와 주인공 '나'는 비슷한 처지이고, 또 서로 좋은 감정이 있지만, 역시 숙이의 부모가 숙이를 잘 사는 집에 시집보내고 싶은 마음을 드러내면서 문제가 생긴다. 숙이가 주인공이 준 옥토끼 한 마리를 잡아먹었다고 자신의 아내가 될 수밖에 없다는 생각 역시 아내될 사람을 경제적인 가치로 환산해 보는 경제의 논리가 개입되고 있다. 결국 이 시기 여성들은 돈의 논리 앞에 자신이 원하는 상대와의 결혼이 좌절되는 수난을 겪게 된다.

이렇게 결혼이라는 관문을 통과한 여성들은 성년기를 맞이하는데, 결혼한 주부로서 남편과 자식을 돌보아야 하는 현실적인 문제에 맞부딪치면서 수난을 당하게 된다. 일제 강점하 극도로 궁핍한 가운데 생존의 문제가 해결되지 않은 상태에서 생산수단을 소유하지 못한 나약한 여성들은 생존을 위해 매춘, 매매혼 등의 극단적인 상황으로 내몰리게 된다. 가족의 생계와 무능력한 남편의 뒷바라지를 위해, 가족이라는 테두리를 유지하기 위해 자신의 고통과 인격적인 모욕, 성적性的인 치욕까지도 감내해내고 있다. 「산ㅅ골나그내」에서는 병든 남편의 수발을 들기 위해 위장결혼도 마다하지 않았고, 「소낙비」에서는 남편의 노름빚 2원을 벌기 위해 모욕적인 매춘도 불사하였고, 「안해」에서는 들병이 노릇을 하여 돈을 벌자는 남편의 제안을 묵묵히 받아들여 들병이 수업을 받기도 하고, 「솟」에서는 들병이와 바람난 남편이 들병이에게 살림살이를 갖다 주는 것도 참고 바라보아야 했다. 또한 들병이 계숙은 남편과 아이를 위해 외간남자들과 어울려 들병이 생활을 서슴지 않았다. 「안해」에서 아내는 빈곤을 타개하기 위해 소장수에게 기꺼이 팔려가기도 한다. 「정조」에서는 행랑어멈이 서방님을 꼬셔서 돈 2백원을 갈취하여 남편인 행랑아범과 함께 술집을 차리기로 하고 떠난다. 생활자금을 마련하기 위해 파렴치한 행위도 불사한다. 한편 「땡볕」의 아내는 시기적절한 의료서비스를 받지 못해 죽어가고 있는데 어리석은 남편인 덕순은 아내를 희귀병에 걸렸다며 대학병원의 실험대상으로 맡기고는 돈을 벌 생각을 하고 있다.

이렇듯 여성들은 수난을 당하고 있다. 일제 강점하의 식민지 수탈로 경제적 능력을 상실하고 실추된 가장으로서의 권위를 세울 수 없었던 남성들은 도박, 술, 금광에 탐닉하면서 나약한 아내와 자식들을 학대하고, 아내에게 빌붙어 먹고 살려 하는 경향까지 보였다. 이런 암담한 상황에서 아내인 여성들은 자신의 쾌락과 일신의 안녕을 위해서가 아니라 가족이라는 공동체를 지켜내기 위해 자신을 희생한 것이다. 배운 것 없고, 가진 것 없는 여성들이 가정을 지키고, 살아남기 위해 선택했던 최후의 방법이라 할 수 있는 매춘, 매매혼, 사기결혼까지도 불사했던 것이다. 김유정 소설에는 그 당시 이와 같은 여성들의 수난이 적나라하게 드러나 있다.

: 참고문헌 :

김동환 외, 『김유정의 귀환』, 소명출판, 2012.
김현 · 김윤식, 『한국문학사』, 민음사, 1987.
김영기, 『김유정, 그 문학과 생애』, 지문사, 1987.
박세현, 『김유정 소설연구』, 인문당, 1990.
서준섭, 『한국모더니즘 문학 연구』, 일지사, 1988.
유인순, 『김유정을 찾아가는 길』, 솔과학, 2003.
유승우 · 이종문, 『인간자원개발론』, 한국방송통신대 출판부, 2007.
전신재 편, 『원본 김유정 전집』, 강, 1997.

김명진, 「김유정 소설에 나타난 여성의 타자화와 카니발리즘」, 한국교원대 석사논문, 2006.
김봉진, 「김유정 소설의 남성인물 연구」, 『비평문학』 15, 2001.
김주리, 「매저키즘의 관점에서 본 김유정 소설의 의미」, 『한국 현대문학 연구』 20, 2006.
김종호, 「김유정 소설에 나타난 들병이에 대한 일 고찰」, 『한민족 어문학』 43, 2003.
손종업, 「김유정 소설과 식민지 근대성」, 『한국어문교육연구회』 28, 2000.
오미화, 「김유정 소설 연구」, 중앙대 교육대학원 석사논문, 2006.
오병기, 『김유정 소설의 여성인물 연구』, 성균관대 교육대학원 석사논문, 2004.
이익성, 「김유정 도시소설의 근대성」, 『한국 현대문학회』 24, 2008.
장소진, 「김유정 소설 「소낙비」와 「안해」 연구」, 『한국문학이론과 비평』 11, 2001.
정현기, 「1930년대 한국소설이 감당한 궁핍 문제 고찰」, 『현상과인식』, 1982.
한만수, 「김유정 소설의 아이러니 분석」, 『한국어문학연구』 21, 1986.
함연숙, 「김유정 소설의 여성인물 연구」, 경희대 교육대학원 석사논문, 2004.

이야기꾼 김유정의 서사 기법

이상금

1. 들어가며

김유정 소설을 읽으면 아주 입담 좋은 이야기꾼을 만나게 된다. 가장 친근하고 매력적인 작가로 김유정을 손꼽고 김유정 작품이 지속적으로 읽히고 연구되고 변형되는 이유로 김유정 특유의 해학성과 다양한 이야깃거리를 가지고 있다는 점을 들고 있다. 대표적인 김유정 연구에 대한 검토에서 논의의 출발점을 마련하고자 한다.

박세현[1]은 김유정의 문학적 성과에 대해 다음과 같이 정리하고 있다. '그가 거둔 문학적 성과는 당대 사회의 문제들을 예리하게 성찰하고 종합하여 자신이 독특한 작가적 개성과 소설미학을 통해 제시했다는 데에 있다. 김유정 소설세계는 일제 강점기였던 1930년대의 농민들의 실상을 특유의 해학적 방법을 통해 여실하게 묘파했다는 것으로 요약

1 박세현, 『김유정의 소설세계』, 국학자료원, 1998, 14면.

된다. 이러한 작가적 특징은 같은 시기에 활동한 작가들에게서 쉽게 발견되지 않는 특질이며 근대문학사 전체로 확대해 보아도 그 특장은 빛을 잃지 않는다.'

이어서 같은 책에서 동시대 다른 작가들과 김유정이 구분되는 점에 대해 '김유정이 구분되는 점은 평민문학의 전통을 근대소설미학으로 토착화시키고 있다는 데에 있다. 다르게 말하면, 1920년대에 수입된 서구 리얼리즘을 소박하게 추종하고 있는 것이 아니라 우리의 문화 전통에 알맞게 변용하여 당대 현실에 맞게 잘 접합시켰다는 것이다'고 하면서 김유정 문학이 이상주의적 관념에 붙잡히지 않고 해학과 같은 소설미학을 통해 현실을 인식함으로써 특유의 문학성을 확보하게 되었다고 설명하고 있다. 그리고 김유정 소설의 미학적 특질을 찾는 형식 중심의 접근으로 김유정 소설에 나타난 평민문화적 요인들을 판소리, 봉산탈춤, 사설시조 등에 나타나는 해학적 요인과 문체적 특질이 소설 속에서 어떠한 기능을 수행하고 있는지를 중심으로 살피려고 하였다.

박세현은 이러한 관점에서 지금까지 김유정에 대한 다원적 연구 결과를 고찰하고 김유정이 사회성과 예술성을 어떻게 결합하고 있는지, 김유정 문학에서 문학성이 전통적인 요소들과 연결된다는 점에 초점을 두었다.

유인순[2]은 김유정 소설의 특징으로 예리한 현실 인식의 표출 방식으로 작가와 세계 사이의 엄격한 객관적 거리 두기를 지적하면서 그의 소설 속 가난은 절망의 문제라기보다 절망적인 상황 속에서도 '살아보려는 사람들'의 존재에 얽힌 문제라고 해석했다. 다음 김유정 소설의 특징으로는 김유정의 뛰어난 언어 감각과 이야기 만들기에 대한 공들임, 해학에 주목하면서 강원도 지방의 토속어뿐만 아니라 서울 토종 언어들도 풍요롭게 구사한다는 점을 들었다. 또 평범한 소재의 이야기를

---

2 유인순, 『김유정의 찾아 가는 길』, 솔과학, 2003, 73면.

'이야기되는 시간'과 '이야기하는 시간'의 효과적인 교체에 따른 서술의 입체적 구성을 그 특징으로 설명하고 있다. 김유정 작품 속에 나타난 희극적 인물들의 극단적이고 엉뚱한 행동, 엎치락뒤치락하는 진행은 무성영화 시절의 희극과 상통하는 면이 있으나, 김유정 소설의 주인공들은 해결을 보지 않고 대단원을 맺고 있다는 점에서 다르다.

본고에서는 김유정 문학에 대한 이와 같은 해석에 바탕을 두고 김유정의 단편소설 「떡」의 서술상의 특징 및 김유정의 현실 인식에 대한 이해를 돕고자 한다. 김유정의 소설 작품 중 「떡」의 서술 시점에 대한 이해를 필요로 하는 많은 독자들에게 본고의 연구 내용이 김유정 작품에 대한 진일보한 해석을 가능하게 할 것으로 기대한다.

「떡」의 서술자 '나'에 대해 어떻게 처리하고 해석할 것인지와 '덕희' 일가에게 벌어지는 사건을 통해 작가 김유정은 무엇을 말하고자 하였는가를 그 문체상 특징을 통해 고찰해 보았다.

2. 김유정의 「떡」의 담화 상황과 문체

1) 「떡」의 담화 상황과 시점

소설은 구체적인 시공간에서 살아가는 인간이 체험한 사건이 서술자에 의해 독자에게 전달되는 장르이다. 채트맨S. Chtman은 소설의 장르적 특성을 고려하여 '실제 작가→【내포 작가→화자→청자→내포독자】→

실제 독자'의 도식을 제시했다. 채트맨은 이 도식을 통해 하나의 서사적 사건에 개입할 수 있는 시각이 화자와 내포작가로 확대될 수 있음을 보여주고 있다.

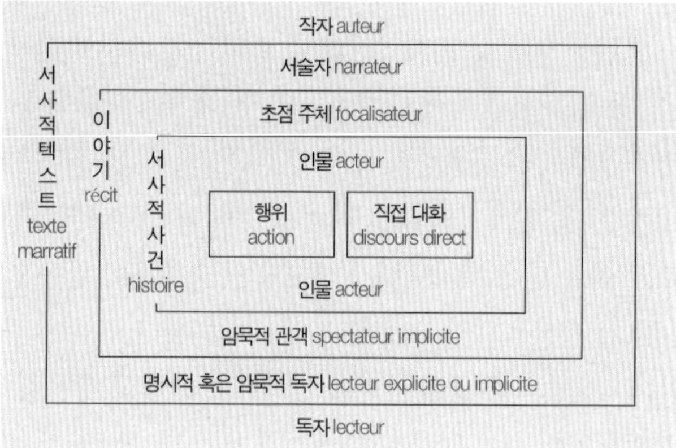

미키 발의 서사 상황 도식

미키 발은 서사 상황의 여러 층위를 고려한 도식을 위와 같이 제시하였는데, 최병우[3]는 미키 발 도식을 바탕으로 서술자의 특성을 고려하기 위한 기준으로 서술자가 서사적 사건 속에 등장하느냐 그렇지 않느냐를 제시하고 하고 있다. 서술자로서의 기능만을 담당하고 작중 인물로 등장하지 않는 삼인칭 소설의 경우 서술자와 초점 주체의 관계를 고려하여 삼인칭 서술자가 초첨 주체가 되는 경우와 그렇지 않은 경우에 따라 서술되는 사건에 대한 인지 정도와 개입 정도에 차이가 있을

3 한국 현대소설학회, 『현대소설론』, 평민사, 2008, 96~111면.
미키 발 도식의 장점에 대해 첫째, 초점 주체를 고려함으로써 바라보는 행위와 말하는 행위가 별개의 것이라는 서술 상황의 본질적 특징을 보다 충실히 반영하고 있다. 둘째, 텍스트 내적 상황을 세분하여 인물 사이의 서사적 사건이 초점 주체에 의해 바라보아진 것이 이야기recit이며 서술자에 의해 이야기될 때 서사적 텍스트가 된다고 보아 시점 논의를 세밀화할 수 있게 하였다. 셋째, 서사적 층위에서 행위와 직접 대화를 구분함으로써 서사적 사건 내에서의 제반 상황을 시점과 관련하여 연구함으로써 구체성을 띨 수 있게 해준다고 정리하고 있다.

수 있다. 또 서술자가 작중 인물 또는 사건에 대해 전지성을 취하는가에 따라 일반적으로 시점을 분류할 수 있다.

삼인칭 서술자가 서사적 사건을 자신이 직접 초점화하여 서술하는 경우 서술자의 시각만이 서사적 사건에 개입할 수 있으며 이를 직접 서술이라고 하며, 서술자가 타자가 초첨화한 것을 서술하는 경우 서사적 사건에 초점 주체의 시선이 개입할 수 있으며 이를 간접 서술이라고 한다.

서술자가 서사적 사건의 한 인물로 기능하며 서술 주체와 초점 주체가 일치하는가에 따라 서술 주체가 자신을 초점화하는 경우 내면 심리나 의견 등을 초점화하여 서술할 수 있으나, 타인을 초점화하는 경우 초점 주체가 초점화할 수 있는 외면적인 사실에만 한정될 수밖에 없게 된다.

김유정의 「떡」의 경우 1인칭 서술자 '나'가 서사적 사건 속에 등장하기 때문에 위에 정리된 기준에 의하면 삼인칭 시점에서 나타나는 인물이나 사건에 대한 전지성을 가질 수 없으며, 서술 주체와 초점 주체가 일치하지 않고 타인을 초점화하는 경우에 해당하므로 초점 주체가 초점화할 수 있는 외면적 사실에만 한정 서술하여야 한다.

다음은 「떡」[4]의 줄거리다.

옥이의 아버지 덕희는 밭뙈기 하나 붙일 것 없는 동리에서 제일 가난하고 게으른 사내다. 하나 있는 딸자식 옥이를 원수스러워 하며, 모질게 쥐어박는다. 눈이 푹푹 쌓이고 나뭇값이 부쩍 오르는 바람에 덕희도 그나마 양식이 생겼다. 그는 새벽이 되면 마른 세수를 하고 아내가 가져온 죽을 먹는다. 아버지(덕희)가 나가고 나면 옥이는 어머니 앞으로 달려간다. 옥이는 아버지 숟가락질하는 소리에 깨어나 군침을 삼키며 허기를 겨우 참다가 아버지 가시면 바로 죽을 먹곤 하였다. 아버지가 있을 때 일어났다가

4 김유정, 『김유정 전집』 1, 가람기획, 2003, 122~137면.

는 죽 한술도 못 얻어먹고 옥이를 얻어맞기만 한다. 아버지가 나뭇짐을 읍으로 들어간 다음에야 어머니가 죽 한 사발을 갖다 준다. 옥이는 그것을 다 먹고도 배가 고프다. 냉병으로 아파서 누워있는 어머니 곁에서 울고 조르다가 개똥이네를 들어가서 먹을 것을 훔치다가 '나'한테 들키기도 한다. 오늘은 개똥이네가 씨종으로 있는 나릿댁 생신이다. 옥이는 아무 계획도 없이 개똥네 어머니를 따라 나릿댁으로 간다. 잔칫집 부엌으로 들어간 옥이를 본 아주머니들은 제각기 욕 한마디씩을 한다. 잔칫집 작은아씨가 내려와 그들을 나무라고 옥이에게 고깃국에 밥을 말아 준다. 그리고 옥이를 마루로 데려가서 시루떡을 주자 널름 먹어치웠다. 곧 다시 팥떡을 주자 배부른 옥이는 음식이 목구멍까지 꽉 차서 거절을 한다. 그러나 백설기, 꿀떡을 보자 배가 부름에도 먹는다. 집으로 돌아온 옥이는 데굴데굴 구르며 법석을 떨고, 어머니는 점쟁이를 불러 경을 읽기 시작한다. 옥이는 얼굴이 노랗게 질리고 손에는 핏기는 몃었다. 침을 맞고 나서야 포대기 속으로 똥을 갈긴다. 덕희는 그런 옥이에게 욕을 한다.

이 작품의 서술자는 발단 부분에서 '옥이'와 옥이의 아버지 '덕희'를 소개하면서 그 존재를 드러낸다. 이 소설은 다음과 같이 시작한다.

> 원래는 사람이 떡을 먹는다. 이것은 떡이 사람을 먹는 이야기다. 다시 말하면 사람이 즉 떡에게 먹힌 이야기렷다. 좀 황당한 소리인 듯 싶으나 그 사람이란 게 영 황당한 존재라 하릴없다. 인제 겨우 일곱 살 난 계집애로게다가 겨울이 왔건만 솜옷 하난 못 얻어 입고 겹저고리 두렝이로 떨고 있는 옥이 말이다. 이것도 완전한 사람으로 칠는지 혹은 말는지! 그건 내가 알 바 아니다.

우한용[5]은 산문의 특징으로 ① 주체와 대상의 명확한 분리, ② 관찰과 분석의 인식특징, ③ 조리적 형태 지향 등을 들었다. 소설이라는 장르를 구성하는 조건에 문체요소가 있으며, 문체요소가 텍스트에 구체화되어 있고, 텍스트는 장르로 존재한다. 소설의 이러한 장르적 속성은 소설언어의 이질언어성과 다양한 담화장르 수용 가능성에 바탕을 두어야 하며, 소설의 장르적 특성 가운데 가장 두드러진 것은 소설담론 양식의 거대함이라고 했다.

이 소설의 처음 '원래는 사람이 떡을 먹는다. 이것은 떡이 사람을 먹는 이야기다.'는 서술자가 전달하고자 하는 사건에 대한 소개이다. 여기서 우리는 서술자가 작품 밖의 독자를 상대로 담화를 시작하고 있음을 알 수 있다. '인제 겨우 (…중략…) 옥이 말이다'에서와 같이 담화적 문체를 구사하고 있다. '이것도 완전한 사람을 치는지 혹은 말는지! 그건 내가 알 바 아니다.'에서 보듯이 이 작품의 서술자는 '나'이다. 나에 대한 구체적 정보는 작품 어디에도 없다. 그러나 '나'는 '옥이'와 '덕희'의 일거수일투족을 아주 자세히 알고 서술하고 있다.

> 이 바람에 덕희도 수가 터지어 좁쌀이나마 양식이 생겼고 따라 딸과의 아귀다툼도 훨씬 줄게 되었다. 그는 자다가도 꿈결에 새벽이 되는 것을 용하게 안다. 밝기가 무섭게 일어나 앉아서는 옆에 누운 안해의 치맛자락을 끌어당긴다. 소위 덕희의 마른 세수가 시작된다. 두 손으로 그걸 펼쳐서는 꾸물꾸물 눈꼽을 떼고 그리고 나서 얼굴을 쓱쓱 문대는 것이다. 그 다음 죽이 들어온다. 얼른 한 그릇 훌쩍 마시고는 지게를 지고 내뺀다.

새벽에 '밝기가 무섭게 일어나 앉아서는 옆에 누운 안해의 치맛자락

5 우한용, 「소설 문체론의 방법 탐구를 위한 물음들」, 『현대소설연구』 33, 2007, 7~30면.

을 끌어당긴다. 소위 덕희의 마른 세수가 시작된다'는 장면은 '나'라는 서술자의 관찰 범위가 1인칭 관찰자의 서술 범위를 넘어서고 있다는 것을 확인시켜 준다. '옥이'네는 세 식구인데, 옥이 아버지와 어머니의 잠자리를 관찰하는 다른 인물의 설정은 상상하기 어렵다. 이는 전지적 서술에서 가능한 서술 층위를 보여주는 것으로 초점 주체와 다른 서술자가 초점 주체와 서술 주체가 일치하는 전지적 서술에서와 같은 주관적 개입을 보이는 것이다. 이는 우리의 전통적 양식인 판소리에서 창자唱者나 고수가 이야기를 전달하거나 장단을 맞추다가 사건 속에 개입하여 사건 속 인물에게 말을 건다든가 하는 것과 같은 담화 유형으로 해석할 수 있다. 이와 같은 담화 유형은 1930년대 판소리의 전통을 계승한 것으로 해석되는 다른 작가의 문체에서는 찾기 어려운 특징적인 것이다.

> 거기다 맛갈스러운 그 떡맛. 생전 맛 못보던 그 미각을 한 번 즐겨보고자 기를 쓴 노력이다. 만약 이 떡의 순서가 주왁이 먼저 나오고 백설기, 팥떡, 이렇게 나왔다면 옥이는 주왁만으로 만족했을지 모른다. 그리고 백설기 팥떡은 단연 아니 먹었을 것이다. 너는 보도 못하고 어떻게 그리 남의 일을 잘 아느냐. 그러면 그 장면을 목도한 개똥어머니에게 좀 설명하여 받기로 하자. 아 참 그년 되우는 먹습디다. 그 밥 한 그릇을 다 먹고 그래 떡을 또 먹어유. 그게 배때기지유. 주왁 먹을 제 나는 인제 죽나보다 그랬수. 물 한 모금 안 처 먹고 꼬기꼬기 씹어서 골딱 삼키는데 아 눈을 요렇게 뒤쓰고 꼴딱 삼킵디다. 온 이게 사람이야. 나는 간이 콩알만 했지유. 꼭 죽는 줄 알고. 추워서 달달 떨고 섰는 꼴하고 참 깜찍해서 내가 다 소름이 쪼옥 끼칩디다.

'옥이'가 '개똥어머니'를 따라 나릿댁 잔치에서 떡 먹는 장면에서는 '너는 보도 못하고 어떻게 그리 남의 일을 잘 아느냐. 그러면 그 장면을 목도한 개똥어머니에게 그 좀 설명을 받기로 하자. 아 참 그년 되우는 먹습디다'한다. 이 대목에서는 '나'가 잔칫집의 장면을 관찰하지 못함을 전제로 설정된 것이다. 그러면서도 개똥어머니라는 타자에 의해 간접 서술함으로써 독자에게 객관적 서술의 지향 태도를 드러내며 다양한 층위의 서술 형태를 보이고 있다.

> 그와 동시에 푸드득 하고 포대기 속으로 똥을 깔겼다. 덕희는 이걸 빤히 바라보고 있더니 골피를 접으며 어이 배라먹을 년, 웬걸 그렇게 처먹고 이 지랄이야, 하고는 욕을 오랄지게 퍼붓는다. 그러나 나는 그 속을 빤히 보았다. 저와 같이 먹다가 이렇게 되었다면 아마 이토록은 노엽지 않았으리라. 그 귀한 음식을 돌르도록 처먹고도 애비 한쪽 갖다줄 생각을 못한 딸이 지극히 미웠다. 고년 고래 싸. 웬 떡을 배가 터지도록 처먹었담, 하고 입을 삐죽대는 그 낯짝에 시기와 증오가 역력히 나타난다. 사실로 말하자면 이런 경우에는 저도 반드시 옥이와 같이 했으련만, 아니 놈은 꿀바른 주왁을 다 먹고도 또 막걸리를 준다면 물다 뱉는 한이 있더라도 어쨌든 덥석 물었으리라 생각하고는 나는 그 얼굴을 다시 한번 쳐다보았다.

위의 인용문은 이 작품의 마지막 부분이다. 이 마지막 부분 '덕희'가 '옥이'를 시기와 증오가 역력한 낯으로 바라보는 대목에 대하여, '사실로 말하자면 이런 경우에는 저도 반드시 옥이와 같이 했으련만, 아니 놈은 꿀바른 주왁을 다 먹고도 또 막걸리를 준다면 물다 뱄는 한이 있더라도 어쨌든 덥석 물었으리라 생각하고는 나는 그 얼굴을 다시 한 번 쳐다보았다'고 '옥이'아버지인 '덕희'의 심리 상태나 입장에 대한 서술자 '나'의 해석이 담겨 있다. 이는 서술 주체와 초점 주체가 일치하지 않는 상황에서 초점 주체의 심리 상태를 작품 속 서술 주체의 전지성을 보여주는 일탈적 상황이다.

표정옥[6]은 〈비보이를 사랑한 발레리나〉와 김유정 문학의 상상력을 비교하면서 〈캐리비언의 해적〉의 '잭 스페로우'라는 인물은 질서와 규범에 얽매이지 않는 인물로 현대인의 마음속에 그림자처럼 살아있는 트릭스터적인 속성을 유쾌하게 밖으로 표출해 보이기 때문에 현대인들에게 사랑을 받는 것이며, 비보이들은 그 자체가 문화의 트릭스터들이라고 했다. 기존의 기성 질서를 넘어서 새로움에 도전한다. 그들의 세상보기는 고정되지 않는다. 뒤집어보기, 옆으로 보기, 꼬아서 보기, 재주넘어서 보기, 머리 흔들어 보기, 물구나무서서 보기 등 변형된 세상보기로 관점이란 있을 수 없다. 이와 마찬가지로 익살스런 재담꾼인 취발이 같은 인물이 무대 밖에서 자유롭게 무대를 침범하는 "야야, 지금 아니잖아"라는 무대 밖에서 들리는 대사는 무대와 관객의 지위의 착종현상을 경험하게 한다고 했다.

표정옥의 글에서 말하는 트릭스터적인 상상력과 「떡」의 서술자가 기존 서술 상황의 질서를 뛰어넘으면서 보여주는 담화 상황은 일맥상통한다. 이와 같은 특징으로 인해 독자는 시점을 넘어 다양한 층위의 상황을 즐김으로써 김유정이라는 작가가 마련한 카니발을 경험하게 된다.

2) 「떡」의 해학적 문체와 작가의 현실 인식

표정옥[7]은 〈비보이를 사랑한 발레리나〉와 김유정 문학의 상상력의 공통점을 '그로테스크한 상상력을 통한 놀이성'에서 찾았다. 김유정 문

6 표정옥, 「현대 문화와 소통하는 김유정 문학의 놀이 상상력」, 『김유정의 귀환』, 김유정학회 편, 2012, 231~256면.

7 위의 책, 248~250면.

학에서 인물들은 매우 비정상적인 발상을 하는데도 그것이 매우 일상적이거나 정상적인 것으로 인식되는 부조화의 상태를 보여주는 그로테스크한 세계관을 갖고 있다.

축제의 본질은 상하와 수직의 세계가 전도되고 전복되는 상황이라고 할 수 있는데 김유정 문학에서는 자주 보이는 열린 구조의 결말을 통해 축제의 본질을 잘 구현하고 있다. 또 두 작품에 등장하는 놀이성의 가장 큰 특징은 등장인물들 간의 팽팽한 경쟁과 게임의 관계이다. 김유정의 주인공들은 끊임없이 속고 속이는 관계를 보이거나 경쟁적 게임의 상태에 머문다. 또한 문제를 해결하는 과정에서 논리적이거나 합리적인 결말구조는 존재하지 않는다. 놀이동산에 놀이기구처럼 급강하의 상황이 연출된 일종의 일링크스적인 상황 전개 방식을 보인다. 이러한 놀이성은 경쟁적 인물관계에서 비롯된다.

「떡」에서 가난한 게으름뱅이 아버지 '덕희'와 겨우 일곱 살 난 계집애 '옥이' 사이의 경쟁적 관계는 작품 속에서 시종일관 유지된다. '덕희'는 식구라고는 아내와 '옥이'밖에 없으면서도 '그 놈의 계집애나 죽어버렸으면!'하는 탄식을 한다. 두 인물의 갈등 관계는 눈이 쌓이고 나뭇값이 부쩍 오르면서 '덕희'가 나무하러 나가면서는 '죽'을 매개로 심화된다. 일방적으로 매를 맞던 옥이가 '망할 새끼, 저만 처먹으려고, 얼른 죽어버려라 염병을 할 자식.'하면서 모진 욕을 마음에 품으면서 긴장감이 고조된다. '죽'은 '생존 수단'이다. 하나밖에 없는 굶주림에 울고 있는 딸에 대한 아버지 '덕희'의 모진 행위나 그 아버지의 행위에 대해 일곱 살 난 딸 '옥이'가 갖는 사고는 정상적이라고 하기 어렵다. 그렇지만 작품 속 상황에서 '죽'이 갖는 상징성에 주목한다면 두 인물의 비정상적 경쟁 관계가 지극히 일상적이고 정상적인 것으로 이해된다. '죽'조차 먹을 수 없는 절대 빈곤의 현실이 만들어낸 그로테스크한 세계관인 것이다.

뿐만 아니라 작품 마지막 부분에서 '덕희'가 '옥이'에 대해 '고년 고래싸. 웬 떡을 배가 터지도록 처먹었담, 하고 입을 삐죽대는 그 낯짝에 시기와 증오가 역력히 나타난다'하는 대목에서도 '떡'을 매개로 두 인물의 경쟁 관계가 확인된다. 그러나 '떡'으로 인해 '옥이'가 처한 극한 상황은 '그와 동시에 푸드득 하고 포대기 속으로 똥을 깔겼다'에서와 같이 예상치 못한 결말로 마무리된다. 이도 역시 김유정 문학이 갖는 '그로테스크한 상상력을 통한 놀이성'을 보여주는 결말이다.

작품 전반에 김유정의 토속적이고 해학적인 문체가 고스란히 드러난다. 아버지인 '덕희'와 딸인 '옥이'가 서로에게 또는 상대방을 대상으로 하는 혼잣말에는 아버지와 사랑스런 딸 사이에 설정하기 어려워 보이는 비속어나 표현들이 들어 있다. 가족이기에 사랑하지만, 사랑하면서도 먹고 살기 어려워서 '죽 한 순갈'을 놓고 다투어야 하는 비극적 현실에 대한 해학적 처리라고 생각된다. 또한 아버지를 대상으로 하는 '옥이'의 내면이 표현된 '망할 새끼 저만 처먹으려고 얼른 죽어버려라 염병할 자식—'등의 표현은 앞의 서술자의 특징과 관련지어 해석해야만 이해할 수 있는 상황이다.

또한 사투리나 비속어 등 구어체의 사용은 작중 인물의 개성을 살릴 뿐만 아니라 당대 사회 현실과 민중들의 애환을 객관적인 거리에서 조명한다.[8] 먹을 것을 두고 아버지와 딸 사이에서 오고가는 비속어에서 독자는 웃음을 유발하고 두 인물 간 갈등 관계를 확인하게 된다.

다음은 '덕희'에 대한 작품 속 정보이다.

'동리에서 제일 가난하고 그리고 게으르기가 곰 같다'는 인물이 바로 옥

8 김원희, 「다성적 경향과 서정성의 조율」, 『현대소설연구』 34, 한국 현대소설학회, 2007, 41~56면.

이의 아버지 '덕희'다.

'내가 누구라구 지금은 발뙈기 하나 붙일 것 없어도 이래뵈도 한때는 다아 하고 펄적 뛰고는 지난날 소작인으로써 땅팔 수 있었던 그 행복을 다시 맛보려는 듯 우두커니 쳐다본다.'

'그 집도 제 것이 아니요 개똥네 집이다.'

김유정의 작품들은 일제에 의해 진행된 수탈 과정 속에 놓여 있는 인물을 다루고 있다. 김유정의 인물들은 자신의 농토를 경작하는 자영농이 아니라 지주에 예속되어 있는 소작농이다. 이들은 본디부터 소작농의 신분이 아니라 자영농의 신분에서 소작농으로 전락했다는 특징을 지니며 이 점이 김유정 소설의 기본적인 갈등 항목이 되고 있다.[9]

김유정은 지주와 소작인이 양극화 된 사회구조 속에서 소작인 또는 이농민으로 전락한 농민계층의 분해 과정을 사실적으로 묘파해 낸다. 특히 이 과정에서 아버지중심사회의 잔재적 권위가 여성의 상품화, 가족의 물신화를 촉진하는 과정을 정확히 폭로한다.[10]

이 작품에는 자세한 시대적 배경이나 덕희네가 왜 가난하게 살게 되었는지는 자세히 밝혀져 있지 않다. 그러나 '덕희'가 전에는 살만 했었다는 것을 앞부분에서 언급하고 있다. 너무 배가 고파서 죽기로 먹는 '옥이'를 보면서, 아마도 '덕희'도 마찬가지였을 거라는 '나'의 서술을 통해서 당시 민중들의 삶이 얼마만큼이나 먹고 살기가 힘든 피폐한 현실이었는지 알 수 있다. 자식이 아무리 사랑스러워도 먹이지 못하고 그래서 아귀다툼을 해야 하는 부녀간의 관계는 당대 민중의 삶을 가장 잘 보여주는 설정이라고 할 수 있다.

9 박세헌, 앞의 책, 49면.

10 위의 책, 176면.

3. 나오며

「떡」은 1935년 김유정이 27세 되던 해 『중앙』 6월호에 발표된 작품이다. 이 해 봄에 김유정은 의사로부터 가을을 넘기기 어려우리라는 진단을 받았다. 이 때는 김유정이 『조선일보』 신춘문예에 「소낙비」가 1등으로 당선되고, 『조선중앙일보』 신춘문예에 「노다지」가 가작으로 입선하는 등 김유정의 문학적 재능이 세상에 널리 알려진 때이다.

김유정의 단편 소설에 대한 심도 있는 이해를 위한 연구는 지속적으로 이루어지고 있으며, 몇몇 작품에 대해서는 다양한 매체로의 장르적 변용을 거치면서 끊임없는 관심과 사랑을 받고 있다. 그럼에도 불구하고 단편소설 「떡」에 대한 작품 분석이나 연구는 비교적 많지 않은데, 그 이유로 시점의 문제를 들 수 있을 것이다.

본고에서는 지금까지 김유정 문학 작품에 대한 이론적 연구 및 작품 분석의 성과를 바탕으로 「떡」에 나타난 담화 상황에서 서술상의 특징을 분석하고, 김유정 문학의 정수라고 할 수 있는 해학적 문체와 작가의 현실 인식을 고찰해 보았다.

「떡」의 담화 상황을 고려해 볼 때, 일인칭 서술자는 판소리나 전통극적 요소를 반영한 제한적으로 전지성을 가진 서술자로 이해할 수 있다. 이는 소설 장르의 담화적 문체를 형성하여 독자로 하여금 작중 상황에 공감하고 반응하도록 하는 효과를 지니며, 판소리나 전통극에서의 해학이나 풍자적 기법을 수용함으로써 해학적 문체 형성에 관여한다.

또한 김유정 소설의 가장 큰 특징이라고 할 수 있는 해학적 문체는 등장 인물 간의 경쟁 관계로 빚어지는 폭력성과 동전의 양면과도 같은 연민을 드러내는 효과를 갖는다. 일제 강점기 하의 소외된 인물들의 토속적이고 해학적인 담화 상황을 통해 당대 민중의 삶의 모습을 어떻게 인식하고 있었는가를 보여준다.

: 참고문헌 :

김원희, 「다성적 경향과 서정성의 조율」, 『현대소설연구』 34, 2007.
김유정, 『김유정 전집』 1 · 2, 가람기획, 2003.
김유정학회 편, 『김유정의 귀환』, 소명출판, 2012.
박세현, 『김유정의 소설세계』, 국학자료원, 1998.
우한용, 「소설 문체론의 방법 탐구를 위한 물음들」, 『현대소설연구』 33, 2007.
유인순, 『김유정을 찾아서』, 솔과학, 2003.

제2부

김유정과 교과서

국어 교과서에 실린 1920~30년대 소설의 언어 표현 문제

왕문용

1. 서론

문학은 언어를 매개체로 한 예술이다. 표현 언어가 달라지면 그 작품의 감상 내용도 이에 따라 달라진다. 문학의 연구와 감상의 시작은 텍스트의 확정에서 비롯된다. 문학 작품의 올바른 감상은 그 작품의 언어를 정확히 해독하는 일에서 시작해야 하기 때문이다.

작가가 언어 표현에 얼마나 신경을 쓰고 있는가는 주변에서 쉽게 확인할 수 있다. 『오에 겐자부로, 작가 자신을 말하다』(문학과지성사, 2012)의 첫 부분에는 이런 내용이 있다.

> 소설이나 에세이는 일단 쓴 것을 계속 고쳐가며 내용이나 문체를 확정지어가는 것이 '나의 소설가로서의 습관'입니다. 그런데 이번 기회를 통하여 이제 소설가로 밖에 존재할 수 없는 나에게 자유롭게 말을 시켜보고 싶은

마음이 생깁니다.(16면)

이어지는 '어린 시절 발견한 언어의 세계'에서도 언어에 대한 성찰을 중요한 내용으로 다루고 있고 소설을 쓰는 것도 단어의 구사에서 시작함을 밝히고 있다.

> 대학에서 불문과로 진학하고 얼마 지나지 않아 프랑스어에는 말하기 언어와 이야기 언어, 그리고 문장 언어가 각기 다르다는 것을 배웠습니다. 내가 태어났을 무렵인 1930년대 중반부터 활약하기 시작한 루이베르디낭 셀린이라는 작가가 있는데 그가 이야기 언어에 가까운 문체를 프랑스 문학에 도입했다고 하더군요. (…중략…) 그때 이런 생각을 했습니다. 일본어에서는 말하기 언어와 글쓰기 언어가 그렇게까지 확연하게 구분되어 있지 않다고.(19면)
>
> 프랑스 소설을 읽다보면 우선 단어 구사의 재미 같은 것에 자극을 받아 소설이 쓰고 싶어집니다. 예를 들면 피에르가스카르의 단편에서 '매우 웅대한 공감'이라는 표현을 와타나베 가스오 선생님이 하신 번역을 읽다가 발견했습니다. 그러면 곧 바로 원문을 확인해 보지요. 전쟁이 시작된 날 어둠 속에서 말을 지키던 청년이 웅대한 바스트vast한 공생감을 느낀다는 실로 적절한 어절을 읽고는 다시금 청년의 공생감을 실감합니다. 그 시점부터 나에게도 비슷한 이미지가 전개되기 시작합니다.(77면)

이렇게 작가들은 언어나 문체 등 언어 표현에 세심히 주의를 기울여 언어 예술인 작품을 집필하게 되는 것이다. 국어교과서에는 많은 문학 작품이 실리게 되고 이 작품은 고전 , 근대, 현대에 걸친 작품들로 채워진다. 교과서의 특성상 문학 작품이 원전 그대로 실리기는 어려운 면이 있다. 특히 20세기 전반의 작품은 한글맞춤법통일안이 만들어지던 시기의 작품이므로 표기법이 다르고 세로쓰기를 하고 있으며 그에 따라 구두점도 다르다. 또한 비속어의 사용이나 서술 내용이 교육적으로 문제되는 부분이 있을 수도 있다. 이런 작품을 수용자인 학생을 고려하여 교과서에 수록하기 때문에 독자의 수준에 맞게 손질하는 경우가 많다.

이 경우 어느 정도로 어떻게 언어 표현을 바꿀 수 있는지에 대한 연구는 텍스트 확정이라는 측면에서 매우 필요한 연구라 생각한다.

이런 연구는 문학에서도 접근할 수 있고 국어학에서도 접근할 수 있는 '문학과 언어'의 영역에 해당된다. 문학과 언어의 영역이 겹치면서 오히려 이런 연구는 소홀해진 감이 있다. 국어학 연구자의 경우는 본질적인 언어 문제가 아니므로 연구를 기피하게 되고 문학 연구자의 경우는 언어의 문제이므로 심각하게 다루지 않는 것 같다. 그러다 보니 교과서 편찬에서 문학 작품의 언어가 신중하지 못하게 처리되어 이유없이 원전과 거리가 멀어지고 이상하게 변질되는 경우도 생기게 된다.

이런 현실에 대한 점검과 반성의 토대를 마련하기 위하여 문학 작품의 언어 변이 문제를 탐구하여 볼 필요가 있다. 문학 작품에서의 언어 문제를 검토하기 위하여 우리는 교과서에 자주 실리는 1920~30년대 소설 작품 중에서 몇 편을 대상으로 하여 언어 표현의 변이 문제를 살피기로 한다.

본고의 연구 목적은 단순하다. 문학은 언어의 예술이라고 하면서 문학 작품의 원전에 별로 구애 받지 않는 태도에 대한 성찰이 지금쯤은 필요하기 때문에 그 기초 연구로서 교과서에 실린 문학 작품의 언어 현실을 파악할 필요가 있다. 교과서 문학작품의 언어가 원전과 얼마나 달라졌는지 밝혀져야 그것을 바탕으로 하여 언어 표현의 변이 문제를 논의할 수 있을 것이다.

본고에서 분석 대상으로 선정한 작품은 다음과 같다. 교과서는 7차

교육과정 시기의 교과서로 그 초판본을 대상으로 하였다. 현재 교육현장에서 사용하는 교과서는 검인정 교과서로 여러 종류가 있어서, 현실적인 측면에서 본고에서 다루지 않았지만 교과서 편찬의 관례로 보아 비슷한 현상이 나타났으리라 생각한다.

고등학교 국어 교과서

상 : 김유정 「봄봄」－저본 「봄봄」(『조광』, 1935.12)

중학교 교과서

국어 2-1, 3-1 : 김유정 「동백꽃」－저본 「동백꽃」(『조광』, 1936.5)

국어 2-1 : 주요섭 「사랑 손님과 어머니」－저본 「사랑손님과 어머니」(『조광』, 1935.11)

국어 3-1 : 현진건 「운수 좋은 날」－저본 「운수 좋은 날」(『개벽』 48호, 1924.6)

2. 「봄봄」

김유정의 「봄봄」(『조광』, 1935)이 발표될 때의 표기는 지금과 많이 달랐다. 따라서 맞춤법의 차이에 의한 표기의 차이가 많이 나타난다. 이를 제외하고 원전의 언어 문제와 관련하여 논의될 수 있는 부분을 중심으로 달라진 언어의 모습을 보이면 다음과 같다. 원전과 언어 표현이

다르게 된 과정을 추적하지는 못하였고 원전과 교과서에 실린 언어 표현의 차이를 대조하여 기술하기로 한다.[1]

원전의 방언이 표준어로 대부분 바뀌었다. (1)과 같은 예가 그것인데 이런 예는 매우 많다. 김유정의 원전에는 많은 방언이 반영되어 있다. 방언에는 방언 고유의 의미가 있어 함축적의미가 많이 달라진 면이 있다.

(1) ㄱ. 장인님의 아랫배를 불리기 위하야 **심으곤**(봄봄, 원)
장인님의 배를 불리기 위하여 **심곤**(교, 108면)
ㄴ. **젤** 맛 좋고 **이쁘니까** 말이다.(원)
제일 맛 좋고 **예쁘니까** 말이다.(교, 113면)
ㄷ. 괜스리 골을 **낼라구** 든다(원)
괜스리 골을 **내려고** 든다(교, 117면)

별 이유 없이 단어가 교체된 내용은 (2), (3)과 같다. 교체의 교육적인 이유도 불분명하고 그 이유를 알기 어려운 변이이다.

(2) ㄱ. 움물길에서 **어쩌다** 맞우칠 적이면(원)
우물길에서 **언제나** 마주칠 적이면(교, 107면)
ㄴ. **한창** 바쁜 때인데 나 일 안 하고(원)
한참 바쁜 때인데 나 일 안 하고(교, 110면)
(한창－왕성하게, 한참－한 동안)
ㄷ. 그러나 이 **말**에는 별반 신통한 귀정을 얻지 못하고(원)
그러나 이 **밖**에는 별반 신통한 귀정을 얻지 못하고(교, 118면)

1 교과서와 원전의 언어의 차이의 대부분은 교과서가 『김유정 전집』(현대문학사, 1968)을 저본으로 하였기 때문에 발생한 현상으로 이해된다.

ㄹ. 이름이 났지마는 열 네 놈이란 참 너무 많다.(원)

이름이 났지마는 열 놈이란 참 너무 많다.(교, 120면)

(3) ㄱ. 어째 볼 수 없이 고만 벙벙하고 만다.(원)

어째 볼 수 없이 고만 빙빙하고 만다.(교, 106면)

ㄴ. 구장님한테로 단판 가자고 소맷자락을 내끌었다.(원)

구장님한테로 판단 가자고 소맷자락을 내끌었다.(교, 112면)

ㄷ. 풀밭에다 깨빡을 처서(원)

풀밭에 깨빡을 쳐서(교, 113면)

ㄹ. 일상 말조짐을 받아 오면서(원)

일상 당조짐을 받아 오면서(교, 117면)

ㅁ. 나이 찼으니까 아들이 급하다는 게(원)

나이 찼으니 아들이 급하다는 게(교, 118면)

ㅂ. 남의 농사를 버려 주니 죄가 얼마나 더 중한가(원)

남의 농사를 버려두니 죄가 얼마나 더 중한가(교, 119면)

ㅅ. 나는 건으로 엉엉하며(원)

나는 겉으로 엉엉하며(교, 121면)

ㅇ. 아까부터 벽 뒤 울타리 구멍으로(원)

아까부터 벽 뒤 울타리 구멍으로(교, 123면)

(벅은 강원도 정선, 평창, 영월 방언으로 부엌이라는 의미임)

ㅈ. 사뭇 나려 조졌다(원)

사뭇 내려 조겼다(교, 126면)

(조기다는 사전에 없음)

소소한 변이도 있지만 의미가 많이 바뀌게 되었고 (3ㅇ)의 경우는

'부엌'이 '벽'으로 바뀔 수 있는 것인지 모르겠다.

의성어, 의태어가 바뀐 부분이 있는데 (4)와 같다. 의태어가 자연스럽지만 의성어로 표현한 원전의 내용도 익살스럽다.

(4) 아랫배를 툭 내밀고(원)
　　아랫배를 쑥 내밀고(교, 119면)

일부의 단어가 삭제되어 문장의 의미에 변화를 가져오는 예는 (5)와 같다.

(5) ㄱ. 내가 아니라 장차 내 안해가 될 점순이의 키 말이다.(원)
　　　내가 아니라 내 안해가 될 점순이의 키 말이다.(교, 106면)
　ㄴ. 이 바람에 장인님 집 빈 외양간에는(원)
　　　이 바람에 장인님 집 외양간에는(교, 109면)
　ㄷ. 조걸 데리구 무슨 혼인을 한다구 그러니 원(원)
　　　조걸 무슨 혼인을 한다구 그러니 원(교, 111면)
　ㄹ. 몸살(을 아직 모르지만 병)이 날려구 그러는지(원)
　　　몸살(몸살을 아직 모르지만)이 날려구 그러는지(교, 112면)
　ㅁ. 그릇을 와서 챙기는데 그런데 난 깜짝 놀라지 않었느냐(원)
　　　그릇을 와서 챙기는데 난 깜짝 놀라지 않았느냐(교, 115면)
　ㅂ. 사실 장모님은 점순이보다도 귓배기 하나가 적다.(원)
　　　사실 장모님은 점순이보다도 귓배기가 작다.(교, 118면)
　ㅅ. 하고 내 귀를 뒤로 잡아댕기며(원)
　　　하고 귀를 뒤로 잡아댕기며(교, 125면)
　ㅇ. '봐라 봐, 봐!(원)
　　　'봐라 봐.'(교, 125면)

어미가 바뀌어 달라진 문장은 (6), 문장의 구조가 완전히 바뀐 것은 (7), 담화가 바뀐 것은 (8)과 같다. 모두 의미의 차이를 가져오는 바뀜이다. (8)에서 괄호 안에 있는 내용이 교과서에는 빠졌다.

(6) ㄱ. 밥을 잔뜩 먹고 딱딱한 배가(원)

밥을 잔뜩 먹어 딱딱한 배가(교, 123면)

ㄴ. 점순이가 먹고 좀 큰다면 모르지만 그렇지도 못할 걸(원)

점순이가 먹고 좀 큰다면 모르지만 그렇지도 못한 걸(교, 108면)

(7) ㄱ. 쩔 맸다. 그렇다 얼굴을 드니(원)

쩔 맸다. 그러나 얼굴을 드니(교, 124면)

ㄴ. 작인이 닭마리나 좀 보내지 않는다든가(원)

장인에게 닭마리나 좀 보내지 않는다든가(교, 109면)

ㄷ. 내 허리를 마치 돌 떠 넘기듯(원)

내 허리를 마치 들떠 넘기듯(교, 123면)

ㄹ. 이까진 놈의 장인님 나곤 아무것도 안 되니까(원)

이까진 놈의 장인님하곤 아무것도 안 되니까(교, 123면)

ㅁ. 말한마디 톡톡이 못한다고 바보라는데(원)

말 한마디 톡톡이 못한다고 바라보는데(교, 123면)

(8) 떼밀어 굴려 버렸다. (조금 있다가 장인님이 씩씩하고 한번 해 볼려고 기어오르는 걸 얼른 또 떼밀어 굴려 버렸다. 기어오르면 굴리고 굴리면 기어오르고 이러길 한 너덧 번을 하며 그럴적마다) 부려만 먹구……(교, 124면)

이렇게 언어 표현이 바뀌면 그 의미는 그에 따라 다르게 된다. (7ㄴ)의 '작인'과 '장인'은 전혀 의미가 다른 말이다.

3. 「동백꽃」

김유정의 「동백꽃」은 1936년 '朝光'에 발표된 작품이다. 중학교 국어 교과서에는 2-1에 그 일부가 실리고 3-1에도 역시 일부가 실렸다. 맞춤법이 많이 다르므로 이에 따라 '놋는다 → 놓는다, 터임으로 → 터이므로'처럼 표기가 바뀌었다. 이런 부분을 제외하고 학년별로 바뀐 언어를 살피기로 한다.

우선 2학년 국어 교과서에 나타난 방언의 교체 중에서 몇몇을 들면 (9)와 같다. 첫 페이지에 나오는 일부를 예시한다.

(9) ㄱ. 틈틈이 **즈집** 수탉을(동백꽃, 원)
   틈틈이 **제집** 수탉을(교, 253면)
 ㄴ. 어뜬 때에는(원)
   어떤 때에는(교, 253면)
 ㄷ. 꼬여 내다가(원)
   꾀어 내다가(교, 253면)
 ㄹ. 배채를 **채리지**(원)
   배차를 **차리지**(교, 253면)

(9)은 첫 페이지에 나오는 예로 이 뒤로 대부분의 방언이 '디려밀고 → 들이밀고, 구녁 → 구멍, 호들기 → 호드기, 아층 → 아침'처럼 바뀌었다. (10)과 같은 의성어, 의태어의 교체도 눈에 띈다.

(10) ㄱ. 그러면서도 날개쭉지만 **푸드득 푸드득**하고 올라 뛰고 뛰고 할 뿐

으로 제법 한번 쪼아 보도 못한다.(원)

그러면서도 날갯죽지만 푸드덕 푸드덕하고 올라뛰고 뛰고 할 뿐 으로 제법 한번 쪼아 보지도 못한다.(교, 256면)

ㄴ. 노란 동백꽃 속으로 폭 파묻혀 버렸다.(원)

노란 동백꽃 속으로 푹 파묻혀 버렸다(교, 257면)

(10ㄱ)의 교체는 방언과 관련이 있지만 (ㄴ)의 교체는 이유가 명확하지 않다.

문장의 교체는 (11)와 같이 구조가 다른 문장으로 바뀌었다.

(11) ㄱ. 염녀는스러우나 그렇다고 산으로 나무를 하러 가지 않을 수도(원)

염려가 되었지만 그렇다고 산으로 나무를 하러 가지 않을 수도 (교, 255면)

ㄴ. 무안도스럽고 또 한편 일을 저질렀으니(원)

무안하기도 하고 또 한편 일을 저질렀으니(교, 256면)

3-1 국어 교과서에 실린 부분도 맞춤법과 표준어를 고려하여 손질한 것은 마찬가지이다. '푸드득, 후려쌔리다(후려때리다)' 같은 많은 방언이 바뀌었다. 이 이외에 언어의 변화를 살피기로 한다.

단어가 교체된 곳이 있다. (12)에서는 조사, 의태어가 바뀌어서 의미가 달라졌다.

(12) ㄱ. 붉은 선혈은 뚝뚝 떨어진다.(원)

붉은 선혈이 뚝뚝 떨어진다(교, 258면)

ㄴ. 할금할금 돌아보드니(원)

할끔할끔 돌아보더니(교, 259면)

ㄷ. 네 보란드키(원)

너 보란 듯이(교, 261면)

문장성분이 삭제된 곳도 있는데 (13)에서 '그'가 삭제된 것이 그 예이다.

(13) 눈물을 흘리고 간 그 담날 저녁나절 이었다.(원)

눈물을 흘리고 간 담날 저녁나절 이었다(교, 261면)

문학 작품에서 방언이야말로 그 작품의 배경을 드러내 주고 인물의 성격을 드러내 주는 요소이다. 닭이 '푸드득 푸드득'하는 것은 토종닭이지만 '푸드덕 푸드덕' 하는 것은 외래종인 듯한 느낌을 준다.

4. 「사랑손님과 어머니」

주요섭의 「사랑손님과 어머니」는 1935년 『조광』 1호에 발표된 작품이다. 다른 작품과 마찬가지로 맞춤법의 표기에 맞게 표기나 구두점이 바뀌고 방언도 표준어로 교체되었다.

이러한 교체 이외에 이 작품은 다른 작품과는 달리 담화 수준에서 많은 변화가 있어 작가 자신이 수정한 것인지 편찬자가 손질한 것인지 그 과정이 궁금하다.

분명한 이유가 없는 단어의 교체를 일부 보이면 (14)와 같다. 이러한 교체에 의하여 의미가 달라지는데 바뀐 이유가 불명확하다.

(14) ㄱ. 금년 나이 스물 세 살인데 과부랍니다.(사랑손님과 어머니, 원)
금년 나이 스물 네 살인데 과부랍니다(교, 221면)
ㄴ. 바로 이집은 우리 외할머니댁 뒷집이지오.(원)
바로 이집은 외할머니댁 옆집이지요(교, 221면)
ㄷ. 또 가끔 사탕도 주구요.(원)
또 가끔 과자도 주고요(교, 224면)
ㄹ. 아저씨 상심부럼을 꼭 외삼춘이 하니까(원)
아저씨 잔심부름을 꼭 외삼촌이 하게 되니까(교, 225면)
ㅁ. 무엇에 놀란 사람처럼(원)
몹시 놀란 사람처럼(교, 234면)

교체의 일관성에서 문제가 되는 부분도 있다. 높임법의 교체가 (15ㄱ)과 (15ㄴ)이 반대로 바뀌었다.

(15) ㄱ. 갑자기 죽었대요(원)
갑자기 돌아가셨대요(교, 221면)
ㄴ. 그런 아버지를 뵙지도 못한 것은 참으로 분한 일이야요(원)
그런 아버지를 보지도 못한 것은 참으로 분한 일이에요(교, 221면)

편찬 수준의 많은 변화가 있었다는 점은 소설의 첫 부분을 비교해 보아도 곧 들어난다. (16)의 고딕으로 활자화된 부분을 대조하여 보면 원전과 전혀 다름을 알 수 있다.

(16) 내 이름은 박옥히구요. 우리집 식구라구는 세상에서 제일 이뿐 우리 어머니와 나와 단 두 식구뿐이랍니다. 아차 큰일 날뻔 햇군!(원)

내 이름은 박옥희이고요. 우리집 식구라고는 세상에서 제일 예쁜 우리 어머니와 나, 이렇게 단 두 식구뿐이랍니다. 아차 큰일났군!(교, 221면)

(17)도 마찬가지인데 (17ㄱ)의 고딕 부분은 원전에 없던 내용이 교과서에서 추가된 부분이고 (ㄴ)의 고딕 부분은 원전의 내용이 교과서에서 삭제된 부분이다. (ㄴ)에서는 시간을 나타내는 단어도 '삼십 분→ 이십 분'으로 바뀌었다.

(17) ㄱ. 사랑에서 큰 외삼춘이(우리집 사랑에 와 있는 외삼춘의 형님) 웬 한 낯선 사람 하나와 앉어 이야기를 하고 있습니다. 나를 보더니 '옥히야' 하고 부르겠지요. '옥히야 이리 온. 와서 이 아저씨께 인사들여라'

나는 부끄러워서 비실비실하니까 그 낯선 손님이

"아 그 애기 참 곱다. 자네 족하딸인가?"

"응 내 누이의 딸…… 경선군의 유복녀 외딸일세."

"옥히 이리 온, 응! 그 눈은 꼭 정아버지를 달멋네그려." 하고 낯선 손님이 말합디다.(원)

사랑에서 큰외삼촌이(우리집 사랑에 와 있는 외삼촌의 형님 말이에요) 웬 한 낯선 사람 하나와 앉아서 이야기를 하고 있었습니다. 큰외삼촌이 나를 보더니 "옥희야" 하고 부르겠지요.

"옥희야 이리 온. 와서 이 아저씨께 인사드려라."

나는 어째 부끄러워서 비슬비슬하니까 그 낯선 손님이

"아 그 애기 참 곱다. 자네 조카딸인가?"
하고 큰외삼촌더러 묻겠지요. 그러니까 큰외삼촌은
"응 내 누이의 딸……. 경선 군의 유복녀 외딸일세."
하고 대답합니다.(교, 223면)

ㄴ. 한참을 있더니 집에서는 윈통 야단이 났습니다. 어머니 목소리도 들리고 외할머니 목소리도 들리고 외삼촌 목소리도 들리고!
"글세 하루종일 집이라군 안 떠났다가 옥히 유치원에서 오문 멕일 과자가 없기 어머님댁에 잠간 갔다가 왔는데 고동안에 이런 변이 생기다니" 하는 것은 어머니 목소리
"글세 유치원에선 벌써 삼십분 전에 떠났다는데 원 중간에서…."
하는 것은 외할머니 목소리.(원)

한참을 있더니 집에서는 온통 야단이 났습니다. 어머니 목소리도 들리고 외할머니 목소리도 들리고 외삼촌 목소리도 들리고!
"글쎄 유치원에서 벌써 이십분 전에 떠났다는데 원 중간에서…."
하는 것은 외할머니 목소리.(교, 232면)

이렇게 담화 단위로 몇 개의 문장이 빠지거나 더 들어간 곳이 많다. 이런 와중에 중요한 언어 자료도 많이 바뀌게 된다. (18)가 그 예이다.

(18) ㄱ. 아저씨 아직 우리 어머니 못 만나 보았수(원)
아저씨 입때 우리 엄마 못 봤어요?(교, 227면)
ㄴ. 요 저구리 누가 해 주디?(원)
요 저고리 누가 해 주지?(교, 227면)

ㄷ. 아저씨가 숭보시지(원)

흉보시지 않니?(교, 228면)

(18ㄱ)은 높임법의 변천에서 중요한 자료가 되는 내용으로 '하오'체가 나이 많은 사람에게 사용할 수 있었음을 보이는 예이고 (ㄴ)의 '주디'는 '주더냐'의 뜻으로 교과서와는 전혀 다른 의미로 바뀌었다. (ㄷ)의 의문문은 바뀔 이유가 없다.

이 소설은 일일이 언어 자료를 대조할 필요가 없을 정도로 원전과는 판이한 부분이 많다.

5. 「운수 좋은날」

현진건의 「운수 좋은 날」(『개벽』 48호, 1924)은 발표될 때의 표기가 한글 맞춤법통일안(1933)이 제정되기 이전이라 지금과 많이 달랐다. 따라서 '압집 → 앞집' 같은 맞춤법의 차이에 의한 표기의 차이가 많이 나타난다. 원전에는 'ᄭᅳ을고(끌고)'와 같은 자음군 표기도 보인다. 이를 제외하고 원전 문제와 관련하여 논의될 수 있는 부분을 중심으로 달라진 언어의 모습을 논의하기로 한다. 이곳에서는 1924년에 간행된 것을 저본으로 하여 대조 분석한다.[2]

2 교과서에서는 『을유』(1979)로 저본을 밝히고 있다. 대부분의 언어의 차이는 이런 중간 단계에서 비롯되었을 것이다.

역시 방언을 표준어로 고쳤는데 '그보담도 → 그보다도, 안해 → 아내, 조팝 → 조밥, 쌩긴다 → 땡긴다, 잡아다리엇다 → 잡아당기었다, 어대 → 어디' 같은 예가 많다.

(19)와 같은 단어의 교체에 의해서는 의미가 달라진다.

(19) ㄱ. 거의 비는 듯한 눈결을 보내고 잇다가(운수 좋은 날, 원)

거의 비는 듯한 눈길을 보내고 있다가(교, 238면)

ㄴ. 관대한 어린 손님은 이런 말을 남기고 (원)

관대한 어린 손님은 그런 말을 남기고 (교, 242면)

ㄷ. 집이갓가워 갈수록 그의 마음조차 괴상하게 누그러웟다.(원)

집이가까워 올수록 그의 마음은 괴상하게 누그러졌다.(교, 245면)

ㄹ. 불행에 다닥치기 전(원)

불행이 닥치기 전(교, 246면)

ㅁ. 귀를 잡아 치며(원)

귀를 잡아채며(교, 247면)

ㅂ. 밑에서 올라온 몬지내(원)

밑에서 나온 먼지내(교, 252면)

특히 (19ㄹ)의 경우 '다닥치다'는 '서로 마주쳐 닿거나 부딪치다'라는 단어로 국어사전에도 실려 있으며 현진건의 다른 작품에도 사용되고 있다. '어려워도 다닥치면 시우니라(『지새는 안개』, 40).'

비속어 문제는 교육과 관련되는 문제로 '운수 좋은 날'에서는 많은 비속어가 약화되었다. '오라질년 → 그년(239면), 이런오라질년 → 이년(252면)'처럼 바뀌기도 하고 '제할미를 부를 비가 → 이 놈의 비가(243면)'처럼 돌려 표현하기도 하였으며 '오라질놈, 네미를 브틀 이오라질놈,

난장마질넌' 같은 비속어는 삭제하였다.

교과서의 작품은 의성어, 의태어가 많이 바뀌었다.

(20) ㄱ. 숨을 걸으렁걸으렁하얏다(원)

숨을 걸그렁걸그렁하였다(교, 240면)

ㄴ. 실근실근(원)

슬근슬근(교, 244면)

ㄷ. 쑹덕쑹덕 썰어서(원)

숭덩숭덩 썰어서(교, 247면)

ㄹ. 눈물이 걸신걸신한(원)

눈물이 글썽글썽한(교, 250면)

ㅁ. 걸으렁거리는 소리(원)

그르렁거리는 소리(교, 251면)

ㅂ. 이 때에 싹싹 소리가(원)

이 때에 빽빽 소리가(교, 253면)

(20ㄱ), (20ㅁ)의 경우는 같은 원전의 '걸으렁'을 각각 다르게 옮겼으며 (20ㅂ)의 경우는 젖을 빠는 소리이므로 '빽빽'이 더 적절한 듯하다.

다음으로 문장이 바뀐 경우를 살피기로 한다. 우선 (21)과 같이 문장 성분이 달라져 다른 구조의 문장으로 교체된 예가 많다. 분명한 이유가 없는 문장의 바뀜이다.

(21) ㄱ. 눈은 아니 오고 얼다가 만 비가 추적추적 나리는 날이었다.(원)

눈은 아니 오고 얼다가 만 비가 추적추적 내리었다.(교, 238면)

ㄴ. 무슨 병인지는 알 수 업스듸(원)

무슨 병인지는 알 수 없으나(교, 239면)

ㄷ. 모기소리 가치 중얼거리고 숨을 걸으렁걸으렁하얏다(원)

모기소리 같이 중얼거리며 숨을 걸그렁걸그렁하였다(교, 240면)

ㄹ. 오늘은 운수가 괴상하게도 조흐니(원)

오늘 운수가 괴상하게도(교, 244면)—다른 문장

ㅁ. 행운이 꼭 자기를 기다리고 있다고 내기를 해도(원)

행운이 꼭 자기를 기다리고 있다는 내기를 해도(교, 244면)

ㅂ. 그러타고 정거장 인력거군의 등살이 무서우니(원)

그렇지만 정거장 인력거꾼의 등살이 무서워(교, 244면)

ㅇ. 자네도 오늘 재미가 조핫나 버이(원)

자네도 재미가 좋아 보이(교, 246면, 참조 253면 '죽었나 보이')

ㅈ. 웃음소리들은 놉하젓다. 그러나 그 웃음소리들이(원)

웃음소리들은 높아졌다. 그런 그 웃음소리들이(교, 250면)

(21ㅇ)의 경우는 다른 곳에서 '죽엇나 버이 → 죽었나 보이'로 옮겨 일관성 없는 태도를 보이고 있다. 또 어미에 의한 시간표현이나 서법이 바뀐 곳이 많은데 (22)와 같다.

(22) ㄱ. 팔십 전이란 돈이(원)

팔십 전이라는 돈이(교, 238면)

ㄴ. 누가 뺏앗슬 듯이 처박질드니만(원)

누가 빼앗는 듯이 처박질하더니만(교, 239면)

ㄷ. '인력거'하고 부르는 소리가 난다(원)

'인력거'하고 부르는 소리가 났다(교, 240면)

ㄹ. 방학을 리용하야 귀향하랴 함이리라(원)

방학을 이용하여 귀향하려 함이로다.(교, 240면)

ㅁ. 손님을 물색하는 김 첨지(원)

손님을 물색하던 김 첨지(교, 244면)

ㅂ. 얼굴을 어룽어룽 적시인다.(원)

얼굴을 어룽어룽 적시었다(교, 253면)

(23)와 같이 간접인용문을 직접인용문으로 바꾼 이유도 분명하지 않다.

(23) 두 잔을 부으라 하엿다.(원)

두잔을 부어라 하였다.(교, 247면)

6. 결론

국어 교과서에 실린 1920~30년대 소설 작품의 언어는 원전의 언어와 여러 면에서 다르다. 표기, 단어, 문장, 담화 수준에서 많은 차이를 보이고 있다. 표기의 차이는 표기법의 변천에 따라 철자, 구두점, 띄어쓰기 등이 달라지고 이것이 그대로 교과서의 작품에 반영된다. 단어, 문장, 담화 수준의 언어적 차이도 크다.

교과서에 실리는 소설의 원전은 신성하여 고치거나 바꿀 수 없는 것은 아닐 것이다. 교과서의 속성상 학생이라는 신분과 수준을 고려한 교육적인 이유에서 원전을 손질할 수도 있다면 표기법이나 誤脫字의 교정, 비문법적인 문장의 수정, 비속어, 고전 작품의 언어 등은 수용자의 수준에 맞게 손질할 수도 있을 것이다.

그러나 '어쩌다 → 언제나, 한창 → 한참, 열 네놈 → 열 놈' 과 같은 이유가 명백하지 않은 단어의 교체, 방언의 일률적인 표준어로의 교체, 의미가 바뀌는 문장이나 담화의 교체 등은 신중한 언어적 접근이 필요한 부분이다. 초기의 교과서 편찬에서는 표준어가 많이 강조되었지만 요즈음 사회문화적 맥락의 중요성이 소통에서 강조되고 있는 현실에서 보면 방언의 일률적인 표준어로의 교체는 문제가 된다고 생각한다.

문학은 언어로 된 예술이고 텍스트의 확정이 문학 감상이나 연구의 출발이 된다. 따라서 그 언어 표현을 손질하는 데에는 타당한 이유가 있어야 할 것이다. 일단 교과서의 작품은 그 작품을 손질한 사람의 생각이나 판단이 반영되었다고 볼 수밖에 없고 이런 관점에서 반드시 그 고친이나 편찬자를 밝혀야 할 것이다. 그러한 전문가의 판단에 의해서 원전이 책임 있게 손질되어야 한다. 그 경우에도 기본적으로 초간본인 원전의 언어를 존중하는 태도는 유지되어야 하고 최소한의 손질에 머물러야 할 것이다.

본고에서는 원전이 어떠한 중간 과정을 거쳐서 교과서의 작품으로 실리게 되었는지 추적 분석하지는 못하였는데 이것은 문학을 전공하는 연구자들의 추후의 과제로 남기고 문학 연구에서 텍스트의 확정을 중시하는 연구 풍토가 조성되기를 바란다.

: 참고문헌 :

김완진, 『文學과 言語』, 탑출판사, 1979.

______ 외, 『文學과 言語의 만남』, 신구문화사, 1996.

김재곤, 「문학 교과서 수록 소설의 원본 대조 분석」, 강원대 교육대학원 석사논문, 2003.

민현식, 『국어 교육을 위한 응용 국어학 연구』, 서울대 출판부, 2000.

왕문용, 「김유정 소설의 언어」, 『江原文化硏究』 19, 2000.

고교 교과서의 김유정 소설 수용 양상 검토

2011년 개정 16종 검정 국어 교과서를 중심으로

최성윤

1. 서론

2011학년도부터 고등학교 수업에 사용되는 검정 국어 교과서는 모두 16종으로, 현재 대부분의 학생들은 학교가 선정한 한 종류의 교과서로 국어과 학습을 하고 있다. 이전까지 단일 국정 교과서가 전국 고등학교 국어 수업에 보편적으로 쓰이던 것과 달리 교사와 학생들은 다양한 국어 교과서를 접할 수 있게 되었고, 형편에 따라 선택하여 '교수-학습'의 과정을 조직할 수 있게 된 것이다.

문학 영역, 그 중에서도 현대소설의 영역에 초점을 맞추어 본다면 기존의 7차 교육과정 국정 교과서는 8편의 소설[1] 텍스트를 수록하고 있었는데, 16종의 검정 교과서에는 55편의 현대소설 텍스트가 분산 수록되었다. 55개의 텍스트 중 중복되는 작품을 제외하면 42편의 현대소

1 박완서의 「그 여자네 집」, 이문열의 「우리들의 일그러진 영웅」, 김유정의 「봄・봄」, 윤흥길의 「장마」, 염상섭의 「삼대」, 이청준의 「눈길」, 최인훈의 「광장」, 박태원의 「천변풍경」이 그것들이다.

설이 고등학교 국어 교과서에 실린 셈이다.[2] 즉 학생들의 입장에서 보면 학교에서 선정한 교과서를 통해 평균 3~4편의 소설 텍스트를 접하며, 전체적으로는 40여 편의 교과서 수록 소설 작품을 학습 자료로 가지게 되는 것이다. 18종에 이르는 '문학' 교과서 수록 작품을 포함한다면 학생들이 알아야 할 소설 작품의 수는 더욱 늘어난다.

물론 자신의 학교에서 임의로 선정한 교과서의 수록 소설을 익히는 것만으로도 현대소설에 대한 전반적 이해가 가능할 수 있다면 학생들의 부담은 반 정도로 줄어든 것일 수 있으나, 공인된 학습 대상 텍스트가 증가하였다는 것은 여러 모로 장・단점을 파악해 보아야 할 문제다. 짧은 단편이 아닌 이상 작품 전문을 수록하지 못하는 것으로부터 발생하는 난점은 해묵은 논란거리인 데다, 이로부터 파생된 요약정리 위주의 파행적인 '교수–학습' 관행은 대상 텍스트가 증가할수록 고착화할 가능성이 증가한다고 볼 수 있다.[3]

---

2 교과서의 소단원을 이루는 주요 제재 외에 보충・참고자료를 포함하면 16종의 검정 국어 교과서는 총 98편에 이르는 현대소설 텍스트를 수록하고 있으며, 이 중 중복되는 작품을 제외하면 67편의 현대소설 작품이 다루어지고 있음을 알 수 있다(박기범, 「고등학교 국어 교과서의 현대소설 수용 양상에 대한 비판적 검토」, 『청람어문교육』 44호, 2011.12 및 나정희, 「교과서 수록 현대소설 작품의 현황 및 적절성 분석–07개정 교육과정에 따른 고등학교 국어 교과서를 중심으로」, 고려대 석사논문, 2012 참조).

3 공식적인 통계 자료를 제시할 수는 없으나 고등학교에서의 '소설' 수업이 어떤 식으로 진행되고 있는가는 대학 1학년을 대상으로 하는 국어 및 문학 관련 교양 수업에서, 대학 2학년 이상을 대상으로 하는 '현대소설론' 및 '현대소설사' 수업에서 거의 충분할 정도로 파악 가능하다. 학생들의 과제 및 보고서가 보여 주는 스테레오타입은 개선의 여지를 보이지 않고 있으며, 심지어는 중등 교사를 대상으로 한 교육대학원 수업에서도 마찬가지의 결과를 얻은 바 있다. 2009년 2학기 안양대 교육대학원의 '소설론 및 지도방법' 수업에서 다수의 국어교사를 포함한 수강생들은 '작가 소개'–'줄거리'–'이해 및 감상'의 틀을 넘어서는 분석적 과제를 제출하는 데 어려움을 겪었으며, 실제 고등학교 현장에서 현대소설 영역을 '제대로' 수업하는 것은 현실적으로 어렵다고 일관되게 토로하고 있었다. 본 논문 집필 과정에서 봉착하게 되는 문제는 2011년 이후의 검정 교과서를 고등학교 수업 시간에 공부한 학생들을 아직 대학에서 만날 수 없다는 것인데, 개인적인 판단으로는 지도서나 자습서가 제시하는 '요약・정리된 2차 텍스트' 위주의 수업 관행은 현 시점에서 개선되기 어렵다고 본다.

본 논문은 고등학교 교과서가 수록하고 있는 현대소설 텍스트 중 김유정의 작품들을 대상으로 하여 각 교과서의 텍스트 수용 양상과 텍스트 외적 요소의 서술 태도, 학습 목표 및 학습 활동의 설정 양상을 살핀다.[4] 현행 교과서에 수록된 많은 작가의 많은 작품들 중 특별히 김유정과 그의 작품을 선정한 이유는 다음의 몇 가지로 요약할 수 있다.

첫째, 작가 김유정은 현행 검정 교과서 16종 중 4종 이상에서 주요 제재로 다루어진 5명의 작가[5] 중 한 사람이기 때문이다. 검정 교과서 이전에 학생들이 접했던 7차 교육과정의 국정 교과서에도 김유정의 작품이 수록되어 있었던 바, 최근에 혹은 현재 수업을 받고 있는 학생들의 상황을 고려해야 한다면 '고교 국어 시간에서의 현대소설 수업'의 대표성을 확보하기 위해서도 되도록 많은 교과서에 수록된 작가를 선택해야 할 필요성이 있다.

둘째, 위에서 거론한 5명의 작가 중 김유정의 경우는 교과서의 주요 제재로 세 개의 작품이 고루 선정되어 있다는 점이다.[6] 예컨대 5종의 교과서에 수록된 이효석의 텍스트는 「메밀꽃 필 무렵」 하나뿐이지만, 4종의 교과서가 주요 제재로 채택한 김유정의 작품은 「봄 · 봄」[7], 「금 따는 콩밭」[8], 「만무방」[9] 등으로 골고루 나뉘어 수록되었다. 이상 세 편

4 본 논문에 앞서 김동환은 「교과서 속의 이야기꾼, 김유정」, 『김유정의 귀환』, 소명출판, 2012, 35~54면에서 교과서에 수록된 김유정 소설을 정전사적으로 검토했다. 1950~ 1960년대의 '대학 교양 국어' 교과서로부터 1~7차 국정 국어 교과서, 7차 교육과정의 문학 교과서와 2007 개정 교육과정에서의 중학교 국어 교과서까지의 자료를 전반적으로 망라하여 제시했다. 본 논문은 김동환의 선행 업적을 충실히 수용하고 대상 텍스트를 현행 국어 교과서로 한정하여 밀도 있는 분석을 행하려 하였다.

5 이효석, 채만식, 이청준(이상 5종), 김유정, 이태준(이상 4종)이 그들이다.

6 김유정 외에 한 작가의 소설이 4종 이상의 교과서에 세 편 이상 수록된 예는 이태준 밖에 없다. 이태준 작의 수록 작품은 「달밤」, 「꽃나무는 심어 놓고」, 「돌다리」 등 세 편이다.

7 김대행 외의 천재교육 국어 교과서 하권과 이삼형 외의 디딤돌 국어 교과서 상권에 수록되었다. 박갑수 외의 지학사 국어 교과서 상권에는 '작품 더 읽기' 부분에 6페이지 분량이 인용되어 있다.

의 작품은 성격상 명확한 차이점을 내포하고 있는 것들이므로 교사 및 학생의 입장에서 다양한 분석의 관점을 확보할 수 있다.

학생들의 입장에서 중등 교육과정 이하 국어 교과서에 수록된 현대 소설 텍스트는 소설의 본질 및 개념에 대한 포괄적인 이해는 물론이고 한국 현대소설사와 개별 작가 및 작품을 맥락 속에서 인식하는 절대적인 첫 좌표로 작용하게 된다.[10] 그만큼 대상 작품의 선정이나 학습 목표 설정 및 학습 활동 구성의 중요성은 크다고 할 수 있다.

그러나 역시 간과할 수 없는 것은 김유정의 소설 작품이 '현대소설론 과목에서 강의되는 경우'와 차별되는 '고등학교 국어 교과에서 다루어지는 경우'에 대한 온당한 관점의 확보가 필요하다는 점이다. 교사와 교육학 연구자는 언제나 '해당 텍스트를 어떻게 가르칠 것인가'와 '주어진 텍스트를 통해 무엇을 가르칠 것인가' 양자의 조화를 고민하지 않을 수 없다.

김유정과 그의 작품이 고등학교 국어 수업의 현장에서 다루어질 때의 방향성을 살피는 이번의 검토에서 그치지 않고, 적절한 대안을 모색하기 위한 각론적이고 총론적인 고찰의 확산이 여러 가지 경로로 지속되어야 할 것이다.

8 박호영 외의 유웨이중앙교육 국어 교과서 하권에 수록되었다. 이삼형 외의 디딤돌 국어 교과서 하권에는 '학습활동'의 예시문으로 한 단락이 인용되었다.

9 한철우 외의 비상교육 국어 교과서 하권에 수록되었다.

10 고등학교에서의 '문학' 교과가 '화법', '독서', '작문', '문법', '매체 언어' 등과 함께 선택 과목으로 지정된 것을 고려하면 '국어' 과목에서의 '문학' 영역의 중요성은 더욱 부각된다. 즉 '국어' 교과에서 '문학' 영역은 '듣기', '말하기', '읽기', '쓰기', '문법'과 함께 하위 항목을 이루는 것이지만, '문학' 과목을 선택하여 학습하지 않은 고교생에게는 유일무이한 교과서 텍스트이기 때문이다.

2. 김유정 소설의 고교 교과서 수록 현황

2007년 발행 국정 교과서를 포함한 7차 교육과정 고등학교 국어 교과서에 주요 제재로 수록된 김유정의 소설 작품은 「봄・봄」(『조광』, 1935.12), 「만무방」(『조선일보』, 1935.7.7~31), 「금 따는 콩밭」(『개벽』, 1935.3) 세 편이다. 소단원을 이루는 주요 제재가 아닌 보충・참고자료를 포함하면 고등학교 국어 교과서가 다루고 있는 김유정의 소설 작품은 「동백꽃」(『조광』, 1936.5)[11]을 포함하여 네 편으로 늘어난다.[12]

우선 눈에 띄는 것은 「만무방」과 「금 따는 콩밭」이 공식적인 국어 교과서의 주요 제재로 채택된 점이다. 학생들에게 김유정의 대표작으로 익히 알려져 있는 「동백꽃」과 「봄・봄」은 이미 교과서의 지면에서 낯설지 않은 텍스트이지만, 「만무방」과 「금 따는 콩밭」의 경우는 보편적인 중등교육 과정의 학생들에게 어쩌면 생소한 텍스트일 수 있다. 김유정과 그의 소설에 대한 연구가 축적될수록 그 작품세계의 다양성이 강조되는 추세인 것은 사실이지만, 아직도 '전통', '농촌', '토속', '해학' 등으로 요약되는 김유정에 대한 선입견은 엄연히 남아 있다. 그리고 이와 같은 선입견은 중등교육과정 이하의 국어 및 문학 교과서가 초래하고 강화한 측면이 없지 않다.

교과서에서 다루는 김유정의 작품이 늘어난다는 것은 김유정 문학에 대한 고정관념에서 벗어나 전반적이고 균형 잡힌 이해를 가능케 할 수 있다는 점에서 긍정적이다. 또한 기존의 현대소설 및 소설사의 다양한 견해를 포

11 윤희원 외의 금성출판사 국어 교과서 상권, 김병권 외의 더텍스트 국어 교과서 상권에 각각 보충 자료로 활용되고 있다.

12 본 논문에서는 학습 목표 및 학습활동 등 텍스트 내외의 세부 상황을 분석하는 것이 목표이므로 주요 제재로 수록된 세 편의 작품을 중심으로 논의를 진행한다.

함한 연구 성과를 적절히 포섭하려는 노력으로 이해할 수도 있다.[13]

'학습 목표'와 '학습 활동' 등 구체적 분석 대상을 일단 제외하고 7차 교육과정 고등학교 검정 교과서에 나타나는 김유정 소설의 텍스트 수록 현황과 텍스트 바깥의 기술 양상을 표로 정리해 보면 다음과 같다.

〈표 1〉 김유정 소설의 고교 교과서 수록 현황

작품명	수록 교과서	분량[14] 원문 / 수록	전문 / 부분 (페이지수)	줄거리	단원명	비고
봄·봄	디딤돌 상 (이삼형)	61 / 61	전문 (17)	없음	1. 문학, 희망을 열다	작가소개, 어휘 및 구절 풀이 '꼭 알아두기' '더 알아두기'
	천재교육 하 (김대행)	61 / 61	전문 (15)	없음	6. 예술과 비평 1) 느낌 분석하기	작가소개, 어휘 및 구절 풀이
만무방	비상교육 하 (한철우)	123 / 103	부분 (28)	생략 부분	5. 오늘로 이어지는 한국문학	작가소개, 어휘 및 구절 풀이
금 따는 콩밭	유웨이중앙 하 (박호영)	58 / 33	부분 (9)	생략 부분	2. 전통의 향기 2) 전통의 계승과 창조	작가소개, 어휘 및 구절 풀이

위 표에서 보듯 김유정의 세 작품은 모두 단편의 분량을 지니고 있는데, 「봄 · 봄」은 전문이, 「만무방」과 「금 따는 콩밭」은 그 일부분이 수록되어 있다. 「만무방」은 작품 초반의 20매 가량이 생략되어 있고, 「금 따는 콩밭」은 후반부 25매 가량이 생략되어 있다. 두 작품을 다룬 교과서는 전체적인 이해를 돕기 위해 각각 원문에서 생략된 부분의 줄거리를 제시하고 있다.[15]

13 그러나 김유정의 작품 활동 후반기에 집중된 이른바 '도시소설' 류의 텍스트는, 그것이 김유정 문학의 본류인가 아닌가를 따지기에 앞서, 아직까지 교과서에 전혀 반영되고 있지 않음을 확인할 수 있다. 김유정의 소설 중 도시를 배경으로 하는 작품이 전체의 절반에 이른다는 사실은 여러 경로를 통해 이미 알려진 사실이다. 작품 편수를 기계적으로 비교하는 것이 무리라고 해도 소위 '농촌소설'과 비교하여 볼 때 '도시소설' 또한 김유정의 소설 세계에서 무시할 수 없는 비중을 차지한다.

14 200자 원고지로 환산한 분량(작품 원문의 분량 / 교과서 수록 텍스트의 분량).

15 참고로 기존 국정 교과서에 실려 있는 「봄 · 봄」은 '다양한 표현과 이해'라는 단원에 총 22면

작품의 일부분만을 인용하여 수록하거나 축약된 텍스트를 문학 교육에 이용하는 것과 관련된 비판적 견해는 지금까지 꾸준히 제기되어 온 것이지만, 교과서의 지면이 한정되어 있다는 현실적 요인을 인정하지 않을 수는 없는 노릇이다. 그렇다고는 해도 김유정의 위 세 작품의 경우 모두 단편으로 분류되는 작품이고, 특히 「금 따는 콩밭」은 「봄·봄」보다도 짧은 작품인데 절반이 조금 넘는 분량만을 9면 내에 수록한 것은 아쉬움이 남는 대목이다. 또한 「만무방」 텍스트는 해당 교과서의 28면에 걸쳐 수록되어 있는데, 비슷한 편집을 유지하면서 전체 작품을 수용했다면 생략된 부분은 5페이지 가량에 불과한 것을 알 수 있다.

각각의 교과서가 공통적으로 포함하고 있는 참고 사항은 작가 김유정에 대한 간략한 소개, 어휘와 구절에 대한 주석이다. 특히 김유정의 경우 지역색 짙은 방언을 적극적으로 활용한 작가이므로 어휘 수준의 주석은 꼭 필요한 부분이다. 또한 작품 원문을 학생들이 이해하기 쉽도록 현대의 표준어로 수정 표기하는 과정에서 김유정 특유의 입말 효과가 반감되지 않도록 배려하기 위해서도 원문 지향의 표기와 주석이 병행될 수밖에 없었을 것으로 보인다. 사실 김유정의 작품을 원문으로밖에 접할 수 없다면, 이해와 감상을 위한 '해석'이나 '분석' 이전에 선행되어야 할 필수 작업이 '해독'인 것이다.[16]

또 한 가지 위 표에서 주목해야 할 사항은 각 텍스트를 감싸고 있는 대단원 및 중단원의 성격에 차이가 발견된다는 것이다. 김유정에 대한 관성적 수사로 '전통'이나 '해학'이 쓰인다고 할 때 세 작품 중 그에 걸맞

에 걸쳐 전문이 수록되어 있었다.

16 이러한 '해독'의 과정이 수월할 수 있도록 돕는 차원에서 어휘의 현대어 수정이나 '주석'의 필요성은 부인할 수 없을 것이다. 그러나 현행 교과서에 덧붙여져 있는 주석의 정밀성이나 적절성은 별도의 검토가 필요한 문제이다. 물론 김유정 자신이 주석 작업에 참여할 수 없는 이상 완벽한 독해는 애초부터 불가능한 일일지도 모른다.

은 것을 고르라면 「봄 · 봄」이라고 답할 사람이 많을 것 같다. 그런데 「봄 · 봄」이 아닌 「만무방」과 「금 따는 콩밭」이 전통을 계승하거나 창조한 텍스트로 여겨지고, 특히 전통 속의 세부 항목으로 '해학'이 거론되고 있는 것은 특기할 만하다.

3. 김유정 소설 텍스트를 둘러싼 교과서 기술 양상

1) 텍스트 외적 요소의 기술 양상 - '작가 소개'를 중심으로

텍스트 외적 요소로서 각 교과서 본문에 공통적으로 기술되어 있는 항목 중 '작가 소개'가 있다. 다음은 김유정 소설을 텍스트로 삼은 4개 교과서의 '작가 소개' 기술 내용 전문이다.

(1) 김유정(金裕貞, 1908~1937)

소설가. 1935년 소설 「소낙비」가 『조선일보』 신춘문예에, 「노다지」가 『중외일보』에 각각 당선됨으로써 문단에 등단하였다. 「봄 · 봄」, 「금 따는 콩밭」, 「동백꽃」, 「따라지」 등의 소설을 내놓았고 29세에 요절할 때까지 30편에 가까운 작품을 발표했다.[17]

17 이삼형 외, 『고등학교 국어』 상, 디딤돌, 2011, 24면.

(2) 김유정(金裕貞)

1930년대에 활동했던 소설가입니다. 어두운 농촌 현실과 그 속에서 살아가는 농민들의 곤궁한 삶을 해학적인 시각으로 그렸으며, 「소낙비」, 「동백꽃」 등 많은 작품을 남겼습니다.[18]

(3) 김유정(1908~1937)

소설가. 춘천 출생. 농촌과 도시의 토속적인 인간상을 해학적인 필치로 그려 내었다. 주요 작품으로 「봄 · 봄」, 「금 따는 콩밭」, 「동백꽃」 등이 있다.[19]

(4) 김유정(1908~1937)

소설가. 농촌과 도시의 토속적 인간상을 해학적인 필치로 그려 내었다. 작품으로 「봄봄」, 「동백꽃」 등이 있다.[20]

'작가의 한자 이름을 표기하였느냐', '생몰연대를 표기하였느냐'의 차이가 우선 눈에 띄고, 출생지를 표기한 하나의 교과서가 있어 여타 교과서와 차별성을 드러내고 있다. 공통점으로는 주요 작품을 말미에 거론하는 것을 들 수 있다. 여기서 주목하고자 하는 점은 그 이외의 짧은 서술을 어떤 정보로 채우고 있는가 하는 것이다.

(1) 인용문의 경우 등단, 주요 작품, 29세 타계 당시까지의 작품 수 등 비교적 객관적 정보만을 수록하고 있다. 나머지 (2), (3), (4) 인용문은 작가 김유정의 작품세계에 대한 짧은 해석적 지문을 제시하고 있어서 (1) 인용문과 차별된다. '무엇'을 '어떻게' 그렸느냐 하는 식의 서술

18 김대행 외, 『고등학교 국어』 하, 천재교육, 2011, 313면.
19 한철우 외, 『고등학교 국어』 하, 비상교육, 2011, 200면.
20 박호영 외, 『고등학교 국어』 하, 유웨이중앙교육, 2011, 78면.

이다. (2), (3), (4) 3개 인용문이 포함한 김유정 작품세계에 대한 견해의 공통점은 '해학적 시각', '해학적 필치' 등 '어떻게'에 관한 용어로 요약되고 있다. 차이로 드러나는 점은 김유정 작품의 배경이나 소재 등 '무엇'에 관한 부분을 기술하는 데서 드러난다.

(2)에 따르면 김유정의 소설은 대개 "어두운 농촌 현실과 그 속에서 살아가는 농민들의 곤궁한 삶"을 그리고 있으며, (3)과 (4)에 따르면 "농촌과 도시의 토속적인 인간상"을 그린 것이 된다. (2)의 기술은 김유정 소설의 주류를 '농촌 소설'로 인정하는 견해에서 비롯되었다고 할 수 있으며, (3)과 (4)은 김유정 소설 전체의 절반가량을 차지하고 있는 '도시소설'의 존재를 무시하지 않으려는 태도로 볼 수 있다.

각각의 서술이 보여주는 해석적 의도를 부정할 필요는 없을 것이다. 그러나 김유정 소설이 담고 있는 다양한 층위의 성격을 한 문장으로 요약하다 보니 "농촌과 도시의 토속적인 인간상"이라는 생경한 압축 표현이 생겨난 것은 문제 삼을 수 있다. 가령 현재의 기술에서 '도시의'라는 한 어절만 빼면 '농촌의 토속적인 인간상을 해학적 필치로 그려냈다'는 요지의, 기존의 국정 교과서[21]나 (2) 인용문에서 보이는 서술 태도와 전혀 달라질 것이 없다. 김유정에게 '도시 소설'이라는 무시할 수 없는 또 하나의 작품세계가 있음을 제시해야 한다고 판단했다면, (3)이나 (4) 같은 축약 서술로는 의미 전달이 어렵다고 보아야 할 것이다.[22]

---

21 7차 교육과정의 국정 교과서는 김유정의 작품세계를 "주로 해학적 시각으로 어둡고 삭막한 농촌 현실과 그 속에서 살아갈 수밖에 없는 농민들의 곤궁한 삶을 표현하였다"고 요약 서술하고 있다. (2) 인용문의 서술 태도와 거의 일치한다고 볼 수 있다.

22 이는 김유정의 도시를 배경으로 한 작품의 등장인물을 토속적 인간상으로 볼 수 있느냐 아니냐의 기초적 문제가 아니다. 교과서에 실려 있는 작품 자체가 농촌을 배경으로 하고 있고, 그 작품의 인물이 토속적인 인간형이며, 해학적 필치로 기술된 작품이라고 할 때, 위와 같은 서술은 김유정의 도시 소설 또한 교과서에 실린 작품과 비슷한 분위기를 가졌을 것이라고 판단할 개연성이 있다는 점이 문제다.

어쩌면 (1) 인용문에서 볼 수 있는 객관적인 정보만으로의 '작가 소개'가 불필요한 오해를 줄이는 방법을 제시한다고 할 수 있다. 이와 관련하여 주목되는 점은 (1) 인용문을 제시하고 있는 교과서가 작품 본문 수록 지면의 하단에 '꼭 알아두기', '더 알아두기'라는 두 개의 참고 자료를 '「봄·봄」과 해학', '김유정 소설의 현실 인식과 문체'라는 제목으로 각각 배치하고 있는 것이다.

(5) 해학諧謔이란 익살스럽고도 품위가 있는 말이나 행동이다. 여기에서 익살스럽다는 것은 딱딱하게 제도화된 관념에서 벗어나, 있는 그대로의 삶의 모습을 긍정하려는 태도와 관련이 깊다. 그러나 해학은 단순히 감각적이고 자극적이기만 한 우스갯소리와는 다르다. 품위가 있다고 함은 그런 뜻이다. 이 소설 속의 순진한 인물이 웃음을 유발하지만, 그것을 바라보는 우리들 마음속에는 따스한 연민과 너그러움이 들어 있는 것이다.[23]

(6) 민중에 대한 김유정의 인식은 그의 해학적 문체와 앞과 뒤를 이룬다. 그의 민중에 대한 애정은 농민의 전통적 언어 감각으로 향토적 정서를 생생하게 제시함으로써 나타난다. 하지만 소설이 현실을 반영하는 동시에 흥미를 주어야 한다면 그는 해학적 문체로 후자를 얻은 대신 전자는 희생시킨 셈이라 할 것이다. 그리하여 당대 농촌 사회의 계층 간 갈등을 비롯한 현실적 문제들을 진지하게 추구하는 데 소홀했다는 사실은 부정할 수 없다.[24]

작가를 소개하는 짧은 글에서는 부정할 수 없는 혹은 왜곡될 가능성이 적은 객관적 지표만을 제시하고, 소설 세계에 대한 해석적 지문은

23 이삼형 외, 「「봄·봄」과 해학」, 『고등학교 국어』 상, 디딤돌, 2011, 31면.
24 이삼형 외, 「김유정 소설의 현실 인식과 문체」, 위의 책, 35면.

따로 배치하여 수록 텍스트와의 연관 하에 이해하도록 돕는 방법을 사용하고 있다. 물론 (6) 지문의 내용을 김유정 소설 전반에 확대 적용시키는 것이 온당한가의 문제는 별도로 분석해야 할 일이지만, 해당 교과서의 수록 텍스트가 「봄 · 봄」이라는 점을 감안하면 크게 무리가 없다고 판단된다.

2) '학습 목표', '학습 활동' 설정의 양상

앞의 〈표 1〉과 그것을 설명하는 부분에서 김유정의 작품이 각 교과서에 수록될 때 서로 성격이 다른 단원에 배치되어 있음을 제시한 바 있다. 수록 단원의 성격에 따라 학습 목표가 달리 설정되고, 학습 활동이 달리 조직될 것임은 당연하다. 다음 〈표 2〉는 김유정 작품을 주요 제재로 활용한 4종의 교과서가 제시하고 있는 학습 목표와 작품 텍스트 수록 지면 이후 이어지는 학습 활동의 내용을 요약한 것이다.

〈표 2〉 김유정 소설 수록 단원의 학습 목표 및 학습 활동

작품명	수록 교과서	수록 단원	학습 목표	학습 활동
봄·봄	디딤돌 상 (이삼형)	1. 문학, 희망을 열다	1. 작품의 해학이 삶에 주는 긍정적인 효과 생각하기	토속어 정리 / 사건 순서와 서술 순서 정리 / 인물, 사건, 배경 파악 / 호칭 변화에 담긴 화자의 심리적 태도 변화 파악 / 해학적인 요소 파악 / 삶에 주는 긍정적인 가치 파악
	천재교육 하 (김대행)	6. 예술과 비평 1) 느낌 분석하기	1. 인물의 말과 행동이 주는 느낌 파악하기	행동, 생각, 표현에 주목하여 작품을 읽고 갖게 된 느낌 분석 / 인물과 표현 방식, 인물과 사건 전개의 관계 분석 / 비평문의 주제 쓰기
만무방	비상교육 하 (한철우)	5. 오늘로 이어지는 한국문학	1. 한국문학의 해학적 전통 이해하기 2. 근거를 들어 비평문 쓰기	사건의 시간 순서 정리 / 인물의 성격 파악 / 인물들의 현실 대응 방식 찾기 / 제목의 의미, 시대적 배경, 작가의 현실 반영 방식 파악 / 여타 소설과 다른 결말 처리 방식에 대한 비평문 작성
금 따는 콩밭	유웨이중앙 하 (박호영)	2. 전통의 향기 2) 전통의 계승과 창조	1. 우리 문학에 나타난 전통의 계승과 창조의 양상 살피기	작품의 분위기, 사회상, 사투리의 효과 파악 / 인물의 성격 파악 / 인물의 태도 변화 파악 / 인물의 인간상에서 전통 계승 및 창조 추론

먼저 「봄 · 봄」을 수록하고 있는 디딤돌 국어 교과서는 작품을 통해 문학의 효용을 이해하는 것이 단원의 학습 목표이다. 문학이 인간의 삶에 주는 긍정적인 가치에 대해 '해학'이라는 개념어로 접근해 가는 방식이다. 대단원명 자체가 '문학, 희망을 열다'인데, 본문 인용 이전 교과서 지면에서 「봄 · 봄」이라는 작품의 해학이 대립 관계에 의해 촉발되고 심화될 수 있는 갈등을 해소하는 역할을 한다고 설명하고 있다.

이와 같은 학습 목표를 학생들이 성취하기 위해서는 등장인물 간의 관계가 얼마나 첨예한 대립 상황을 내포하고 있는지 이해하는 것이 우선이다. 즉 울어야 할 상황에서 웃게 하거나 웃는 것이 우리 전통 문학이 담고 있는 해학의 본질이라는 교과서의 숨은 뜻[25]을 이해해야 한다. 이러한 점에서 「봄 · 봄」은 불합리한 수직적 계층의 갈등을 상징하는 인물 구도를 포함하고 있고, 그럼에도 불구하고 순진한 인물을 묘사하는 과정에서 작가의 해학적 시각이 전면에 드러나므로 단원의 성격과 적절히 부합한다고 할 것이다.

그런가 하면 같은 작품 「봄 · 봄」을 수록한 김대행 외의 천재교육 교과서는 '예술과 비평'이라는 대단원 속에 소설 텍스트를 인용해 넣고 있다. '인물의 말과 행동이 주는 느낌을 파악'하여 '비평문의 주제'를 도출해 내는 것이 학습 목표와 학습 내용의 주를 이룬다.

교과서는 학습 활동의 '도움말'을 통해 '느낌'이라는 개념을 학생들이 모호하게 수용하지 않을 수 있도록 배려하는 서술을 포함하고 있다. "느낌은 작품을 구성하는 어느 한 요소에서뿐만 아니라 여러 요소

25 "마치 상갓집에서도 떠들썩하게 웃고, 무덤 속에도 웃는 얼굴의 인형을 넣어 두는 것처럼, 웃음으로 눈물을 닦고 갈등을 풀어 주는 것"(이삼형 외, 위의 책, 23면)이라는 설명은 문학 작품에서의 해학이 부정적 상황과 인물이 보여주는 실제 행동 사이의 아이러니로부터 생성되는 것임을 은연중에 제시하고 있다.

들이 결합하여 얻어지는 것이 일반적"[26]이라고 설명하고, 그 요소로서 '행동', '생각', '표현'을 제시하고 있으며, 각 요소들의 결합이 얼마나 유기적이냐에 따라 작품의 가치가 결정되기도 한다는 서술을 덧붙였다.

문제는 학습 목표를 향해 다가가는 학습 활동의 방향이 여러 도움말에 의지한다 해도 여전히 추상적이라는 점이다. "참됨, 착함, 아름다움의 세 기준에 비추어 작품 속의 요소들을 평가하는 분석"[27]이란 무엇을 말하는 것인지, 그것이 작품 「봄 · 봄」의 인물 분석을 통해 어떤 결과로 도출될 수 있을지 이해하기 어렵다. 더불어 '작품 속 인물들의 말과 행동이 우스꽝스럽고 특이하니, 보통의 학생들이라면 어떻게 말하고 행동할지 생각해 보라'는 작품 텍스트 주변의 지침은 재고될 필요가 있다. "점순이의 키를 재고자 할 때, '나'의 생각과 행동이 보통 사람들과는 다르다는 점에서 웃음의 요소를 발견합니다",[28] "생각이 나아가는 방향이 보통의 사람과 어떻게 다른지 견주어 봅니다"[29] 등의 서술이 그렇다.

정상적인 사고를 할 줄 아는 학생들에게 비정상적인 소설 속 인물의 말과 행동을 단순히 평가하게 하는 듯한 소설 수업의 과정은 긍정적으로 보기 어렵다. 소설 속 인물의 성격이란 다양한 유형으로 나타나는 것이지, '특이 / 보통' 혹은 '정상 / 비정상'의 양면성으로 나타나는 것이 아니다. 등장인물이 자신보다 열등한 것을 확인할 때 해학의 효과가 나타나는 것은 사실이지만, 해학적인 작품의 인물을 놓고 학생에게 '나라면 이렇게 했으리라'고 답하게 하는 것은 무의미하다. 학생들이 스스로 질문해야 할 것은 그 인물의 특이한 말과 행동이 지니는 의미이다.

26 김대행 외, 『고등학교 국어』 하, 천재교육, 2011, 314면.
27 위의 책, 314면.
28 위의 책, 298면.
29 위의 책, 303면.

다음으로 「만무방」을 수록하고 있는 한철우 외의 비상교육 교과서를 살펴본다. '오늘로 이어지는 한국문학'이라는 대단원 속에 현대문학 제재로는 유일하게 수록되어 있는 작품이다. '한국문학의 해학적 전통을 이해'하고, '근거를 들어 비평문을 쓰'는 두 가지 학습 목표가 설정되어 있다.

먼저 고려해 보아야 할 것은 「만무방」이라는 소설이 '한국문학의 해학적 전통을 이해'하는 데 적합한 작품인가 하는 점이다. 김유정 소설이 해학적 전통과 유관하며 그의 대표작이 해학적 필치를 극명하게 드러내고 있다는 것을 긍정하는 독자라도 김유정의 소설 작품들 중 굳이 「만무방」을 해학적 전통을 계승한 대표적인 예로 생각하는 사람은 많지 않을 것이다. 오히려 「만무방」은 김유정의 작품들 중 식민지 체제하의 피폐한 현실을 선명히 드러낸 작품으로 손꼽힌다. 물론 「만무방」이라는 작품에서 해학적 요소로 분석될 부분이 전혀 없다는 것은 아니다. 그러나 '해학'이라는 개념을 설명할 수 있는 적절한 작품이 따로 없는 것도 아닌데 굳이 「만무방」과 해학을 의도적으로 연관시켜야 하는지는 의문스럽다. 많은 학생들은 「동백꽃」, 「봄·봄」의 존재를 이미 알고 있고, 그것들이 해학적이라는 인식을 하고 있다. 따라서 학생들은 「만무방」이 그들 작품과 어떤 점에서 같은가를 고민하고 있는 것이라 판단된다.

그런데 교과서는 인용한 소설 텍스트의 주변에 "노름을 하는 인물들의 묘사를 통해 알 수 있는 당시의 농촌 현실은 어떠한가?",[30] "'내 것 내가 먹는다'라는 말에 담긴 의미는 무엇인가?"[31] 등의 질문을 배치하여 학생들로 하여금 작가의 현실 인식과 인물의 현실 대응 방식에 더욱 주

30 한철우 외, 『고등학교 국어』 하, 비상교육, 2011, 219면.

31 위의 책, 226면.

목하게 만든다. 즉 학생들이 제기할 수 있는 '「만무방」은 왜 해학적인가?'의 의문을 해소할 만한 방향의 학습활동이 제시되어 있지 않은 것이다.

'근거를 들어 비평문을 쓰'는 단원의 두 번째 학습 목표를 단독적으로 분석해 본다면 해당 학습 활동과 적절히 어울려 있다고 판단된다. '등장인물이 현실에 대응하는 방식', '작가가 현실을 그려 내는 방식', '농촌 현실을 다룬 다른 소설들과의 결말 비교' 등의 순서로 학생 스스로의 비평적 주제에 접근하게 하는 방식은 안정감이 있다. 단 '작가가 현실을 그려 내는 방식'을 학생들이 이해하는 과정에서 '전통적 해학'이라는 핵심어에 동의하느냐 마느냐가 선택지로 제시된다면, 다수의 학생들은 단원명에 맞추어 고민을 생략한 채 '해학적 방식'을 승인하게 될 것이다.

마지막으로 「금 따는 콩밭」을 수록하고 있는 박호영 외의 유웨이중앙교육 교과서를 살펴볼 차례다. '전통의 향기'라는 대단원명, '전통의 계승과 창조'라는 소단원명에서 알 수 있듯 작품을 통해 전통이 계승되고 창조되는 양상을 살피는 것이 학습 목표이다. 그렇다면 교과서가 「금 따는 콩밭」에 내포된 전통 계승 및 창조의 요소를 어떻게 설명하려 하고 있는지를 파악하는 것이 우선이다. 「금 따는 콩밭」이 수록된 '전통의 계승과 창조' 단원 앞에 '문학과 전통'이라는 소단원이 자리하고 있고, 이 단원의 주요 제재로 정병욱의 「우리 문학에 나타난 전통」이 수록되어 있음을 참고할 필요가 있다. 정병욱의 이 글은 '인간에 봉사하는 자연'이라는 항목으로 우리 시의 전통을, '호야형好爺型의 인간상 계승'이라는 항목으로 소설의 전통을 설명하고 있다. '전통의 향기'라는 대단원 하에 우리 문학의 전통을 설명하는 글을 첫 소단원으로 배치

하고 두 번째 소단원에 전통을 계승한 현대문학 작품을 예로 드는 방식이다.[32]

'호야好爺'라는 생경한 어휘[33]를 이용하여 「금 따는 콩밭」의 등장인물을 설명하는 것이 목적이라면 그 개념부터 명확히 할 필요가 있었을 것이다. 그러기 위해 하나의 대단원 안에 복속된 소단원들을 유기적인 맥락 하에 놓았다고 생각된다. 「금 따는 콩밭」 텍스트 뒤에 실려 있는 학습활동 또한 인물의 성격을 파악하고, 인물의 인간상을 통해 전통의 계승을 발견하는, 대단원의 학습 목표에 다가가는 방식을 취하고 있다.

단원의 마무리에 해당하는 '정리하기' 부분은 학생들에게 오해가 없도록 교사 입장에서 정련하여 정보를 제시할 필요가 있다. 작품에 나타나는 사회상의 특징을 설명하는 "생계에 힘쓰지 않고 금맥 찾기에 정신을 빼앗긴 농촌의 사회상이 잘 드러난다"[34]는 서술은 다음 항목 인물 평가 부분의 "주인공을 긍정적인 인물이 아니라 부정적인 인물로 설정함으로써 새로움을 추구했다"[35]는 서술과 맞물려 이해될 가능성이 높다. 학습자의 입장에서는 당대 농촌과 농민들이 왜 그런 삶의 양식을 따를 수밖에 없었는가를 생각하기에 앞서 개인적 도덕적인 가치판단에 이끌릴 위험이 있는 것이다. 또한 작품의 주인공이 '호야형 인간상'을 보여 준다고 단정적으로 서술해 놓고 그가 부정적인 인물이라

32 현대시 텍스트로는 서정주의 「춘향유문—춘향의 말 3」이 수록되어 있다.

33 정병욱의 위 글 속에 '호야' 혹은 '호야형 인간'을 정의하는 문장은 발견되지 않는다. '후퇴형', '무골호인형無骨好人型' 등의 유의어가 뒤따르고, 대표적인 예로 '처용'을 들고 있을 뿐이다. 이후의 서술에서는 고전소설의 인물로부터 「무정」의 이형식에 이르기까지 호야형 인간상의 예를 열거하고 있으며, "한국적인 토속성을 추구한 대표적인 작가로 손꼽히는 김유정의 작품들에 나오는 어느 주인공을 보더라도 같은 인간상을 이끌어낼 수 있다(김대행 외, 앞의 책, 66면)"는 서술이 글의 말미 부분에 보인다. 이와 같은 서술에 동의하고 교과서의 집필진이 골라낸 김유정의 작품이 「금 따는 콩밭」인 셈이다.

34 박호영 외, 『고등학교 국어』 하, 유웨이중앙교육, 2011, 93면.

35 위의 책, 93면.

평가한다면, 학생들은 '호야형 인간'의 개념에 대해 혼동할 수도 있다. 아마 집필진의 의도는 호야형 인간상이 나타나는 것을 '전통 계승'의 측면으로, 부정적 인물 설정을 '창조'의 측면으로 해석한 것으로 짐작되는데, 그렇다면 '부정적 호야'로서의 인물이 당대 사회상과 관련하여 어떤 의미를 가지는지에 대한 매개 고리가 꼭 필요하다.

이상에서 살펴본 바와 같이 김유정의 작품을 주요 제재로 활용한 4종의 고등학교 교과서들은 각기 다른 작품을 통해 서로 이질적인 단원의 성격에 맞는 학습 목표와 학습 활동을 구축하고 있다. 이는 김유정이 쓴 세 편의 소설이 국어 교과서라는 권위적이고 제도적인 텍스트 내에서 다양한 측면으로 활용될 수 있는 것임을 증명하는 근거가 된다. 문학 작품이 실제 생활에서 어떠한 효용가치를 지닐 수 있는가를 제시해 주는 텍스트로, 중등교육 과정에서의 규범적 작품 분석 자료로 활용될 만큼 소설의 요소 및 구성의 요소를 갖추어 결합한 텍스트로, 인물 형상화 및 작법의 측면에서 전통적 요소의 계승 및 창조를 담보할 수 있는 텍스트로 여겨지고 있다는 것이다.

기왕에 김유정의 소설세계에 대한 현대문학 전공자들의 기존 연구가 다양한 스펙트럼을 가지고 있는 만큼 각 교과서에 수록된 단 한편의 텍스트로 이론적·실천적 담론을 모두 수렴하고 통합하기는 어려울 것이다. 오히려 중요한 것은 이러한 성격의 김유정의 작품들이 학생들 스스로 소설 텍스트를 읽고 자문자답하면서 자신만의 논리적인 견해를 도출할 수 있는 교육 자료로서 무궁무진한 가능성을 가진다는 점이다. 아울러 교과서의 지문으로 채택된 세 편의 소설은 교사와 학생들에 의해 비교 분석의 대상으로 활용될 수 있다. 세 편의 공통점과 각각의 차이점을 스스로 점검하면서 학생들은 김유정의 작품세계를 맥락 속에서 이해할 수 있을 것이며, 나아가 1930년대의 소설, 한국 현대소설이라는 큰 지도를 그려 나가는 출발점으로 삼을 수 있을 것이다.

「봄·봄」을, 「만무방」을, 「금 따는 콩밭」을 읽는 방법이 각각 하나씩일 수는 없다. 그 방법은 학생 스스로 혹은 학생들의 토론 과정에서 자연스럽게 도출되는 것이 이상적이다. 이때의 작품 간 맥락 또한 학생들이 주체적으로 만들어가는 것이 이상적일 것임은 자명하다.

예컨대 「만무방」이라는 동일한 텍스트를 두고 어떤 학생들은 언어적 측면에, 어떤 학생들은 인물 형상화의 측면에, 다른 학생들은 당대의 현실 상황을 반영하는 측면에 주목할 수 있을 것이다. 그리고 이와 같은 다양한 착목 지점이 공유되고 토론되는 과정에서 작가의 현실 인식이, 전통적 인간상이, 혹은 해학적 필치가 비평적 담론으로 조직될 수 있어야 한다. 하나의 작품에서 여러 가지의 해석적 지평이 마련된다면 그 중 하나에 방점을 찍어 강조하는 것 또한 학생들의 몫이 되어야 한다. 해당 텍스트는 당대 현실의 반영이라는 하나의 측면에서 유달리 읽히며, 작가의 다른 작품에서도 나타나는 해학적 필치와 생동감 있는 언어 구사 등 제2, 제3의 측면에서도 주목할 만하다는 것을 긍정하는 식이다. 이러한 1차적 분석 후에 참고 자료로 「봄·봄」이나 「금 따는 콩밭」이 제시된다면 학생들은 자신이 분석한 한 작품의 특징을 기준으로 나머지 작품을 비교할 수 있을 것이며, 자연스럽게 현대소설의 개념이나 특성에 대해서도 이해의 폭을 넓혀 나갈 수 있을 것이다.

김유정의 작품만이 아니라 교과서에 수록된 모든 현대소설 텍스트는 이와 같은 맥락화의 과정에서 학생 자신이 그린 좌표의 점들로 기능하게 될 것이며, 비교 및 대조의 대상으로 기능할 것이다. 이처럼 교과서에 수록된 김유정의 작품들은 대단히 효과적인 컨텍스트로 활용될 수 있다.

4. 결론

김유정의 현대소설 작품이 고등학교 국어 교과서에 주요 학습 제재로 세 편이나 수록되어 있다는 것은 그만큼 작품의 수준이 고르고 교육 현장에서의 쓰임새가 다양하다는 뜻으로 생각할 수 있다. 본 논문은 2011년에 개정된 16종의 고등학교 국어 검정 교과서 중 김유정의 작품을 주요 제재로 채택하고 있는 4종의 교과서에 주목하였다.

해당 교과서에서 주요 제재로 채택한 김유정의 작품은 「봄·봄」, 「만무방」, 「금 따는 콩밭」 세 편이다. 「봄·봄」과 함께 김유정의 대표작으로 늘 일컬어지는 「동백꽃」은 보충 및 심화 학습자료 텍스트로 여타 수종의 교과서가 인용하고 있다. 우선 주목되는 것은 「만무방」, 「금 따는 콩밭」이 적극적으로 인입됨으로써 제도권 교육의 학습 자료로서의 김유정의 소설 텍스트가 양적으로나 성격의 측면에서나 확장되어 있는 점이다. 이는 단일 국정교과서 체제에서 16종에 이르는 검인정 교과서 체제로 국어 교육의 틀이 변화한 데 따른 것이다.

여러 종의 교과서에서 한 작가의 별개의 작품이 고루 수용되고 있다는 것은 다음의 두 측면에서 그 요인을 추론해 볼 수 있다. 첫째 해당 작가의 소설 세계가 다양한 성격의 작품군을 거느리고 있으며, 각각의 유형에서 수준 높은 작품을 생산하고 있는 경우이다. 둘째 해당 작가의 일관된 소설 세계가 수작으로 인정될 만한 여러 작품을 통해 분석될 수 있는 경우이다. 작가 김유정이 생산한 소설 텍스트의 성격은 전자에 해당한다고 할 수 있다. 그리고 교과서가 담고 있는 텍스트 안팎의 기술은 후자를 지향하고 있는 것으로 판단된다. 우선 작품들을 수록한 대단원 및 소단원의 성격이 다양하게 나뉘어 펼쳐져 있는 것은 그 자체로 긍정적이다.

그러나 현재의 고등학교 국어 교과서를 검토해 본 결과 늘어난 작품 수와 차별화된 단원명에 비해 김유정의 작품세계에 대한 이해의 확장은 기대하기 어렵다는 것이 연구자의 판단이다. 각각의 교과서가 작가를 소개하고 학습 목표를 설정하며, 학습 활동을 조직하는 측면에서 오해의 소지가 발견되는 것이 사실이다. 다만, 주어진 텍스트를 유일무이한 분석대상으로 삼지 않고 교과서가 제시하고 있는 텍스트를 통해 작가의 문학세계나 현대소설 전반의 이해를 꾀한다면 실로 다양한 수업 모델이 가능해질 것이다. 이런 측면에서 김유정의 교과서 수록 작품들은 다른 어떤 작품이나 작가보다도 유리한 위치를 점하고 있다고 판단된다.

궁극적으로는 학생 스스로 작품을 읽고, 여타 작품과 비교하여 맥락을 구성하는 소설 교육이 필요하다고 본다. 김유정의 현대소설 텍스트는 많은 긍정적 가능성을 지니고 있다. 교과서에 실린 것 외에도 여러 작품들이 학생들의 학습 과정에서 컨텍스트로 기능할 수 있기 때문이다. 교사와 학생에 의한 능동적 학습 목표 설정 및 학습 활동 구성이 가능하다면 김유정 소설을 텍스트로 한 소설 교육 및 국어 교육의 효과는 극대화할 수 있을 것이다.

: 참고문헌 :

김대행 외, 『고등학교 국어』 하, 천재교육, 2011.

김병권 외, 『고등학교 국어』 상, 더텍스트, 2011.

박갑수 외, 『고등학교 국어』 상, 지학사, 2011.

박호영 외, 『고등학교 국어』 하, 유웨이중앙교육, 2011.

윤희원 외, 『고등학교 국어』 상, 금성출판사, 2011.

이삼형 외, 『고등학교 국어』 상, 디딤돌, 2011.

________, 『고등학교 국어』 하, 디딤돌, 2011.

한철우 외, 『고등학교 국어』 하, 비상교육, 2011.

김동환, 「교과서 속의 이야기꾼, 김유정」, 『김유정의 귀환』, 소명출판, 2012.

김인환, 『문학교육론』, 한국학술정보(주), 2006.

나정희, 「교과서 수록 현대소설 작품의 현황 및 적절성 분석－07개정 교육과정에 따른 고등학교 국어 교과서를 중심으로」, 고려대 석사논문, 2012.

박기범, 「고등학교 국어 교과서의 현대소설 수용 양상에 대한 비판적 검토」, 『청람어문교육』 44호, 2011.

송하춘, 『탐구로서의 소설독법』, 고려대 출판부, 1996.

진선희, 「국어과 교육 내용 '맥락'의 구현 방향」, 『국어교육연구』 45집, 2009.

______, 「2011년 개정 국어과 교육과정 문학 영역의 교육 내용에 대한 비판적 검토」, 『학습자중심교과교육연구』 11권 3호, 2011.

제3부
김유정과 동시대 문학

채만식의 탈식민주의 경향에 대한 고찰*

송현호

1. 문제의 제기

탈식민주의가[1] 최근 학계와 평단에서 중요한 이슈의 하나로 부상하고 있다.[2] 그런데 그 연원을 거슬러 올라가면 국문학분야에서는 이미 70년대부터 이식사관의 극복이라는 문제가 중요한 과제로 부각된 바 있어서 전혀 생소한 일은 아니다.[3] 다만 이식사관의 극복이나 전통의

---

* 이 논문은 관악어문연구 16집(서울대 국어국문학과, 1992)에 수록한 논문을 재수록한 것이다.

1 탈식민주의post-colonialism라는 용어는 독립 전과 독립 후를 구별하기 위해 사용된 적도 있으나 식민지시대부터 시작하여 독립 후의 현재에 이르기까지 제국주의 과정의 피해를 본 모든 문화의 식민지적 상황으로부터의 극복을 의미한다. (Bill Ashcroft, *The Empire Writes Back : Theory and Pratice in Post-Colonial Literatures*, London : Routlege, 1989, pp.1~2)

2 탈식민주의에 입각한 연구는 많은 논자들에 의해 이루어졌다. 그 가운데 조동일의 『한국문학과 세계문학』(지식산업사, 1991), 유려아의 「老舍와 蔡萬植의 比較研究」(정신문화연구원 박사논문, 1992) 등과 필자의 「한국 근대소설론연구」(서울대 박사논문, 1989), 「『탁류』의 서사구조와 서술방식에 관한 연구」(『현대문학연구』 2, 현대문학연구회, 1991.12), 「채만식 소설의 서사구조와 서술방식에 대하여」(아주대인문과학연구소 정기발표, 1992.6) 등이 비교적 최근에 이루어진 작업이다.

3 1971년 『대학신문』사가 주최한 「한국 근대문학」이라는 좌담회에서 근대문학의 기점을 영

계승이라는 용어가 좀 더 구체적으로 탈식민주의로 발전했다고 보는 게 좋을 것이다.

지금까지 우리는 이식사관의 잔재인 막연한 선입견에 의해 근대문학과 근대 이전의 문학이 단절되었다는 통념을 무비판적으로 수용해 왔다. 게다가 학문간, 전공간의 불문율이 된 남의 영역에 대한 불간섭이라는 금기에 의해 더욱 그러한 편견이 확고해져 전통단절론은 거의 정설이 되어가고 있었다. 그런데 근대 이전의 문학과 근대문학에는 상당한 정도의 공통성과 변별성이 발견된다. 그것은 물론 전대문학의 발전적인 양상일 수도 있고 그렇지 않은 경우도 있다.

따라서 전대의 문학과 당대의 문학에 나타나는 공통성을 찾는 작업이나 근대문학에 나타나는 전통계승의 양상을 밝히는 작업은 자국의 민족문학을 바탕으로 한 세계문학의 보편성을 찾는 방법으로,[4] 탈식민주의에 바탕을 둔 발상에 다름 아니다. 특히 어떤 작가가 당대의 지배적인 언술에 반기를 들고 전통문화의 계승을 통해 새로운 근대소설의 가능성을 훌륭히 제시하는 데 성공했다면 그러한 주장은 더욱 설득력을 지닐 수밖에 없다. 그러한 작가 가운데 한 사람으로 필자는 채만식을 드는 데 주저치 않는다. 그는 식민지 이전의 문화와 언어를 복원하기 위해서 당대에 정상적이라고 할 수 있는 지배계층의 언술에 반기를 들고 거꾸로 쓰기를 한 작가 중의 한사람이다. 이것은 탈식민주의적 전략의 하나인 탈식민화가 분명하다.[5]

정조로 소급하자는 견해가 제시되었는데, 이로부터 이식사관의 극복이 국문학계의 중요한 이슈로 부각된다.(송현호, 『문학사기술방법론』, 새문사, 1985, 62~78면.)

4 이러한 비교연구방법은 영향관계의 논증이라는 종래의 틀에서 벗어나, 직접적인 관련이 없으면서도 두 나라나 두 작가 혹은 두 작품 사이에 공통적으로 나타나는 특성을 검토하는 주제연구방법이다.(Ulrich Weisstein, "Thematology", *Comparative Literature and Literary Theory : Survey and Introduction*, Indiana univ. Press, 1973, pp.124~141)

5 탈식민주의적 전략은 크게 탈식민화Decolonization, 폐지Abrogation와 전유Appropriation, 되

채만식이 전통예술의 계승에 관심을 가진 작가이고 우리 나름의 소설적 전통을 확립한 작가라는 점에 착안한 논의는 최근 들어 활발히 전개되고 있다. 그 대표적인 논자가 조동일과 유려아이다. 조동일은 서사시가 중세에서 근대로의 이행기서사시로 변하면서 기록물인 소설이 산출되었다면서 서양이 아닌 곳의 근대소설이 서양 근대소설의 이식이라는 주장은 부당하다고 했다.[6] 유려아는 채만식과 老舍의 작품에 나타나는 공통된 모티프와 서술방식 그리고 전통계승의 양상 등을 논의하면서, 소설 형성에 서사시뿐만 아니라 설화도 중요한 역할을 하고 있다고 했다.[7]

필자는 기존의 논의를 더욱 발전시켜 우리의 근대소설이 전통적인 이야기문학의 기반 위에서 착실히 성장해온 장르임을 구명하기 위해, 채만식의 문학론과 소설에 나타나는 탈식민적 인식과 그 실천에 대해 살펴보고자 한다.

2. 탈식민적 문학창조론

채만식은 당시 우리 문학의 수준을 대단히 저급한 것으로 보고 있다. 대부분의 평론가들이 이야기하고 있듯이 조선의 문학은 세계적 수

받아 쓰기Write Back로 나눌 수 있다. 탈식민화는 식민지 이전 자국의 문화와 언어를 복원하거나 문화적 합병을 제안하는 방법이다. 폐지는 지배문화를 거부하는 것이고 전유는 중심문화의 언어를 바꾸어서 재구성하는 방법이다. 되받아 쓰기는 지배언술에 의해 성역화된 텍스트를 새로운 시각에서 다시 쓰면서 그 음모와 허구성을 폭로하는 방법이다.

6 조동일, 「서사시의 전통과 근대소설」, 『관악어문연구』 15, 1990.12, 50~81면.

7 유려아, 앞의 글, 183면.

준과는 아주 동떨어진 저급한 상태에 놓여 있다는 것이다. 그런데 그 원인과 책임을 작가의 역량의 부족이라기보다는 근대 이전에 의지할 만한 대작이 없는 데로 돌린다. 세계적인 수준에 있는 영국, 불란서, 독일, 소비에트의 경우만 하여도 그들은 과거의 훌륭한 문학적 유산을 가지고 있고 현대의 문화수준이 세계적인 수준에 있어서 그것이 가능하나 우리의 경우는 그렇지가 못하다는 생각에서이다.[8]

때문에 우리의 문학적 수준을 세계적인 수준으로 끌어올리기 위해서는 우리의 문화적 수준을 상향시켜야 하며, 우리 나름의 전통을 창조하고 우리의 유산을 계승하는 일이 무엇보다도 중요하다는 것이다. 그렇게 될 때만이 우리의 문학이 세계적인 문학으로 발돋움할 수 있다는 것이다. 이러한 발상에서 그는 당대의 대부분의 문인들과는 달리 상당한 수준에 있던 일본문학이나 서구문학을 모방하는 것은 별 의미가 없다고 하면서 탈식민주의 문학창조론을 주장한다.

> 그러므로 조선의 문학도 그가 참으로 '조선문학'이자면 조선적인 독자 독특한 성격과 색채를 가진 문학적 개성을 체득하여야만 하고 그리 함으로써 비로소 세계문학과 오伍하여 자기를 내세우되 굽힘이 없게 되는 것이다. 이것은 그러나 결코 한두 사람의 조그마한 천재나 하루 이틀의 시간으로 이루어질 것은 아니다.[9]

의지할만한 대작이 없는 당대의 상황에서 어떻게 세계문학에 견줄 수 있는 조선적 색채가 나는 작품의 창조가 가능할까? 수준이 낮은 문화적 배경에서는 졸작이 나올 수밖에 없다고 한 주장과 연계해서 생각

8 채만식, 「한 작가로서의 항변」, 『채만식전집』 10, 창작과비평사, 1989, 69면

9 「모방에서 창조로」, 『채만식전집』 10, 창작과비평사, 1989, 163면.

하면 그것은 그야말로 황당무계한 이야기로까지 들린다. 그러나 그것이 결코 허황된 주장이 아니었음을 우리는 잘 안다. 그가 작품창작을 통해 그것을 훌륭히 입증해준 바 있기 때문이다.

그렇다면 그가 말한 조선적 색채란 무엇일까? 이에 대한 답은 곧 그의 문학적 태도와 세계관을 구명하는 데도 결정적인 열쇠가 될 수 있다. 이에 대해서는 1939년에 발표된 「연극발전책」에서 어느 정도 시사를 받을 수 있을 것 같다. 그는 여기에서 연극도 일반 정신문화의 일부분인 이상 전통과 무관할 수 없음을 강조한 뒤에, 전통의 흐름이 당대의 경제적 사회적 조건을 지반삼아 근대극에로 지양 발전할 수 있기 때문에 빈약한대로 '조선의 고전극을 파내고 연구하고 정리를 하여 거기에서 되도록이면 자양을 섭취하는'일이 선진한 외국의 연극예술로부터 그 정신과 기교를 습득하는 일에 못지않게 중요하다고 했다.[10]

그러니까 그는 우리의 전통을 발굴하는 것이 무엇보다 중요함을 역설하고 있는 셈이다. 그러나 외국문학의 수용에 대해 과민한 반응을 보이지는 않는다. 그는 우리의 열악한 현실을 분명히 인식하고 서구의 문화를 수용하는 일이 불가피함을 인지하고 있었다. 다만 지나치게 서구추수적인 경향에 대해서는 부정적이었다. 그것은 외국문학의 자극이 '몸에 좋은 자양이기보다는 통신교수의 강의록과 같아 식상을 시킨 편식물'이라고 본 때문이다.[11] 사실 그는 문학을 새로운 역사창조의 과정으로 인식하고 있었던 것이다. 외적 자극을 통한 내적 발전의 원리는 탈식민주의의 기본 골격이기도 하다.

누구든지 문학을 고려자기나 사군자와 같이 치는 사람이면 몰라도 (미

10 『채만식전집』 10, 창작과비평사, 1989, 157~158면.

11 「작가의 한계」, 『채만식전집』 10, 창작과비평사, 1989, 153면.

상불 그러한 문학이 없는 게 아니요, 따라서 그네는 그걸로 자족할 것이지만) 문학이 적으나마 인류 역사를 밀고 나가는 한 개의 힘일진대 한인의 소장거리나 아녀자의 완롱물에 그칠 수는 없을 것이라고 나는 목이 부러져도 주장하는 자이기 때문이다.[12]

여기에서 그는 자신이 문학을 하나의 오락물로써 보다는 새로운 역사창조를 위한 수단으로써 선택했음을 분명히 밝히고 있다. 그런데 당대의 상황은 이런 유형의 문학이 발을 붙이기에 어려움이 대단히 컸다. 모든 것을 마음대로 쓸 수 없는 시대적 여건도 문제가 되지만 문학에 대한 사회적 인식과 대우에도 적지 않은 문제가 있었던 때문이다.

당시 대부분의 문인들은 국민문학파나 프로문학파에 적을 두고 있었다. 그런데 그는 어디에도 적을 두지 않았다. 이는 당대의 문단정치와 그 허실을 혐오한 때문이다. 국민문학파에 대한 거부감은 현실을 과감히 직시하지 못하고 과거에 안주한 때문이며, 프로문학파에 대한 거부감은 민중에 대한 진정한 유대를 발견하지 못한 채 시종 구호만으로 일관한 데 대한 반감 때문이다.

그러나 어디에도 적을 두고 있지 않았음에도 당대의 현실을 비판적으로 수용하여 민중의 비참한 생활상을 날카롭게 파헤치고 있는 점에서 그는 스스로도 밝히고 있듯이 프로문학파와 무관하지 않다. 그리고 전통의 발굴과 문학의 예술성을 중요시한 점에서는 국민문학파와도 무관하지 않다.

어떤 의미에서 그는 프로문학파와 국민문학파의 결점을 보완하려 한 당대의 동키호테적 존재였는지도 모른다. 「백 명이 한 개를 낳더라

12 『채만식전집』 9, 창작과비평사, 1989, 519~520면.

도 옳은 프로작품을」에서 그는 스스로를 프롤레타리아작가라고 하면서도 '프롤레타리아의 기계주의나 프롤레타리아의 이상주의를 청산하고 백 명이 들어붙어 한 개를 내어놓더라도 옳은 프롤레타리즘의 작품을' 내놓고, '작가로서의 수련 즉 기술을 많이 익히어 좀 더 문장다운 문장으로' 작품을 쓸 것을 주장하고 있다.[13] 그것은 현실의 문제를 예술적으로 잘 형상화하자는 절충론에 다름 아니다.

당시 문단이 부진한 예를 그는 작품을 제대로 감정하지 못한 평론가들의 오류에서도 찾고 있다. 휴머니즘도 좋고 리얼리즘도 좋고 지드도 좋지만 그 이론을 가지고 조선 작가의 작품에서 실천을 하지 못하는 평론가들은 아예 낮잠이나 자라고 하며,[14] 제재를 부르생활에서 취한 것이니 부르작이고 인텔리의 구직난을 그렸으니 부르작이고 봉건적 잔재에서 취재했으니 기분적 프로작이라고 한 프로평론가를 '터무니없는 방언가'의 천재적 우둔의 표출이라고까지 몰아붙인다.[15]

이처럼 그가 어디에도 소속되지 않고 독자적인 노선을 견지하면서 진정으로 민중을 위한 문학을 창작하는 일에 매진한 것은 그를 다소 자유롭게 할 수는 있었겠지만 프로문학파나 국민문학파 양쪽의 불만을 살 수 있었다. 프로문학파로부터 견제를 당한 것이라든지 민족문학파로부터 대우나 평가를 충분히 받지 못한 것이 그 좋은 예이다. 사실 그가 독자를 염두에 둔 발언을 연발하고 자신의 소설가로서의 자질을 의심하는 발언을 서슴치 않은 것도 이와 긴밀한 관련이 있다.

「소설을 잘 씁시다」는 그의 본격적인 문학론이다. 이 글은 소설이란 하나의 예술이기 때문에 예술적인 형상화작업이나 예술성이 무엇보다

13 『채만식전집』 10, 창작과비평사, 1989, 516면.

14 「한제 수편」, 『채만식전집』 10, 창작과비평사, 1989, 137면

15 『채만식전집』 10, 창작과비평사, 1989, 46면.

도 중요함을 역설한 글이다. 물론 그가 말하는 기교는 기교를 위한 기교가 아니라 예술가적인 솜씨로서의 기교를[16] 의미한다. 조각, 그림, 음악을 예로 들어 설명하면, 조각가가 정을 가지고 하고자 하는 바 형을 만들어낸 줄 아는 기술과 화가가 캔버스 위에다 하고자 하는 바 상을 그릴 줄 아는 기술 그리고 성악가가 자기의 성대를 통하여 하고자 하는 바 음을 낼 줄 아는 기술이 곧 기교라는 것이다.

이어서 그는 테마도 중요하지만 그것을 완전히 살리지 못하고 현실만 있는 그대로 사실적으로 전시한 소설은 실패한 소설에 불과하다고 지적한다. 그는 서구와 같이 문학적 전통이 있는 나라에서야 기교가 크게 문제가 되지 않겠지만 당시 한국처럼 문학적 전통이 일천한 나라에 있어서는 기교가 특히 중요한데, 프로문학파가 조선의 현실을 망각한 채로 서구의 흉내 내기에만 급급하다고 생각하고 이를 은근히 비판한 것으로 보인다.[17]

이러한 주장은 프로문학파의 결점을 그 나름대로 충실히 보완하면서 창작활동을 하려고 한 리얼리스트로서의 면모를 보여준 것으로 볼 수 있을 듯하다. 그런데 실제로 그는 리얼리즘을 추구하는데 있어서 한국의 실정에 맞는 자기 나름대로의 독창적인 방법을 창조하고 있다.

어린 시절부터 좋아했던 고담과 유년기에 즐겨 읽은 『춘향전』, 『구운몽』, 『추월색』, 『장한몽』, 『삼국지』, 『수호전』, 『동한연의』, 『서한연의』 등의 영향이 어느 정도 나타나고 있는 점과 대화체와 토속적 어휘를 애용하여 생동감을 불러일으키고 있는 점 그리고 한국적 호흡에 맞는 판소리의 가락과 구조를 수용하여 독자의 공감을 얻고 있는 점은 분명 그만의 독창적인 방법임에 틀림없다. 그것은 전통을 답습한 것도

16 『채만식전집』 10, 창작과비평사, 1989, 199면.
17 『채만식전집』 10, 창작과비평사, 1989, 200면.

서구 리얼리즘의 창작방법의 흉내를 낸 것도 아니다. 따라서 그의 사실주의는 탈식민주의 리얼리즘이라 명명할 수 있을 것 같다.

3. 탈식민적 소설쓰기

1) 판소리의 수용과 긴장과 이완의 서사구조

채만식 소설의 서사구조는 아주 특이하다. 당대의 작가들이 대부분 독창적 플롯에 입각하여 사건 중심의 점진적 구성을 하고 있었던 반면 채만식은 당대인들이 이미 한물갔다고 생각했거나 거의 관심을 보이지 않던 판소리나 판소리계소설에서 흔히 볼 수 있는 긴장과 이완의 구조를 소설구성의 원리로 원용하고 있다.

그의 판소리 수용을 입증하는 일은 그렇게 어렵지가 않다. 먼저 「태평천하」에서 15개의 장마다 소제목을 붙인 것은 장면화를 특징으로 하는 판소리를 수용한 좋은 예가 될 수 있으며, 「태평천하」, 「치숙」, 「탁류」 등에 나타난 구조도 판소리의 서사구조인 창과 아니리의 구조를 수용한 것으로 보인다.[18] 그리고 「태평천하」에서 과부들만 즐비한 비장한 상황을 묘사하면서 골계적인 표현을 하고 있으며,[19] 윤직원이

18 창은 장면의 묘사와 서사적 진행을 담당하고 아니리는 장면의 소개와 서사적 전개 그리고 장면과 장면의 연결 기능을 담당한다.(조동일 · 김흥규, 『판소리의 이해』, 창작과비평사, 1984, 117면)

19 '생과부, 통과부, 떼과부로 과부모를 부어놓았'(『채만식전집』 3, 창작사, 1987, 48면)다고 서

부친 윤용규의 시체를 부둥켜안고 우는 비장한 상황이나 윤직원이 삶에 대해 회의를 품는 상황은 모두 골계화되어 나타난다.[20] 또 「태평천하」에서 보면 서술자는 모든 등장인물을 판소리의 흥겨운 가락을 느낄 수 있게 묘사하고 있으며,[21] 윤직원이 판소리를 매우 좋아하여 명창대회가 열리면 어떻게 해서든지 구경을 가거나 라디오에서 방송되는 판소리는 하나도 빼놓지 않고 듣는 점에서 그 가능성은 충분하다.

모두가 가는 길을 부정하고 자기 나름대로의 길을 개척하되, 그것이 외국문학의 모방이나 서구추수적인 길이 아니고 우리의 전통을 계승 발전시킨 것이고 보면 그러한 방법이 독자들의 구미에 영합하기 위해서 선택되었다고 볼 수는 없다. 물론 그것은 그 스스로도 문학론에서 밝히고 있듯이 우리의 전통을 당대의 시대적 사회적 흐름에 맞도록 새롭게 고안해낸 것임에 틀림없다.

그렇다면 채만식이 긴장과 이완의 서사구조를 애용한 것은 탈식민주의 소설쓰기의 훌륭한 사례가 될 수 있다. 그것이 그의 대부분의 작품에 나타나는 특성이고 보면, 전혀 근거 없는 주장은 아니다. 이제 그 점을 보다 분명히 하기 위해 「태평천하」, 「치숙」, 「탁류」 등의 서사구조를 간략히 살펴볼 필요가 있다.

술하고 있다.

20 이처럼 비장한 상황을 골계적으로 표현하고 있는 것도 판소리계소설에서 흔히 볼 수 있는 서사구조이다(조동일, 「미적범주」, 『한국사상대계』 1, 성대대동문화연구원, 1973).

21 직원을 '그 차림새가 또한 혼란스럽습니다. 옷은 안팎으로 윤이 지르르 흐르는 모시 진솔 것이요, 머리에는 탕건에 받쳐 죽영 달린 통영갓이 날아갈듯이 올라앉았습니다'(『채만식전집』 3, 창작사, 1987, 10면)라고 묘사한 것, 춘심이를 '남방 태생답잖게 갸로옴한 게, 토끼 화상은 아니라도 두 눈은 또렷, 코는 오뚝, 입술은 오뭇, 다 이렇게 생겨 놔서 대단히 야무집니다'(위의 책, 19면)라고 서술한 것, 딸 서울아씨를 '이마가 좁고 양미간이 넓고 콧잔등은 푹신 가라앉고— 아닌 게 아니라 청승맞게는 생겼습니다' 하고 서술하고 , 며느리 고씨를 '사람이 몸집 생김새와 같이 둥실둥실한 게 후덕하기는 하나, 대단히 이퉁이 세어 한번 코를 휘어붙이면 지렛대로 떠곤질러도 꿈쩍을 않고, 또 몹시 거만진 성품까지 없지 않습니다'(위의 책, 54면)라고 서술한 것은 모두 그 좋은 예가 될 수 있다.

「태평천하」는 15개의 장이 거의 반복적으로 인물치레나 풍경 묘사 뒤에 극적인 상황이 설정되어 긴장이 고조되거나, 긴장된 장면에 작가의 넋두리가 삽입되어 그 이완이 이루어지는 서술구조로 되어 있다.[22] 제1장에서는 윤직원 영감의 인물치레를 하다가 윤직원이 인력거꾼과 인력거 삯 문제로 실랑이를 벌이는 극적 상황이 제시된다. 제2장에서는 윤직원의 여가선용에 대해 이것저것 늘어놓다가 명창대회 구경을 가면서 버스요금을 내지 않으려는 윤직원과 여차장 사이에 벌어지는 사건이 제시된다. 제3장에서는 동기인 춘심의 외모를 늘어놓다가 공연장에 입장하여 하등권으로 상등석에 앉으려는 윤직원이 관리인과 벌이는 언쟁이 제시된다. 제4장에서는 윤직원의 부친인 윤용규의 인물치레를 하다가 치부를 한 윤용규가 화적들에게 살해당하는 사건이 제시된다. 제5장에서는 윤씨집안의 과부들에 대의 인물치레를 하다가 방탕하게 살아가는 고주사와 아버지 윤직원 사이에 벌어지는 언쟁이 제시된다. 제6장에서는 며느리 고씨의 삶을 서술하다가 시아버지 윤직원으로부터 욕을 얻어먹은 그녀가 손자 경손에게 화풀이를 하는 장면을 제시한다. 제7장에서는 올챙이의 인물치레를 하다가 고리 대금 문제로 윤직원과 올챙이가 약간의 언쟁을 벌인다. 제8장에서는 올챙이의 수작을 서술하다가 교육사업문제로 윤직원과 올챙이가 다시 언쟁을 한다. 제9장에서는 대복이의 인물치레를 늘어놓다가 대복이가 서울 아씨와 결혼하려고 하나 신분문제로 갈등을 겪는 대목을 제시한다. 제10장에서는 윤직원의 여성편력을 늘어놓다가 윤직원이 춘심이와 연애를 성사시키기 위해 반지를 사주겠다면서 추근거리는 장면을 제시한다. 제11장에서는 사랑방과 안방의 풍경을 제시하다가 춘심과 윤직원과 증손자 경손과의 삼각관계를 제시한다. 제12장에서는 종수

22 『채만식전집』 3, 창작사, 1987, 9~192면.

의 인물치레를 하다가 기생과 놀아나려다가 여학생 기생을 자처한 부친의 첩 옥화를 만나는 장면이 제시된다. 제13장에서는 윤주사의 큰첩 집의 풍경이 묘사되다가 마작을 하던 창식에게 동경에서 종학의 피검을 알리는 전보가 날아든다. 제14장에서는 금방의 풍경이 묘사되다가 윤직원이 반지 값을 할인하기 위해 점원과 옥신각신 벌이는 장면이 제시된다. 제15장에서는 윤직원이 종수를 점잖게 타이르다가 손자 종학이 경시청에 피검되었다는 전보를 받고 충격을 받는 장면이 제시된다.

「치숙」은 화자가 등장인물을 소개하고 그들의 행적을 밝히는 부분으로부터 시작된다. 사회주의 운동을 하다가 징역살이를 하고 나와서 폐병으로 누워 있는 철빈의 신세인 아저씨와, 18년이나 소박을 당하고도 삯바느질과 화장품 장사를 해서 감옥에서 나온 남편의 간병을 하고 살아가는 아주머니의 삶에 대해 이 것 저 것 늘어놓는다. 이어서 화자는 독자의 흥을 돋기 위해 극적인 장면을 설정한다.

화자는 아저씨가 잡지에 발표한 글을 논박하면서 돈 많이 벌어서 아껴 쓰고 저축하는 것이 경제가 아니냐고 시비를 건다. 아저씨가 얼토당토않은 반격에 즉각 그것은 이재학이지 경제학이 아님을 강변하지만 돈 모아 '부자가 되는 경제가 아니라 모아 둔 부잣 사람네 돈 뺏아 쓰는 사회주의 공부를 한 아저씨는 대학을 헛다녔다'고 한다. 이어서 그는 환갑까지 십만을 모을 자신의 포부를 밝혀서 아저씨의 입을 막으며 사람 속 차릴 여망이 없는 아저씨가 하루바삐 죽지 않고 다시 살아나니 귀찮다고 토로한다. 화자의 넋두리는 다분히 반어적이다. 화자는 지식인인 아저씨가 왜 사회주의자가 되었으며 왜 그가 무기력한 인간이 될 수밖에 없었는가에 대해 전혀 개의하지 않고, 일제의 우민화정책에 순응해서 사는 우매한 사람이다.[23]

23 『채만식전집』 7, 창작과비평사, 1989, 261~278면.

「탁류」는 전체적인 구조와 부분적 서술에 있어서 긴장과 이완의 구조가 반복적으로 구사되고 있다. 맨 처음 작가는 하바꾼 정주사가 미두장 앞 큰길 한복판에서 애숭이에게 봉변을 당하는 극적인 장면을 제시해서 독자들의 흥미와 호기심의 고조시킨 뒤에, 한가롭게 주위 배경과 시절 그리고 구경꾼들의 모습을 제시하여 독자들의 김을 뺀다. 이어서 정주사의 딸이요 제중당의 여점원인 초봉과 건실한 남자인 승재의 사랑의 장면을 제시하다가 약국 주인인 제호가 초봉의 환심을 사기 위해 10원을 주고 서울로 약국을 옮겨갈 것을 제의하는 장면을 제시한다. 다행스럽게도 제호가 서울로 올라가려던 계획은 부인 윤희의 개입으로 무산된다. 이번에는 오입장이요 공금을 횡령한 사기꾼 태수가 등장하여 사위 덕을 보려는 부모와 가족의 안위를 위해 자신을 희생하기로 결심을 한 초봉을 유혹한다. 게다가 곱추 형보가 등장하여 초봉을 겁탈할 기회만을 노린다. 그런데 초봉은 형보의 협박으로 겁탈당하며, 태수는 한참봉의 부인 김씨와 간통을 하다가 현장에서 붙잡혀 방망이에 맞아 죽는다. 불행한 여인 초봉에게 다시 재호가 접근한다. 살길이 막막한 그녀는 재호의 제의를 받아들여 서울에서 살림을 차린다. 그런데 초봉과 제호의 살림집에 불쑥 형보가 나타난다. 불리하다고 생각한 제호가 슬그머니 물러선다. 초봉은 딸 송희와 친정 식구들을 위한다는 생각에서 이번에도 자신을 희생하고 성격 이상자인 형보의 아내 노릇하나 성격 이상자인 형보의 가학 행위를 견디다 못해 형보를 살해한다.[24]

그런데 「탁류」, 「태평천하」, 「치숙」 등에 나타나는 긴장과 이완의 구조는 어느 작품에서도 규칙적으로 설정된 경우는 없고 약간의 변형된 형태로 나타난다. 「태평천하」와 「탁류」는 '이완–긴장' 혹은 '긴장–이완'의 서사구조로 혼재되어 있다. 「치숙」은 '이완–긴장–이완'이

24 『채만식전집』 2, 창작사, 1987, 7~469면.

라는 서사구조로 되어 있다.

또한 「탁류」와 「태평천하」는 여러 개의 긴장과 이완의 구조로 이루어진 데 반해서, 「치숙」은 하나의 커다란 이완과 긴장의 구조로 이루어져 있다. 물론 그 해답은 전자가 장편소설인데 반해서 후자가 단편소설이라는 점에서 찾아야 할 것이다. 장편소설의 경우는 여러 개의 장이나 회의 개념으로 그 긴장과 이완의 구조를 여러 개 설정하고, 단편소설의 경우는 하나의 장이나 회의 개념으로 하나의 긴장과 이완의 구조를 설정한 것으로 보이기 때문이다.

2) 설화체의 수용과 토속어의 사용

형식적 리얼리즘의 중요한 특성 가운데 하나가 사실적 산문체임은 주지의 사실이다.[25] 신문학 초기 이광수와 김동인까지도 그 효용을 알고 그토록 강조해마지 않던 시문체에 대해 채만식 정도의 소설가가 몰랐을 리 만무하다. 그럼에도 불구하고 그가 사실적 산문체와는 거리가 먼 설화체를 수용하고 시문체와는 거리가 먼 전라도 사투리를 즐겨 구사한 것은 무슨 이유에서였을까? 그것은 단순히 복고적 취미와 어린 시절의 체험 때문이었을까?

채만식은 분명 당대의 현실을 외면하지 않고 중요한 소설적 재료로 채택하고 있다. 그러나 그는 소설화 과정에서 자국의 문화적 전통을

25 이언 와트는 형식적 리얼리즘의 특성으로 인간의 개인적 경험Individual experience, 새로운 전망New literary perspective, 개성화된 실체로서의 등장인물Characters as completely individualized entities, 특정한 시간particularized time, 특정한 공간particularized place, 사실적 산문체realistic prose style를 들고 있다.(Ian Watt, *The Rise of the Novel*, Berkley & los Angels : Univ. of California, 1974)

발굴하여 그것을 자신의 작품에 수용하고 있는 점에서는 당대의 리얼리스트들과 다르다. 당대의 중심적 흐름인 프로문학과 사실주의에 긍정적인 입장을 취하고 있지만, 당대의 지배적인 언술행위를 부정하고 사실적 산문체와는 다소 거리가 먼 설화체나 비일상적인 언어를 즐겨 구사하고 있는 점에서 그는 일종의 탈식민적 소설쓰기의 방법을 구사하고 있는 작가라고 할 수 있다.

때문에 혹자는 채만식을 과도기의식을 구유한 작가로[26] 혹자는 부단한 자각의식에 의해 시대문체를 반역하고 개인문체를 승화 발전시킨 작가로 평가하기도 했다.[27] 그런데 두 사람의 지적은 채만식이 문학을 역사창조의 힘으로 보고 당대의 상황을 극복하고자 한 작가라는 데 초점을 맞추고 있기 때문에 탈식민주의 작가라는 필자의 주장과 큰 차이가 없는 것으로 보인다.

물론 그의 소설이 탈식민주의 소설쓰기의 좋은 예가 될 수 있다는 주장에 대해 다음과 같은 반론이 예상된다. 그가 어린 시절에 고소설을 즐겨 읽었고, 판소리를 즐겼으며, 전라도 태생이라는 점에서 그러한 언술은 의도적이기 보다는 자연발생적이지 않겠느냐? 물론 그러한 반론은 전혀 근거가 없는 이야기는 아니다.

문제는 그가 당대의 검열을 피하기 위해 풍자의 방법을 즐겨 사용했고, 우리의 전통을 발굴하기 위해 부단히 노력한 점을 상기한다면 그러한 주장은 논리적 근거를 확보할 수 없다. 또한 우리 나름의 문학적 전통을 세울 때만이 세계문학의 자리에 설 수 있다는 점을 지속적으로 강조한 점을 상기한다면 더 더욱 그렇다. 따라서 그는 당대의 지배적인 언술에 반기를 들고 우리의 토착어와 소설적 전통을 발굴하여 독창

26 우한용, 「채만식 소설의 언어적 기법」, 『한국 현대소설구조연구』, 삼지원, 1990, 202면.

27 최창록, 『한국소설의 문체론적 연구』, 형설출판사, 1978, 66면.

적이고 독립적인 방향을 제시하려한 선구자로까지 여겨진다.

그는 민담이나 전통적인 이야기문학의 구연방식을 수용하여 완숙한 이야기꾼이 이야기를 하듯이 소설을 서술하고 있다. 그런데 전통적인 이야기문학에서 이야기꾼은 청자의 반응을 살펴가면서 그들이 알아듣지 못한 내용은 반복해서 들려주기도 하고 궁금해할만한 것은 스스로 질의 응답하여 흥을 돋아 줄 필요가 있다. 그는 이에 대한 명징한 인식을 바탕으로 소설을 쓰고 있다. 작품 초두에 보면 다음과 같은 내용이 서술되고 있다.

> 저 계동의 이름난 장자 윤직원 영감이 마침 어디 출입을 했다가 방금 인력거를 처억 잡숫고 돌아와 마악 댁의 대문 앞에서 내리는 참입니다.
>
> (…중략…)
>
> 나이? …… 올해 일흔 두 살입니다. 그러나 시피 여기진 마시오. 심장비대증으로 천식기가 좀 있어 망정이지, 정정한 품이 서른 살 먹은 장정 여대친답니다.[28]

인용문의 앞부분은 독자의 궁금증을 풀어주기 위해 이야기꾼이 윤직원의 귀가장면을 상세하게 들려주면서, 존칭형 종결어미와 전라도 사투리를 구사하여 이야기를 훨씬 생동감있게 해주고 있다. 뒷부분은 윤직원의 나이에 궁금해 하는 독자를 의식하여 스스로 질문을 던지고 그에 답하는 형식의 서술대목이다.

채만식이 구사하고 있는 전라도 사투리나 토속적 언어는 양반층이나 상류층의 언어라기보다는 하층민의 언어이다. 또한 그는 토속적 언

28 『채만식전집』 3, 창작사, 1987, 9~10면.

어나 사투리를 구사함에 있어서 다른 작가들과는 달리 해학적으로 사용하고 있어서 이야기를 아주 구수하게 해주고 있다. 때문에 혹자는 채만식이 소설문장의 컨벤션을 대담하게 깨뜨리고 구어의 생생한 실감을 획득하는 데 성공했다고 지적하기도 한다.[29]

> "인력거 쎅이 몇 푼이당가?"
>
> 이 이야기를 쓰고 있는 당자 역시 전라도 태생이기는 하지만, 그 전라도 말이라는 게 좀 경망스럽습니다.
>
> "그저 처분해 줍사요!"
>
> 인력거꾼은 담요로 팔짱을 낀 허리를 굽신합니다. 좀 점잖다는 손님한테는 항투로 쓰는 말이지만, 이 풍신좋은 어른께는 진심으로 하는 소립니다. 후히 생각해 달란 뜻이지요.
>
> "으응! 그리여잉? 그럼, 그냥 가소!"[30]

인용문은 윤직원이 인력거에서 내려서 인력거꾼과 흥정을 하는 장면이다. 윤직원은 전라도 사투리를 구사하고 있는데, 그 어투와 어감을 통해서 볼 때 결코 상류층 인물이 아니라 천박한 무식꾼이면서 아주 인색하기 짝이 없는 인물임이 금방 드러난다. 서울 하층민의 언어를 구사하고 있는 인력거꾼 역시 마찬가지이다. 그러니까 등장인물의 대화와 화자의 사설을 통해 두 사람의 출신 성분과 성격이 구현되고 있는 간접묘사방법이[31] 구사되고 있는 셈이다.

또한 채만식은 「태평천하」, 「탁류」, 「치숙」 등에서 '개×같은 놈', '짝

29 천이두, 「프로메테우스의 언어들」, 『문학사상』, 1973.12.

30 위의 책, 11면.

31 등장인물이 행동이나 대화 혹은 표정을 통해 자기의 성격을 창조하는 방법이다.(송현호, 『한국 현대소설론』, 민지사, 1986, 42~46면.)

찢을 년', '깍쟁이 자직', '옘병할 자직', '잡아 뽑을 놈', '넨장 맞을', '야 이 놈', '깍쟁이 도족놈', '대갈쟁이', '쳐죽일 놈', '깍어죽여두 아깝잖을 놈', '죽일 놈', '미친 놈', '조 배라 먹을 놈', '얌체빠진 작자', '개××', '이 년', '요 놈', '이 놈', '배라 먹을 것', '씹어 뱉으면서' 등 이루 헤아릴 수 없을 정도로 많은 욕설과 비어를 구사하고 있다. 그리고 '소대성이 여대치게 낮잠이나 자기', '공자님 말씀에', '맹자 견 양혜왕', '암캐 같은 시어마니, 여우나 꽁꽁 물어가면 안방차지도 내 차지, 곰방조대도 내 차지', '꿩먹고 알먹고' 등 경서나 속담을 인용하고 있다.[32]

그러한 언어구사는 문체의 탄력성을 와해시킬 가능성이 있다. 때문에 현대 작가들은 대부분 그와는 다른 사실적 산문체를 구사하고 있다. 그런데 채만식은 그것을 아주 적절하게 활용하여 작품의 분위기를 걸직하고 해학적인 분위기로 만들어주고 있다. 또한 비록 경제적으로는 여유가 있지만 정신적으로 빈곤한 등장인물의 과도기적이고 비정상적인 모습을 아주 사실적으로 노정시키기도 한다.

이러한 언어 사용과 서술방식은 사실주의적인 묘사가 확립되어가던 당시로서는 확실히 이단적인 것이다. 일본문단을 통해 서구문학에 심취되어 있던 당대의 일반적 풍조로 볼 때, 그것도 일본 유학을 한 바 있는 지식인이 거의 반리얼리즘적으로 보이는 소설쓰기에 심혈을 기울인 것은 어떤 의미에서도 설명이 어려웠을 것으로 보인다. 박태원같은 작가는 '이 작가에게서 진정한 예술을 기대'하지 않는다고까지 혹평을 가했으며,[33] 이러한 평가는 많은 사람들의 입장을 대변한 것이기도 했다. 채만식이 당대에 제대로 평가를 받지 못한 것은 당대의 관습을 따르지 않은 이단적 성향에 크게 관련되어 있는 것으로 보인다.

---

32 유려아, 앞의 글, 162~165면.

33 「작단총평」, 『중앙』, 1934.12.

그러나 한 가지 분명한 것은 작가의 확고한 의지가 없었다면 그러한 언어사용은 불가능했을 것이라는 사실이다. 정말 감당하기 힘들 정도의 수모와 경제적 불이익을 감수하면서 당대에 이단적인 언어를 지속적으로 구사할 수 있었던 것은 해방 후에까지도 주장해마지 않던 조선적 문학의 창조라는 우리 나름대로의 전통을 세우려던 작가의 신념의 소산에 다름 아니다.

4. 결론

본고는 근대소설이 전통적인 이야기문학의 기반 위에서 성장해온 장르임을 구명하기 위해 탈식민주의 시각에서 채만식의 문학론과 소설의 특성을 살펴본 것이다. 여기에서 필자가 특히 주목한 것은 기존의 서사양식이 근대소설에 어떤 영향을 미치고 있으며, 채만식이 왜 당대의 지배언술을 거부하고 거꾸로 쓰기를 했는가 하는 점이었다. 본고에서 논의된 내용을 요약하면 다음과 같다.

채만식은 당시 우리 문학의 수준이 저급한 원인을 의지할만한 전통이 없는 데 돌린다. 때문에 우리의 문학적 수준을 세계적인 수준으로 끌어올리기 위해서는 우리의 문화적 수준을 상향시켜야 하며, 우리 나름의 전통을 창조하고 우리의 유산을 계승하는 일이 무엇보다도 중요하다고 역설한다. 이러한 발상에서 그는 당대의 대부분의 문인들과는 달리 상당한 수준에 있던 일본문학이나 서구문학을 모방하는 것은 별 의미가 없다고 하면서 문학창조론을 주장한다. 그렇다면 문학창조론이란 구체적으로 무엇을 의미할까? 그것은 우리의 전통을 발굴하는 것이 무엇보다 중요하지만 우리의 열악한 현실을 분명히 인식하여 서구의 문화를 수용하여 내적 발전의 원리로 삼는다는 것으로 탈식민주의의 기본 골격이기도 하다.

채만식 소설의 서사구조는 아주 특이하다. 당대의 작가들이 대부분 독창적 플롯에 입각하여 사건 중심의 점진적 구성을 하고 있었던 반면 채만식은 당대로서는 이미 한물갔다고들 생각한 판소리나 판소리계소설에서 흔히 볼 수 있는 긴장과 이완의 구조를 소설구성의 원리로 원용하고 있다. 물론 그것은 그 스스로 문학론에서 밝히고 있듯이 우리의 전통을 당대의 시대적 사회적 흐름에 맞도록 새롭게 고안해낸 것임에 틀림없다. 그렇다면 채만식이 긴장과 이완의 서사구조를 애용한 것은 탈식민주의 소설쓰기의 훌륭한 사례가 될 수 있다. 그것이 그의 대부분의 작품에 나타나는 특성이고 보면 전혀 근거가 없는 이야기도 아니다. 또한 그의 작품에 나타나는 긴장과 이완의 구조는 어느 작품에서도 규칙적으로 설정된 경우는 없고 약간의 변형된 형태로 나타난다.

채만식은 사실적 산문체와는 거리가 먼 설화체를 수용하고 시문체와는 거리가 먼 전라도 사투리를 즐겨 구사하고 있는 점에서 일종의 탈식민주의 소설쓰기의 방법을 구사하고 있는 작가라고 할 수 있다. 그는 민담이나 전통적인 이야기문학의 구연방식을 수용하여 마치 완숙한 이야기꾼이 청자에게 이야기를 들려주듯이 이야기를 서술해나가고 있다. 또한 그는 전라도 사투리나 토속적 언어를 구사하여 이야기를 더욱 생동감이 있게 해준다. 물론 그것은 양반이나 상류층의 언어라기보다는 하층민의 언어들이다. 특히 토속적 언어나 사투리를 해학적으로 사용하거나 욕설과 속담을 적절히 섞어 사용하고 있어서 이야기가 아주 구수하기까지 하다.

이러한 서사구조와 언술은 당시로서는 확실히 이단적이다. 그렇지만 새로운 것만을 추구하던 당대인들에게는 하나의 경종이 되기에 충분하다. 왜냐하면 채만식은 식민지 지배언술에 반기를 들고 탈식민주의 언술을 구사하고 있으면서도 충분히 리얼리티를 획득하고 있기 때문이다.

: 참고문헌 :

구인환, 『한국 근대소설연구』, 심영사, 1977.

권영민, 『한국 근대문학과 시대정신』, 문예출판사, 1983.

김용직 외, 『한국문학연구입문』, 지식산업사, 1982.

김윤식, 『한국 근대문학양식연구』, 아세아문화사, 1980.

______외, 『한국문학사』, 민음사, 1979.

김화영 편역, 『소설이란 무엇인가』, 문학사상사, 1986.

박동규, 『현대한국소설의 성격연구』, 문학세계사, 1981.

송현호, 『문학사기술방법론』, 새문사, 1985.

______, 『한국 현대소설론』, 민지사, 1986.

우한용, 『한국 현대소설구조연구』, 삼지원, 1990.

유려아, 「老舍와 蔡萬植의 比較硏究」, 정신문화연구원 박사논문, 1992.

이재선, 『한국 현대소설사』, 홍성사, 1984.

임형택, 『한국문학사의 시각』, 창작과비평사, 1984.

______외, 『한국 근대문학사론』, 한길사, 1981.

전형대 외, 『동편제판소리창본』, 한샘, 1991.

정한숙, 『한국 현대작가론』, 고려대 출판부, 1976.

조남현, 『한국 현대소설연구』, 민음사, 1987.

조동일, 『한국문학과 세계문학』, 지식산업사, 1991.

______외, 『판소리의 이해』, 창작과비평사, 1984.

채만식, 『채만식전집』 1~10, 창작과비평사(창작사), 1989(1987).

최원식 외, 『한국고전산문연구』, 동화출판사, 1981.

Bill Ashcroft, *The Empire Writes Back : Theory and Pratice in Post-Colonial Literatures*, London : Routlege, 1989.

Franz K. Stanzel, 안삼환 역, 『소설형식의 기본유형』, 탐구당, 1982.

Ian Watt, *The Rise of the Novel*, Berkley & los Angels : Univ. of California, 1974.

Jonathan Culler, *Structuralist Poetics*, Routledge & Kegan paul, 1975.

Paul Hernadi, *Beyond Genre*, Ithaca : Cornell Univ. Press, 1972.

R. Scholes & R. Kellogg, *The Nature of Narrative*, Oxford Univ. Press, 1979.

Tzvetan Todorov, *Communication 8*, Paris : Seuil, 1966.

Wayne C. Booth, *The Rhetoric of Fiction*, The Univ. of Chicago Press, 1970.

1930년대 소설과 김유정*

이정숙

1. 1930년대 시대 상황과 순수 서정세계에 대한 관심

1930년대 한반도의 상황은 만주 사변(1931), 중일 전쟁(1937), 태평양 전쟁(1941)으로 확산되는 일제 군국주의 하에서 그나마 형식적으로 주어졌던 문화적 자유가 유린되고 식민지 모순이 고착화되면서, 일제의 대륙 진출을 위한 본격적인 병참기지가 되고 있었다.

세계적으로도 1933년 경제 대공황과 이 때를 전후하여 파시즘이 대두되면서 전체적으로 암울과 억압의 분위기로 치닫고 있었다. 국내외적으로 이런 분위기 속에서 자유로움보다는 억압에, 여유보다는 통제에 익숙해지는 가운데 문학은 사회 개혁이나 정치에 대한 관심보다는 문학 자체에 대한 관심으로 방향 전환을 하게 된다. 이는 문학의 본질에 대한 관심과 추구라는 점에서 볼 때는 긍정적이지만 현실 회피 혹은

* 이 논문은 문학과 문학연구소 편 『한국 현대소설사』(삼지원, 1999)에 수록된 글 「순수 서정세계에 대한 관심」을 부분 수정한 글이다.

도피라는 면에서 부정적일 수 밖에 없다. 특히 카프의 해체 과정은 문학으로부터 정치 사회적, 이념적 관심을 추방하는 것에 다름 아니었고 그런 의미에서 1930년대 순수문학의 대두는 필연적인 면이 강하다. 프로 문학이 카프의 공식 해산을 계기로 '앉은뱅이 문학'[1] 혹은 일종의 후일담 문학으로 물러앉거나 '여진餘塵의 문학'으로 잔존하기도 하고 전향문학의 양상으로 변모하게 되기 때문에 이 시기를 가리켜 '이데올로기의 내재화'[2]라고 부르기도 한다. 이렇게 카프 해체 이전부터 강요된 시대적 분위기와 카프 해체 이후 강화되고 경직된 사상 통제 속에서 문학을 할 수 있는 거의 유일한 합법적 통로가 순수문학이었다. 일제의 입장에서 보면 문학가들의 순수문학 표방은 정치 사회에 대한 관심에 비하면 얼마든지 환영할 만한 일이었다.

그런데 이렇게 시대적·정치적·사회적 배경 때문에 어쩔 수 없이 문학 본래의 영역과 본질에 관심을 두게 되었다 하더라도 우리 문학의 분위기가 성숙되지 않았다면 1930년대 문학이 제 방향을 찾기는 어려웠을 것이다. 1920년대부터 시발된 우리의 근대 소설이 10여 년의 시도와 성장의 시간을 거치면서 비로소 고도로 세련된 감성과 지성을 바탕으로 언어의 미학적인 면에서 힘쓰는 순수문학이 나타날 수 있었다는 것은 확실히 우리 근대문학의 성숙에 힘입은 바 크다. 이러한 사정으로 볼 때 1930년대 순수 서정소설의 등장은 사회적 분위기, 작가의 관심의 전이와 문학적 성숙의 3박자가 함께 작용한 결과이다. 그리고 중요한 것은 순수 서정소설의 등장 배경에 이상과 같이 강요된 면이나 현실 회피적인 면이 있었다 하더라도 그 출발 이후 나타난 양상은 작가들의 기질에서나 나타난 작품의 수준에서 괄목할 만한 발전을 보였다는 점이다.

1 최재서의 용어로 안이하게 농촌상이나 빈곤을 취재하는 문학을 가리킴.

2 김윤식, 『한국 현대문학비평사』, 서울대 출판부, 1994, 145면.

특히 구인회의 활동은 순수문학에서 두드러진 존재이다. 일반적으로 구인회를 인적 구성면에서 볼 때 박태원, 김기림, 정지용, 이상 등에서 초점을 맞추면 모더니즘의 색채가 강하고 이태준, 이효석, 김유정[3] 등을 중심으로 보면 순수 서정의 세계를 강조한 예술파적 색채가 강하다.

구인회는 "순연한 연구의 입장에서 상호의 작품을 비판하여 다독 다작을 목적으로 하는 문인적 사교 그룹"[4]으로서 흔히 그 자체에 대한 평가보다는 구인회 회원들의 활발한 활동을 통해서 간접적으로 그 역할과 성과를 인정받고 있다. 이들의 문학에 대한 순연한 입장은 1920년대 후반 동경에서 결성된 '해외문학 연구회'의 성향이나 연구 태도와 이어지는데, 사실 '해외문학파'라는 명칭도 카프 쪽에서 붙여준 것으로 프로 문학 쪽에서 볼 때 이들 해외문학파는 민족주의 문학 쪽과는 또 달리 소小부르주아적이고 반동적이어서 대립되었다. 북한 문학사에서도 '해외문학파' '구인회' 등을 반동 문화단체로 보고 일제는 이 시기 그들을 극도로 비호하면서 그들의 활동을 백방으로 보장해 주었다고 비판하고 있다.[5] 문학에서의 정치성 배제와 문학 자체에 대한 관심의 표명이라는 점에서 구인회는 해외문학파와 그 맥을 같이 한다.

구인회의 구성원 중 이효석은 유진오와 더불어 지식인 소설이라고 할 만큼 쁘띠 인텔리적인 고민을 그리고 있기도 하지만 그 서정적인 문체로 의식적으로 자연에의 귀의를 강조하고 있으며, 이태준, 김유정 등에 이르면 고완적·토속적 정서를 상당한 수준으로 펼쳐 보이고 있

3 김유정은 1935년 『조선일보』 신춘문예 현상모집에 「소낙비」가 1등으로 당선되고, 『조선중앙일보』 신춘문예 현상모집에 「노다지」가 가작으로 입선되었으며, 그 해에 구인회 후기 동인으로 가입했다.

4 백철, 『신문학사조사』, 민중서관, 1963, 304면.

5 조선민주주의 인민공화국 과학원 언어문학연구소 문학연구실, 『조선문학통사』 하, 과학원 출판사, 1959, 89면.

다. 이렇게 문학 이외의 어떤 다른 목적을 띠지 않고 문학 본연의 자세를 견지하며 문학의 본질에 충실한 성향을 보여주는 일련의 작품들이 이 시기에 많이 나타나고 있다. 이들은 심미적 가치추구와 문학 자체에 대한 자발적인 열정의 순연한 넘쳐 흐름으로 요약되는 표현론적인 성향이 강하면서 이데올로기를 거부한다.

1935년 이후 『조선일보』, 『동아일보』 등에서 신춘문예에 의한 신인 등장이 많았고 『조광』, 『삼천리』 등 문예 월간지, 특히 1939년 발간된 『문장』, 『인문평론』은 현역 작가들의 활동무대이면서 신인들의 등용문이기도 했다. 이 때 등장하는 김동리, 계용묵, 김영수, 곽하신, 최태응, 정비석, 최인욱, 황순원 등에 이르면 토속적이고 순수한 서정의 세계를 통해서 소설의 본질과 수준이 한 차원 발전 하게 된다. 이들 작품에 나타난 자연과 더불어 살아가는 인간생활에서의 원형탐구나 토속적인 인간생활의 미화는 1930년대 한국소설의 주류적 경향을[6] 형성하게 된다.

그런데 이러한 신진 작가들의 순수문학적 경향에 대해 유진오는 「순수에의 지향」(『문장』, 1939.6)에서 신진 작가들이 구세대 문인들, 특히 30년대 프로 비평가들이 겪은 정신적 고뇌를 이해하지 못하고 오히려 그것을 희롱하여 세대 간 언어불통을 초래하게 했다고 신진작가들을 매도 비난하였다. 이러한 언어불통설을 계기로 김동리가 강력히 반발하여 『문장』지 중심으로 유진오, 김동리 간에 문학에 관한 순수 논의가 전개되는데, 당시 순수문학을 표방했던 사람들의 당당함과 소신 등 당시의 문학정신을 읽을 수 있다. 백철은 『신문학 사조사』에서 당시의 사정을 다음과 같이 기술하고 있다.

---

6 구인환, 『한국문학 그 양상과 지표』, 삼영사, 1982, 188면.

> 우리가 사조사상에서 이 논의를 회고할 때에는 대체로 이 시기에 순수 문제가 그처럼 문학계의 여론의 중점이 된 것은 문학이 그 현실 때문에 표현과 기교에 중점을 둔 것, 문학을 현실과 직접 관계가 되지 않도록 순수한 문학성의 문제로서 가져간 사실이다[7]

현실적・실천적 대응을 할 수 없었던 시기의 작품들이 가장 순문학적 수준이 높았던 사실은, 정치적 소외가 예술적 특질로 이어지는 낭만적 발상과 연결되어 강조할 만하다. 소설의 구인회 등을 중심으로 한 이 시기의 문학적 성과가 어떻게 이루어졌을까를 "논쟁이 사라지고 도식적인 이데올로기가 철수된 당시의 지적 풍토와 관련해서"[8] 살펴보았을 때 문학 본연의 자세를 견지하면서 순문학적 방향으로 자리 잡게 된 점은 불행했던 시대에 하나의 위로가 될 만한 현상이었다.

2. 1930년대 소설의 경향 분화

일반적으로 1930년대 소설에 나타난 현상은 1920년대와 비교해 볼 때 상당히 대조적이고 발전된 모습을 보여주고 있다.

첫째, 1920년대에 동인지의 발간과 동아, 조선 양대 신문의 발간을 계기로 문인들에게 발표 지면이 확대되면서 근대소설 성장에 커다란

7 백철, 앞의 책, 362면.
8 김병익, 『한국 문단사』, 일지사, 1974, 165면.

기틀이 마련됐다면, 1930년대에 들어서는 각 신문사에서 발간한 종합 교양지들이 그 역할에 가세하게 되었다. 동아일보사에서 종합지 『신동아』(1931.11 창간)와 여성 잡지 『新家庭』(현 『여성동아』 전신, 1933.1)을 발간하고 1933년 『조선중앙일보』에서 『中央』, 『조선일보』에서 『朝光』, 『女性』을 간행함으로써 이들 종합지와 단속적으로 창·폐간되는 문예지, 동인지들을 통해서 문인들의 체질과 성향이 정리되면서, 1920년대 동인지 시대의 다양한 주의 경향이 무질서하게 공서共棲하던 것과 다르게 다분히 질서있게 정돈된[9] 흐름을 형성하게 된다. 특히 1939년에 발간되는 『문장』과 『인문평론』은 한국 현대문학의 발달에 중요한 역할을 하였다. 『문장』지는 이태준이 주관하면서 고전적 시정신을 탐구하는 경향을 보이고 순수 문학에 비중을 두었으며, 『인문평론』은 평론가인 최재서가 주관하면서 비평정신과 산문정신을 지향하였다. 이러한 종합 월간지들과 문예지들을 통해 많은 문인이 등장하고 또 문인들의 수가 많아지면서 이 시기에는 발표 작품 수도 두드러지게 많아졌다.[10]

둘째, 1930년대 한국 현대소설사의 특징을 개괄적으로 살펴볼 때 두드러진 것은 시대정신을 반영하는 리얼리즘과 모더니즘이 두 기둥을 형성하고 있으며, 이들 두 주류를 중심으로 관심의 수직적 확대로 인해 나타나게 되는 역사소설이나 가족사소설, 수평적 전개에 따른 풍속소설이나 통속소설 혹은 도시소설, 농촌소설 등이 각기 나름의 영역을 이루고 있다는 점이다. 그런데 이상의 어떤 곳에 속하기보다 나름대로의 독특한 문학세계를 형성하고 있는 소설들이 특히 1935년 이후 많이 나타나면서 '순수 서정세계에의 추구'라는 공통점을 보여주고 있다. 특

9 위의 책, 145면.

10 1930년대 발표 작품 수는 1920년대의 3배에 이르고 있다(권영민, 『한국 현대문학사년표』, 서울대 출판부, 1987.5).

히 1930년대를 낭만주의와 탐미주의가 결합하여 토속문학을 형성한 시기라고 할 정도로 동반자 작가에서 벗어난 이효석과 이태준, 김유정, 김동리, 정비석, 김영수, 황순원 등에 의해 순수 서정세계에의 추구가 이루어졌다.

셋째, 서구문학과 그 이론의 수입이 보다 직접적으로 이루어졌고 그 영향력도 대단했으며 전문적인 비평가들이 등장하여 문예 이론의 수준도 심화되고 전문화되었다. 최재서를 필두로 김문집, 김환태 등 비평만을 전문적으로 하는 비평가들의 등장은 시대적 상황과 비평이 탈이념으로 되지 않을 수 없었던 사상적 배경 속에서 문예비평의 새로운 방법 모색과 서구 비평의 이론을 도입·소개·적용했다는 점에서 1930년대 문학을 더욱 풍요롭게 하였다.

넷째, 1920년대의 소설이 주로 단편소설이었던데 비해 1930년대의 소설은 장편소설이 주류를 이루었다고 일반적으로 말하고 있다. 그런데 장편소설의 경우 대개 일간지나 월간지에 연재소설 형식으로 게재되었으며 『흙』, 『삼대』, 『고향』, 『대하』, 『천변풍경』 등 뛰어난 몇 작품을 제외하고는 태작駄作이 많은 편이었다. 오히려 이태준이나 이효석, 김유정의 단편소설이 당대를 대표하고 있으며 한국소설의 수준을 높이고 있음을 생각해 볼 때, 작품 창작의 기술적 세련과 문학적 수준의 고양은 아무래도 단편소설에서 그 진가를 발휘한다고 할 수 있다. 1920년대에 비해 장편소설이 주류를 이루었고 소설론도 임화의 '세태소설론', 김남천의 '풍속소설론', '로만개조론' 등 장편소설 양식에 대해 집중적으로 논의되었던 데 비해, 순수 서정세계의 지향으로 특징지어지는 소설들이 대부분 단편소설이었다는 점은 주목할 만하다. 한편 당대의 대표적 평론가인 최재서는 한국의 지적 전통을 운위하면서 정지용이나 이태준에게 모두 지성의 결핍을 비판, 당시의 커다란 흐름이었던 고전론 혹은 복고사상을 서구적 지성의 입장에서 간접적으로 비판[11] 하고 있다.

순수 서정세계를 지향하는 소설들이 간혹 소설사의 주류에서 벗어나 있는 것으로 취급되는 것은 다음 몇 가지 방향에서 그 이유를 찾을 수 있다. 표면적으로 볼 때 이 소설들은 1930년대의 시대 사회적 환경 속에서 정치적 편향 혹은 전향 등 사상적·내면적 갈등과 일정한 거리를 두고 있었다는 점, 당시에 주류를 이루었던 시대정신Zeit geist인 사실주의와 모더니즘 어디에도 속하지 않았다는 점, 서구적 지성의 측면에서 순수 서정세계의 소설들을 비판적으로 보았던 점, 당시의 두드러진 특징이었던 장편소설 중심의 소설론에서 벗어나 있었다는 점 등이 그것이다. 백철은 1936년 이후 험난해진 정세에서 오히려 약 3, 4년간의 우리 문단은 의외로 계절 아닌 개화의 기期를 갖게 되었다고 하며, "그것은 일견 이상한 현상이었지만 현실적으로 어떤 민족적인 일을 할 수 없는 때이기 때문에 남은 희망과 기대가 문화 예술 방면으로 집중될 수밖에"[12] 없었다고 지적, 실제 작품의 수준이 그에 대응함으로써 실속을 겸하게 됨을 알 수 있다.

---

11 김윤식, 앞의 책, 165~166면.

12 백철, 앞의 책, 322면.

3. 1930년대 소설의 서정지향성과 그 양상

1) 김유정과 토속적 정취, 생래적 언어 미학

순수 서정세계를 그린 작품들에서 김유정을 중심으로 한 토속적 정취와 한의 미학은 대단히 주목할 만한 부분이다. 그의 순문학적 경향은 현실 도피의 차원이 아니라 생래적인 면이 강하기 때문이다. 1930년대에 주로 『동아일보』를 중심으로 활동했던 평론가 김문집은 조선어 전통론을 강조하면서 김유정의 정통적 언어 미학을 높이 평가하고 있다. 김문집의 이러한 '전통적 언어 미학의 발견'은 김유정 평가에 있어서 선구적[13]인 것이었다. "현하現下 조선문단의 가장 아름다운 신진작가요 근대 조선문학 수립 이래의 드물게 보는 언어 조선의 전통미를 살린 작가"[14]라고 하며 "전통적 조선 어휘의 풍부와 언어 구사의 개인적 묘미"를 강조하고 있다.

김유정의 소설에서 이렇게 절묘한 언어 구사와 유머, 토속성을 발견하지만 사실은 그것을 통하여 어떤 작가보다도 식민지 치하의 농촌의 궁핍상을 여실하게 묘파해 내고 있어서 독자는 씁쓸한 웃음 뒤에 이러한 농촌 현실을 야기한 그 무엇에 대한 강한 분노를 느끼게 된다. 「만무방」, 「금」, 「산골 나그네」 등은 이런 점에서 강한 현실 인식을 보여주면서 문학사회학적인 차원에서 작품을 고찰하게 하기도 한다. 그러나 그의 주인공들은 부조리의 대상에 대해 항의하고 분노하기보다 체념하고 순종함으로써 그 분노를 개인적 차원에 머무르게 한다. 그리고

13 김윤식, 앞의 책, 191면.

14 김문집, 「고 김유정군의 예술과 그의 인간 비밀」, 『조광』, 1937, 98면.

「동백꽃」, 「봄봄」 등의 초기작과 「가을」, 「땡볕」 등 대부분의 그의 작품에서 우직한 농민들의 생활과 감정을 목가적으로, 또는 토속적 정취와 유머, 한을 통해서 보여주고 있다. 이러한 한계와 특징이 김유정의 소설을 순수 서정세계에서 살펴보게 하는 소이이기도 하다.

> 이것도 사랑병인지 아까는 큰체를 하든 놈이 이제와서는 나에게 끽소리도 못한다. 항여나 여망있는 소리를 드를까 하야 속달게 나의 눈치만 글이다가
>
> "덕냉이 큰집이 어딘지 아우?"
>
> "우리 삼촌댁도 덕냉이 있지유?"
>
> "그럼 우리 오늘은 도루 나려가 술이나 먹고 낼 일즉이 가치 떠납시다"
>
> "그러기유"
>
> 더 말하기가 싫여서 나는 코대답으로 치우고 먼 서쪽 하늘을 바라보았다. 해가 마악 떨어지니 산골은 오색 영농한 저녁노을로 덮인다. 산봉우리는 수째 이글이글 끌는 불덩어리가 되고 노기 가득한 위혐을 나타낸다. 그리고 낮윽이 들리느니 우리 머리우에 지는 낙엽소리— 소장사는 쭈그리고 눈을 감고 앉었는 양이 내일의 계획을 세우는 모양이다. 마는 나는 아무리 생각하여도 복만이는 덕냉이 즈 큰 집에 있을 것 같지 않다.[15]

친구 복만이의 아내를 사 갔던 소장수가 중간에 나서서 계약서 쓴 것을 도와 주었던 나에게 와서 그 아내가 도망갔다고 찾아달라고 하여 따라 나서게 된 사정을 우직한 나의 시각으로 그리고 있다. 사 온 아내지만 정이 들어 아내를 찾아 헤매는 소장수도 우직하고, 없을 줄 뻔히 알면서 그러자고 나서는 나도 모두 우직하지만 차마 이들을 비웃을 수

15 김유정, 「가을」, 전신재 편, 『원본 김유정 전집』, 한림대 출판부, 1987, 180면.

없는 토속적인 유머와 한이 배어 있다. 이런 사연을 담은 산 속의 가을 묘사 또한 푸근하고 정겹다.

그 외에 「동백꽃」과 유사한 계열로 곽하신의 「신작로」(『문장』, 1941.2)는 시골 소년 소녀들의 풋사랑을 우습게 그러나 애잔하고 안타깝게 그리고 있으며, 최태응의 「바보 용칠이」(『문장』, 1939.4)는 머슴 용칠이가 다른 남자를 본 아내와 헤어지기로 작정하고 처가에 갔다가 끈끈한 부부애를 확인하며 파경을 이겨낸다는 소박한 시골 남녀의 이야기로 정비석의 「성황당」과 반대의 설정을 통해 토속적이고 순박하기만한 농촌 정서를 보여주고 있다. 최인욱의 「月下吹笛圖」(『조광』, 1939.4)는 윤호사라는 고사古寺에 정양을 온 소설가와 화가 사이에 싹트는 사랑과 화가인 여인의 죽음이라는 평범한 소재를 절이라는 탈속적 배경과 여인이 남기고 간 월하취적도라는 그림의 설정을 통해 신비하게 전개해 나가고 있는데, 몽환적·신비적인 면에서 김동리의 소설들과 통하는 면이 있다. 김동리의 초기작은 비과학적이고 토속적이며 초현실적 신비적인 공통점을 지니고 있는데, 이것은 현실에 대한 반동이나 현실 도피적 차원에서 나타난 것이 아니라 그의 성장 배경과 신념, 철학 등에서 자연스럽게 우러난 것으로 보인다. 김동리에 이르러 인간성 추구의 본격 문학이 이루어졌으며 1930년대 순수문학이 어떤 다른 대안으로 나타난 것이 아닌 순수 그 자체로 존재하게 된다.

2) 표현의 중시

1930년대에 나타난 순수 서정세계에 대한 관심을 순문학적 경향이라고 할 때 그것은 김유정을 중심으로 한 농촌의 비참한 현실과 함께 토속적 정취를 담은 한의 미학, 이태준을 중심으로 한 복고주의, 이효석을 중심으로 한 자연에의 귀의, 김동리, 계용묵, 정비석, 김영수 등을 중심으로 한 한국인 특유의 전통적 토속적 정취 등으로 나눌 수 있다. 그리고 이들에게서 공통인수를 찾는다면 언어표현과 기교의 문제를 들 수 있다. 언어에 대한 관심은 문학하는 사람이라면 누구나 갖게 되고 또 가져야 하는 문학의 본질에 속하는 것이지만 당시에는 이태준과 김동리를 통해서 두드러지게 강조되고 있다. 김동리는 「순수 논의」에서 "표현없는 정신 이것은 문학세계에 있어 언제나 순수의 적이다"라고 하면서 표현을 중시했는데, 이 점은 이태준의 소론과도 일치 한다.

> 그 내용에 그 형식이 소설의 이상이다. 내용이 형식에 승해도 병이요, 형식이 내용에 승해도 병이다. 내용만 맛보아도 잘못 읽는 것이요 형식만 맛보아도 못읽은 것이다. 그런데 대다수의 독자는 내용만을 맛볼 줄밖에 모르니까 소설도 표현이라는 점에 특히 주의를 하라는 것이다. 표현에 무관심하고는 그 소설에서 작가가 가장 애쓴 것의 하나를 완전히 모르고 나갈 수밖에 없을 것이다.[16]

> 소설의 표현 — 난조투어가 소용없다. 고담준론이 필요치 않다. 철두철미 묘사라야 한다. 설명적인 문구는 묘사에 자신이 없으니까 주석하는 것밖에 다른 의의가 없다.[17]

김동리가 쓰는 입장에서 표현을 강조한 것이라면 이태준은 읽는 입장의 독자의 자세로서 표현에 유의할 것을 강조하고 있다. 아울러 상허는

16 이태준, 『무서록』, 깊은샘, 1994, 71면.

17 위의 책, 73면.

모파상의 말을 인용하여 "기질에 맞는 것을 쓴 작가에는 상식 혹은 개념 이상의 창조가 있다"[18]고 믿어 작가로서의 기질을 더욱 강조하고 있다.

한편 백철은 1930년대 후반 김유정이나 계용묵을 가리켜 인생파로 명명, 이 인생파들이 "생활에 대하여 그것을 현실적으로 개척하고 추구하는 적극적인 것이 아니고 그 인생을 옆에서 방관하고 쓴 관조적인 태도의 인생파"라고 보면서 이들의 공통점은 그들이 현실적인 생에 대해선 적극성을 결缺한 사람들인 대신 그 생을 예술화하려는 의미성은 상당히 강했다는 것, 그래서 그들의 작품은 예술적인 것, 공장적工匠的인 것, 또는 차사借辭적인 것[19]으로서 나타나 있다고 하여 표현과 기교의 측면을 강조하고 있다.

3) 상고주의와 자연에의 귀의

이태준은 김유정과 이상의 추도회를 갖고 난 직후, 그들을 추모하며 쓴 글에서 김유정의 「봄봄」, 이상의 「날개」와 「권태」, 최명익의 「비오는 길」, 김동리의 「무녀도」, 이선희의 「계산서」, 정비석의 「성황당」을 가리켜 "다 그전에 보지 못하던 찬연한 작품들—쾌작들"이라고 극찬 "신인들이 이만한 작품을 내어 던지면 기성들은 신문소설에서는 별 문제거니와 아직 정통예술의 무대인 단편계에서는 섣불리 붓을 잡을 용기가 없을 것이다. 통쾌한 일이다"[20]라고 순문학의 수준이 향상된 데 대한 기쁨을 감추지 않았다.

이태준 문학의 본령은 순수문학이고 그의 말대로 정통예술의 무대

18 위의 책, 52면.

19 백철, 앞의 책, 330면.

20 위의 책, 49면.

인 단편소설에서 가장 빛나고 있다. "짜날리즘과의 타협이 없이, 비교적 순수한 나대로 쓴 것"이 그의 단편들이며 "내가 쓰고 싶은 것을, 내가 쓰고 싶은 때에, 내가 쓰고 싶은 투로 쓰는 것"이 그의 생활에서 "가장 질겁고 가장 안전하고 가장 신성하기도 한" 일이어서 "내 생활에 다소 가치가 있었다면 그 가치의 화폐가 곧 나의 단편들"[21]이라고 『가마귀』의 서문에서 밝히고 있다. 그의 단편은 그 서술의 기법이나 구조 및 언어 형태에 있어서 간결하고 적절한 것이 특징이다. 그의 순문학 추구는 기법면에서나 정신적인 면에서 공히 이루어지고 있다. 단편집 『달밤』의 '서'에서 "자꾸 고치자!— 기회가 있으면 평생을 두고 고칠 것을 결심하였다"[22]는 다짐에서 그의 기법에 관한 관심을 읽을 수 있고, 「복덕방」에서 볼 수 있는 노년의 서글픔과 그에 대한 연민이나 「돌다리」에서 볼 수 있는 부친의 흙에 대한 애정을 넘어선 경건한 신념에서 그의 상고적이고 복고적인 취향을 확연히 알 수 있다.

> 초시는 늙어가는 것이 원통하였다. 어떻게 해서나 더 늙기 전에 적게 돈 만원이라도 붙들어가지고 내 손으로 다시 한 번 이 세상과 교섭해 보고 싶었다. 지금 이꼴로서야 문화주택이 암만 서기로 내게 무슨 상관이며 자동차, 비행기가 개미떼나 파리떼처럼 퍼지기로 나와 무슨 인연이 있는 것이냐. 세상과 자기와는 자기 손에서 돈이 떨어진, 그 즉시로 인연이 끊어진 것이라 생각되었다.[23]

"몰락해 가는 구조선의 쓸쓸한 뒷모양과 그 애수"[24]를 느끼게 하는

21 이태준, 『이태준 전집』 1, 깊은샘, 1988, 18면.
22 위의 책, 17면.
23 이태준, 「복덕방」, 『이태준 전집』 2, 깊은샘, 1988, 43~44면.
24 최재서, 『문학과 지성』, 인문사, 1938, 180면.

안초시는 큰돈을 번다고 나섰다가 협잡군에게 사기를 당하여 결국은 자살을 하게 되는데, 세상과 잘 살아 보려던 일이 결국 죽음을 부르게 된다는 아이러니와 함께 그 과정에서 자신의 체면을 생각하는 출세한 딸의 태도는 시니시즘을 동시에 느끼게 한다. 「꽃나무는 심어 놓고」, 「아무 일도 없소」, 「산월이」 등에서 간접적으로 사회 비판을 하고 있지만 도시화와 산업화에 대한 비판과 함께 애잔한 페이소스도 함께 자아내고 있다. 상허는 이러한 상고적 기질과 순수성을 외면한 채 해방 후 정치성을 띠고 현실 참여를 하면서 문학적 파탄의 길로 접어들게 된다. 그가 월북해 간 북한문학사에서는 "그는 자기의 창작활동을 통하여도 실제의 리익 앞에 전적으로 복무하여 왔는바—"[25]라고 부정하고 있으며, 이태준류의 복고주의의 성행도 "그 계급에 의하여 대표되는 시대와 문화와 예술이 림종을 대할 때에 나타나는 고유의 현상"으로 파악하고 있다. 복고주의의 계급적 기반에 대해서도 "앞날에 대한 전망을 상실하고 삶의 의의와 가치를 오직 지난 날에 대한 향수에서 찾으려 하며 또는 과거의 망령의 의상을 빌어 전진하는 사회의 행로를 막으려 하는 반동적 생활층"[26]이라고 극도로 부정하고 있다. 북한문학사에는 1930년대 순수문학에 대한 언급은 거의 없고 부정적으로 비판하기 위한 대목만 강조되는데, 이런 면은 이태준 개인의 비극일 뿐 아니라 통일 후의 문학사에서 재조정되어야 할 부분이기도 하다.

순수문학에서 이태준부터 꼽게 되는 것은 이태준 자신의 기질적인 면과 취향 외에, 앞에서 잠깐 언급한 대로 순수 예술운동을 지향했던 구인회를 실질적으로 주도했다는 점과 일제 말 극한 상황으로 치닫던

25 조선 민주주의 인민 공화국 과학원 언어 문학 연구소 문학 연구실, 『조선문학통사』 하, 과학원출판사, 1959, 150면.

26 위의 책, 151면.

현실에서 비교적 순수문학을 표방하고 민족 문화유산을 옹호하고 전파하는데 주력했던 『문장』의 주간 및 편집 겸 발행인이었다는 데 있다. 『문장』지의 가치는 같은 시기에 발간되는 최재서가 주관한 『인문평론』과 비교해 볼 때 두드러지게 나타난다. 『인문평론』이 순수문학을 표방하면서도 일제의 식민지정책에 부응하여 친일문학적 경향을 보였고 총독부의 조선 어문 말살정책에 의해 1941년 폐간 이후 끝내 『국민문학』이라는 친일 어용 잡지로 된 것과 비교할 때 더욱 그 가치가 빛나기 때문이다.

이효석의 경우는 「메밀꽃 필 무렵」, 「산」, 「들」등에서 그의 유려한 문체와 함께 자연에 대한 귀의를 강조하고 있는데, 순수 서정세계는 그의 의식의 도피처이기도 했다.

> 나는 들이 언제부터 이렇게 좋아졌는지를 모른다. 지금에는 한 그릇의 밥, 한 권의 책과 똑같은 지위를 마음 속에 차지하게 되었다. 책에서 읽은 이론도 아니요, 얻어 들은 이치도 아니요 몇 해 동안 하는 일 없이 들과 벗하고 지내는 동안에 이유 없이 그것은 살림 속에 푹 젖었던 것이다. (…중략…) 자연과 벗하게 됨은 생활에서의 퇴각을 의미하는 것일까. 학교를 쫓기고 서울을 물러오게 된 까닭으로 자연을 사랑하게 된 것일까. 그러나 동무들과 골방에서 만나고 눈을 기어 거리를 돌아치다 붙들리고 뛰다 잡히고 쫓기고— 하였을 때의 열정이나 지금에들을 사랑하는 열정이나 일반이다. 지금의 이 기쁨은 그때의 그 기쁨과도 흡사한 것이다.[27]

> 공포를 만드는 것은 자연이 아니요, 사람의 사회인 듯싶다.[28]

27 이효석, 「들」, 『삼성판 한국 현대문학전집』 8, 삼성출판사, 1981, 187~188면.
28 위의 글, 197면.

버스럭거리는 나뭇잎 소리가 품 안에 요란하고 맑은 기운이 몸을 한바탕 멱감긴 것 같다. 산은 마을보다 몇 곱절 살기 좋은가. 산에 들어오기를 잘했다고 중실은 생각하였다.[29]

별로 신기할 것도 없는 평범한 행사요, 하루연만 그것이 항간이 아니고 산인 까닭에 순간순간이 기쁨에 차진 것이요, 감격에 넘치는 것이었다.[30]

인용문들은 모두 사람이 사는 사회 현실, 혹은 문명에 실망하여 외면한 채 자연에 파묻혀 마음의 평화와 육신의 평안을 누리게 되는 주인공들을 보여 주고 있다. 이들을 통해 자연에의 귀의를 강조하고 있는데, 자연 그 자체에 대한 찬양과 귀의는 정비석의 「성황당」(『조선일보』, 1937.1.14~26)에서 더 실감나게 묘사되고 있다.

순이는 나물을 캐다 말고 미라부리 사라진 먼 하늘을 고요히 우러러 보고 있었다. 그런 때에는 순이도 자연의 한 부분에 지나지 않았다. 산 속의 봄은 유난히 짧다. 뻐꾸기가 울어서 봄이 왔나 보다 하고, 한 겨울의 칩거에서 해방되어 산으로 오르기 시작하면 (…중략…) 할미꽃, 앉은뱅이, 진달래가 한물 지나고 도라지꽃, 제비꽃, 학이꽃, 범부채, 물구지, 소리채—가 먼저 다투어 필 무렵이면, 스러졌던 잔디밭에서도 새싹이 머리를 들고, 그러노라면 풀밭에서는 멈충이, 식세리, 귀뚜라미가 노래를 부른다.[31]

산과 동화의 상태를 이루고 있는 인용 부분은 이효석의 "산과 몸이

29 이효석, 「산」, 위의 책, 200면.
30 이효석, 「山精」, 위의 책, 231면.
31 정비석, 「성황당」, 『삼성판 한국 현대문학 전집』 18, 삼성출판사, 231면.

빈틈없이 한데 얼린” 「산」과 「들」의 한 대목을 방불케 한다. 산에서 남편 현보와 함께 숯을 구우며 사는 순이는 그녀를 탐내는 김주사의 모략으로 현보가 산림법 위반으로 잡혀간 뒤, 그녀를 좋아하는 칠성을 따라 산을 떠나게 된다.

> “이제 가는 데두 산이 많은가요?” 하고 순이는 물었다.
>
> “산이 머야! 들판이디! 그까짓 산 댈까!”
>
> “그럼 노루나 꿩 같은 건 없갔구만요?”
>
> “없구 말구”
>
> “부엉이랑 뻐꾸기 같은 것두?”
>
> “그 따우두 다 없어! 그래두 사람은 많디! 살기 좋은 곳인 줄만 알갔디!”
>
> “고사리, 도라지 같은 산나물은 있나?”
>
> “산이 없는데 그런 게 어떻게 있누! 글쎄 조심 마러! 썩 좋은 데 데리구 갈 터이니”
>
> 그러나 순이는 기분이 내키지 않았다. 가는 곳이 아무리 좋다 해도 산이 없고 나무가 없다면, 그 허허벌판에서 무엇에 마음을 의탁하고 살아간단 말인가?[32]

칠성이를 따라 나서며 나누는 위의 대화에서는 순이는 남편에 대한 그리움도 크지만 그보다도 산을 떠나 살 수 없다는 산에 대한 본능적 애정을 보여주고 있다. 그 때문에 칠성이를 도중에 따돌리고 산에 되돌아 와 풀려나온 남편 현보와 만난다는 행복한 결말을 맺고 있다. 이 작품은 유사한 다른 작품들인 계용묵의 「백치 아다다」(『조선문단』, 1935.5) 김영수의 「소복」(『조선일보』, 1939.1.1)과 달리 비극으로 끝나지 않는다. 여

32 위의 글, 244면.

주인공이 남편을 두고 다른 남자와 만나다가 남편을 죽게 하고 삶에서 중요한 것이 사람이라는 것을 뒤늦게 깨달아 소복을 한 채 남편의 무덤을 찾아가는 어리석은 용녀(「소복」의 경우)나 남편을 잃지 않으려고 돈을 바다에 던져 버림으로써 결국 남편의 손에 죽고 마는 어리석은 아다다와 달리 순이는 비슷한 상황에서도 당당하고 똑똑하고 기운차다. 「성황당」이 다른 두 작품과 달리 해피 엔딩으로 끝나는 것은 성황당에 지극정성으로 치성 드리는 주인공 순이의 당당함과 자연에의 애정에서 기인한 것이라고 볼 수 있다. 이외에 곽하신의 「失樂園」(『동아일보』, 1938, 신춘문예 당선)에서도 자연에의 찬양과 귀의를 볼 수 있다. 이 작품은 다분히 도회적인 체취를 풍기면서 낙원이라고 믿었던 곳이 인간에 의해 실낙원이 되고 마는 허망함을 나타내지만 자연에 대한 예찬은 처음부터 강조되고 있다.

> 땀을 빼고 숨을 헐떡거리면서도 이곳에까지 올라오기만 하면 (…중략…) 찌삶는 캄캄한 굴 속에서 후다닥 뛰어 나온 때와도 같았고, 가위를 눌리다가 벌떡 깨어난 때와도 같았다. 마음이 탁 터지고 정신까지도 번쩍 패어나는 것이다. — 나뭇가지 사이로 쳐다보이는 하늘 쪽을 들창으로 여길 수도 있고, — 매일같이 상대가 되어 주는 친한 동무이기도 하며, 평생 애만 쓰시다가 돌아가신 어머니의 품 안으로 여길 수도 있다.[33]

뜨거운 정열가로 T클럽을 만들어 몰래 기관지를 돌리다가 경찰에 붙들리게 되어 달아나 유랑생활을 하다가 돌아 온 내가, 병 때문에 정양을 온 곳에서 산에 올라 자연이 주는 위로와 친근감을 강조하는 부분이다.

33 곽하신, 「실락원」, 『삼성판 한국 현대문학전집』 18, 삼성출판사, 1981, 266~267면.

이효석의 「산」에서 세속(오해받고 구차한 마름 생활)을 피하여 산에 들어온 중실이나, 「들」에서 배신과 검거를 피해 자연에 묻힌 '나'나, 곽하신의 「실락원」에서 피신과 유랑 끝에 정양을 온 '나'나 모두 혹독하고 어두운 당대의 상황에서 일종의 현실 도피의 차원으로 자연을 찾고 있다. 효석을 비롯한 이들의 자연에 대한 목가적 동경은 결국 "인위적인 환경에 대한 공포와 배반에서 연유"[34]하고 있는 셈이다.

4. 순수 논의의 소설사적 의의

1930년대 말 유진오와 김동리 사이에서 거론되었던 순수 논의는 그 뿌리가 임화, 이원조 등에 의해 세대 문제가 거론되었던 데서 비롯한다. 이원조는 '신인론—그 문화적 본질에 관하여'(『조선일보』, 1935.10.17)를 발표하여 30대 중견 비평가와 20대 신진 작가 사이에 예각적인 대립을 초래하였고, 임화는 '신인론'(『비판』 10권 1·2호, 1939)에서 신인들을 비판, 신인들(주로 1935년 이후 등단한 20대 신진 작가들)이 문학에 대한 새로운 창조의식이 없고, 춘원, 민촌, 지용, 태준의 아류로서 조선의 문단이 기성복 시장 같이 싱겁고 심심하고 너절한 것이 되고 만다고 심하게 비판하였다.

여기서 30대 중견 비평가는 임화, 유진오, 이원조 등이고 20대 신진 작가는 김동리, 정비석, 김영수, 오장환 등이다. 이에 대해 신인들이 이들 중견 비평가들에게 반발, '신진 작가 좌담회'[35](『조광』 신년호, 1939), '신

34 이재선, 『한국 현대소설사』, 홍성사, 1981, 350면.

진 작가의 문단 호소장'[36](『조광』, 1939.4)을 통해 기성세대 불신론을 전개하게 된다. 이러한 기성세대 불신론이 유진오를 자극하면서 「순수에의 지향」(『문장』, 1939.6)으로 나타나 세대론이 순수 시비로 이어지게 된다. 유진오는 앞에서 밝힌 대로 이 글에서 30대 프로 비평가들이 겪은 문학정신의 정상적 발전을 위한 악전고투를 비난하는 신진 작가를 문단출세에 조급한 탓으로 폄하하면서 세대 간에 언어불통을 초래한 데 대해 비난하고 신인들이 자기만의 좁은 세계에서 벗어나 건전한 인간상을 찾아야 한다고 비판한다. 이에 대해 김동리가 신인의 입장에서 신인들을 옹호하면서 순수 논의는 본격적으로 전개된다.

재미있는 것은 김동리가 유진오의 순수에 대한 정의에 대해 전적으로 동의하고 있는 점이다. "순수라는 것을 생각하기에 요새보다 더 절실한 적이 없다. 순수란 별다른 것이 아니다. 모든 비문학적인 야심과 정치와 책모를 떠나 오로지 빛나는 문학정신은 본질적으로 인간성 옹호의 정신이다."라는 유진오의 말을 가재可哉 가재可哉라고 반복하면서 "이 순수야말로 이미 진실한 신인 작가들이 의연히 획득한 자기들의 세계"이며 기성 작가들의 "모든 비문학적인 야심과 정치주의에 분연히 대립하는 정신이며 그에 도전하는 정신"[37]이므로 기성 작가들은 반성해야 한다고 주장한다. 말하자면 순수문학의 정의나 문학의 본질에 대한 견해는 같이 하고, 문학 본연의 자세에 대해서도 정확히 파악하면서

35 신진 작가 좌담회에 출석한 작가는 박노갑, 현덕, 허준, 정비석, 김소엽, 계용묵이었고 박영준, 현경준, 김동리, 차자명, 김정한 등은 지방에 있는 관계로 참석하지 않았다. 좌담회의 내용 중 '기성 문단평'이나 '평단에의 불만'에서 이들 신진 작가들의 시각이 적나라하게 드러나고 있다.

36 '신진 작가의 문단 호소장'에 참여한 작가들은 김동리, 정비석, 김영수, 최명익, 차자명, 김소엽, 이운곡, 현경준, 박영준 등이다. 현 문단에 대해 하고 싶은 말을 토로한 이 글에서, '형가에의 진언'(정비석), '문단불신임안'(김영수) 등은 그 제목부터 이들의 불만을 드러내고 있다.

37 김동리, 「순수 이의」, 『문장』, 1939.8.

그에 대한 책임과 반성은 서로 상대방의 몫이라고 강조하는 셈이다.

문제는 세대론의 발단이 되었던 임화나 이원조의 발언이 신인을 빙자한 이전의 순수문학을 하는 사람들에 대한 비난이었다는 점이다. "카프계 비평가인 임화가 신인들을 빌어 그 스승격인 순수문학파 지도자들을 간접적으로 공격하는 한편, 이 시기 문단의 주류 형성에 이바지해 온 그들의 순수문학 노선을 전반적으로 비판할 계기로 삼은 것"[38]으로 볼 수 있기 때문이다. 임화가 조선의 역사와 현상을 강조하고 그에 대한 깊은 인식을 가질 것을 요구한 것이나 유진오가 신인들에게 순수를 계승하기 위하여 '좀더 시대적 고민 속으로 몸을 던짐이 어떤가'라고 권유하는 데서 그들의 의도를 엿볼 수 있다.

유진오의 다음 글에서 보면 순수 논의를 통한 그들의 열등감과 갈등의 일단을 볼 수 있다.

> 내가 말하는 소위 순수의 세계에 신인은 비교적 자연스레 도달할 수 있음에 반하여 과거에 일차 정치적 편향에 빠졌던 사람은 비상한 내면적 갈등 없이는 도달할 수 없음을 의미하는 것에 불과하였다. 이것은 결코 허구의 과장이 아니다. 나 자신 소화 9, 10년경(1934, 5년－필자 주)으로부터 소화 12, 13년경(1937, 8년)까지 이것을 경험하였고 그 때문에 나의 정력은 문화적 활동으로 향하지 못하고 도리어 내면적 갈등의 극복에 태반이 소비되는 형편이었다.[39]

유진오가 말하는 30대 프로 비평가들이 겪은 정신적 악전고투는 바로 '과거에 일차 정치적 편향에 빠졌던 사람의 비상한 내면적 갈등'이

38 김시태, 「순수문학」, 『한국 근현대문학연구입문』, 한길사, 1990, 147면.

39 유진오, 「대립보다는 협력을 요망－김동리씨에게 변답하여」, 『매일신보』, 1940.2.

었으며 그것이 그들로 하여금 순수의 세계에 자연스럽게 접근하는 것을 차단하고 있었던 것이다. 유진오는 이어서 김동리의 반감의 근원이 "과거에 있어 가장 '불순수'하였던 30대 작가가 '순수'의 간판을 떠메고 처음부터 '순수'로 자처하는 신인에게 적반하장식으로 도리어 순수 설교를 한 곳"에 있을 것이라고 인정하며 그들의 열등감을 그대로 노출, 협력을 요망하고 있다.

김동리는 이에 대해 30대의 작품 세계는 어떤 사조적인 우상적 이념에 지배되어 있음에 반하여 신진의 작품세계는 각자의 개성 내지는 생명의 구경究竟이 문제되어 있고, 30대의 작품 세계가 정치적・사회적・공리적・물질적인 대신 신진의 그것은 철학적・인생적・윤리적・영혼적인 것[40]이라고 정리, 자신들의 입장이 보다 순수문학의 본질에 접근하고 있음을 밝히고 있다.

순수 논쟁을 통해 유진오가 작가의 시대와 사회에 대한 책임을 강조한데 비해, 김동리는 문학을 문학 자체로서 이해하는 태도를 보이면서 기성 문인들을 비판하고 자신을 포함한 신세대 작가들의 주장을 당당하게 내세움으로써 정당성을 확보하게 된다. 이 논의는 "단순히 자기 세대의 문학정신을 변호하는데 그치지 않고 1930년대 주류를 이룬 순수문학의 예술적 의의를 밝힌 것으로 높이 평가"[41]될 수 있다. 그리고 순수문학의 근원이 어떻게 비롯되었는가에 대해서 진지하게 성찰하는 계기가 되었으며, 순수문학이 1930년대적 상황에서 배태될 수밖에 없었던 필연성과 한국문학의 내적 성숙성도 가늠하게 되는 기회가 되었다. 김동리는 이 때 주장했던 생명에의 구경과 인간 옹호, 즉 휴머니즘 정신이 그의 문학의 특징으로 자리잡게 되면서 이후 한국소설의 발전

40 김동리, 「신세대의 문학정신－신인으로서 유진오씨에게」, 『매일신보』, 1940.2.

41 김시태, 앞의 글, 149면.

에 결정적인 역할을 하게 된다.

1930년대 후반에 나타나게 된 순수문학은 애당초 사회 현실로부터의 소외와 도피에서 가능했지만 거기서 기인한 순수 서정세계에 대한 관심이 문학의 본질에 대한 관심으로 전이되면서 결과적으로 문학의 수준을 높이는 데 기여하였다. 1930년대라는 상황은 앞에서 살펴본 대로 매우 다양한 작품 세계와 다양한 작가들을 내포하고 그 다양성을 충분히 소화할 수 있었던 시기였다. 특히 순수 서정세계에 대한 관심을 보였던 작가들 가운데 1930년대 중반 요절함으로써 시대적 · 개인적 풍운 속에서 짧은 문학적 삶을 치열하게 살다 간 김유정, 식민지 시대의 재능 있는 작가로서 삶의 굴절을 겪으며 사회나 정치를 외면한 세계에서 자연의 신비 속으로 심미적 이주를 한 이효석, 해방 후 아픈 역사의 저 너머로 사라진 이태준 등 다변성을 내재하고 있는 여러 작가를 소화하고 있었던 성숙한 시대이기도 했다. 그리고 순수 논의에 참여했던 작가들 가운데 박노갑과 현덕, 차자명 등 일부 월북한 작가들 외에 김동리, 김영수, 박영준 그리고 1930년대에 시인으로 등단했다가 이후 소설가로서 본격적으로 순수 서정세계를 그리는 황순원 등에 의해 활발하게 이어지면서 순수 서정세계를 그린 한국 현대소설의 중요한 흐름을 형성하게 된다.

: 참고문헌 :

『삼성판 한국 현대문학전집』 8・18, 삼성출판사, 1981.
이태준, 『무서록』, 깊은샘, 1994.
______, 『이태준 전집』 1・2, 깊은샘, 1988.
전신재 편, 『원본 김유정 전집』, 한림대 출판부, 1987.

권영민, 『한국 현대문학사년표』, 서울대 출판부, 1987.5.
구인환, 『한국문학 그 양상과 지표』, 삼영사, 1982.
김동리, 「순수 이의」, 『문장』, 1939.8.
김문집, 「고 김유정군의 예술과 그의 인간 비밀」, 『조광』, 1937.5.
김병익, 『한국 문단사』, 일지사, 1974.
김시태, 「순수문학」, 『한국 근현대문학 연구입문』, 한길사, 1990.
김윤식, 『한국 현대문학비평사』, 서울대 출판부, 1994.
백　철, 『신문학사조사』, 민중서관, 1963.
이재선, 『한국 현대소설사』, 홍성사, 1981.
조선민주주의 인민공화국 과학원 언어문학연구소 문학연구실, 『조선문학통사』 하, 과학원 출판사, 1959.
최재서, 『문학과 지성』, 인문사, 1938.

유아독존적인 작가의 자기 파멸

김동인론

이덕화

1. 서론

우리 문학사에서 김동인은 이광수와 함께 근대문학의 아버지라 할 정도로 초기 근대문학의 토대의 발판을 놓은 작가이다. 소설이라는 제도를 통하여 독자들에게 이야기 세계를 소개한 사람이 이광수라면 김동인은 한 인간의 개성에 의해서 이야기 세계가 어떻게 달라지는 가를 보여준 작가이다. 김동인은 이광수의 계몽성에 반기를 들고 '아무리 천재적인 작가라 하더라도 자아를 말살시키는 것이어선 예술로서의 가치가 없으므로, 더 많은 多衆에게 다가가기 위해서는 그들이 '자기의 얘기'로 인식하도록 작품에 자아의식의 흔적을 남겨두는 일이 필요하며, 작품으로 많은 독자에게 다가가 그들의 의식을 이끌어가고자 했다.'[1]

한일합방 이후 나라를 잃은 망국민으로서, 근대화에 대한 강박관념은 모든 국민들에게 하나의 새로운 이슈가 되었다. 유교적 가부장적

1 김동인, 「小說에 對한 朝鮮사람의 思想을」, 『동인 문학전집』 10, 복지, 1986, 8면.

사회에서 막힌 폐쇄적 세계에서 새로운 개성을 발현할 수 있는 자유의 세계는 막연한 꿈이 아니라 강박관념이 되었다. 그래서 그 가부장적 세계를 벗어나기 위해서 아비를 부정하는 자유연애를 이광수는 주창하고, 유교적 가부장적 세계 속에서 짓눌려온 어린이들을 해방하기 위해 방정환은 어린이날을 발의했다. 그리고 김동인은 한 인간의 개성이라는 것이 무엇인가를 소설을 통해서 보여주려고 한 작가였다.

이광수가 소설이라는 수단을 통해 자기 헌신을 통한 범인류애 정신을 이루려고 했다면, 김동인은 개성의 발견 즉 자기 발견을 통한 참 자아에 이르는 도정이 바로 문학이라는 근대정신의 한 핵을 보여주고 있다.「붉은 산」,「배따라기」,「발가락이 닮았다」 같은 작품에서는 김동인은 한 인간의 성격이 어떠한 삶에 이르게 하는가의 도정을 문학 형식, 즉 플롯을 통해서 보여주고자 한 작가였다. 이광수의『사랑』,『재생』등의 작품에서 보여준 자기고난을 통한 범 인류의 구원으로 나아가는 정신세계는 타인을 위한 자기 확대로 훌륭한 측면이 있지만, 김동인이 강조한 참자아를 알지 못한 상태에서 자기 헌신은 결국 거짓 헌신으로 현실의 논리에 의해 움직일 수밖에 없다.

우리나라 작가로는 최초로 부인 김경애 여사의 발의로『조선일보』에서 김동인 문학상을 지정한 이후 김동인에 대한 연구는 모두 찾아 읽을 수 없을 정도로 방대한 양이다. 그러나 김윤식이『김동인 연구』라는 책을 통하여 종합적인 김동인 연구를 선보인 후, 대부분의 연구자들의 연구는 김동인의 대표작이라고 하는 특정 작품이나, 역사 소설 연구에 집중되어 있다. 또 연구 관점 역시 김동인의 미의식 연구나, 예술지상주의적 관점, 혹은 심미주의, 자연주의, 역사의식 등 치우친 연구가 많았다.

김동인의 문학사적 공적은 우선 최초의 순 문예종합지『창조』의 창간이다. 『창조』를 통하여 그전 세대 이광수 최남선의 계몽주의적 문학이 가지고 있는 공리적인 문학이 아닌 순수하게 문학 작품으로서의 순수한 목적, 작품의 미적 감동을 위한 문학을 주창한 것이다. 두 번째는 작품을 통해 보여준, 근대성의 한 특징인 개성의 발현으로서 창작을 보여준 것이다. 물론 문학사적으로 나열하자면 김동인의 공적은 끝이 없을 것이다. 그러나 그 많은 공적 중에서 연구자가 눈여겨 본 것은 김동인은 문학을 통하여 무엇을 이루려고 하였고 실패하였나를, 또 김동인이 근대 소설이라는 것을 어떤 개념 아래, 어떻게 형성되었는가를 이광수와의 관계 속에서, 특히 김동인의 「春園硏究」를 바탕으로 읽어보려고 한다.

2. 근대의식과 자아 각성

김동인의 『약한자의 슬픔』(1919.2~3)이나 『마음이 열은 자여』(1919.12)와 같은 초기 작품에서 그리고 「專制者」(1921.3), 「딸의 業을 이으며」(1927) 등에서, 김동인은 유교적 가부장적 세계에의 횡포에 의해서 비참해지는 여성의 운명을 그리고 있다. 김동인은 초기 작품들에서 근대문학이 가지고 있어야 할 '개성의 발현' '개체화'에 의한 문학적 형상화가 어떤 것인지를 분명히 보여주고 있다.

김동인은 '아무 사람에게나 가득 차 있는 에고이즘, 즉 自我主義 이것에서 예술이 출발하며 극도의 에고이즘이 한번 변화 한 것이 참사랑'이라고 했다. 자기를 대상으로 '참사랑'이 없으면 자기를 위하여 자기의 세계인 예술을 창조할 수 없다.'고 했다.[2] 그렇다면 김동인에게 예술은 무엇인가. 또 김동인은 「朝鮮近代小說考」[3]에서 '나의 욕구는 모두 미다. 미는 미다. 미의 반대의 것도 미다. 사랑도 미다. 미움도 또한 미다. 선도 미인 동시에 악도 또한 미다. 가령 광범위한 의미의 미의 법칙에까지 위반되는 자가 있다 하면 무가치적 존재다. 이러한 악마적 사상이 움돋기 시작했다.' 고 했다. 이 두 가지를 합쳐 생각하면, 결국 일상적인 모든 희로애락을 통해서 에고이즘을 극복한 참 자기를 발견하는 것은 예술이요. 그것이 예술의 궁극적인 목적이라는 것이다.

김동인에게 초기 창작의도는 자기 폐쇄적인 에고이즘을 극복, 자기를 사랑하기 위한 자기 확대의 문학이라 할 수 있다. 김동인은 자기 자서전적인 여성편력을 그린 작품 「여인」(1929)에서 일본여인과 서양남자 사이에서 난 소녀 메리를 혼자 짝사랑하다, 소녀가 자취도 없이 사라진 이후 '말없고 우울하던 소년'이 죽을 힘을 다하여 자기의 성격을 쾌활하고 천하태평의 청년으로 변케 했다고 쓰고 있다. 김동인의 말없고 우울한 성격은 여러 작품의 인물의 특징으로 드러난다. 김동인의 첫 작품 「약한자의 슬픔」에서도 김동인의 그런 성격적 특징을 주인공의 인물의 특징으로 삼고 있다.

「약한자의 슬픔」에 나오는 엘리자베스는 한미한 집안 출신의 고아이다. 그녀는 남작집에서 입주 가정교사를 하며 R 학당이라는 여학교를 다닌다. 김동인은 여학생이 가지고 있는 부끄러움과 삐침, 한미 집안 출신으로 인한 성적 무방비를 엘리자베스의 개성적 특징으로 잡고 있다. 이 작품의 인물의 개성으로 잡고 있는 부끄러움을 잘 타고 잘 삐치고 그래서 다소 환상적인 인물의 특징은 바로 김동인의 특징이다. 두

2 김동인, 「자기의 創造한 世界」, 위의 책, 178면.

3 김동인, 『동인 문학전집』 16, 복지, 1986, 32~33면.

번째의 작품, 「마음이 옅은 자여」 역시 비슷한 인물 유형이다. 이 작품의 주인공 K의 성격은 신경질에 공상가, 감상적 성격을 가진 청년이다.

김동인 이 두 작품에서 이런 특징적인 인물들을 통해서 자기 발현의 서사를 보여주고 있다. 「약한자의 슬픔」에서는 엘리자베스의 남작에 대한 줏대없이 갈팡질팡하는 성격이 두드러지게 나타나며, 「마음이 옅은 자여!」에서는 아내가 있는 자신의 처지를 망각하고 약혼한 애인을 원망하고 저주하는 K의 자기중심적인 특징들이 서사를 통하여 잘 드러난다. 그러나 이 두 작품들에서 서술자는 유교적 가부장제 횡포를 비판하는 보편적 근대주의자이다. 서술자와 인물간의 긴장은 서술자의 보편적 근대의식으로 이끌려는 욕망이 더 크기 때문에 인물에 의한 철저한 반성에 의해서 서사가 이루어지는 것이 아니라, 서술자의 욕망, 유아독존적인 기질에 의해서 해결되는 서술 형태를 보인다. 그래서 서사 속에서 필연성이 부족한 비약이 이루어지는 부분이 많다. 「약한 자의 슬픔」에서 처녀인 엘리자베스가 남작과의 첫 성적인 관계에서조차 아무런 의지를 보여주지 않다, 마지막 부분에서 남작에게 소송을 하기로 하는 결정은 전체 서사의 문맥에서 필연성이 부족하다. 그러나 철저한 반성은 이루어지지 않더라도 자신에 대한 반성이 이루어진다는 것은 자아의 확인 과정을 통해 인물의 자아의식을 보여주기 위한 작가의식의 소산이다.

초기 김동인 작품의 인물들의 특징들은 김동인 자신이 극복해야 할 성격적 요인으로 스스로 인식하고 있는 듯했다. 그 이후 발표된 작품에서는 부끄러움을 타고 감상적이고 우울증의 특징을 보여주는 선병질적인 인물유형과 어디에서나 무난한 대인관계를 유지하는 바람직한 인물형 두 유형의 인물을 동시에 보여주기도 하지만 위의 초기 작품들에서 만나는 비슷한 유형의 인물들이 많다.

> 末梢神經만 날카롭게 된 현대에 처하여 金庾信이나 洪允成과 같은 대담무적한 행동을 못 받는다 하는 것은 至難한 일일지도 모른다. 그러나 본받으려고 노력만이라도 하여야 할 것이다.[4]

김동인은 자신의 작품 속에 자신의 성격을 닮은 인물의 개체화를 통해 에고를 초월해 있는 참인간, 자신의 이상적인 김유신이나 홍윤성을 닮은 대담무쌍한 행동으로 나아가는 인간형을 새롭게 창조하려고 했다고 할 수 있다. 대담무쌍한 강렬한 개성의 인물형은 「대수양」, 「운현궁의 봄」에서 선병질적인 부끄러움을 극복한 대담한 현실 주도형의 인물이 나타난다.

「배따라기」(1921.5)에 나오는 형 역시 위의 인물형과 비슷한 질투가 심하고 의심이 많은 선병질적인 인물이다. 이 작품 역시 주인공 인물의 성격에 의해서 발생하는 전형적인 사건을 다루고 있다. 「배따라기」에서는 아내에 대한 질투로 형이 아우와 자기 아내를 의심함으로써 돌이킬 수 없는 운명적인 사건이 발생한다. 그로 인해 아내는 대동강에 빠져죽고 아우가 집을 나간 후 동생을 찾아 평생 헤매는 이야기이다.

엘리트가 공장 직공으로 들어가 노동자들과의 심리적 갈등을 다룬 「배회」 역시 작품 속의 사건들은 개성적 자아에 의해서 일어나는 전형적인 사건들을 다루고 있다. 「遺書」(1924), 「명문」(1925), 「정희」(1925) 역시 마찬가지 유형의 작품들이다.

이런 작품들에서 공통적인 것은 김동인은 새로운 사상, 유교적 가부장제의 횡포나 외래 사상의 영향을 받았으나 설익음에서 오는 부작용 등을 서술자를 통해서 전달하고자 한다. 또 인물을 통해서는 자아각성

4 김동인, 「氣槪」, 『동인 문학전집』 10, 301면.

의 의지를 전달하고자 한다. 위의 작품들에서 보여주는 인물유형에 따른 전형적 사건은 현실적 전락과 자아각성이라는 분열을 통해 근대성을 보여주고자 했다.

그러나 평양 거부의 아들 김동인은 술과 기생과 낚시질 등으로 이어지는 방탕한 삶을 보내는 동안 그 많은 재산을 날리고 1926년 1월 가산을 정리하여 남은 1만 5천원을 마지막으로 관개사업을 벌였다. 그러나 당국의 허가를 얻지 못함으로서 그마저 실패하고 만다. 나마지 재산정리를 부인에게 맡기고 서울로 가 마작으로 세월을 보낸다. 1927년 부인마저 가출하자 건강이 악화되어 병원에 입원했으나 불면증으로 고생한다. 이 때 발표한 작품이 「광화사」, 「광염소나타」이다. 「광화사」와 「광염소나타」는 초기 김동인의 개성의 자기발견을 통한 참자아의 세계를 나아가려는 목적과는 달리 김동인의 유아독존적인 성격에 의해서 세계를 자신의 마음대로 재단하려는 경향들이 나타나면서 작품은 파탄으로 치닫는다.

3. 미적 통일과 유아독존

김동인은 자신의 문학관인 성격의 통일을 통한 작품 전체의 통일성을 견지한 작품은 성공한다. 그러나 유아독존적이고, 자아중심적인 자신의 성격에 의해서 작품이 끌려가는 경우, 작품은 파탄에 이른다. 「배따라기」, 「발가락이 닮았다」, 「붉은 산」 등의 작품들은 인물의 성격의 통일성과 미적 통일성을 보여주는 작품들이다. 작품에서 성격의 통일성을 견지한 작품은 작품의 미적 통일성을 보여준다. 그러나 김동인의 인간에 대한 편견을 보여준 몇몇 작품에서는 김동인의 유아독존적인 성격이 작품을 파탄에 이르게 한다.

「발가락이 닮았다」는 의사인 화자가 초점 인물의 심리적 갈등을 지켜보는 인물이다. 초점 인물의 갈등을 전달하는 중개자가 의사이기 때문에 더욱 더 작품의 현실이 설득력을 지닌다. 결혼은 했지만 한 때 젊었을 때의 성적방랑으로 인해 아내에게 임신을 시킬 수 있는지에 대한 심리적 갈등을 지켜보는 관찰자로서 화자는 의사이기 때문에 권위를 가진다. 화자는 초점 인물의 심리적 갈등만 묘사하고 있을 뿐, 전혀 화자 자신의 견해를 피력하지 않아도 의사이기 때문에 권위를 지닌 화자로서의 역할을 수행한다. 그런 서서 과정을 통해서 인물의 성격을 훌륭하게 드러낸다. 성격의 통일을 통해서 미적 통일성을 드러낸 작품이다.

「배따라기」 역시 형과 동생의 성격이 잘 드러나는 작품이다. 형은 성격이 깐깐하고, 소심하고 자기 자신이나 아내에게 충실한 인물이다. 그러나 동생은 형과는 정반대의 성격으로 잘 생긴 호남형의 인물로 여성에게 친절하다. 화자의 아내에게도 형수 이상으로 잘 대해준다. 화자는 그런 동생이 마음에 걸리는 인물이다. 그런 어느날 장날에서 아내에게 선물할 거울을 사서 집으로 왔을 때, 아내의 옷이 반쯤 벗겨진 채, 아우와 쥐를 잡는다고 허둥대고 있는 장면을 목격한다. 그렇지 않아도 잔뜩 의심을 품고 있던 형은 끓어오르는 분노를 참지 못하고 두 사람을 휘둘겨 팬다. 집을 뛰쳐나온 아내는 그 후 바다에서 익사했고, 아우도 그 일로 인해 집을 나가 방랑 생활을 한다. 형 역시 아내나 아우에 대한 회한으로 아우를 찾아 배따라기 노래를 부르면서 떠돌아다닌다는 내용이다. 이 작품 역시 형과 아우의 다른 성격으로 인한 오해에서 비롯된 조그마한 잘못으로 회한의 세월을 보내는 안타까운 정서를 통일성있게 잘 형상화한 작품이다. 이 작품에서 김동인이 주목한 것은 인물의 성격에 의해서 일어날 수 있는 서로 간의 오해를 플롯화한 것이다. 즉 조그마한 오해로 인해서 인생이 파탄 날 수 있음을 회한의 정서로 보여주고 있다.

그러나 「감자」, 「광염소나타」, 「광화사」 등에서는 위의 작품들처럼 작품의 통일성이 인물의 성격에 의해서 규정되는 것이 아니라, 작가가 작품 속의 인물을 인형 조정하듯이 현실의 매개없이 작가의 세계관에 의해서 인물을 조정한다. 김동인의 유아독존적인 성격이 그대로 드러난다. 김동인의 유아독존적인 성격은 소설을 창작하는데, 김윤식이 말한대로 인물을 인형조정하듯이 소설 속의 필연성이 없는데도 인물을 죽음으로 몰아간다.

일테면, 「감자」에서는 규모있는 집에서 태어난 복녀는 남편의 게으름으로 생계마저 힘들자, 칠성골 거지들에서부터 송충이 잡는 잡업장 반장을 거쳐 감자밭 주인 왕서방에게까지 몸을 팔다 결국 왕서방이 잘못 놀린 낫에 죽음을 당한다. 복녀의 죽음을 미끼로 왕서방과 남편의 돈거래로 복희의 죽음은 처리된다. 대강의 줄거리에서 알 수 있는 것처럼, 김동인은 복녀라는 규모있는 집안 처녀도 이렇게 타락할 수 있음을 서사 과정에서 보여 주려고 했다. 이 작품에서는 복녀라는 인물을 몰개성으로 만들어 버렸다. 단지 정조도 없고, 의식도 없는 몰지각한 일개 한 여성의 타락을 그렸다. 규모있는 집안의 여성조차 정조관념이라는 것은 없다. 평상시 김동인이 가지고 있던 여성에 대한 자신의 편견을 그대로 드러낸 작품이다. 복녀라는 여자를 생각 자체가 없는 생존본능을 따라 움직이는 형편없는 여자로 만들었다.

이 작품은 1925년 『朝鮮文壇』에 발표한 작품으로 그 잡지를 주도하고 있던 프로문학계를 염두에 둔 때문인지, 하층민의 삶을 소재로 선택하고 있지만, 하층민은 윤리도 정조도 없이 세상과 타협하고 살아가는 비속한 인간으로 대상화함으로써 김동인이 보여주려던 참자아의 모습은 더욱 더 멀어졌다.

김동인의 여자에 대한 편견은 「春園硏究」에 그대로 드러난다. 『재생』의 여자 주인공 순영을 분석하며 다음과 같이 여성에 대한 비하 발언을 한다.

> 순영 — 그는 밋숀. 칼레지라는 이름으로 불리는 어떤 학교의 전형적인 여성이다. 허영심이 꽤 많고 정조에 대하여 분명한 관념을 못 가졌고, 눈이 높고, 그러면서도 판단력과 이지가 결핍된 — 가장 전형적의 여성이다.[5]

그러니까 대부분의 여성은 이지와 지성을 가지지 못한 허영심이 많고 정조에 대한 자신의 주체적 의식이 없는 인간으로 보고 있다. 이런 김동인의 여성에 편견을 가장 잘 드러낸 작품이 「김연실전」이다. 이런 김동인의 편견은 유아독존적 의식과 이어져 자신이 그토록 「春園硏究」에서 성격을 무시하고 외도를 하게 했다는 이광수에 대한 비판을 자신이 그대로 이어오고 있다. 「명문」의 전주사가 하나님의 뜻이라는 명목 아래 어머니를 죽게 한다든가, 「유서」에서 친구 아내의 방탕을 견디지 못해 남편이 아내를 죽음으로 몰아가게 한다. 「광화사」의 눈먼 소녀 역시 솔거와의 하룻밤의 정사로 인간의 순수성을 잃었다고 화자는 소녀를 죽음으로 몰아간다. 김동인의 결벽증은 여성들의

5 김동인, 「春園硏究」, 『동인 문학전집』 4, 324면.

성적인 타락을 윤리적인 타락으로 단죄하는 작품들이 많다. 여성들의 성적인 타락을 윤리적으로 단죄하는 것까지는 이해하지만 ,작품 속에서 일방적인 죽음으로 몰아가는 것은 김동인의 유아독존적인 성격에 의한 것이다. 이런 작품의 특징들은 엄격한 유교적 가부장적 사회에서 참으로 생경한 것이었고 낯선 것이었다. 독자들조차 받아들이기 힘든 것이다.

4. 김동인과 이광수

김윤식은 김동인에게 있어 극복해야 할 인물 세 사람을 꼽고 있다. 김동인의 맏형, 김동원과 친구 주요한, 선배 문인 이광수를 꼽고 있다.[6] 그 중 맏형 김동원은 사업가이며 민족지도자였다. 자신과 너무나 다른 길을 가기 때문에 감히 넘볼 수 없는 존재다. 평생 닮고 싶은 존재이지만, 너무 멀리 있다. 주요한 역시 시인이며 작품 창작보다는 대 민족적인 수양회 일로 자신과는 다른 길을 걷고 있다. 김동인이 끝까지 맞수로 생각한 사람은 동료 작가인 이광수였다. 결국 세 사람을 합친 인물이 이광수로 이미지화되어 평생 이광수를 따라 잡는 것이 김동인의 삶의 목표였다.

문학에서 『창조』를 통하여 이광수를 따라 잡은 듯했다. 그것은 『창조』 2호부터 이광수를 동인으로 끌어 들이지만, 이광수의 소설을 『창

6 김윤식, 『김동인 연구』, 민음사, 2004.

조』 9호로 폐간될 때까지 한 번도 싣지 않았다는데 증명이 된다. 그렇다고 해서 김동인의 마음은 편하지 않다. 그의 형 김동원이나 주요한, 이광수가 자신이 그렇게 소중이 여기는 참 예술을 아랑곳 하지 않는 태도에 그는 불안을 느낀다. 김동인은 김동원이나 주요한을 닮기 위해 사업에 뛰어들기도 한다. 그러나 자신의 오만 불손한 성격으로 할 사업이 아니라는 것을 깨닫는다. 그는 또 그들의 다른 사람들과 타협하며 사는 그들의 삶을 닮아가기 위해 방탕한 생활도 해보았다. 그러나 그것도 실패한다. 그는 근대문학을 논하면서 근대 인간에 무지하기 때문이었다. 근대 인간은 이기적 목적에 의해서 끊임없이 움직이는 존재다. 그는 「春園研究」를 통해서 자신의 문학이 이광수보다 한 등급 높다고 판단했지만, 그것은 문학 안에서 뿐이었다. 문학 속에서는 자신은 인형조정설을 통하여 모든 것을 조정할 수 있는데, 문학 밖에서는 이광수를 따라 갈 수 없었다.

해방 이후 김동인은 문학 한 길만을 걸어 온 소설가로서의 수모를 다음과 같이 피력했다.

> 세상의 하구 많은 그 직업 가운데서 소설 쓰는 것을 직업으로 택하여 가지고 이 길에 정진하기를 1918년부터 오늘(1945)까지 무릇 이십팔년－삼십년에 가까운 세월을 산업을 모르는지라, 어버이에게서 물려받은 유산은 삽시간에 탕진하고, 가난한 살림을 가난하기 때문에 받은 온갖 고통과 불만과 수모를 받으며 그래도 이 길 뿐을 지켜온 나였소. 가난한 데서 생기는 이 수모, 소설장이라는 데서 오는 이 수모－면역이 되었지만－받았소. 가족에게까지－형제에게까지－심지어는 내게 돈을 지불해야할 出版業者에게까지, 또는 책장사에게까지.[7]

인용문에서 보여주는 것처럼 오만하기로 소문만 김동인으로서 소설가로서의 길은 곧 수모의 길이었다. 인용문에서는 소설가로서 한 길을 간 것으로 자처하고 있지만, 직장 생활도 견뎌내지 못하고 사업가로서 성공하지 못한 김동인으로서는 어쩔 수 없이 갈 길이 소설가의 길밖에 없었다고 할 수 있다. 그런 그가 문학 속에서는 이광수를 얼마든지 능가할 수 있지만, 문학 밖의 다른 이광수의 활동은 따라 잡을 수가 없었다. 문학으로 경쟁하는 길밖에. 문학 속에서나마 주위의 모든 것을 지배하며 살아가고 있는 이광수의 길을 따라가는 것이라고 자신의 삶의 목적을 바꾼다. 자신의 삶과 문학을 이광수와는 다르지만 같이 닮아가는 목표로 살아가고자 했던 것이다. 이에 대한 구체적인 것을 작품과 삶을 통해 살펴보자.

김동인이 초기 작품에서 드러나는 김동인을 닮은 부정적인 인물형으로 묘사한 「배따라기」에서의 형이나 「배회」에서 A의 상대적 인물형은 어떻게 작품 속에 형상화되어 있는가를 살펴보자. 「배따라기」에서 '아우는 시골 사람에게는 쉽지 않도록 늠름하고 바닷 바람을 씌었는데도 얼굴이 희다'고 표현되어 있다. 또 아우는 주인공의 아내뿐만 아니라 모든 여성에게 친절하고 인기가 있을 뿐 아니라 고을서 첩을 두고 있다는 소문까지 있는 인물이다. 이런 인물상은 「徘徊」(1930)에서도 비슷하게 형상화되어 있다. 「배회」를 잠시 인용해 보자.

> A는 B를 부러워하였다. 아무런 일에 처하여도 자기의 본심만은 잃지 않는 B는 어떤 의미로 보아서는 A에게는 영웅으로까지 비치었다. 아무런 일이든 B는 그 일이나 마음을 지배하였지 거기 지배당하지는 않았다. 꼭 같은 일을

7 김동인, 「亡國日記」, 『동인 문학전집』 10, 72~73면.

A와 B가 할지라도 A에게 있어서는 〈그 일에 끌려서 행하는 것〉에 반하여 B는 〈그 사건을 지배〉 하였다. A에게는 B의 그 점이 몹시 부러웠다.[8]

「배회」에서 A가 부러워하는 B는 공장에 같이 근무하는 여직공들과 성적인 관계를 꺼리지 않으며, A에게도 스스럼없이 외박을 강요하는 인물형이다. 김동인은 작품 속에 형상화된 자기를 닮은 부정적인 인물형을 통해 자신을 극복하고 좀 더 그 당대가 선호하는 나름대로의 바람직한 인간형으로 자신을 확대하고 싶었을 것이다. 즉 자기 폐쇄적인 자기 세계를 탈출해 이광수를 닮은 좀 더 당대가 요구하는 어떤 집단에서도 선호하는 그래서 그 사람들을 지배할 수 있는 인물이 되고 싶었다고 할 수 있다. 그래서 김동인은 작품을 통한 행적뿐만 아니라 심지어 타락까지도 자신 극복을 위한 또 다른 행로이었다고 추정할 수 있다.

부잣집 귀공자로, 어머니의 사랑을 독차지한 소년, 그래서 유아독존적이고, 독단에 가득찬, 부끄러움을 많이 타고 공상적이고 신경질적인 소년, 기독교의 교육과 도학적 교훈으로 결벽증으로 기생을 더럽게 여기고 신여성을 두려워하는 김동인은 문학 행위를 포함한 자신의 전 생을 통해 자기 폐쇄적인 자신을 극복하는데 바쳤다고 할 수 있다.

김동인은 『창조』가 9호로 폐간된 후 한동안 스스로가 말한대로 타락의 길을 걸었다. 이 타락의 길조차 자신을 시험하는 기간이었다. 김옥엽이나 황경옥 등의 기생을 지배함으로써 자신의 극복의 길을 걸으려고 했지만 그는 여기서도 실패한다. 그리고 뒤이은 수리관계 사업의 실패, 아내의 가출로 김동인은 빈털터리가 되었다. 김동인에게 남은

8 김동인, 「徘徊」, 『한국문학전집 – 붉은 산 외』, 동서문화사, 1990, 328면.

것은 없었다. 김동인은 빈털터리가 된 그때서야 김윤식이 지적한대로 평생 맞수로 생각하면서도 존경해 마지않았던 이광수와 맞대결 할 수 있는 자격을 획득한 것이다.

> 조선의 소설가 가운데서 그 지식의 풍부함과 그 경험의 광범함과 교양의 많음과 정력이 절륜함과 필재의 원만함이 춘원을 따를 자 없다.[9]

「배따라기」의 아우나 「배회」의 B의 모델은 김동인의 의식 속에 판힌 이광수의 이미지가 아니었을까. 김동인이 이광수 『사랑』의 인물의 성격을 논하면서 다음과 같이 말한 것은 이를 단적으로 보여주는 것이다.

> 줄거리를 먼저 만든 뒤에, 인물을 제조하면, 十中八九는 줄거리와 성격의 부조화, 내지 충돌이 생긴다. 줄거리가 승리하면 성격이 통일을 잃는다. 성격이 승리를 하면 줄거리가 변경된다. 이러한 충돌에서 줄거리가 勝利한 표본적 작품으로서 春園의 近作 『사랑』을 들 수 있다. 句句節節이
>
> 【이러한 성격과 교양의 사람이 어찌 이런 言行을 하였으랴.】
> 【이런 言行을 하는 사람이 어찌 이런 성격의 주인이랴.】
>
> 는 점을 통절히 느꼈다. 이 의미에서 『사랑』은 소설로는 전혀 실패의 작이다. 春園의 사상의 변화는 내게 있어서는 매우 부러운 바다. (…중략…) 내게 있어서 부러운 점은【이런 비상한 환경에 있으면서도 어떤 위안처를 얻으며—즉 활로를 발견하려 부단히 애쓰는 그 노력】이다.[10]

---

9 김동인, 『동인 문학전집』 6, 148면.
10 김동인, 「身邊 雜感」, 『동인 문학전집』 10, 371~372면.

위의 인용문에서 뿐만 아니라 일찍이 1929년 이광수를 연구한 「春園研究」에서 김동인이 이광수를 지적한 것은 소설 작법에 관련된 인물의 성격과 작품의 통일성 부족이었다. 이광수는 알다시피 『문학이란 하오』에서 서술한대로 '인생의 사상과 감정과 생활을 극히 자유롭게, 여실하게 발표하고 묘사하되 도덕률을 사려함'에 목적을 두고 있다. 이광수에게 작품, 즉 소설은 그 당대의 구체적 현실 속에서 벌어지는 인물들의 감정의 교유를 토대로 한 근대 의식의 실험하는 場일 뿐이다. 그러나 김동인은 『朝鮮近代小說考』에서 문학의 목적을 '미'에 두고 있다. 즉 미적 통일성을 최고의 가치로 김동인이 왜 「春園研究」에서 그토록 인물의 성격과 작품의 통일성을 중요시하고 있는가를 생각하게 하는 부분이다.

김동인이 제시한 미라는 것은 아리스토텔레스가 『시학』에서 제시한 플롯이다. 플롯은 범박하게 말하면 작품의 통일성을 위한 전략이다. 작가가 독자의 공감을 얻기 위해서는 작품의 소재를 어떻게 구성해야 하는지 미리 전략을 짜야한다. 그러기 전에 인물의 성격과 작품의 배경을 설정하고, 그에 따른 이야기의 배치가 필요하다. 그러할 때 미적 통일성을 가진 작품이 된다. 인용문에서 제시한 악한 성격의 인물은 악한대로 그 인물의 성격에 맞게 플롯이 구성되어야 한다.

일테면 김동인의 「붉은 산」이라는 작품을 보자. 이 작품에서 화자는 余라는 일인칭이다. 余는 의사지만, 이 작품에서는 전문직 의사로서보다는 중국 간도 지방으로 이민 간 우리 민족의 지도자로서의 위엄을 가진 인물이다. 이 작품에 초점 인물은 이민 간 민족의 고달픈 삶을 더 고달프게 하는 삵이다. 이 삵은 집도 없이 떠돌아다니며 집집마다 행패를 부려, 삵이 그날 쳐들어간 집은 아무 말 없이 자신들의 밥을 나누어 먹어야 하고, 잠자리를 나누어 주어야 한다. 그런 어느 날, 이민 간 우리 민족 중의 한 사람이 중국 지주에게 행패를 당해 다 죽게 되었다. 그 사건의 자초지종을 듣고 비장한 마음으로 귀가하던 余가 길거리에서 우연히 삵을 만나게 된다. 余는 그 자리에서 삵에게 정신 차리라며 우리 민족이 당한 설움을 삵에게 이야기한다. 그런 후 며칠 후 余는 삵이 다 죽어간다는 부름을 받고 삵에게 달려갔다. 삵의 맥을 짚어 본 余는 삵의 죽음이 임박했음을 알고 삵을 위로했다. 그때 삵은 붉은 산이 보고 싶다고 했다. 삵은 余를 만난 이후 행패를 부렸던 그 중국 지주를 찾아가 복수를 갚다 결국 심하게 다쳐서 죽게 되었다는 것이다.

이 작품은 흔히 김동인의 작품에서 민족주의적 작품으로 꼽히기도 하는 작품이다. 그럼 이 작품에서 김동인이 제시한 미적 통일성을 분석해보자, 우선 화자인 余는 의사이다. 김동인의 의사가 화자인 「발가락이 닮았다」와는 달리 이 작품에서는 전문직 의사로서의 역할은 거의 없고 마지막 삵의 죽음을 확인하는 역할 정도이다. 그럼 김동인이 왜 의사를 화자로 등장시켰나를 생각해보자. 마지막 장면, 삵의 죽음을 확인하는 것이라도 철저히 전문가인 의사가 필요 할 만큼 김동인의 철저함을 보여주는 부분이다. 여기서 또 통일성을 보여주는 부분이 삵의 성격이다. 부랑자인 삵의 성격은 자신의 욕망대로 살기 때문에 다른 사람과 타협하지 못하는 울퉁불퉁한 성격의 소유자이다. 중국 지주의 악덕에 대해 余를 비롯한 다른 사람들은 모두 비분강개 했지만, 아무도 행동으로 그 중국지주 집에 가 복수를 하지 못했다. 그러나 삵의 울퉁불퉁한 성격 때문에 余의 울분에 감염된 삵은 그 자리에서 바로 중국 지주집으로 가 복수를 할 수 있었던 것이다. 김동인의 이런 작품의 통일성은 대부분의 단편에서 그대로 드러난다.

김동인이 이광수의 작품을 분석한 「春園硏究」에서 인물의 성격이 통일되어 있지 않고, 작품의 통일성이 없다고 한 것은 김동인이 말한 작품의 미적 통일성이 없다는 것이다. 물론 김동인은 자신의 대부분의 작품, 단편 소설들과 이광수의 장편 소설에서의 인물의 성격을 동궤에 두고 분석하고 있다는 것은 문제점이 있다. 수많은 에피소드가 나타나는 장편 소설의 경우, 어떤 계기에 의해서 인물의 성격은 변하기도 한다. 또 인물의 성격이라는 것이 한마디로 말할 수 있는 단순한 것도 아니다. 다성적 성격 소유자는 현대로 갈수록 수적으로 늘어나고 있다.

5. 결론

모든 재산을 탕진하고 아내까지 가출한 김동인이 3년 동안의 침묵 끝에 재혼, 1930년 김동인은 자신의 아들, 딸, 재혼한 처만 데리고 서울로 거처를 옮긴다. 이것은 김동인이 누구의 아들도 누구의 동생도 아닌 철저히 자기 자신으로 바로 서기 위한 결심의 산물이었다. 근대적 자아를 가진 자신이 자신이기 위해서는 유교적 가부장적 가족 속에서 탈출해야만 하는 것이다. 김동인은 서울로 옮긴 후, 원고료로 집을 사고 이광수에 대적하는 역사소설, 「젊은 그들」, 「대수양」, 「운현궁의 봄」 등을 집필하기 시작한다. 이광수를 따르되 이광수와는 전혀 다른 개성적 인물 흥선 대원군이나 수양 대군을 소설 속에서 재현해내려는 노력을 보인다.

김동인은 1934년 이광수 문학을 체계적으로 연구한 「春園硏究」를

『삼천리』에 발표한다. 또 『이광수 김동인 소설집』을 묶어 내기도 했다. 체계적인 「春園研究」를 통해 김동인은 이광수의 문학의 본질을 꿰뚫고 싶은 것이었다. 김동인은 이광수를 극복하기 위해 각고의 노력을 했다. 불면증에 시달리면서 매일 원고를 썼다. 김동인이 이광수를 따라잡기 위해 쓴 역사소설들 특히 『대수양』, 『젊은 그들』, 『운현궁의 봄』은 단적으로 이광수를 극복하겠다는 집념 아래 집필된 창작이었다.

김동인은 「春園研究」에서 이광수의 『단종애사』를 분석하며 이 작품은 이조 시대의 소설가 남효온의 역사적 시각을 그대로 답습한 작품이며, 선과 악의 구도 속에서 수양대군 측의 한명회나 권람 등 속의 악을 너무 과장하다 자기 함정에 빠진 소설이라고 비판했다. 이 작품은 『동아일보』에 연재하는 동안 독자들로부터 수천통의 투서가 날아 올 정도로 인기를 끈 작품으로 이광수 역시, 김동인에게 『단종애사』만은 욕하지 말라고 부탁할 정도로 애착을 가지는 작품이다.[11] 이광수는 김동인의 분석대로 역사적 사실을 그대로 따르고 있으며, 이 작품을 통해 이광수는 일본 제국주의의 의해 침탈당한 우리 연약한 민족의 설움을 ,어린 단종의 비사를 통해 극대화하고 있다. 그렇기 때문에 왕권을 찬탈한 수양대군 일당을 악의 화신으로 만들 수밖에 없다.

김동인의 입장에서 본 이광수의 역사 소설은 역사적 시각에 대한 독특성도 없고, 인물은 고전 소설의 특징인 선악의 구도에 의해서 좌우되고, 작품의 통일성도 없다고 판단한다. 현실 생활에서 이광수의 리드십을 따를 수 없었던 김동인은 작품에서만은 자신이 우위라는 생각을 가진다. 그렇기에 이광수를 극복하기 위해 같은 시기의 사건을 반대의 시각으로 본 『대수양』을 집필한다.

이광수의 『단종애사』가 수양대군 주위에 몰려든 책사들의 음모에

11 김동인, 「春園研究」, 『동인 문학전집』 4, 347면.

의해 왕위를 찬탈당한 것으로 단종의 비화를 그렸다면, 김동인은 그 당시의 역사적 구도가 수양대군이 왕권을 잡을 수밖에 없는 구도 속에 있었다고 본다. 수양이 왕자로 있을 때의 출중함이 연약한 문종과 대비 속에서 그려지며 오히려 세종이 병약하고 섬세한 문종을 후계자로 삼은 것을 비판한다.

또한 수양대군과 김동인 자신과의 동일시이다. 대원군이 되기 전의 흥선 대군 시절의 모습은 그동안 부잣집 귀공자로 살아오다 하루 아침에 몰락한 자신의 삶의 모습을 보는 듯했다. 또 자신의 오만불손함으로 사람들과 잘 어울리지 못해, 기생들과 방탕한 생활을 했던 자신의 삶과 흥선 대원군의 잔칫집 개 취급받던 시절의 삶을 동일시한다. 또 흥선 대원군의 그런 방랑 시절을 거쳐 백성들에게 호응을 받던 삶은, 자신의 몰락 이후 연재 작품을 통해 독자들에게 각광을 받던 자신의 삶과 닮았다고 생각했다. 그런 삶은 자신이 진정 원하는 삶이었다. 이 작품은 김동인의 유아독존적인 경향을 대원군의 영웅화를 통하여 자기 나르시즘을 보여주는 작품이다.

또 그 외의 역사 소설이나, 야담류의 소설들은 김동인의 유아독존적인 기질에 의해서 극단화, 신비화 등으로 역사 소설이 가지고 있어야 할 객관성을 확보하지 못했다. 그런 소설들은 돈은 될지 언 정 자신이 싫어하는 일은 죽어도 못했던 김동인의 체질로는 대단한 스트레스였을 것이다. 결국 신경증으로 오는 불면증은 김동인의 건강을 갉아먹고 김동인을 죽음으로 몰아갔다. 건강의 악화는 다시 심리적인 허약상을 불러왔다. 오만불손함은 나약함의 동전양면에 지나지 않음을 김동인의 말년을 통해서 보여준다. 자신의 낭만적이고, 예민하고 신경질적이고 오만불손함은 이광수의 원만한 대인 관계를 타협주의로 오해하고, 기생들과의 방탕을 거쳐서 친일로 빠졌다.

김동인이 작품과 전 삶을 통해 자신을 극복하려는 프로젝트는 체질을 바꿀 수 없는 한계에 의해서 결국 치명명인 건강악화로 실패했다. 자기 폐쇄적인 세계에서 확대, 보편적인 근대 인간으로 개조하려고 했으나 시대적인 제약과 심리적 허약상으로 이광수의 겉모습만 닮은 허울만 닮은 형국이었다. 또 가장 부러워했고 닮고 싶어 했던 이광수의 친일 장면까지도 그대로 닮으려고 했던 말년에는 '참예술'도 '참자아'도 사라지고 오직 자기 보신에만 급급했다. 1927년 사업에도 기생과의 연애에도 실패하고 아내까지 가출했던 실의에 빠졌던 김동인이 자신의 '참자아'인 유아독존적 오만함을 그대로 유지하고 세상과의 타협을 거부했다면 김동인은 자신의 많은 소설에서처럼 자살로 마감했을 것이다.

: 참고문헌 :

김동인, 『동인 문학전집』, 복지, 1986.

구인환, 「김동인 소설의 미학」, 『이숭녕 선생고희기념논문집』, 1997.
김열규 외, 『김동인연구』, 새문사, 1883.
김윤식 · 김현, 『한국문학사』, 민음사, 1973.
______, 『김동인연구』, 민음사, 2004.
김춘미, 「김동인연구」, 『고려대학교민족문화연구총서』 25집.
김흥규, 「황폐한 삶과 영웅주의」, 『문학과 지성』 봄, 1977.
박현숙, 「천재, 오기, 그리고 좌절의 연속」, 『문학사상』 11, 1972.
왕명, 「김동인론―「붉은산」을 중심으로」, 『백민』 6호, 1946.12.
윤홍로, 「동인 속의 죽음 미학」, 『현대소설연구』, 민음사, 1967.
조진기, 「김동인 소설의 원천연구」, 『영남어문학』 제16집, 1989.

고전 다시 쓰기의 의미

김유정·박태원의 「홍길동전」을 중심으로

정현숙

1. 서론

1930년대는 한국문학사에서 중요한 시기이다. 문학론과 창작방법론에 대한 탐색이 그 어느 때보다 진지하고 활발하게 전개되었고, 또한 다양한 작품들이 발표되었기 때문이다. 리얼리즘과 모더니즘, 장르론과 창작론 등에 관련한 주목할 만한 논쟁이 제기된 것도 이 시기이며, 문학사에서 비중 있는 작품들이 발표된 것도 이 때이다.요컨대 1930년대는 한국 현대문학이 정립되고 심화된 시기라고 볼 수 있다. 김유정과 박태원은 이에 크게 기여한 작가이다. 이들은 당대 농촌과 도시의 현실을 각각 독특한 시각과 문체로 그려냄으로써 한국 현대소설의 지평을 넓혔다.

김유정과 박태원이 고전소설 「홍길동전」을 재창작하였다는 점은 흥미롭다. 김유정의 「홍길동전」은 1935년 10월 『신아동』 제2호에 실렸으며 최근 발굴되어 학계에 보고되었다. 박태원의 『홍길동전』은

1947년 금융조합연합회에서 간행되었으며, 이미 몇몇 논자들에 의해 논의되어 온 바 있다.[1] 이 두 작품은 허균의 「홍길동전」을 원본으로 삼고 있으며, 김유정의 「홍길동전」은 단편 분량이고, 박태원의 『홍길동전』은 장편소설이다. 김유정의 작품은 아동잡지에 발표되었고, 박태원의 작품은 대중들의 문화의식을 고양시키기 위해 협동문고에서 기획한 작품 중 한 편으로 간행되었다.[2] 대상과 분량, 발표 시기 등에 차이는 있지만, 이 두 작품은 김유정과 박태원의 작가의식을 살펴보는 데에 의미 있는 일면을 제공한다. 이 글에서는 이러한 점을 살펴보기 위하여 김유정의 「홍길동전」과 박태원의 『홍길동전』을 중점적으로 비교, 분석하고자 한다.

이러한 작업은 크게 두 가지 의의가 있을 것으로 보인다. 하나는 김유정과 박태원의 문학 세계에 대한 논의를 확장시킬 수 있을 것이다. 여러 논자들이 지적하고 다양한 관점을 제기하고 있기는 하지만, 김유정과 박태원에 대한 논의는 여전히 대표적인 몇몇 작품에 한정되어 있고, 김유정 소설은 농촌소설 범주로, 박태원 작품은 모더니즘소설 또는 세태소설 범주로 한정짓는 경향이 있다. 물론 김유정은 당시 농촌 현실을 남다른 시각으로 담아냈고, 박태원 역시 실험성 짙은 모더니즘 소설과 도시세태의 다양한 국면을 그려냈으며, 이들 작품은 문학사에서 보기 드문 성과로 평가받고 있다. 그런데 김유정 소설 중에는 서울을 배경으로 거지, 학생, 여급, 기생, 행랑어멈, 전차운전수, 소설가지망생 등 다양한 계층들의 삶을 담아내는 작품도 여러 편 있으며,[3] 박태

1 임무출, 「박태원의 『홍길동전』 연구」, 『영남어문학』 제18집, 1990; 이문규, 「허균 · 박태원 · 정비석의 「홍길동전」의 비교연구」, 『국어교육』 128집, 2009.

2 박태원, 「협동문고 간행의 변」, 『홍길동전』, 협동문고, 1947, 177면.

3 「심청」, 「이런 음악회」, 「봄밤」, 「야경」, 「옥토끼」, 『생의 반려』, 「정조」, 「슬픈 이야기」, 「땡볕」, 「따라지」 등은 보신각 옆, 우미관 옆 골목, 광화문 근처, 청진동, 원남동, 연건동, 사직동,

원은 역사소설뿐만 아니라 전기문학, 고전번역 등 고전 서사에 대한 관심이 남달랐다.[4] 두 작가의 「홍길동전」 다시 쓰기에 주목하는 이 논의는 작가들의 폭넓고 다양한 작품 세계를 해명하는 데에 필요한 작업이 될 것이다. 다른 하나는 고전소설이 현대소설로 변용되는 양상과 의미도 살펴 볼 수 있을 것으로 기대한다. 특히 1930년대 후반기에 고전 텍스트를 수용하는 소설 장르의 모색이 두드러졌는데,[5] 김유정과 박태원의 작품이 이와 어떤 상관성이 있는지, 아니면 작가 고유한 특성인지도 분석 과정에서 규명될 것이다.

2. 김유정과 박태원

김유정은 1908년, 박태원은 1909년 서울에서 태어났고, 이 둘은 서울의 중심지인 종로구에서 자랐다. 김유정의 출생지가 서울인지 춘천인지 명확하지 않으나 서울인 것으로 추정되고 있다. 설령 유정이 춘천에서 태어났다고 하더라도 어린 시절부터 서울에서 성장한 것만은 확실하다.[6] 그의 집안은 춘천 실레마을에서 천 석이 넘는 지주였는데,

---

신당리 등 서울 곳곳을 배경으로 삼고 있다. 조남현, 「김유정 소설과 동시대 소설」, 김유정학회 편, 『김유정의 귀환』, 소명출판, 2012, 18면.

4 박태원은 『삼국지』, 『수호전』, 『서유기』 등 중국 고전을 번역하고, 『이충무공장군』, 『사명당 송운대사』, 『약산과 의열단』, 『조선독립순국열사전』 등 전기문학을 발표하였다.

5 이와 관련한 상세한 논의는 장성규, 「1930년대 후반기 소설 장르 인식 연구」, 서울대 박사논문, 2012 참조.

6 김영수는 김유정이 1908년 1월 11일 오전 11시 춘천군 신남면 증리(실레)에서 태어났다고 기

가족들은 서울의 진골(종로구 운니동)에 백 여 칸 되는 살림집에서 살고 있었기 때문이다.[7] 구보 역시 다옥정(종로구 다동) 7번지에서 태어나 그 곳 수중박골에서 성장하였다. 진골과 수중박골, 멀지 않은 거리에서 이 둘은 어린 시절을 보냈다. 그 곳은 새로운 문화와 문물이 빠르게 수용되는 공간이었고, 유복한 가정환경 덕분에 유정과 구보는 음악과 운동, 독서와 영화 등을 즐기며 성장하였다.

유정은 1930년 연희전문학교를 제적당한 후 춘천 실례마을로 내려갔다가 1933년 다시 서울로 올라와서 「산골나그네」와 「총각과 맹꽁이」를 발표하면서 본격적인 작가활동을 시작하였다.[8] 그는 신병이 악화되어 경기도 광주로 이주하고 사망한 1937년 이전까지 줄곧 서울에서 창작활동을 지속하였다. 구보 박태원 역시 1950년 월북하기 전까지 내내 서울에서 활동하였다. 요컨대 이 둘은 서울 한복판에서 자라고, 동시대에 작가활동을 시작하였다는 공통점이 있다. 다만 김유정은 불과 4년 동안 31여 편의 소설을 발표하고,[9] 1937년 봄 29세의 나이로 요절하였지만, 박태원은 월북 이후에도 작가활동을 지속하여 60여 년 동안 소설만 90여 편을 포함하여 300여 편에 이르는 글을 발표하고, 1986년 여름 78세에 세상을 떴다.

유정과 구보가 본격적인 작가 활동을 시작한 것은 같은 해 1933년부터이다. 박태원은 1926년 시 「누님」, 평론 「묵상록을 읽고」를 발표하면서 문단에 알려지기 시작하였지만 본격적인 창작 활동은 일본 유학

술하면서, 김유정 가족은 서울에 백 여 칸 되는 집을 가지고 춘천과 서울에 왕래하면서 살았다고 쓰고 있다. 김영수, 「김유정의 생애」, 김유정 기념사업회, 『김유정 전집』, 1994, 309면.

7 김유정 연보, 전신재 편, 『김유정 문학의 전통성과 근대성』, 한림대 아시아문화연구소, 1997, 363면.

8 위의 책, 364~365면.

9 김유정의 소설은 「솥」과 「정분」을 동일 작품으로 보고 소설 31편, 편지와 일기를 포함하여 수필 18편이다. 유인순, 「김유정과 아리랑」, 『비교문학』 20권 20호, 2012, 210면.

에서 돌아와, 「피로」, 「반년간」, 「낙조」 등을 발표한 1933년부터이고, 김유정도 같은 해 「산골 나그네」, 「총각과 맹꽁이」를 발표하면서 작가로 등단하였다.

> 내가 유정과 처음으로 안 것은 그가 그의 제2작 「총각과 맹꽁이」를 발표한 바로 그 뒤의 일이니까 소화 8년 가을이나 겨울이 아니었든가 한다. 하로 밤 그는 회남과 함께 다옥정으로 나를 찾아왔다. 그 때 그들은 미취를 띄고 있었으므로 그래 우리가 초면 인사를 할 때 그가 술 냄새날 것을 두려워하여 모다 든 손으로 입을 거의 가리고 말하던 것을 나는 지금도 기억하고 있다.
>
> (…중략…)
>
> 우리는 한동안 곧잘 낙랑에서 차를 같이 마셨다. 그리고 세 시간씩 네 시간씩 잡담을 하였다. 그는 분명히 다섯 시간씩 여섯 시간씩이라도 그 곳에 있고 싶었음에도 불구하고 문득 내게 말한다.
>
> "박형, 그만 나가실까요?"
>
> 그래서 나와서 광교에까지 이르면,
>
> "그럼 인제 집으루 가겠습니다. 또 뵙죠"
>
> 그리고 그는 종로 쪽을 향하는 것이었으나 대부분의 경우에 그는 얼마를 망살거리다가 다시 한 바퀴를 휘돌아 낙랑을 찾는 것이었다.
>
> 고중에라도 그것을 알고 그를 책망하면 그는 호젓하게 웃고,
>
> "허지만 박형은 너무 지루하시지 않어요?……"
>
> 유정은 술을 잘하였다. 그의 병에 술이 크게 해로울 것은 새삼스러이 말한 것도 못된다. 그러나 그 생활이 외롭고 또 슬펐든 유정은 기회 있으면 거의 술에 취하였다.[10]

1933년 구보는 '구인회'에 가입하여 이상, 김기림, 이태준, 정지용 등과 더불어 활발한 활동을 전개하였으며, 유정은 1935년부터 후기 동인으로 동참하였다. 유정과 구보는 서로 작가적 재능을 인정하고 격려하는 문단의 동반자이면서 인간적인 연민을 주고받는 각별한 사이였다. 구보는 김유정이 '한 편의 작품을 낼 때마다 작가적 명성을 더하여 가고 온 문단의 촉망을 한 몸에 받고 있던 작가'[11]임을 인정하였고, 유정 역시 '재질이 있고, 명망이 있고, 전도가 있고, 건강이 있는'[12] 구보를 부러워하였다. 1936년 유정은 폐결핵과 치질이 악화되고, 열렬한 구애도 거절당하고, 지극한 가난에 시달리며, 서울 정릉 골짜기 암자, 신당동 셋방살이하는 형수댁 등을 전전하면서도 구보를 염려하면서 다음과 같은 엽서를 보낸다.

날 사이 안녕하십니까.

박형! 혹시 요즘 우울하지 않으십니까. 조선일보사 앞에서 뵈었을 때 형은 마치 딱한 생각을 하는 사람의 풍모였습니다. 물론 저의 어리석은 생각에 지나지 않을 게나 만에 일이라도 그럴 리가 없기를 바랍니다.

제가 생각건대 형은 그렇게 크게 우울하실 필요는 없을 듯싶습니다. 만일 저에게 형이 지니신 그것과 같이 재질이 있고 명망이 있고 전도가 있고 그리고 건강이 있다면 얼마나 행복일는지요. 5·6월호에서 형의 창작을 못 봄은 너무나 섭섭한 일입니다. 「거리」, 「악마」 그 다음을 기다립니다.

유정 재배[13]

---

10 박태원, 「유정과 나」(『조광』, 1937.5), 류보선 편, 『구보가 아즉 박태원일 때』, 깊은샘, 2005, 200~201면.

11 위의 글, 204면.

12 위의 글, 203면.

13 박태원, 「고故유정 군과 엽서」(『백광』, 1937.5), 류보선, 위의 책, 203면.

유정이 세상을 뜨자, 구보는 '유정에게 나는 결코 좋은 벗이 아니었다. 벗이라 일컬으기조차 죄스러웁게 그에게 충실치 못하였다[14]'면서 그의 죽음을 애도하였다.

또한 「홍길동전」과 『율리시즈』, 전통과 스타일리스트 그리고 영화는 유정과 구보를 이해하는 공통분모이다. 유정은 조선 문단의 서적 중 감명 깊게 읽은 작품이 무엇인가를 묻는 설문에 「홍길동전」이라고 답하고, 외국문학 중 감명 깊게 읽은 작품은 제임스 조이스의 「율리시즈」라고 답변하였다.[15] 그런데 유정은 「병상의 생각」에서 신심리주의와 기교주의 문학을 부정하고, 『율리시즈』는 고작 졸라의 일 부속품에 더 지나지 않는다고 평가절하하고 있다.[16] 이는 작품의 의미는 인정하면서도 당대의 어설픈 심리주의 문학, 예술지상주의의 미명 아래 오로지'치밀한 기록'에 문학적 가치를 두는 일단의 문학적 흐름을 비판한 것이다[17] 주지하는 바와 같이 박태원은 의식의 흐름을 수용한 대표적인 작가이고, 「소설가 구보 씨의 일일」은 『율리시즈』와 비교되는 작품이다.

그런데 한 가지 흥미로운 것은 유정은 영화에서 얻는 것이 무엇이냐라는 질문에 '현실과 꿈의 연결'이라고 답변하고 있다.[18] 현실과 꿈이 별개가 아니라 연결되어 있다는 것은 의식과 무의식의 연계성에 대한 인식을 의미하는 것이고, 이는 유정이 영화와 심리에 대해 깊이 이해하고 있었음을 드러내는 것이다. 구보만큼 영화와 깊은 관련성을 지닌 작가도 드물다. 그는 영화에 깊이 매료되어 있었고, 그의 소설에는 이중 노출, 클로즈업 등 영화적 기법이 수용되어 있다. 이와 관련하여, 영

14 박태원, 「유정과 나」, 위의 책, 201면.

15 「설문좌담」, 김유정기념사업회, 『김유정 전집』, 265면.

16 김유정, 「병상의 생각」, 전신재 편, 『원본 김유정 전집』, 한림대 출판부, 1987, 446~450면.

17 박남철, 「김유정의 전기적 편린 – 『풍림』과 『조광』의 설문을 중심으로」, 『새국어교육』 75집, 2007, 583~584면.

18 「설문좌담」, 앞의 책, 267면.

화 체험이 유정의 작품에는 청각-지각성으로 반영되고, 구보의 작품에는 시각-지각성으로 반영되어 있다면서 둘 다 모더니즘 경향의 작품임이 분명하다는[19] 논의는 주목할 만하다.

또한 유정의 '조선적'인 것에 대한 관심은 익히 알려져 있으며, 구보 역시 모더니스트이면서 동시에 전통에 대한 관심이 각별한 작가이다. 구보는 근대와 전통 사이에서 양가적인 의식을 드러내지만, 오히려 그의 시각은 근대적인 변화 속에서도 전근대적인 가치관이 건재한 다양한 국면에 놓여 있다. 고전과 역사에 대한 특별한 관심, 『천변풍경』, 「낙조」, 「골목안」 등의 시선이 이를 잘 입증하고 있다. 무엇보다도 김유정과 박태원은 독특한 문체, 스타일리스트로서 문학사에서 평가받는 작가이다.[20]

요컨대 김유정과 박태원은 동시대에 서울에서 성장하고 활동한 작가로서 각자 교유한 작품세계를 구축하였으며, 「홍길동전」, 전통, 영화, 스타일리스트 등에서는 공통점을 보인다.

19 이에 대한 상세한 논의는 이호림, 「김유정 소설의 영화적 독법은 가능한가」, 『친일문학은 없다』, 한강, 2006 참조.

20 이에 대해서는 더 상세한 논의가 필요하다. 이 글은 김유정과 박태원의 『홍길동전』에 논의의 초점이 있기 때문에 이 문제는 별도의 논고에서 다루기로 한다.

3. 「홍길동전」 다시 쓰기의 양상과 의미

1) 고전 서사의 수용

1930년대 후반기 이후 문학 장은 이전과는 사뭇 다른 양상으로 전개되었다. 서구적 근대문학에 대한 진지한 성찰과 전통에 대한 새로운 인식이 이 시기에 이르러 광범위하게 펼쳐졌기 때문이다. 임화, 김남천, 최재서 등은 근대소설의 위기와 새로운 소설 장르의 모색에 관심을 기울였고, 이병기, 조윤제, 이희승 등은 『문장』지를 중심으로 고전 서사 장르 작품에 대한 번역과 연구를 활발하게 진행하였으며, 이는 김태준, 임화의 문학사 서술에 이르러 고전 서사 장르인 문文과 서구 서사 장르인 novel간의 통합적 인식으로 나아갔다. 이러한 당대 문학 장의 논의는 실제 창작에서 풍부하게 고전 서사를 수용하는 결과로 이어진다. 이태준, 채만식, 유진오, 박태원 등은 작품 속에 한시나 동양 고전 등을 삽입하거나, 고전적 '전'양식을 변용하는 등 다양한 방식으로 고전을 수용하였다.[21] 주지하는 바와 같이 김유정은 문학에 있어서 '도금식 허식'을 비판하면서, '조선적인 요소'에 대해 깊은 관심을 보여왔다. 그의 「홍길동전」은 당시 이러한 일련의 움직임과 전혀 무관하다고 볼 수 없다.

박태원의 고전에 대한 관심은 이 시기 문학 장의 변화와 직접 관련성이 있다기보다는 작가의 고유한 특성으로 보인다. 그의 역사와 동양 고전, 전기문학에 대한 관심은 이보다 훨씬 앞서부터 시작되었고 월북이후까지 지속되기 때문이다. 박태원은 작가생활을 시작하면서 1929년

21 장성규, 앞의 글, 2012, 28~32면.

에 12월 17일과 24일에 8회에 걸쳐 「해하의 일야」를, 이어서 1930년 2월 『신생』 3권 2호에 「한시역초」를 발표하였다. 「해하의 일야」는 천하 쟁패를 결정짓는 마지막 전투를 앞둔 영웅 초패왕의 복잡한 내면을 깊이 파고든 작품이고[22], 「한시역초」는 중국 한시를 번역한 것이다. 1930년대 이후에는 중국 야담과 고전에 대한 관심이 부쩍 늘기 시작하여, 1938년부터 『야담』지에 중국야담을 번역하여 연재하고, 이어서 『지나소설집』(1939), 『신역삼국지』(1941), 『수호전』(1942), 『서유기』(1944), 『중국동화집』(1946), 『중국소설선』 I(1948), 『중국소설선』 II(1948) 등을 발표한다. 또한 박태원은 「김후직」(1940), 『조선독립순국열사전』(1946), 『약산과 의열단』(1947), 『이충무공행록』(1948)등 전기문학, 『원구』(1945), 「고부민란」(1946), 「춘보」(1946), 「태평성대」(1946), 『홍길동전』(1947), 『이순신장군』(1948), 『군상』(1949), 『임진왜란』(1949) 등 역사소설을 발표하였다.

월북 후 박태원은 야담과 전기문학, 그리고 역사소설의 장르 안에서 작품 활동을 지속하여 나갔으며, 작품세계 역시 월북 이전과 밀접한 관련성을 지닌다. 「조국의 깃발」(1952), 「이순신장군전」(1952), 「이순신장군이야기」(1955), 『정수동일화집』(1955), 『야담집』(1955), 『심청전』(1958), 『삼국연의』(1959~1964), 『임진조국전쟁』(1960), 「을지문덕」(1962), 「김유신」(1962), 「김생」(1962), 「연개소문」(1962), 「박제상」(1962), 「구진천」(1962), 『계명산천은 밝아오느냐』(1965~1966), 『갑오농민전쟁』(1977~1986) 등이 북한에서 발표된 작품들이다. 이 중 6·25전쟁을 배경으로 한 「조국의 깃발」 한 편을 제외하고 나머지 작품은 고전 다시 쓰기, 번역 그리고 역사소설이다. 또한 「이순신장군전」, 「이순신장군이야기」는 『이충무공행록』, 『이순신장군』과, 『임진조국전쟁』은 『임진왜란』과, 『삼국연

22 정호웅, 「박태원의 역사소설을 다시 읽는다-인물 창조를 중심으로」, 『박태원과 역사소설-구보학회 제4회 학술대회 발표집』, 2007, 7면.

의』는 『신역삼국지』와, 『계명산천은 밝아오느냐』, 『갑오농민전쟁』은 「고부민란」, 『군상』과 각각 연계되고 있다. 또한 박태원은 『문학신문』에 '명인명장전'이라는 제목 아래, 「을지문덕」, 「김유신」, 「김생」, 「연개소문」, 「박제상」, 「구진천」 등을 연재하였는데, 이는 『삼국유사』와 『삼국사기』의 내용을 부분적으로 번역, 차용하는 방식의 글이다. 요컨대 박태원의 역사와 고전 서사에 대한 관심은 문학사에서 다른 예를 쉽게 찾아볼 수 없을 정도로 지속적이며 광범위하다. 『홍길동전』은 이러한 작가의 독특한 특성과 관련된 작품이다.

2) 김유정과 박태원의 「홍길동전」다시 쓰기

다시 쓰기 즉 개작은 패러디의 한 양식이다. 패러디의 의미는 패러디적 상상력에 있으며, 그것은 원텍스트에 대한 '비평'과 '창작'이라는 이중성을 내포한다. 기존 작품을 모방하고 존속시키면서 동시에 이질적으로 치환하는 재구성과 변형, 그 과정에서 새로운 의미를 생성하는 것이 패러디의 묘미이다. 패러디는 '차이가 있는 반복'이며, 모방적 창조이다. 패러디의 특성인 모방과 창조라는 이중성은 작가가 원텍스트에 대하여 친화적이냐 아니면 비판적이냐에 따라 달라진다. 작가가 원텍스트에 대하여 어떤 시각과 의도를 지니고 있느냐에 따라 패러디 텍스트가 다르게 창출되기 때문이다.

중편소설인 허균의 「홍길동전」을 김유정은 단편으로, 박태원은 장편으로 각각 개작하였다. 두 작품은 시대 배경, 인물 성격, 서사 구조, 주제의식 등에서 큰 차이를 보인다. 그것은 두 작가가 원텍스트에 대하여 서로 다른 시각을 지니고 있기 때문이다. 결론을 미리 말하자면 김유정은 원텍스트에 대하여 친화적인 반면, 박태원은 비판적인 태도를 보인다. 이 점을 좀 더 상세히 살펴보기로 한다.

(1) 시대 배경

허균의 「홍길동전」의 역사적 배경은 세종시절인데, 김유정과 박태원의 작품에서는 이와 다르게 설정되어 있다. 김유정의 「홍길동전」은 '이조 시절'이라고만 기술하고 있어서 특정한 시기를 언급하고 있지 않는 반면, 박태원의 『홍길동전』은 연산군 시대라고 명확하게 기술하고 있다. 김유정의 작품에서는 무역사성이, 박태원의 작품에서는 역사성이 강조되고 있는 것이다. 박태원은 시대적 배경을 연산군대로 정한 이유를 '책 끝에'를 통하여 다음과 같이 밝히고 있다.

> 이미 읽으셨으면 다 아시려니와 나의 홍길동전은 이와는 이야기가 매우 다르다.
>
> 나는 우선 시대부터 고쳐 잡았다.
>
> 홍길동과 그의 활빈당이 눈부신 활약을 하고 그들의 활약이 충분히 뜻있는 것이기 위하여는 아무래도 어두운 시간 어지러운 세상이어야만 하겠다. 이조에 있어 드물게 보는 영명한 군주요 '해동요순'의 일컬음까지 받는 세종대왕 재위년간에 이러한 일이 있었다 하여서는 모처럼의 「홍길동전」이도 한갓 요망스런 장난꾼에 지나지 않을 것이다. 이리하여 나는 역사 위에 있어 가장 어둡고 어지러웁고 또 추락하였던 인군 연산군의 시절을 빌기로 하였다.
>
> 연산은 내 자신이 실로 사갈처럼 구수처럼 미워하는 인물이다. 그의 가지가지의 학정과 추행을 이 작품 중에서 들추어내어 나는 심히 흥분하고 또 분개하였다.[23]

이처럼 작가는 원텍스트의 배경인 세종 시대에 대하여 비판적 시각을 드러내면서, 홍길동과 활빈당의 활약을 '충분히 뜻있는 것'으로 서술하기 위해서 작품 배경을 '가장 어둡고 어지럽고 추악하였던' 폭군 연산군 시대로 설정하였으며, 그것은 홍길동을 '한갓 요망스런 장난꾼'으로 그리지 않기 위해서라고 설명하고 있다. 성군 세종대왕 시기에는 홍길동과 활빈당의 활동이 소설적 리얼리티를 확보하기 어렵다는 점을 지적하는 것이다. 홍길동은 연산군대의 실존 인물이다. 『연산군일기』와 『중종실록』에는 도적 홍길동에 대한 기록이 보이며 장성 아차곡에는 세조대에 활동했던 홍일동의 얼제인 홍길동이 살았다는 기록도 있으며, 홍길동이란 존재에 대한 기록은 여러 문헌에서 보인다.[24] 연산군 시대를 배경으로 설정함으로써 박태원은 이 작품이 역사적 사실에 충실하게 근거하고 있음을 강조한다. 박태원의 『홍길동전』의 역사적 배경은 정확하게 말하면 갑자사화에서 중종반정에 이르는 시기인데, 연산군의 실정과 위정자들의 발호가 극에 달하였던 시절이다. 박태원은 이러한 역사적인 시기를 구체적으로 설정하고, 이를 통하여 실존 인물 홍길동과 그 일당들의 활동에 대한 역사적 의미를 형상화하고 있다.

소설에서 역사적 배경은 주제의식과 밀접한 관련성을 지닌다. 역사소설은 역사적 사건과 인물에 대한 작가의 고유한 해석을 바탕으로 전개되기 때문이다. 허균은 홍길동을 통하여 적서차별이라는 조선시대 신분제도의 모순을 비판하면서 사회악 속에서 고뇌하며 투쟁하고 극복하려는 의지를 제시하였다. 박태원과 김유정도 길동이 서자로 태어나서 호부호형하지 못하는 사회적 모순을 비판적으로 그리고 있다는

23 박태원, 『홍길동전』, 금융조합연합회, 1947, 175면.
24 이문규, 『허균 문학의 실상과 전망』, 새문사, 2005, 119면.

점에서는 원전과 동일한 주제의식을 드러낸다. 그러나 박태원은 연산군의 폭정과 탐관오리의 수탈에 생존 자체를 위협당하는 민중들의 비참한 생활상을 폭넓게 그리면서 부정적 현실에 대한 혁명 의지를 제시하고, 이를 중종반정의 역사적 사건으로 구체화하고 있다.

그런데 김유정은 특정한 시기를 배경으로 삼지 않는다. 명확한 시기가 아닌 이조시절이라는 막연한 시대를 설정함으로써 역사성에 서술의 초점을 두고 있지 않다. 또한 길동의 영웅적인 행동을 부각시키면서 형의 회개와 임금의 뉘우침 등 인간적인 화해를 통해 사회적인 모순과 갈등이 해소되는 것으로 그리고 있다. 따라서 박태원의 『홍길동전』은 역사적인 시기에 실존했던 인물 홍길동을 중심으로 전개되는 역사소설이고, 김유정의 「홍길동전」은 설화적 성격이 짙은 작품이다.

(2) 인물

김유정의 「홍길동전」과 박태원의 『홍길동전』은 인물 성격 면에서도 뚜렷한 차이가 있다. 우선 주인공 홍길동의 성격이 서로 다르다. 서자로서 호부호형하지 못하는 서러움, 출세의 한계에 대한 절망감, 탐관오리들에 대한 징계와 가렴주구로 도탄에 빠진 백성에 대한 긍휼 등은 원전과 같고 두 소설도 대동소이하지만, 김유정의 소설에서는 신기한 능력이 강조된 반면에 박태원 소설에서는 부패한 현실에 대한 비판의식과 정의실현에 대한 열망이 두드러진다.

김유정의 소설에서 길동은 요술을 부려 죽음을 면하고, 괴력으로 돌을 들어 도적들의 괴수가 되고, 계략으로 해인사 승려들과 함경감사를 놀리고, 여덟 제웅으로 분신하고, 흰 구름을 타고 하늘로 사라지는 등 신이한 능력을 지닌 인물로 그려지고 있다. 그는 병조판서에 오르기를 소망하고 임금이 이에 응하자 홀연히 조선을 떠나는 탈세적이고 비현실적인 인물로 등장한다. 길동의 비범한 능력은 원텍스트의 인물과 상당 부분 일치한다. 또한 길동은 아버지와 형을 위해서 스스로 체포되는 나약하고 인간적인 면모를 드러내기도 한다. 자신을 죽이려 했던 형이 잘못을 뉘우치며, 병들고 옥에 갇힌 아버지를 위해 서울로 가자고 눈물을 흘리면서 호소하자 길동은 한마디 말도 하지 않은 채 고분고분하게 체포된다. 다분히 인정과 효도라는 윤리적 규범에 호소하고 있다. 이는 전술한 바와 같이 김유정의 소설이 설화성이 강한 작품이고, 또한 아동물로 발표되었기 때문이기도 하다.

박태원의 소설에서 홍길동은 역사성과 허구성이 혼재된 인물로 그려진다. 사회적 모순과 부패한 현실에 대한 부정의식은 역사적 실재성에 근거하지만, 길동이 중종반정의 배후 세력으로 등장하는 것은 허구적인 상상력이다. 길동은 '문무겸전文武兼全한 당대기재當代奇才'한 기인으로 등장하지만, 초인적인 능력은 영웅적인 면모보다는 현실의 모순을 적극적으로 해결하는 방편으로 활용된다. 그는 사회적 모순에 대한 통찰력을 지니고 있으며, 연산군의 폭정에 시달려 도탄에 빠진 민중들을 위한 근본적이고 구체적인 방법을 모색하고 실천하는 인물이다. 그는 폭정을 폭로하고 불의에 저항하고 반정을 도모하는 혁명가로 그려진다. 또한 이 소설에서는 작가 특유의 내면 갈등이 잘 드러나 있다. 신분적 한계를 통감하고 선산으로 낙향하는 길동이의 내면, 음전에 대한 연민 등이 그것이다.

무엇보다 주변 인물 성격에 있어서도 두 소설은 큰 차이가 있다. 김유정의 소설에서 주변인물은 길동의 아버지와 형 인형, 임금 등이다. 어머니 춘섬은 길동을 낳은 것으로만 서술될 뿐이고, 춘섬을 시기하여 길동을 죽이려고 모함하는 초란은 등장하지도 않는다. 주변인물 중 인형이 중요 인물인데, 그는 길동을 죽이려고 하지만 실패하고, 후에 길동을 체포하여 서울로 압송하는 역할을 담당한다. 인형은 길동이가 가족을 떠나게 하는 요인인 동시에 가족 구성원으로 돌아오게 하는 매체이기도 하다. 이 작품에서 형은 실제로 유정과 가족들을 힘들게 했던 친형의 무거운 그림자가 반영되어 있다는 견해도 있다.[25]

박태원 소설에서는 허구적인 인물과 역사적인 인물들이 주변인물로 등장한다. 역사적인 인물은 연산군, 임사홍과 임숭재 부자, 유자광, 성희안, 박원종, 유순종 등이고, 허구적인 인물은 조생원, 음전, 이흡, 길동의 유모 등이다. 이 중 조생원은 주목할 만한 인물이다. 그는 깊은 학문과 도덕적 수양을 겸비하고 있으며, 합리적인 판단력과 치밀한 계획으로 활빈당의 세력을 확장시키고 혁명으로 이끄는 핵심인물이다. 또한 옳은 일을 위한 자기 신념과 실천력이 강한 은둔적 행동가로서 길동이 혁명을 도모하고 이를 행동으로 옮기는 과정에 결정적인 도움을 준다. 또한 음전은 연산군의 음행의 실상을 드러내고 희생되는 인물이고, 이흡은 홍길동을 체포해야 하는 책무를 지닌 관료인데, 홍길동 일당에게 동화되어가면서 현실과 양심 사이에서 고뇌하다가 후에 활빈당 수장이 된다.

이처럼 김유정 작품의 인물은 단순하고 성격도 단일한 반면, 박태원 소설의 인물들은 복잡하고 성격도 복합적이다. 이는 단편과 장편이라는 장르적 특성에서 비롯된다고 볼 수 있다.

(3) 서사 구조

김유정과 박태원의 「홍길동전」은 서사 구조에도 차이가 있다. 두 작품은 길동이 서자로 태어남, 가출, 활빈당 행수가 됨, 탐관오리들을 징

25 홍기돈, 「김유정의 '홍길동전'—홍길동전 다시—쓰기에 나타나는 유정의 무의식과 작가의식」, 『근대서지』 제5호, 근대서지학회, 소명출판, 2012, 468면.

계함, 백성들에 대한 긍휼 등 핵심 내용은 원텍스트의 서사 구조를 그대로 따르고 있지만, 나머지 부분은 판이하다.

유정의 「홍길동전」은 ① 길동이 몸이 천하다. ② 길동이 슬퍼하다 ③ 길동이 집에서 없어지다. ④ 길동이 도적 괴수가 되다. ⑤ 길동이 해인사를 치다. ⑥ 길동이 함경감사를 놀리다. ⑦ 길동이 죄로 잡히다. ⑧ 여덟 길동이 대궐에 오다 ⑨ 길동이 조선을 뜨다 등 아홉 부분으로 스토리가 전개된다. 서사의 핵심은 길동이 서자로서 호부호형하지 못하는 절망감에 집을 나가 도적의 행수가 되고, 해인사 승려들과 탐관오리들을 징벌하고, 가렴주구로 도탄에 빠진 백성들에게 양곡을 나누어주는 등 의적으로서의 활동을 하다가 형의 회유로 임금 앞에 나가서 자신의 무고함을 항변하고 병조판서를 제수 받고 조선을 뜨는 것으로 완결된다.

유정의 작품은 원텍스트의 사건과 인물이 상당 부분 생략되어 있다. 특히 원텍스트에는 홍길동이 입궐 이후에도 여러 가지 사건이 펼쳐지고 있는데, 이 부분이 전부 생략되어 있다. 즉 임금에게 정조 일천석을 얻어 조선을 떠나는 장면, 괴물을 퇴치하고 미녀를 구해내어 아내를 맞이하는 내용, 길지를 얻어 아버지의 시신을 안장한다는 대목, 율도국 정벌에 나서 용맹과 지략을 펼쳐 결국 나라를 얻어내는 결말 등이 생략되어 있다.[26]

김유정의 작품은 서사 전개도 원텍스트와 거리가 있다. 원텍스트는 적서차별과 탐관오리들의 가렴주구 등 사회적 모순이 중심 갈등이고, 서사의 핵심은 사회악의 징계와 극복에 놓여 있다. 그런데 김유정의 작품은 형제간의 갈등과 해소가 중심 서사이고, 그것은 가족의 문제로부터 출발한다. 소설 처음부터 형 인형은 길동을 죽이려고 하는데 그

26 위의 글, 469면.

이유는 관상쟁이가 길동의 인상이 왕이 될 상이라고 말했기 때문이다. 원전에서는 홍판서의 첩 초란이 길동의 어머니인 춘섬을 시기하여 길동을 죽이려는 음모를 꾸미는 것으로 되어 있으나, 유정의 소설에서는 형 인형이 멸문지화를 당할 위험성을 미리 없애기 위하여 길동을 없애버리려고 한다. 또한 인형은 왕의 명령으로 길동을 잡으려고 함경도로 가는데, 이때에도 "길동이 보아라, 아버지는 네가 집을 나간 후 생사를 몰라 병환이 되시엿다. 그리고 지금은 그 몸으로 너의 죄로 말미암아 옥중에 가게시다. 너에게도 부자지간의 천륜이 잇거든 일시를 지체말고 나의 손에 와 묵기기를 형으로써 바란다"[27]라는 방을 붙이고, 길동이 나타나자 자신의 잘못을 뉘우치고 슬피 울면서, '내 손에 붙잡혀주기'를 호소한다. 이처럼 이 작품은 사회적 모순보다는 가문 지키기가 서사의 핵심이고, 인륜이라는 보편적 윤리를 강조하고 있다.

박태원의 『홍길동전』은 ① 집을 나간다 ② 불행한 시절 ③ 선산의 홍도령 ④ 고아 음전이 ⑤ 채홍사 채청사 ⑥ 화적지망 ⑦ 산으로 들어간다 ⑧ 해인사 사건 ⑨ 함경감영 사건 ⑩ 활빈당(1) ⑪ 활빈당(2) ⑫ 토포사 ⑬ 문경에서 ⑭ 토끼벼루에서 ⑮ 종루의 방문 ⑯ 풀을 뽑자면 ⑰ 신왕만세의 순서로 이야기가 전개된다. 사건은 역사적 사실과 허구적 진실이 적절하게 혼재되어 있는데, 특히 작가는 역사적 리얼리티를 강조하고 있다. 따라서 소설에 원텍스트의 비현실적인 부분을 비판하거나 원전을 그대로 인용하는 작가의 목소리를 중간 중간 삽입시키기도 한다.

> 고본 『홍길동전』은 단순히 소설로 볼 때에는 흥미가 아주 없지도 않으나 문헌으로서의 가치는 별로이 없는 저술이다.

---

27 김유정, 「홍길동전」, 『신아동』 제2호, 1935.10(『근대서지』 제5호, 근대서지학회, 소명출판, 2012, 482면에서 재인용).

애기책—고대소설이라는 것이 흔히 그렇듯, 이 『홍길동전』도 사실에 없는 허황맹랑한 수작이 너무 많다.

길동이가 둔갑법을 쓰고, 축지법을 쓰고, 구름을 타고 하늘을 달리고,초인으로 저와 똑같은 길동이 여덟을 만들어 팔도에 배치하고 나중에 율도국으로 가서 왕이 되는 것은 그만 두고라도, 애초에 집을 나가는 동기부터 사실과는 모두 틀리는 수작이다.

그러한 중에 이 해인사 사건 하나만은 대체로 사실과 부합한다. 대개 이대로 믿어도 좋다.[28]

이 날 이들 군신 간에 대체 어떠한 의논이 있었던가……

이 대문은 고본『홍길동전』에도 사실을 비교적 충실하게 기술하여 놓았기로 그것을 그대로 옮겨보겠다.

상이 크게 근심하사 좌우를 돌아보시며 물어 가로사대 '이 놈이 아마도 사람은 아니요, 귀신의 작란이니, 조신 중 누가 그 근본을 짐작하리오'[29]

박태원 소설에서 길동이가 활빈당의 행수로서 투쟁하는 이야기는 원텍스트와 크게 다르지 않다. 합천 해인사를 공략하고, 함경 감영을 습격하며, 탐관오리를 징치하고 빈민을 구제하며, 홍길동을 잡기 위해 포도대장 이흡을 파견하는 등의 사건전개는 허균의 「홍길동전」과 거의 합치한다. 그러나 연산의 황음으로 인한 백성의 고통을 집중적으로 부각시키고, 탐관오리의 징치나 빈민 구제를 사실적으로 묘사하고, 활빈당 활동을 중종반정의 역사적 사건과 결부시킨 것은 박태원 소설의 독창적인 면모이다.[30]

28 박태원, 앞의 책, 83면.

29 위의 책, 152~153면.

따라서 이 소설의 핵심 서사는 크게 두 가지이다. 하나는 연산군의 실정과 위정자들의 부패상이고, 다른 하나는 부정한 현실에 저항하며 혁명을 도모하는 홍길동과 활빈당의 활약상이다. 소설의 전반부는 연산군의 학정, 임사홍·임숭재 부자와 홍판서 부자의 부패상, 갑자사화의 참혹함, 채홍사 채청사의 만행, 도탄에 빠진 민중들의 비참함 등이 중점적으로 그려지고, 후반부는 홍길동이 혁명 세력들을 규합하면서 활빈당이 전국적인 조직을 갖추게 되고, 본질적인 개혁을 위해 혁명을 모의하고 중종반정으로 이어지는 과정을 서술하고 있다. 전반부는 후반부에 대한 필연적인 동기를 부여하는 것으로 그려진다. 그런데 중종반정에는 홍길동과 활빈당이 배제되고, 거사는 성희안, 박원종, 유순정 등 역사적 인물들이 주도한 역사적인 사건으로 서술된다.

> 만세를 부르는 한 사람 한 사람의 눈이 모두가 눈물로 어리어 있었다. 그 가운데에는 그대로 목을 놓아 엉엉 우는 사람조차 있었다. 「전하는 지금 이 모든 백성들의 만세 소리를 들으시오. 전하! 전하는 착하고 어진 인군이셔야만 하오!
>
> 광화문 앞 넓으나 넓은 거리 — 양 옆에 길이 미어지게 늘어선 군중들 틈에가 젊은 농군이 하나 끼어 서서 마악 자기 앞을 지나는 새 인군의 행렬을 가장 감개무량하게 우러러 보며 이렇게 입에 말로 중얼거리고 있었다. 맨상투 바람의 젊은 농군 — 복색은 다르나 얼굴이 익다하여 자세히 보니 그는 곧 다른 사람이 아니라 활빈당 행수 홍길동이가 틀리지 않았다…… 그 뒤에도 길동이의 소식을 아는 사람이 없다. 활빈당도 다시는 세상을 소란하게는 안하였다.[31]

30 이문규, 「허균·박태원·정비석의 「홍길동전」의 비교 연구」, 『국어교육』 128집, 2009, 635면.
31 박태원, 앞의 책, 172~173면.

소설은 홍길동과 활빈당이 혁명의 주체 세력으로 등장하는 당위성에 대하여 다양한 서사를 전개시키고 있지만, 정작 결말에 이르러 중종반정은 이들과 무관한 역사적 사건으로 처리함으로써 소설 전체의 서사적 필연성과 긴밀성은 크게 약화되고 만다. 이는 역사적 사실을 중시하려는 작가의 의도가 과도하게 작용한 결과이다. 이에 대하여 박태원은 다음과 같이 스스로 고백하고 있다.

> 나는 이곳에서 솔직히 고백하지 않으면 안 된다. 나는 이 소설을 쓰면서 여러 가지 점으로 나의 용의가 부족하였던 것을 절실히 느꼈다. 허락받은 맷수 삼백 매의 갑절 육백 매를 없앴으면서도 나는 결국 한말을 못다 하고 말았다.
>
> 더구나 결말에 이르러서는 작가자신이 크게 불만이다. 모처럼 홍길동이란 인물을 살려보자고 붓을 들었던 노릇이 결말에 이르러 아주 죽이고 말았다. 나는 혼자 생각이거니와 언제고 다시 기회가 있다면 좀 더 나은 홍길동전을 써볼까 한다.[32]

즉 김유정의 작품은 가문 존속이 서사의 핵심이고 보편적 윤리를 강조하고 있는 반면, 박태원의 작품은 사회적인 모순에 대한 저항이 중심 서사이고, 역사적인 사실로 허구적 진실을 입증하고 있다.

32 위의 책, 175면.

4. 결론

지금까지 이 글은 김유정의 「홍길동전」과 박태원의 『홍길동전』을 비교, 분석하였다. 논의 결과를 정리하면 다음과 같다. 이 두 작품은 허균의 「홍길동전」을 원텍스트로 삼고 있는데, 김유정은 원텍스트에 대하여 친화적인 반면, 박태원은 비판적인 태도를 보인다. 따라서 두 작품은 시대 배경, 인물 성격, 서사 구조, 주제의식 등에서 큰 차이를 보인다. 김유정의 작품은 시대 배경을 이조 시절이라고만 기술하고 있고, 박태원은 연산군 시대, 갑자사화에서 중종반정에 이르는 시기를 역사적 배경으로 설정하고 있다. 김유정은 무역사성에 근거하고 있고, 박태원은 역사성으로부터 출발하고 있다. 김유정의 「홍길동전」은 설화적 성격이 짙은 특징을 보이는데, 이는 아동물로 발표되었기 때문이고, 박태원의 『홍길동전』은 역사성을 강조한 역사소설이다.

김유정의 작품은 홍길동, 형 인형이 중심 인물이고, 춘섬과 초란 등은 등장하지 않는다. 박태원 소설에는 홍길동 이외에 허구적인 인물 조생원, 음전, 이흡 그리고 역사적인 인물은 임사홍과 임숭재 부자, 유자광, 성희안, 박원종, 유순종 등 다양한 인물들이 등장한다. 김유정은 홍길동의 신기한 능력을 보여주는 데 서술의 초점이 놓여 있고, 인정과 효도라는 윤리적 규범을 강조하고 있다. 하지만 박태원은 홍길동을 사회적 모순에 저항하고 중종반정을 도모하는 혁명가로 그리면서 단순히 비범한 영웅이 아니라 불의에 맞선 역사적인 인물임을 강조하고 있다. 따라서 박태원의 소설은 연산군의 폭정과 탐관오리의 수탈 양상을 집중적으로 담아내고, 생존 자체를 위협당하는 민중들의 비참한 생활상도 폭넓게 그리고 있다. 이를 통하여 길동이 처한 부정적 현실을 극명하게 제시하면서 혁명의 당위성을 구체화한다. 그러나 결말에 이르러 중종반정은 홍길동의 일당과는 무관한 역사적 사건으로 서술함으로써 서사적 필연성이 희박해지고 만다. 이는 역사성을 강조하는 작가의 의도에서 비롯된 한계이다.

: 참고문헌 :

김유정, 「홍길동전」, 『신아동』 제2호, 1935.
박태원, 『홍길동전』, 금융조합연합회간, 1947.
허균, 김현양 역, 「홍길동전. 전우치전」, 『한국 고전문학전집』 7, 문학동네, 2010.

김유정 전집 편찬위원회 편, 『김유정 전집』, 김유정기념사업회, 1994.
김유정학회 편, 『김유정의 귀환』, 소명출판, 2012.
류보선 편, 『구보가 아즉 박태원일 때』, 깊은샘, 2005.
박남철, 「김유정의 전기적 편린－『풍림』과 『조광』의 설문을 중심으로」, 『새국어교육』 75권, 2007.
유인순, 「김유정과 아리랑」, 『비교문학』 20권 20호, 2012.
이문규, 『허균 문학의 실상과 전망』, 새문사, 2005.
______, 「허균 · 박태원 · 정비석의 「홍길동전」의 비교 연구」, 『국어교육』 128집, 2009.
장성규, 「1930년대 후반기 소설 장르 인식 연구」, 서울대 박사논문, 2012.
전신재 편, 『원본 김유정 전집』, 한림대 출판부, 1987.
________, 『김유정 문학의 전통성과 근대성』, 한림대 아시아문화연구소, 1997.
홍기돈, 「김유정의 '홍길동전'－홍길동전 다시－쓰기에 나타나는 유정의 무의식과 작가의식」, 『근대서지』 제5호, 근대서지학회, 소명출판, 2012.

소설 속 여자 주인공에 나타난 성性 의식의 세 가지 지층

이효석·김유정·이태준 소설을 중심으로

최창헌

1. 서론

1930년대 강원도 출신의 대표적인 작가를 꼽는다면 이효석, 김유정, 이태준을 들 수 있다. 같은 시대를 산 사람들은 당대의 사상과 역사적 사건에 직·간접인 영향을 받으며 살 수밖에 없다. 세 작가는 같은 시대를 살았고, 당시의 사상과 시대 상황에 영향을 받았다. 세 작가의 전기傳記에서 유사성을 정리하면 다음과 같다.

첫째, 이효석, 김유정, 이태준은 1900년대에 태어난 강원도 출신 작가들이다. 이효석은(1907~1942) 평창에서, 김유정(1908~1937)은 춘천에서, 이태준(1904~?)[1]은 철원에서 태어났다. 둘째, 세 작가 모두 구인회 활동을

1 상허 이태준은 1946년에 월북하여 1960년대 초 산간협동농장에서 병사한 것으로 전하다. 그러나 북한 여성시인 최진이의 증언에 따르면 상허는 적어도 1977~8년까지 생존해 있었으리라고 추정된다(유인순, 「비어 있음의 인식과 그 채우기 작업-상허 이태준의 삶과 문학」, 『석양』, 강원대 출판부, 2004, 308~310면).

한다. 이태준과 이효석은 창립 회원으로, 후기 회원으로 김유정이 참가하였다.[2] 셋째, 세 작가 모두 조실부모 했으며 그 체험이 문학 작품에서 고아의식(이방인, 고향 상실감)으로 나타난다.[3] 이태준은 아버지를 여섯 살, 어머니를 아홉 살에 잃는다. 이태준의 아버지 이창하는 개화당원으로 1909년에 블라디보스톡으로 이주하여 그곳에서 사망하고, 어머니 순흥 안씨는 남편의 유해를 싣고 귀국하던 중에 함북 배기미梨津에 정착했으나 1912년에 중증으로 사망한다. 이효석은 다섯 살 때 어머니를 잃고(1911), 아버지 이시후와 떨어져 타향살이를 한다. 김유정은 어머니 청송 심씨를 일곱 살 때(1915), 아버지 김춘식을 아홉 살(1917)에 잃는다.

세 작가가 태어난 1900년대는 일제의 한반도 지배 야욕으로 내·외적으로 시련을 겪고, 외세의 각축장이 되었다. 그리고 1930년을 지나면서 일본은 만주 사변(1931)과 중일전쟁(1937)을 일으켜 한반도를 병참기지화 하려는 의도로 정치, 경제, 문화 등에서 탄압을 가중시켰다. 이러한 역사의 자장磁場 속에서 세 작가의 삶이 서로 교차되는 면이 있음을 알 수 있다.

본 논문은 성性 모티프[4]가 소재로 쓰인 소설 이효석의 「분녀」, 김유정의 「산골 나그네」, 이태준의 「오몽녀」를 중심으로 여자 주인공의 성性에 대한 의식을 비교 분석하는 것을 목표로 한다.

이 작품들을 선정한 이유는 첫째, 「분녀」는 이효석이 이념적 소설

---

2 서준섭, 『한국 모더니즘 문학 연구』, 일지사, 1988, 38~47면.

3 서준섭, 「이효석 소설과 강원도」, 『이효석 소설선 메밀꽃 필 무렵』, 강원대 출판부, 2007, 267면; 유인순, 「비어 있음의 인식과 그 채우기 작업」, 『석양』, 강원대 출판부, 2004, 311면; 유인순, 『김유정을 찾아가는 길』, 솔과학, 2003, 99면.

4 모티프Motif·Motive는 문학작품 속에서 자주 반복되거나 나타나는 동일한 요소로서의 사건, 공식 등의 한 형태와 유사한 낱말, 문구, 내용을 말한다. 모티프는 작가의 한 작품 혹은 여러 작품에 걸쳐 반복되어, 그것이 느껴질 정도가 되는 모든 요소는 모티프라고 할 수 있다(한국문학평론가협회, 『문학비평용어사전』 上, 국학자료원, 2006, 617면).

에서 순수 소설을 쓰는 변곡점에 해당하는 작품이고, 김유정의 「산골 나그네」와 이태준의 「오몽녀」는 처녀작이라는 것에 의미를 두었다. 이는 각 작가의 향후 작품의 경향을 알 수 있는 이정표와 같은 구실을 한다. 둘째, 세 작품은 모두 성 모티프를 주요 소재로 삼고 있는 데, 소설 속 여자 주인공들은 남성들에게 겁탈을 당한다. 그러나 소설 속 여자 주인공들의 성에 대한 의식과 겁탈 사건 후 삶의 방식에서 차이를 보인다. 셋째, 세 작품 모두 여성 주인공의 이름이 소설 제목으로 사용되었다.

2. 성性 모티프의 세 가지 양상

1) 인식의 성장과 원상회복의 욕망 - 이효석의 「분녀」[5]

이효석의 「분녀」는 『중앙』(1936.1~2)에 실린 단편 소설이다. 이효석의 작품 세계에서 「분녀」는 동반자 작가 시절의 이념적 소설[6]에서 탈脫이념적 순수소설을 쓰기 시작하는 중간 정도에 위치한 소설이다.[7] 순

5 이효석, 『이효석 단편 전집』 1, 가람기획, 2006. 본문에서의 인용은 면수만을 적도록 한다.

6 이효석의 좌익사상에 대한 동반자적 관심은 1928년에 발표된 「도시와 유령」을 비롯하여 1931년에 펴낸 단편집 『노령근해』에 이르는 초기 작품들 속에서 드러났다가 1931년에 제1차 카프검거사건 후에는 차츰 그의 작품 속에서 사라진다(이상옥, 『이효석의 삶과 문학』, 집문당, 2004, 238면).

7 이상옥은 이효석의 전기적 발자취에 따라 ① 출생에서 동반자 작가 시절 ② 화려한 변신-경성시절 ③ 「메밀꽃 필 무렵」 주변-평양 시절(1) / '순수'로의 도피-평양 시절(2) / 여로의 끝-평

수소설로의 변화는 좌익 사상운동의 중심지였다고 할 수 있는 서울에서 멀리 떨어진 경성鏡城에서 이데올로기로부터 자유로울 수 있었기에 가능한 변화였다. 그 변화의 중심에, 이데올로기 대신에 성性과 자연이 자리하게 된다.[8] 「분녀」는 함경북도 경성鏡城 시절에 쓴 작품이다.

그러나 소설 「분녀」에서는 이효석의 동반자적 관심과 탈이념적 작품 세계가 공존한다.

> 책보를 끌러 활짝 헤치니 교과서 아닌 몇 권의 책이 굴러 나왔다. 영어책도 아니요, 수학책도 아니요, 그렇다고 소설책도 아닌 **불그칙칙한 껍질의 두터운 책들**이다. 분녀는 전부터도 약간은 상구가 그러스름한 책을 읽고 있는 것과 그것이 무슨 속인가를 짐작하여 행여나 하는 의심을 품고 오기는 왔다.(467면)

위의 인용문은 동네 청년 상구가 사상 검열이 심해지자 주인공 분녀에게 책을 맡기는데, 분녀가 책보안의 책들을 확인하는 장면이다. '불그칙칙한 껍질의 두터운 책들'은 분녀의 의심대로 좌익사상과 관련된 서적임에 틀림없다. 이후 상구가 유치장에 붙잡혀 들어가는 사건이 발생하자, 분녀는 책들을 불태워버린다. 그리고 분녀는 한 달이 지나 유치장에서 풀려나온 상구에게 몸을 허락한다. 이 장면에서 이효석이 탈

양시절(3)으로 구분한다(이상옥, 『이효석－참여에서 순수로』, 건국대 출판부, 1997). 서준섭은 이효석의 작품 세계에 따라 ① 동반자 작가 시절의 작품 ② 좌파 작가들의 검거와 카프 해체 이후의 진보적 인물들의 '후일담'을 다룬 소설(「성화」(1935), 「장미 병들다」(1938) ③ 탈이념적인 순수 소설(「돈豚」(1933.10), 「가을의 정서」(1933.11), 「분녀」, 「들」(1936.3) 등) ④ 성장기의 기억과 강원도 영서 체험을 다룬 소설(「석류」, 「고사리」, 「삽화」, 「모밀꽃 필 무렵」, 「개살구」, 「산협」)로 구분한다(서준섭, 「이효석 소설에 나타난 고향과 근대의 의미」, 『한국 근대문학과 사회』, 월인, 2000, 92면).

8 이상옥, 『이효석－참여에서 순수로』, 건국대 출판부, 1997, 39면.

이념이 남긴 공백에 사랑과 성적 욕구에의 관심이 그 중요한 방편[9]이 될 수 있음을 보여주는 사례로 볼 수 있다.[10]

소설 「분녀」의 시작은 주인공 분녀가 꿈을 꾸는 것에서 시작된다. 이 꿈은 주인공 분녀가 잠을 자던 중의 무의식이자 현실이기도 하다.

> 우리도 없는 농장에 아닌 때 웬일인가들 의아하게 여기고 있는 동안에 집채 같은 **돼지**는 헛간 앞을 지나 묘포苗圃밭으로 달려온다. (…중략…) 옆으로 빗빼려고 하는 서슬에 돼지는 앞으로 왈칵 덮친다. 손가락 하나 놀릴 여유도 없다. (…중략…) 분녀粉女는 질색하여 눈을 떴다. (…중략…) 무엇인지 틀어막히고 수건으로 자갈이 물려 있지 않은가. 손을 쓰려 하나 눌렸고 다리도 허리도 머리도 전신이 무거운 **돼지** 밑에 있는 것이다.(455~456면)

인용문에서 주인공 분녀가 밤에 잠을 자다가 사나운 돼지의 공격을 받는 꿈을 꾸면서 정체불명의 사내로부터 겁탈을 당한다. 소설의 첫 부분인 인용문은 소설 「분녀」 전체를 지배하는 이미지로 작용한다. 그리고 「분녀」 속에 등장하는 돼지는 단순한 가축 이상의 의미를 지닌다. 주인공 분녀는 꿈속에 나타난 돼지가 이후에 잇달아 여러 명의 사내들과 육체적 관계를 맺으면서 "사내란 모두 꿈에서 본 돼지"(461면)라고 생각한다. 따라서 돼지는 성性 모티프의 우의적寓意的 표현이자 메타포이다.[11]

---

9 이상옥, 『이효석의 삶과 문학』, 집문당, 2004, 238면.

10 서준섭은 이효석의 강원도 영서 체험을 다룬 소설을 분석하는 글에서 불륜(성) 모티프가 자주 등장하는 이유를 독서체험과 작가의 전기적 요소에서 찾고 있다. 이효석이 애독한 외국 소설 중에 불륜 이야기가 큰 비중을 차지하는 맨스필드나 체홉의 영향, 그리고 다섯 살 때 어머니를 잃은 후 아버지가 재혼한 작가의 전기적 사실이 작가의 무의식 속에 외상으로 남아 작가가 어른들의 세계를 바라보는 하나의 시각일 가능성이 있다고 진단한다(서준섭, 앞의 글, 2007, 281~282면).

부지불식간에 겁탈을 당한 주인공 분녀는 간밤의 일에 대해 "그 새까만 하늘이 부끄럽고 디딘 땅이 부끄럽고 어두운 밤을 대하기조차 겸연스러워"(457면)하거나, "잠든 어머니를 바라보니 별안간 소름이 치며 가슴이 떨린다. 무서운 생각"(457면)이 든다. 분녀는 "이튿날 날씨가 궂은 까닭에 비를 칭탁하여 쉬고, 다음 날 묘포에서 사람을 만나기가 겸연스럽거나 면난스러워"(458면)한다. 분녀의 이러한 생각과 태도에서 뜨거운 열녀烈女의 모습은 아니더라도, 여자로서 정절을 훼손당했다는 전통적인 성性윤리 의식을 가지고 있음을 알 수 있다.

반면에 동네 사내들에 대한 인물평을 하면서 "마치 그것이 명준이요, 적어도 명준이었으면 하는 듯이 생각"(458면)을 한다. 이러한 분녀의 감정은 겁탈 사건에 대해 "어차피 와야 할 것이겠지만 그것이 너무도 벼락으로 급작스레 어처구니없게 온 것"(457면)이라는 현실 인식과 동네 청년 명준을 향한 사모의 감정이라고 볼 수 있다. 정절을 잃은 것에 대한 부끄러운 마음과 새로운 성性에 눈뜨는 것 사이의 내적 갈등은 명준, 만갑, 천수, 왕가, 상구 등과의 관계에서 지속적으로 나타난다.

분녀의 이러한 두 가지 감정 사이에 이효석은 자연을 위치시킨다.

> 하늘이 제대로 개고 땅이 이지러지지 않은 것이 차라리 시뻐스럽다. 천지는 사람의 일신의 괴변쯤은 익지 않은 과실이 벌레에게 긁힌 것만큼도 대수롭게 여기지 않는 모양이다.(458면)

11 돼지가 처음 등장한 작품은 새로운 방향의 창작 노력에서 결실을 맺은 뚜렷한 작품으로 평가받는 「돈豚」이다. 그리고 「돈」과 같은 해에 「가을의 서정」(1933.12 / 1941년 박문서관에서 간행한 『이효석단편선』에서 「독백」이라는 새 제목으로 수록된다)에서도 돼지가 등장한다. 성 모티프를 가진 이효석 작품에서 돼지뿐만 아니라 「들」(1936.3)의 개, 「메밀꽃 필 무렵」(1936.10)의 나귀 등의 동물들이 등장한다.

자연은 자신의 몸에 갑작스럽게 찾아온 놀랍고 두려운 변괴와 무관하게 대수롭지 않은 모습을 보인다. 주인공 분녀는 정절을 잃은 부끄러움을 자연을 보고 스스로 위로한다.[12]

> 분녀는 그렇게 눈떴다. 인생의 고패를 겪은 지 이태의 몸은 활짝 피어 지난 비밀의 자취도 어스레하다. 껍질에 새긴 글자가 나무가 자람에 따라 어느 결엔 지 형적이 사라진 격이다.(460~461면)

뿐만 아니라 소설 「분녀」에서의 자연은 주인공 분녀의 모습을 비유적으로 표현한다. 인용문은 명준에게 정절을 빼앗긴 후, 분녀의 변화된 모습과 자연 속의 나무가 성장함에 따라 흉터가 사라지는 모습을 동일시하고 있다.

동네 청년 만갑은 여편네가 죽으면 후실로 들여 가게를 맡기겠다며 분녀를 유혹하여 겁탈한다. 그리고 만갑에게서 받은 지전 한 장을 보고 "과람한 것을 앞에 놓고 분녀는 적이 마음이 누근"(463면)해짐을 느낀다. 더욱이 불의의 수입을 대견해하기도 한다. 또 다른 동네 청년 천수에게 겁탈을 당한 분녀는 지갑을 통째로 쥐여 주는 천수에게 따뜻한 정을 느낀다.

> 몸이란 나루에서 나루로 멋대로 흘러가는 한 척의 배 같다. (…중략…) 생각하기도 부끄러운 일이나 사실 왕가는 특별한 인간이었다. 사내 이상의 것이라고 할까. 그로 말미암아 분녀는 완전히 눈을 뜨게 된 것이다.(479~480면)

12 이상옥은 이효석의 작품 속에 반문명적인 성격을 띠고 있는 것 같은 성性과 자연 그리고 원시주의에의 맹목적 심취가 엿보인다고 진단한다(이상옥, 『이효석의 삶과 문학』, 집문당, 2004, 274면).

중국인이며 거리에서 첫째 부자라는 왕가에게 분녀는 겁탈을 당한 후, 분녀는 성性에 대해 "완전히 눈을 뜨게 된"(480면)다. 동네 청년들에게 여러 번 겁탈을 당한 일에 대해 주인공 분녀는 두려움과 부끄러움이 지배하던 마음에서 점차로 성性 윤리 의식이 사라지는 모습을 보인다.

> 귀찮은 금덩이를 가져오지 않은 것이 차라리 개운하다. 허락만 한다면 그와 나 마음잡고 평생을 같이하여 볼까 하고 분녀는 생각하여 보았다.(487면)

인용문은 만주로 금광을 찾아 떠났다가 3년 만에 돌아온 동네 청년 명준을 보고, 분녀의 소망을 밝힌 부분이다. 분녀는 동네 청년들에게 겁탈을 당하며 성性에 눈뜨고 물질적으로 타락의 모습을 보였다. 그러나 분녀는 만주에서 돌아온 명준을 보고 '귀찮은 금덩이를 가져오지 않은 것'을 다행으로 여긴다. 만갑, 천수 왕가 등에게 겁탈을 당하며 물질에 현혹되었던 분녀의 모습과는 다르다. 성性의 대가로 받은 속물적인 금품에 대한 거리두기를 통해, 주인공 분녀의 인식의 성장을 볼 수 있다. 그리고 물질의 현혹보다는 처음에 사모했던 명준과의 새로운 삶을 계획하며 원상회복의 의지를 보인다.

2) 서술 상황을 통한 가면의 얼굴 벗기기 - 김유정의 「산골 나그네」[13]

김유정의 「산골 나그네」는 1933년 『제일선第一線』에 발표한 단편소설이다. 김유정 소설에서 일관되게 나타나는 뿌리 뽑힌 인간들의 생활상, 무기력한 남성과 생활력이 강한 여성, 매춘,[14] 원점회귀原點回歸 구성 등

13 유인순 편, 『김유정 단편선 동백꽃』, 문학과지성사, 2005.

이 「산골 나그네」에서부터 나타나고 있어, 그의 처녀작으로 보고 있다.[15]

「산골 나그네」에서 중심 사건은 무엇일까. 그것은 '덕돌이 장가보내기 프로젝트'라고 할 수 있다. 술집을 운영하는 홀어미가 자식인 덕돌이를 결혼 시키고, 며느리인 나그네는 덕돌이의 일습一襲을 들고 도망가는 과정이 핵심 줄거리이다. 따라서 「산골 나그네」의 이야기는 단순한 구성을 가지고 있다. 그럼에도 불구하고 「산골 나그네」가 의미 있는 단편소설로 읽히는 것은, 결말 부분에서 나그네의 가면이 벗겨지는 반전反轉에 있을 것이다. 이러한 과정에 성性 모티프가 자리하고 있다.

「산골 나그네」에서 독자들의 궁금증을 유발하고 해소시키는 것은 시점의 변화와 관계가 있다. 시점이란 화자가 사건을 어떤 입장에서 보느냐 하는 시각視角의 문제이다. 이것은 화자가 어떤 위치에서 사건을 보느냐 하는 위치의 문제이기도 하고, 화자가 어느 인물에 초점focus을 맞추느냐 하는 초점의 문제이기도 하고, 화자가 작중인물들의 마음속에 어느 정도로 들어가느냐 하는 능력의 문제이기도 하다.[16] 제라르 주네트는 '누가 보느냐'와 '누가 말하느냐', 곧 인식주체와 발화주체를 구별하여 초점화focalization라는 용어를 사용한다. 이에 따르면 서술되는 대상을 보는 주체 곧 시각주체(초점자)와 발화주체(서술자)가 구별된다.[17]

14 김유정 소설에서 매춘을 주제로 한 작품으로는 「산골 나그네」, 「총각과 맹꽁이」(1933), 「소낙비」(1935), 「솥」(1935), 「안해」(1935), 「가을」(1936), 「정조」(1936) 등이 있다.

15 「산골 나그네」에 앞서 「심청」이 1932년 6월 15일에 탈고되었으나 습작이다(전신재 편, 『원본 김유정 전집』, 강, 2007, 17면).

16 김천혜, 『소설구조의 이론』, 한국학술정보, 2010, 146면.

17 서술자는 대상을 자기의 눈으로 보고 말할 수도 있고, 다른 인식주체가 본 것을 말할 수도 있다. 즉 말하는 자와 보는 자가 같을 수도 있고 다를 수도 있다. 이에 따라 서술자-초점자 서술과 인물-초점자 서술로 구분 된다. 또한 초점자는 대상을 그 속까지 인식·지각할 수도 있고 겉만 그릴 수 있는 것에 따라, 속 초점화 서술과 겉 초점화 서술로 구분된다(최시한, 『소설, 어떻게 읽을 것인가』, 문학과지성사, 2012, 40면).

(1) 나그네는 주춤주춤 방 안으로 들어와서 화로 곁에 도사려 앉는다. 낡은 치맛자락 위로 삐지려는 속살을 아무리자 허리를 지그시 튼다. (…중략…) 그러나 먹던 대궁을 주워모아 짠지쪽하고 갖다주니 감지덕지 받는다. 그러고 물 한 모금 마심 없이 잠깐 동안에 밥그릇의 밑바닥을 긁는다.(14면)

(2) 여기서부터 사리에 맞도록 이 말 저 말을 주섬주섬 꺼내오다가 나의 며느리가 되어줌이 어떻겠느냐고 꽉 토파를 지었다. 치마를 흡싸고 앉아 갸웃이 듣고 있던 나그네는 치마끈을 깨물며 이마를 떨어뜨린다. 그러고는 두 볼이 발개진다. 젊은 계집이 나 시집가겠소 하고 누가 나서랴. 이만하면 합의한 거나 틀림없을 것이다.(23면)

「산골 나그네」에서 사건의 발단은 어느 가을밤에 나그네가 덕돌이네 집(주막)을 찾는 것에서 시작된다. 인용문 (1)은 덕돌이 모母가 나그네를 집안에 들이고, 나그네가 먹을 음식을 먹는 장면이다. 인용문 (2)는 덕돌이가 나그네를 겁탈하는 사건을 문밖에서 엿들은 덕돌이 모母가 나그네에게 며느리가 되어달라고 말하는 장면이다. 인용문 (1)・(2)의 장면에서 서술되는 대상(나그네)을 보는 주체 곧 시각주체와 발화주체는 덕돌이 모母의 눈과 입이다. 「산골 나그네」에서 나그네가 주막에 머무를 때, 나그네는 철저하게 덕돌이 모母에 의한 관찰의 대상이었다. 이 소설의 많은 부분에서 덕돌이 모母는 초점자인 동시에 서술자이다. 이러한 '인물-초점자' 서술 상황이 상대(나그네)에 대한 초점자의 심정(덕돌이 모)이 독자에게 전이된다.

십 분 가량 지났다. 거지는 호사하였다. 달빛에 번쩍거리는 겹옷을 입고서 지팡이를 끌며 물방앗간을 등졌다. 골골하는 그를 부축하여 계집은 뒤

에 따른다. 술집 며느리다.(27면)

인용문은 나그네가 덕돌이 집을 나와 남편과 도망가는 소설의 마지막 장면이다. 이 장면에서 서술자와 초점자는 소설 속 인물이 아니라, 허구 세계 밖에 위치(혹은 내포 작가)[18]한다. '서술자-초점자' 서술 상황은 나그네가 술집 며느리라는 신분을 밝혀준다. 나그네가 덕돌이 집안 혹은 덕돌이 아내로 있을 때는 덕돌이 모母가 '인물-초점자' 역할을 하고, 덕돌이 집밖 혹은 병든 남편과의 관계에서는 허구 세계 밖에 위치한 작가(혹은 내포 작가)가 '서술자-초점자'로 변화된다.

이러한 시점의 문제는 「산골 나그네」에서 두 가지 역할을 한다. 첫째, 작중 인물인 나그네의 신분을 밝혀주는 역할을 한다. 「산골 나그네」에서 '인물-초점자'가 덕돌이 모母일 때는 나그네가 관찰의 대상으로써 유부녀임을 숨길 수 있었다. 소설 말미의 시점이 '서술자-초점자'로 변화되며 나그네의 실체가 밝혀진다. 따라서 「산골 나그네」에서 나그네는 누구인가라는 궁금증을 푸는 해설의 역할을 한다.

둘째, 소설 속에서 나그네는 시점에 의해 철저히 객관화되고, 성性의 문제는 카오스[19]적인 의미를 가지게 하여 작품의 의미를 더욱 풍성하

---

18 채트먼은 다음과 같은 도표를 제시한다.

서사텍스트
실제 작가 ···→ 내포작가→(화자)→(수화자)→내포독자 ···→ 실제 독자

위의 도표는 내포작가와 내포독자만이 서사물에 내재하고 화자와 수화자는 임의적(괄호)이라는 것을 가리킨다. 내포작가는 화자가 아니라, 화자를 창조하고, 특별한 방식으로 이야기를 이끌어 가며, 이러이러한 단어나 이미지들을 통해 사건들이 등장인물들에게 일어나게 하는 원리이다. 내포독자는 실체로서의 나, 혹은 당신이 아니라 서사물 그 자체에 의해 전제되는 수용자이다(S. 채트먼, 한용환 역, 『이야기와 담론』, 푸른사상, 2006, 163~168면).

19 존재가 너무 많기 때문에 특정한 존재로서 차별화되지 못하는 상태, 그런 상태를 카오스 상태라고 부를 수 있다. 카오스는 질서가 없는 것이 아니라 너무 많은 질서가 공존하는 상태이다. 질서는 무질서에서 생기는 것이 아니다. 수많은 질서들 중 어느 하나가 특정한 시공간적 상황 속에서 분화되는 것이다.(이정우, 『사건의 철학』, 철학아카데미, 2003, 427면.)

게 해주는 역할을 한다. 「산골 나그네」의 인물 관계는 나그네를 중심으로 덕돌이와 병든 남편의 삼각관계이다. 이들의 관계는 부부의 연을 맺은 관계인데, 한 여자가 두 남자와 동시에 결혼한다는 것은 전통적 부계父系 중심의 가족 윤리에서는 모순된다.[20] 결국 나그네는 덕돌이와의 관계를 버리고 병든 남편으로 돌아간다. 이는 전통적 가족제도가 붕괴 위기에 처한 시대에 가족의 정체성을 복원(원점회귀)하려는 염원으로 볼 수 있다.[21] 그리고 나그네의 극단적인 매음행위는 궁핍한 현실을 보여주는 작가의 표면적인 의도이고, 일제 식민통치의 구조적 모순을 드러내려는 작가의 숨은 의도로도 읽을 수 있다.[22] 또한 우리의 전통적 가족 윤리와는 다른 일처다부제一妻多夫制의 사회에서 「산골 나그네」는 또 다른 의미를 가질 것이다.

3) 자유로운 성性의식을 통한 자신의 삶 선택 – 이태준의 「오몽녀」[23]

이태준의 「오몽녀」는 그의 처녀작이며 문단 데뷔작이다. 그러나 「오몽녀」는 『조선문단』 1925년 7월호에 당선작으로 공고되었으나 당해 잡지에는 발표되지 않고, 1925년 7월 13일에 『시대일보』를 통해 발표된 작품이다.[24] 그리고 1939년 2월 『이태준단편선』에 재수록 되면서

20 김유정 작품에서 가장 흔하게 보이는 것이 모순된 관념의 공존이다.(유인순, 『김유정을 찾아가는 길』, 솔과학, 2003, 101면.)

21 나그네와 같은 여성상을 '정의 윤리'라 명명한다(한상무, 「김유정 소설의 여성 인물과 정의적 성–가족 윤리의식」, 『한국 근대소설과 이데올로기』, 푸른사상, 2004, 345면).

22 권지예, 「피가 되고 살이 된 김유정 소설」, 『김유정 문학의 재조명』, 소명출판, 2008, 247면.

23 유인순 편, 『이태준 탄생 100주년기념 소설선, 석양』, 강원대 출판부, 2004.

24 김영민, 「이태준의 등단 과정과 「오몽녀」 연구」, 『현대문학이론연구』, 2004, 118면. 김영민은 「오몽녀」의 『조선문단』 미수록 이유를 다음 세 가지를 들고 있다. 첫째, 발표 지면의 부족. 둘째, 「오몽녀」의 소설 내용이 『조선문단』 동인들의 취향에 잘 맞지 않음. 셋째, 일제의

전면적인 개작의 과정을 거치게 된다.[25]

주인공 오몽내는 눈먼 지참봉의 아내로 항구 서수라西水羅에 살고 있으며 이제 갓 스물이다.

> 서수라西水羅라 하면 저 함경북도에도 아주 북단, 원산, 성진, 청진, 옹기를 다 지나 마지막으로 붙어 있는 항구다. (…중략…) 누구나 오몽내는 지참봉의 딸인 줄 안다. 그러나 기실은 총각으로 늙어온 지참봉이 아홉 살 된 오몽내를 점치러 다닐 때 길잽이로 삼십 몇 원에 사다 길러온 것이다. (…중략…) 인물은 훠언한 오몽내건만 자라나기를 빈한하게 자랐고, 눈먼 남편을 속여오는 버릇이 늘어 남까지 속이기를 평범히 하게 되었다. 남의 것이라도 제 맘에만 들면 숨기고 훔치고 하였다. 어쩌다 손님이 들 때나 자기가 입덧이 날 때는 돈들이지 않고 곧잘 맛난 반찬을 장만하였다.(1~3면)

인용문은 소설의 첫 부분으로 오몽내의 이력履歷과 인물 됨됨이를 밝히고 있다. 오몽내는 눈먼 지참봉이 점을 치러 다닐 때 삼십 몇 원에 사왔으며, 그의 고향과 부모에 대해서는 알 수가 없다. 남편 지참봉을 속이는 것에 익숙한 오몽내는 자신의 목적 달성을 위해서는 다른 사람들까지 속이는 것을 예사로이 한다. 오몽내는 처음부터 인륜이나 양심과는 거리가 먼, 식욕과 물욕을 탐하는 인물형이라는 것을 보여준다.

> (1) 금돌이는 싱글거리면서 오몽내의 곁으로 다가서더니, 부들부들 떨리는 손을 오몽내의 어깨로 가져간다. 그리고 엷은 구름 속에 든 달을 가리켜 보인다. 오몽내도 피하려 하지 않고 같이 달을 쳐다보고 나즉한 소리로 "배

검열 제도로 밝히고 있다.

25 이병렬, 『이태준 소설연구』, 평민사, 1998, 248면.

르 대랑이, 배를 대구선 무슨 노릇이 못될 게 있음둥? 이왕 지새에……" (…중략…) 세번째부터는, 오몽내는 금돌이 배에 다니기를 심심하면 이웃집 말 다니듯 하였다.(4~5면)

(2) 잠든 지 그리 오래지 않아서였다. 오몽내는 무언가 입술에 선뜩함을 느꼈다. 불은 꺼진 채로 완연히 찬 기운이 끼치는 밖에서 들어온 사람이었다. "내랑이…… 쉬이……"(7면)

인용문 (1)은 주인공 오몽내가 어부인 금돌의 배에서 여러 번 생선이나 조개를 훔쳐 먹다가, 금돌에게 잡혀 겁탈을 당하는 장면이다. 그 후 오몽내는 금돌을 찾아가는 것이 '이웃집 말 다니듯' 한다. 인용문 (2)는 오몽내의 집에 하룻밤 묵어 간 객客이 있었는데, 주재소에 숙박부를 작성하지 않아 남순사에게 잡혀 숙직실에서 겁탈을 당하는 장면이다. 오몽내는 금돌과 남순사와의 관계에서 일방적인 성적 피해자로 그려지지 않는다. 오히려 겁탈을 당한 피해자라기보다, 적극적이고 자발적인 행위의 주체로 묘사된다.

그렇다면 오몽내가 성에 대해 자유로운 생각을 갖게 된 환경은 무엇일까. 소설에 직접적으로 드러나지는 않지만 행간을 통해 유추해 볼 수는 있다. "벌써 오륙 년 전부터는 혼례는 했는지 안했는지 이웃 사람들도 모르건만 지참봉과 오몽내는 부부와 같은 생활을 해온다."(2면) 사십이 넘은 총각 지참봉이 아홉 살 오몽내를 돈으로 사다 기르면서 성적 욕구를 충족하기 위한 대상으로 삼았으리라고 생각해 볼 수 있다. 이에 오몽내는 남성 혹은 성性에 일찍 노출된 환경이, 오몽내로 하여금 자유로운 성性의식을 갖게 된 원인일 수 있다.

> 오몽내는 남순사의 첩노릇보다는 금돌의 아내 노릇이 이름부터도 나은 것이요 정에 들어서도 그랬다. (…중략…) 이들의 배는 이 밤으로 돛을 높이 달고 별빛 푸른 북쪽 하늘을 향해 달아났다.(10~11면)

남순사는 오몽내와의 관계가 지참봉에게 들통 나자 살해하고, 오몽내를 살인자로 위협하여 자신의 첩으로 삼으려 한다. 인용문은 오몽내가 남순사와 금돌, 둘 중에 누구를 선택할 지를 생각하는 장면이다. 남순사의 첩보다는 금돌의 정식 아내가 되기를 선택한다. 그리하여 금돌이와 짜고 남순사가 주는 쌀과 이부자리, 놋숟갈 한 가락까지도 모조리 배에 싣고 달아난다.

「오몽녀」의 전편全篇에서 오몽내에게 성性적 윤리나 도덕적 문제는 제기되지 않는다. 오로지 식욕, 물욕, 성욕 등 동물적인 본능에 따라 살아가고 있을 뿐이다. 「오몽녀」는 인간의 내면에 숨겨진 욕망의 문제를 가감 없이 보여주는 소설이다. 전통적인 여성의 정조 혹은 정절 측면에서 오몽내는 음탕한 여자의 모습을 보인다. 그러나 시대상과 오몽내의 이력을 고려한다면, 오몽내를 비난만을 할 수는 없다. 오히려 성을 매개로 자신의 삶을 선택하고 개척해 나가는 적극적인 여성상으로 해석할 수도 있다.

3. 결론

지금까지 이효석의 「분녀」, 김유정의 「산골 나그네」, 이태준의 「오몽녀」를 중심으로 소설 속 여자 주인공의 성性 의식을 비교 분석하였다.

세 작가는 강원도 출신이면서 구인회 활동을 하고, 모두 조실부모했다는 전기적 유사성을 가지고 있었다. 이것은 같은 시대를 살아가는 사람들이 거대한 역사의 자장 속에서 삶이 서로 교차되는 면이 있음을 알 수 있다. 그리고 분석의 대상으로 삼은 세 작품은 작가들에게 처녀작이거나 작품 경향이 변화는 변곡점에 위치한다. 이 작품들 모두 성性 모티프를 소재로 가지고 있다는 점에서 이채롭다.

이효석의 「분녀」에서 주인공 분녀는 성性을 통해 인식이 성장하게 되는데, 분녀에게 성적인 경험은 통과의례적인 의미를 가진다. 주인공 분녀는 동네 청년들에게 여러 번 겁탈을 당한다. 분녀는 정절을 훼손당한 것에 대한 두려움과 부끄러움, 그리고 새로운 성性의 세계에 눈떠가는 것 사이에서 내적 갈등을 겪는다. 더욱이 성의 대가로 받은 금품들에 대해 대견스러워까지 한다. 그러나 주인공 분녀는 금광을 찾아 만주로 떠났던 명준이 3년 만에 빈손으로 돌아온 것을 보고 다행으로 여긴다. 성性의 대가로 받은 속물적인 금품에 대한 거리두기를 통해, 주인공 분녀의 인식의 성장을 볼 수 있다. 그리고 처음으로 사모했던 명준과의 새로운 삶을 계획하며 원상회복의 의지를 보인다.

김유정의 「산골 나그네」에서 성은 철저하게 객관화되어 있다. 나그네는 술집을 운영하는 덕돌이 모母에 의해 관찰의 대상이었다. 술 취한 술꾼들이 나그네를 희롱을 하거나 갈보로 여기고, 덕돌이가 겁탈을 하더라도 나그네의 내면 심리는 드러나지 않는다. 그것은 소설 속 인물,

덕돌이 모母가 초점자가 되어 서술되기 때문이다. 소설의 결말 부분에서 나그네의 정체가 밝혀지는데, 이 과정에 시점의 변화가 있다. 나그네의 정체를 밝혀 주는 것은 소설 밖의 서술자(혹은 내포작가)이다. 이러한 시점의 변화는 「산골 나그네」에서 두 가지 역할을 한다. 첫째, 작중인물인 나그네의 신분을 밝혀주는 해설의 역할을 한다. 둘째, 소설 속에서 객관화된 성性은 카오스적이어서 작품의 의미를 더욱 풍성하게 해주는 역할을 한다. 「산골 나그네」의 인물 관계는 나그네를 중심으로 덕돌이와 병든 남편의 삼각관계이다. 이들의 관계는 부부의 연을 맺은 관계인데, 한 여자가 두 남자와 동시에 결혼한다는 것은 전통적 부계父系 중심의 가족 윤리에서는 모순된다. 이는 전통적 가족제도가 붕괴 위기에 처한 시대에 가족의 정체성을 복원(원점회귀)하려는 염원으로 볼 수 있다. 그리고 나그네의 극단적인 매음행위는 궁핍한 현실을 보여주는 작가의 표면적인 의도이고, 일제 식민통치의 구조적 모순을 드러내려는 작가의 숨은 의도로도 읽을 수 있다. 또한 우리의 전통적 가족 윤리와는 다른 일처다부제一妻多夫制의 사회에서 「산골 나그네」는 또 다른 의미를 가질 것이다.

이태준의 「오몽녀」 전편全篇에서 오몽내에게 성性적 윤리나 도덕적 문제는 제기되지 않는다. 오로지 오몽내는 식욕, 물욕, 성욕 등 동물적인 본능에 따라 살아가는 인물 유형이다. 따라서 「오몽녀」는 인간의 내면에 숨겨진 욕망의 문제를 가감 없이 보여주는 소설이다. 전통적인 여성의 정조 혹은 정절 측면에서 오몽내는 음탕한 여자의 모습을 보인다. 그러나 시대상과 오몽내의 이력을 고려한다면, 오몽내를 탕녀蕩女로 비난만을 할 수는 없다. 오히려 성을 매개로 자신의 삶을 선택하고 개척해 나가는 적극적인 여성상으로 해석할 수도 있을 것이다.

: 참고문헌 :

유인순 편, 『김유정 단편선, 동백꽃』, 문학과지성사, 2005.

________, 『이태준 탄생 100주년기념 소설선, 석양』, 강원대 출판부, 2004.

이효석, 『이효석 단편 전집』 1, 가람기획, 2006.

권지예, 「피가 되고 살이 된 김유정 소설」, 『김유정 문학의 재조명』, 소명출판, 2008.

김영민, 「이태준의 등단 과정과 「오몽녀」 연구」, 『현대문학이론연구』, 2004.

김천혜, 『소설구조의 이론』, 한국학술정보, 2010.

서준섭, 『한국 모더니즘 문학 연구』, 일지사, 1988.

______, 「이효석 소설에 나타난 고향과 근대의 의미」, 『한국 근대문학과 사회』, 월인, 2000.

______, 「이효석 소설과 강원도」, 『이효석 소설선』, 강원대 출판부, 2007.

______, 「이효석 소설과 강원도」, 『메밀꽃 필 무렵』, 강원대 출판부, 2007.

유인순, 『김유정을 찾아가는 길』, 솔과학, 2003.

______, 「비어 있음의 인식과 그 채우기 작업」, 『석양』, 강원대 출판부, 2004.

이병렬, 『이태준 소설연구』, 평민사, 1988.

이상옥, 『이효석－참여에서 순수로』, 건국대 출판부, 1997.

______, 『이효석의 삶과 문학』, 집문당, 2004.

______, 『사건의 철학』, 철학아카데미, 2003.

전신재 편, 『원본 김유정 전집』, 강, 2007.

최시한, 『소설, 어떻게 읽을 것인가』, 문학과지성사, 2012.

한국문학평론가협회 편, 『문학비평 용어사전』 上, 국학자료원, 2006.

한상무, 「김유정 소설의 여성 인물과 정의적 성－가족 윤리의식」, 『한국 근대소설과 이데올로기』, 푸른사상, 2004.

S. 채트먼, 한용환 역, 『이야기와 담론』, 푸른사상, 2006.

제4부

이야기 한 마당

에티오피아와 점순이와

우한용

그럴 것이다. 돌아갈 때를 알아야 할 것이었다. 알았으면 마땅히 실천해야 할 일이었다. 그는 한 학기만 잘 마무리하면 무탈하게 정년을 맞을 수 있겠다는 생각으로, 정리할 것들을 잘 정리하고 마무리하자는 다짐을 두고 있었다. 끝이 좋으면 다 좋다던 셰익스피어의 대사가 떠오르기도 했다.

이아무라는 시인이던가, 아주 덤덤하게 이런 소리를 해 놓았다. "가야할 때가 언제인가를 / 분명히 알고 가는 이의 / 뒷모습은 얼마나 아름다운가" 이 맹탕의 진술이 실감이 가기 시작하는 것은, 이제 때가 되었다는 뜻이려니 했다. 정년 전에 덜어낼 것은 덜어내야 마무리가 가볍겠다 싶었다. 덜어낼 것 가운데 학회와 연관된 일들이 포함되어 있었다. 전번 김유정학회에서 주제발표를 한 걸로, 학회 활동은 종언終焉을 선언해야겠다고 다짐을 두었다.

학회와 연관된 일들은 그야말로 말 갈 데 소 갈 데 가리지 않고 쫓아다닌 셈이었다. 의무와 열정이라고 빌미를 대기는 하지만, 일을 너무 많이 했다는 생각이 드는 요즈음이었다. 학회와 연관하여 받은 메일을 지우려고 메일박스를 확인하다가, 그는 멈칫하고 눈을 한번 비비고는 모니터를 다시 찬찬히 살펴보았다.

강원대학교에 발령을 받은 정아현 교수가 메일을 보내왔다. 정교수는 그가 근무하는 대학에서 박사학위를 받고 얼마 안 되어 국립강원대학에 발령을 받았고, 그 소식을 전해 왔을 때 축하한다는 인사를 하기도 했던 터라서, 그저 예사로운 인사 메일이려니 했는데 그게 아니었다. 강버들 교수가 정년을 맞이하는데 문집을 기획한다는 것이었다. 그 일을, 쫄병 교수인 자기가 주관하게 되었는데, 글의 형식을 가리지 않고 강버들 교수와 맺은 인연이 담기면 아무것도 좋으니 글을 하나 꼭 보내 달라는 내용이었다.

정년문집? 그는 고개를 갸우뚱했다. 요새 정년문집을 내는 사람이 어디 있는가, 그게 인연을 내세워 또 하나의 업을 쌓는 일이 아니던가 하면서, 지우려던 메일을 다시 읽어보았다. 전번에 그가 주제발표를 했던 학회의 안내 메일을 강버들 교수가 보낸 것이었다.

선생님

봄내 마을에 봄비 내리는 금요일 오후—

이 비 그치면 더욱 짙어질 연둣빛의 향연을 생각합니다.

캠퍼스에 펼쳐진 색색의 우산을 보며 우산 아래 청춘들이 진정 봄날의 꽃이라는 생각도 해봅니다.

이제 곧 다가올 사월, 김유정학회 제2회 학술연구발표대회가 서울대학교에서 열립니다.

학술대회 일정 및 학술연구 발표, 김유정 문학스토리텔링 관련 발표는 다음과 같습니다.

이어서 일시가 2012년 4월 21일, 토요일이라는 것과 장소가 서울대학교 교육정보관이라는 것이 적혀 있었다. 학술대회의 큰 주제는 "김유정 문학의 언어 인식"이고 그가 발표할 제목은 "김유정 소설의 언어 미학적 특징"이라고 되어 있었다. 학술대회의 대주제와 주제 발표 책임을 내게 넘겨 놓은 것은 현송호 교수였다. 학회 이사회에 참여했다가 현송호 교수의 제안에 못한다는 말 한 마디 못하고 받아들인 것이, 그런 일을 감당해야 하는 단초였다.

발표자들의 명단이 이어졌고, 끝인사는 "돌아오는 4월 21일 서울대학교 교육정보관에서 선생님을 만나 뵙기를 진실로 바랍니다. 꽃샘바람 부는 계절, 건강하십시오." 그렇게 간결하게 마무리되어 있었다.

사람들은 춘천春川을 봄내라고 불렀다. 춘천에서 강버들 교수를 만났던 일들이 봄언덕의 풀빛깔을 띠고 떠올랐다. '연둣빛 향연'이라니, 사람 마음 설레게 하는 게 아닌가. 거기다가 비오는 금요일 오후, 연구실 아래로 내려다보이는 캠퍼스 오솔길에 젊은이들이 우산을 받쳐들고 움직여 가는 모습에서, "우산 아래 청춘들이 진정 봄날의 꽃"을 발견하는 안목은 문학을 공부하는 강 교수의 감수성으로 손색이 없는 것이었다.

문학이라는 게 그런 것이려니 하는 생각이 들었다. 다른 메일을 검색했다. 학회 일이 있을 때다 정성스럽게 메일을 보내오는 강버들 교수의 이전 메일이 또 보였다. 4월 중순에 보낸 메일이었다. 그것도 그가 참여해서 주제발표를 해야 하는 학회와 연관된 것이었다. 눈 꾹 감고 지워버릴까 하다가 뭔가 아쉬운 것이 남아 있을 것 같아, 읽어 보았다.

선생님

사월 중순—

목련나무, 벚꽃나무, 살구나무 아래를 지나다 바람을 만나면

봄봄봄 하고 꽃비가 내립니다.

꽃은 지고 또 피고

봄봄봄 하면서 잎이 솟아나기 시작합니다.

김유정학회 제2회 학술연구발표회가 서울대학교 교육정보관에서 열립니다.

4월 21일 토요일, 이번 주의 주말은 김유정 학술연구발표 회의장에서

봄봄스럽게 지내보시기 바랍니다.

여름방학이 겨우 열흘이나 남았을까 하는 때에, 봄에 있었던 일을 반추하기는, 세월의 무상함을 환기하게 해서 좀 착잡했다. 그러나 사월 그 꽃 계절을, 잎이 피는 계절을 짐짓 김유정의 작품 이름 「봄봄」과 연관지어 능청을 부린 글솜씨가 재미있다. 학술대회에 만나서 '봄봄스럽게 지내보시기' 바란다는 데 이르러서는 그 자신도 모르게 웃음이 나기도 했다.

헌데 '봄봄봄 하면서 잎이 솟아', '연둣빛 향연'을 펼치는 계절을 잊고 지냈다는 게 마음에 걸렸다. 그 연둣빛이라는 게 기억의 한 자락을 들고 일어나는 낌이었다. 강버들 교수는 연두색을 떠올리게 한다. 사람마다 선호하는 색깔이 있게 마련이다. 강버들 교수는 그에게 편지를 보낼 때는 늘 녹색 잉크를 사용했다. 그는 다른 사람에게는 그런 연두빛깔의 잉크로 편지를 써 보내지 않을 거라고 생각했다. 생각보다는 기대였다. 녹색 글씨로 채워진 엽서나 편지는 내밀한 애정을 안에 간직하고 있는 느낌을 자아내게 한다.

전에 그가 『물바람』이라는 소설집을 내서 강버들 교수에게 보낸 적이 있다. 강버들 교수가 답장을 보내왔다. 옅은 시골 풍경 그림이 있는 봉투 안에 편지지가 몇 장 접힌 채 차분히 들어 있었다. 그는 약간 긴장된 느낌으로 편지를 폈다. 역시 녹색 잉크로 정갈하게 내용을 적어나간 게 고마움과 정성이 가득 담겨 있었다. 편지 끝에 춘천에 한번 다녀가라는 구절이 적혀 있었다.

그는 적잖이 망설인 끝에 춘천행 열차를 탔다. 마침 초여름이라 북한강을 따라가는 열차의 차창으로 비쳐드는 풍경이 초록으로 짙어가고 있었다. 그는 춘천에 가는 동안 줄곧 강버들 교수를 생각했다. 작달막한 키에 균형잡힌 몸매는 숲속에 앙바탕하게 선 나무를 생각하게 했다. 총기가 감도는 눈은 얇은 눈꺼풀 속에서 초여름 햇살처럼 반짝였다. 윤기가 자르르한 눈엽嫩葉처럼 고운 얼굴이었다. 낭랑한 음성은 초록의 녹음 위를 굴러오는 새들의 노랫소리를 떠올리게 했다. 이따금은 몸에서 커피향이 감도는 듯도 했다. 편지의 한 구절이 떠올랐다.

"춘천에 오시면 맛있는 아프리카 원산 커피 사 드릴게요."

그는 춘천이 왜 아프리카 커피와 연이 닿아 있는지를 그때가지 모르고 있었다. 아무튼 그는 커피냄새를 강버들 교수의 향기 밴 체취쯤으로 생각했다.

그런데 정작 경춘선의 종점 춘천역에 내리면서 등에 땀이 배기 시작했다. 춘천에 오기 위해 강의를 뺀 것하며 문인들 모임에 통보도 않고 빠져야 하는 것 등, 걸거치는 것들이 한꺼번에 들고 일어나 마음을 휘저어 놓기 시작했다. 거기다가 연구실로 전화를 했을 때, 연결이 안 되었다. 그는 학과 사물실로 전화를 해서 강버들 교수의 집 전화번호를 알아냈다. 다이알을 돌리면서 혹시 병이 나서 집에 누워있는 것은 아닌가, 아니면 남편되는 사람이 받아서, 너 어떤 놈인데 전화질이냐고 버럭 소리를 지른다면 어떻게 하나 걱정이 일어나기 시작했다. 그렇게 망설이면서 집으로 전화를 하지 못한 채, 한 시간여가 지났다. 다시 연구실로 전화를 했다. 여전이 불통이었다. 집 전화번호를 확인하며 다이알을 돌렸다.

신호음이 두어 번 드르륵거리며 울리자 어떤 여자분의 맑은 목소리가 여보세요, 하고 들렸다. 강버들 교수의 목소리는 분명 아니었다. 그러나 어딘지 음색이 닮아 있었다.

"거기가 강버들 교수댁이지요?"

"우리 애, 아니 강교수 학교에 나갔습니다."

"아, 그러세요. 저는 전주에서 온 친구인데요. 학교에 전화가 안 되어서……"

"친구라면, 성함이? 혹시 강교수와 교제하는……?"

그는 죄송하다고 얼버무리다가, 학회 일로 상의할 일이 있어서 전화를 했는데 통화가 안 되어 집으로 전화를 했노라고 전화한 연유를 이야기했다.

"강교수가 연락하면, 전화 왔더라고 그렇게 전하도록 하지요."

일정한 음정으로 정확하게 하는 대답에 냉랭한 기운이 묻어났다. 강교수를 우리 애라고 하는 걸로 봐서는 어머니가 분명한데, 딸이 교제하는 사람이 있다는 걸 안다는 것인지, 그 사람을 기다리고 있는 것인지, 아니면 강교수가 그 남자를 만나러 나가서 전화를 안 받는 것인지 여러 가지 생각이 얼크러져 오갔다.

전주에서 대전으로 해서, 대전에서 차를 갈아타고 춘천까지 무려 6시간을 달려온 길이었다. 그대로 돌아가기는 너무 허전했다. 춘천 한 번 놀러오라는 이야기를, 그 녹색에 홀려 가지고 이렇게 몸 가볍게 움직이는 게 헛다리 밟는 짓이란 생각이 들기도 했다. 더구나 정체를 드러내지 않는 그 교제하는 사람이라는 게 까슬까슬 머리를 긁어댔다.

기왕 집으로 전화를 하기도 했고, 대학교수를 하는 딸 동료가 왔다는데 문전박대야 하겠나, 집으로 쳐들어가면 안 될까. 그렇게 궁싯거리고 있다가 연구실로 찾아가기로 했다. 연구실이 잠겨 있으면 조교를 동원해서라도 연락을 취할 방법을 찾을 작정이었다.

역시 연구실은 잠겨 있었다. 명패 밑에 외출이라고 표시되어 있는 게, 그래 그 교제한다는 사람을 만나러 나간 것이 틀림없다는 확신을 굳히게 했다. 교제하는 사람이 있다면, 공부해서 대학교수 되기까지 연애 한 번 제대로 하지 못했을 터인데 축하할 일이 아닌가. 그런데 왜 마음이 흔들리는지 그로서도 이해가 되지 않는 심정으로 빠져들고 있었다.

조교실로 찾아갔다. 자기가 전주에 있는 대학 교수라는 이야기를 했다. 강버들 교수를 만나러 왔다고 했다.

"오늘 학교에 안 계신데요."

"교수가 자리를 비우면 비상연락처는 있을 게 아닌가?"

"비상연락처요? 무슨 비상사태가 생긴 거예요?"

"비상인지 아닌지는 자네가 관여할 바가 아니고, 연락처를 알아야 하겠다, 이말이야."

얼굴이 미끈하게 잘 생긴 조교는 그를 위아래로 훑어보았다. 건방진 친구 아닌가 싶어 한마디 하려다가 참았다. 그 자리에 앉아 있으면 의당 그렇게 조심해야지 하는 생각이 들었다.

"강교수님 에티오피아에 가신다고 하셨습니다."

"이 사람이, 엊그제도 통화를 했네. 헌데, 해외에 나갔다고? 자네 입장은 알겠네만, 내가 신분도 다 밝혔고, 용무도 얘기했는데, 거짓말까지 하는 이유가 뭔가?"

교수 신분증이라도 내밀면서 다그치고 싶었다. 이럴 때 참아야지.

약혼식이라도 하는 날인가? 아니면 웨딩 촬영을 위해 둘이 촬영장에 간 것은 아닌가?

"에티오피아가 어딘지 아세요?"

"내가 그걸 왜 몰라? 올림픽에서 마라톤을 두번씩이나 우승한, 그 아베베의 나라, 아프리카 북부 중앙에 있는 나라가 거기 아냐?"

조교는 훤한 얼굴에 주름을 잡으면서 깔깔깔 웃었다. 남의 속도 모르고 웃기는, 얼굴에 무어라도 붙었나, 그는 손바닥으로 얼굴을 더듬어 훑었다. 끈끈한 땀이 손끝에 묻어났다.

웃음을 참고 있던 조교는 춘천에 에티오피아라는 커피전문점이 있는데, 에티오피아에서 문화사절단이 와서, 춘천의 소설가 김유정을 소개하려고 거기에 갔다고 차근차근 설명했다.

"에티오피아라는 커피집이 어디에 있소?"

"공지천 근처에 있습니다만, 오늘은 안 됩니다."

"도대체 자네는 뭐가 안 되는 일이 그렇게 많은가?"

어이가 없다는 듯 조교는 또 깔깔대고 웃었다. 조교 앞에서 교수 주제꼴이 자꾸 일그러지는 것 같아 민망하기도 하고, 염치가 없기도 했다. 내심을 들키고 있는 것은 아닌가 싶기도 했다. 에티오피아 황제가 와서 강버들 교수에게 훈장을 주기로 되어 있다면서, 의전상 등록되지 않은 인사는 행사장에 갈 수 없다고, 외국 정상이 와서 참여하는 행사에서는 그렇게 하는 거 잘 아는 일 아니냐는 듯이 속을 박아 말했다. 그 행사가 몇시까지 진행되는가를 물으려다 속이 들여다보이는 것 같아 슬그머니 물러섰다.

알았다고, 미안하다고 하고 학과 사무실을 나왔다. 막상 나와 보니 어디로 가서 무얼 하며 시간을 보내야 할지 감이 잡히지 않았다. 학과 사무실은 문을 닫을 시간이 되어 가고, 집 말고는 달리 연락을 할 방법이 없었다. 그렇다고 집으로 다시 전화를 해서 어디서 기다린다든지 이야기를 하기는 쑥스러웠다. 그리고 오해가 생길 소지도 있었다. 전주로 그냥 돌아갈까 하면서 택시를 기다렸다. 택시는 냉큼 잡히지 않았다. 길 건너편에 피씨방이 보였다.

피곤하기도 하고 맥없이 어디를 걸어 다니기도 귀찮은 생각이 들어 잠시 쉴 겸해서, 에티오피아에 대해 알아볼 겸 피씨방에 들어간 것이다. 아직 이른 시간이기도 하고, 암실처럼 음침한 피씨방에 들어와 앉아 있을 사람이 없는지 한가했다.

“재미있는 거 보실래요?”

관리 아가씨가 생글생글 웃으면서 옆에 다가와 섰다. 물큰 싸구려 향수냄새가 풍겼다. 향수 안 바르고 젊은 냄새 그대로가 더 싱그러울 터인데 하는 생각이 들었다. 강버들 교수의 매력은 얼굴 손질을 과하게 하지 않는 수수함에 있었다. 무엇을 어쩐다는 작정도 없이 아가씨와 강버들 교수의 얼굴이 자꾸 겹쳐지고 대조가 되었다. 급이 다른 권투선수의 시합을 시도하는 것 같아 속이 편치 않았다.

“재미있는 거? 마누라랑 실습을 오래 하다 보니 이제 진절머리 나게 생겼다니.”

아가씨의 하얀 눈자위가 히끗 돌아갔다. 별로 소득 올려주지 못할 손님이 일찍 들어와 마수거리에 초를 친다고, 속으로 짜증을 부리고 있는지도 모를 일이었다. 그렇다고 피씨방에 들어앉아 야동이나 바라보며, 사타구니 잡고 앉아 있을 처지는 아니었다.

“여기 춘천이 고향입니까?”

“요새 고향이 어디 있어요, 촌스럽게.”

“그래도 아니지, 아냐. 김유정이 있잖아? 고향을 덩그렇게 올려세우고 지키는 작가 김유정이 있지 않은가 말야.”

"나더러 점순이 닮았다고, 아그똥하고 씩씩하게 잘 살 거라고 비행기 태우려고 그러지요?"

"점순이 하자면 너무 늙었어."

"작중인물은 안 늙어요. 점순이는 언제나, 여전히 점순이지."

듣고 보니 그럴 듯한 얘기였다. 응오와 응칠이는 여전히 매팔자라서, 제 것 제가 훔쳐먹고 사는 족속일 것이었다. 돈키호테는 의연히 라만차 들판에 창을 꼬나쥐고 말을 달리고, 외디푸스는 오늘도 산 위로 바위를 굴려 올리느라고 피 섞인 비지땀을 흘릴 것이다. 그 늙지 않는 인간을 창조하는 게 작가의 몫일 터였다.

"도와드릴 일 없으면 저 나갔다 올라구요."

"잠깐만, 여기 춘천에 에티오피아라고, 커피집이 있다던데."

"오늘은 아마 휴업일 거예요. 거기, 에티오피아 황제가 춘천에 왔거든요."

"황제가 찾아오는 도시, 근사하네요."

"저기 탁자 위에 그 집 안내서가 있을 거예요. 저는 배달 갑니다. 그동안 우리 가게 잘 봐주세요."

아가씨는 그렇게 떠맡기다시피 하고는 실팍한 엉덩이를 홰홰 내두르며 피씨방을 나갔다. 아마 어떤 늙은이가 포르노를 배달해 달래서 가지고 가는 모양이었다. 사람 사는 게 그렇고 그런 것이지, 하면서 그는 주머니를 뒤지고 있었다. 담배를 찾는 중이었다. 담배를 끊겠다고 선언한 지 육개월, 처음 있는 일이었다. 아가씨가 손으로 가리키던 탁자 위에 어지럽게 펼쳐진 잡지 사이에서 책 같기도 하고 앨범 같기도 한 물건 하나를 찾아들었다. 『한국의 에티오피아, ETHIOPIA IN KOREA』라는 제목이 붙어 있었다.

그는 책자를 천천히 뒤져 보았다. 에티오피아 참전기념비 준공식을 기해서 몇 가지 부대 행사를 했던 모양이었다. 그 가운데 에티오피아 영화제가 있었던 걸 알 만한 자료가 있었다. 이런 내용의 스크랩이 있었다.

> 이번 행사에 소개될 영화들은 아프리카 사람들이 살아가는 현실과 희망을 보여준다. 그 작품들 가운데 에티오피아의 마라토너 아베베 비킬라의 일대기를 그린 영화가 주목할 만하다. 〈운동선수(THE ATHLETE)〉가 그것이다. 그 가난하던 시대 1960년 로마올림픽에서 맨발로 올림픽의 꽃이라고 하는 마라톤에서 우승한 '맨발의 기관차' 아베베 비킬라의 일대기를 그린 영화다. 로마 올림픽에서 우승한 4년 후 도쿄 올림픽에서는 충수염 수술을 한 지 6개월도 안 된 몸으로 출전하여 올림픽 이 연승을 기록한다. 불행하게도 그는 자동차 사고로 하반신이 마비되어 불구의 몸이 된다. 하반신을 못 쓰게 되자 그는 상체로 할 수 있는 운동을 개발해서 연습한 결과 장애인 올림픽에서 사격, 양궁 등의 종목에서 금메달을 따낸다. 41세로 생을 마감한 아베베의 삶은 그 자체가 아프리카인들의 희망이었다.

참으로 오랜만에 기억에 떠올려 보는 아베베였다. 에티오피아의 수도가 아디스 아바바라고 배운 기억이 살아났다. 그리고 6·25때 참전한 나라 가운데 아프리카에서 유일한 나라가 에티오피아라는 이야기, 250여 회 전투에 참여해서 모두 승리를 했으며, 단 한 사람도 포로가 없는 신화를 남겼다고도 했다. 그런 이야기를 하면서 담임선생은 얼굴이 벌겋게 상기되어 교탁을 치면서 이야기했다.

"식인종을 포로로 잡았다가 되레 잡혀먹을까 겁이 나서 포로로 못 잡아갔다는 설도 있단다. 너희는 그런 아둔한 생각에서 벗어나야 세계 시민이 된다. 아무튼 우리는 식인종으로 알고 있는 나라의 은혜를 입어 자유를 찾았다는 사실을 잊지 말아야 하고, 언젠가는 그 은혜를 갚아야 한다. 너희들이 자라면."

그는 기억의 사다리를 너무 높게 기어 올라가기가 싫었다. 올라갈수록 아름다운 추억과는 거리가 먼, 어둡고 아득한 기억들이 뇌리에 찐덕찐덕 덕지가 져 있었다. 다시 책을 뒤적여 보았다. 이디오피아집이라는 커피집에서 세계커피축제가 있었던 모양이다.

> (춘천 = 연합뉴스)이상학 기자 = 춘천시는 44년 동안 도심하천인 공지천의 명소로 불리는 '이디오피아집'이 내달 1~3일 커피축제를 연다고 25일 밝혔다.
>
> 춘천이디오피아후원회(공동의장 조용이, 김옥희)는 이디오피아집이 위치한 길의 도로명이 '이디오피아길'로 바뀌는 것을 축하하기 위해 내달 1~3일 에티오피아 전쟁기념관 일대에서 '제1회 춘천 이디오피아길 세계커피축제'를 개최한다.
>
> 주최 측은 에티오피아 황제가 방문한 지난 1968년을 기념해 시민 1천968명에게 커피 무료 체험을 제공할 예정이다.
>
> 또 에티오피아 뿐 아니라 5대륙 15개 품종의 원두커피와 커피제조 기구가 전시되고 콘서트도 열 계획이다.
>
> 이디오피아집은 에티오피아 6·25참전기념비 제막을 위해 춘천을 방문한 하일레 슬라세 황제가 지은 이름으로, 황제가 현판과 황실 커피원두를 보내 지난 1968년 11월 25일 문을 열었다.
>
> 한편 춘천시는 지난 2004년부터 에티오피아의 수도 아디스 아바바시와 자매결연을 맺고 있다. hak@yna.co.kr (끝)

1968년이라는 연도가 눈에 들어왔다. 생각해 보니 그가 대학에 입학한 해였다. 30년 저쪽의 일이었다. 그는 가끔 학생들에게 이상은 몇 살을 살았나? 김유정은 몇 살에 죽었나? 그런 이상한 질문을 하곤 했다. 인생이 그렇게 호락호락하지 않다는 이야기를 하기 위해서였다. 어느 날 문득 생의 종말이 닥치는 수도 있으니 긴장해서 열심히 살라는 이야기를 하기 위한 질문이었다. 그러나 열심히 산다는 게 무엇인가는 스스로 규정하지 못하고 있었다. 춘천 한번 놀러오라는 이야기에 혹해서, 춘천에 와서 떠돌고 있는 게 치열하게 사는 방법인가, 자신이 없었다.

그는 다른 기사 하나를 눈여겨보았다. 이런 것이었다.

김대일 춘천보훈지청장은 2007.3.6. 11 : 00 에티오피아 한국전 참전기념관 준공식에 참석하여 참전 기념사업에 적극 협조하는 춘천시 관계자들을 격려하고 감사를 표했다.

에티오피아는 6·25전쟁 기간에 아프리카 국가 중에서 유일하게 6,037명을 파병하였으며, 춘천, 화천, 철원 등 강원도 전역에서 253회 전투에 참전하여 121명이 전사, 536명이 부상을 입은 바 있다.

당시 에티오피아군은 16개 참전국 중 유일하게 포로가 한명도 없을 정도로 용감하였다. 우리정부에서는 2006년 2월 아디스아바바시에 2억원의 국비를 들여 한국전 참전기념탑을 건립 하였으며, 에티오피아참전용사후원회의 민간교류를 통한 지원사업과 춘천시와의 자매결연을 통한 지원으로 코리안빌리지(참전용사 마을)에 현대식 학교를 설립하고 컴퓨터 등 현대식 학습교재를 지원하는 등 정부차원의 혈맹으로 지킨 에티오피아 참전용사 지원사업을 꾸준히 전개하고 있다.

오늘 개관한 에티오피아 한국전 참전기념관은 연면적 530㎡(지하1층, 지상2층)로 총79종 218점의 물품이 전시되어 있고, 1층에는 참전기념 전시실과 다목적실이 있으며 2층에는 풍물전시실과 교류전시실로 꾸며져 있어 에티오피아에 대한 폭넓은 이해를 돕는 교육의 장으로 자리잡을 전망이다.

피씨방 아가씨가 문을 밀고 들어오면서 투덜거렸다.

"늙은 말이 당근 마다하지 않는다더니, 나더러 글쎄 놀고 가라나? 미친 늙은이 같으니라구."

"그 미친 늙은이라는 게 누구요?"

"아저씨가 상관할 일 아니라니까요."

"그러지 마시고, 우리 다방에다가 커피나 시켜 마십시다."

"아저씨도 나랑 놀자구 하려고 그래요?"

"나 바쁜 사람이야. 놀 시간이 어디 있어?"

"낮에 피씨방 찾아오는 아저씨가 바빠? 이 아저씨도 웃기네."

"그러지 말고, 이디오피아의 집이라는 데 말야, 나랑 같이 가 볼래?"

"휴업이라고 했잖아요, 거기 책자에 소개가 있어요. 읽어보세요."

아가씨는 책을 풀풀 넘겨 기사를 하나 찾아 주었다. 그리고는 카운터에서 뜨개질 하던 털실 뭉치를 가지고 와서, 다시 뜨개질을 시작했다. 그는 책자를 뒤적였다.

> 1968년(1966년인지 기억이 가물가물)경 이디오피아의 6·25참전을 기념하기 위해 춘천 공지천에 이디오피아 참전기념비가 건립되었습니다. 그 당시 춘천공지천은 개발이 거의 전무한 외곽지역이었고, 단지 서울과 춘천을 오가는 경춘국도의 시발점이란 위치말고는 볼만한 게 없었습니다.
>
> 이디오피아 참전기념비가 건립될 즈음 조용희 교수라는 분께서 이디오피아 대사관들과 함께 참전용사의 좋은 뜻을 이어갈 아이템을 찾던 중, 이디오피아의 특산물인 커피를 알리는 것이 좋겠다하여 이디오피아로부터 직접 수입한 원두커피를 재료로 카페(당시에는 다방)를 개업하시게 되었습니다. 당시 원두커피란 생소한 음식에 호기심을 느끼는 사람도 많았지만 더 유명해진 계기는 서울에서 경춘선 열차로 춘천으로 여행하던 대학생들

이 많이 찾아서였습니다. 커피맛도 일품으로 당시 커피만을 담당하던 직원이 있을 정도였으니까요.(당시 커피 뽑는 일을 하던 직원은 현재 이디오피아의 집 1층에서 닭갈비집을 경영하는 중)

이디오피아의 집 대표자인 조용희, 이옥희 부부는 교수출신으로 당시 이디오피아와 특별한 외교관계가 없던 상황에서도 민간외교사절로서 그 역할을 대변했는데, 이디오피아 황제의 초청으로 이디오피아를 수차례 방문하였고 최근에도 교류를 계속하고 있습니다.

또 이디오피아 국빈이나 대사관들도 자주 찾는 장소이고 매년 수차례 대사들이 방문하면 이디오피아 전통음식(닭도리탕 비슷한 음식을 전병과 함께 먹는 음식)을 제공하기도 합니다. 이런 음식을 직접 만드실 정도로 이디오피아의 문화에 대한 관심도 대단합니다.

지난 90년경부터는 원두커피의 수입과 통관이 어려워지면서 원활한 재료 공급이 힘들어 수입업체서 수입한 제품을 사용하기도 하였으나 이로써 명성이 흔들린다고 생각한 주인은 한때 사업을 청산할 생각까지 했다고 합니다. 주인 내외가 워낙 고령인 탓도 있지만 그만큼 이디오피아에 대한 애정과 사랑이 남다르다고 할 수 있을 것입니다. 또 특이한 점은 이디오피아 참전기념비의 맨꼭대기에 있는 사자모양의 동물은 이디오피아 황실을 뜻하는 문양인데 이디오피아 황제가 직접 이 문양을 사용할 수 있도록 허락하였다고 합니다. 이디오피아의 집에서는 이 문양을 가게 마크로 사용하고 있습니다. 그만큼 이디오피아와 황실의 배려가 남다르다고 할 수 있겠죠.

이곳을 자주 찾던 사람으로는 신현확 전 국무총리와 가수 신해철이 있었고 지금도 유명인사나 연예인이 방문하기도 한답니다.

개업이래로 단 하루도 가게문을 닫은 적이 없는 곳으로 춘천의 명소이자 이디오피아와 대한민국의 민간외교사절로 손색이 없는 곳이기도 합니다.

그러나 아쉬운 것은 이렇게 좋은 명소를 춘천사람들은 그곳에 이디오피아의 집이 있다는 것만 알고 이런 내용까지는 잘 모릅니다. 아마도 너무 가까운 곳에서 자주 지나치다보니 그런 것이 아닌가 싶네요.

이디오피아의 집에 가시게 되면 특별히 주인내외분께 부탁을 드리면 이디오피아 전통 찻잔에 커피를 마시는 기회를 얻으실 수도 있습니다.

그는 머릿속에 이디오피아의 집을 그려보았다. 거기 가면 틀림없이 강버들 교수를 만날 수 있을 것 같은 생각이 치밀어 올라왔다. 그런데 그저 찾아가면 될 일을, 피씨방 아가씨의 안내를 받고 싶어하는 까닭은 자신도 잘 모르겠었다.

그는 안내 책자 페이지를 넘기다 말고, 꼼짝 않고 꼿꼿하게 앉아서 뜨개질을 하는 아가씨를 쳐다봤다. 다부진 몸매였다. 까무잡잡한 얼굴에 길지도 않고 짧지도 않은 콧날이 인중 위에 아담하게 자리잡아 균형 잡힌 모습이었다. 어디 비집고 들어갈 틈이 없는 자세였다. 그러면서도 얼굴에 보일 듯 말 듯한 미소가 잡혀 있었다. 속으로 무언가 헤아리면서 손을 놀려 뜨개질을 하는 것이 틀림없었다.

"쉐터를 짜는 거 같은데, 누구 줄라고?"

"저도 몰라요. 실이 고와서 사다가 그냥 짜는 거예요."

"심심한 모양이지? 하긴 이런 피씨방 지키고 있을라면 심심하기도 하겠지."

"아저씨 참 웃기시네, 아저씬 심심해서 일하고 살아요? 그냥 사는 거지요. 그냥 살려고 해도 열심히 하지 않으면 못 사니까, 그냥 열심히 하는 거고 그렇지 않아요?"

그는 아가씨를 다시 쳐다봤다. 야무진 얼굴이며 초탈한 듯한 말투가 어디선가 본 듯한 사람을 떠올리게 했다. 이모였던가, 고모였던가, 아니면 다른 누군지는 정확히 맞닿지 않았지만 그런 사람의 그림자가 자신을 싸고도는 듯한 착각에 빠졌다.

책자에 있는 자료 몇 가지를 복사해 달라고 해 가지고 피씨방을 나왔다. 자료 가운데는 마라토너 아베베 비킬라에 대한 것도 하나 들어 있었다. 전주로 내려오는 버스 안에서 그 자료를 읽어 보았다. 언젠가는 소설로 써야 하겠다고 소설 자료 파일에다가 보관해 두었다.

올림픽은 첨단 과학 기술의 전쟁터이기도 하다. 특히 육상에서는 초경량 신발이 선수들의 기록 향상을 돕는다. 미국 펜실베니아 주립대학의 연구결과에 따르면, 마라톤에서는 신발이 100g 무거울수록 에너지 소비량이 1% 늘어난다고 한다. 그래서 다국적 스포츠용품 브랜드에서는 앞 다투어 초경량 마라톤화를 출시한다. 그렇다고 무게에 대한 부담 때문에 신발을 신지 않을 수도 없는 노릇이다. 마라톤화가 적절한 탄성으로 경기력을 향상시키고, 지면으로부터 오는 충격을 완화해 피로를 최소화하는 역할도 담당하기 때문이다.

하지만 맨발로 42.195km를 뛰어 올림픽 무대를 제패한 마라토너가 있다. 당시만 해도 마라톤의 변방이던 아프리카에 희망을 안긴 그는 조국의 아픈 역사를 안고 뛰었다. 사상 최초의 올림픽 2연패 이후 닥친 불의의 사고. 하지만 그는 장애를 딛고, 또 한번 오뚝이처럼 일어서 많은 이들에게 감동을 줬다. '맨발의 마라토너' 비킬라 아베베(에티오피아)의 얘기다.

아베베는 1932년 에티오피아의 수도 아디스아바바에서 약130km 떨어진 자토라는 마을에서 태어났다. 어린 시절 목동을 하던 그는 20세 때 하일레 셀라시에 황제의 근위대에 들어가 하사관으로 복무했다. 한국과의 짧은 인연도 있었다. 한국전쟁 때는 1년 동안 대대장 경호병으로 참전했던 것으로 알려져 있다. 이후 에티오피아의 군인 마라톤대회에서 우승을 차지하며, 육상에 두각을 나타내기 시작했다.

그를 세계적인 스타로 만든 1960로마올림픽 참가는 운명적이었다. 당초 아베베는 대표팀의 일원이 아니었다. 하지만 한 선수가 재미 삼아 축구를 하다가 발목을 다쳤고, 그에게 기회가 왔다. 1960년 로마 대회에서는 마라톤 경기가 올림픽 역사상 최초로 야간에 치러졌다. 아베베는 거리 곳곳에서 타오르는 횃불을 헤치며 로마 거리를 질주했다.

마침내 69명의 참가자 중 최선두가 결승선인 콘스탄티누스 개선문 근처에 모습을 드러냈다. 사람들은 놀라움을 금치 못했다. 당시까지만 해도 "장거리에 약하다"고 인식됐던 흑인선수가 가장 앞서서 달리고 있었기 때문이다. 게다가 그는 신발을 신지 않고 있었다. 1960로마 대회는 TV가 제대로 중계방송을 시작한 첫 올림픽이었다. 아베베는 전 세계의 스포트라이트를 받으며, 마침내 개선문을 통과했다. 당시만 해도 난공불락으로 여겨지던 2시간20분 벽도 훌쩍 넘어버렸다. 2시간15분16초2의 세계기록이었다. 아프리카 흑인 사상 최초의 올림픽 금메달리스트가 된 아베베는 "아피아 가도의 밤 풍경은 아름다웠다. 한 번 더 뛰라고 한다면, 난 지금 당장이라도 풀코스를 달릴 수 있다"고 말해 세계를 두 번 놀라게 했다.

아베베의 금메달은 에티오피아와 이탈리아와의 역사적 관계 때문에 또 한번 화제를 낳았다. 이탈리아 무솔리니의 파시스트 정권은 1935년 에티오피아를 침공해 6년 간 그곳을 무단 점령했다. 이탈리아가 에티오피아에 발을 디딘 명분은 '노예 해방'이었다. 하지만 그들은 또 다른 주종관계를 강요했고, 에티오피아인들은 극렬히 맞섰다. 아베베의 아버지 역시 조국이 침략 당했을 때, 총을 들고 싸웠던 인물이었다.

세계의 언론은 아베베의 우승을 이런 역사적 상황에 빗대 표현했다. "에티오피아를 점령하기 위해서는 모든 이탈리아군이 필요했지만, 로마를 점령하는 데는 단 한 명의 에티오피아군(아베베는 당시 군인신분)으로 가능했다."

3일 뒤 에티오피아에도 아베베의 금메달 소식이 전해졌다. 자신들을 총칼로 짓밟았던 이탈리아인들 앞에서 거둔 승리였기에 국민들의 기쁨은 두 배였다. 아베베는 국민적인 영웅이 됐고, 황제는 하루아침에 그를 장교로 승진시켰다. 그는 "나는 내 조국 에티오피아가 항상 강인하게 시련을 이겨내왔음을 세계에 알리고 싶었다. 나는 황제와 군대를 위해 달린다"고 말해 에티오피아를 또 한번 열광시켰다. 그가 귀국하자, 하일레 셀라시에 황제는 직접 마중을 나갔다. 이어 "당신이 황제인 나보다 백배나 우리 에티오피아 이름을 만방에 떨쳤다"며 손수 왕관을 벗어 아베베의 머리에 씌워줬다.

1964년 도쿄올림픽에서 아베베는 마라톤화를 신고 경기에 나섰다. 맨발로 풀코스를 달린 아베베를 두고 "워낙 가난해서 신발도 살 수 없었기 때문"이라는 보도도 있었지만, 그것은 사실이 아니었다. 당시 에티오피아 올림픽대표팀의 후원사는 독일의 아디다스였다. 당연히 선수들에게는 신발이 지급됐다. 하지만 아베베는 부상 선수의 대체요원으로 뒤늦게 대표팀에 합류했다. 여분의 신발은 물론 있었지만, 그에게 딱 맞는 것은 없었다. 결국 아베베와 스웨덴인 코치 니스카넨은 신발을 신지 않고 뛰기로 결정했다. 마침 그는 훈련 때 맨발로 달렸던 경험이 많았다.

당시에는 마라톤화의 무게가 현대의 약3배인 약400g에 달했다. 그래서 "오히려 맨발이 나았을 것"이라는 일부 의견도 있다. 하지만 당시 로마의 마라톤코스는 곳곳에 돌 조각과 콘크리트가 깔려 있었다. 맨발로 달리기에 큰 어려움이 따랐다.

'맨발의 마라토너'라는 별명이 화제가 되면서, 스폰서들의 전쟁도 치열해졌다. 4년 뒤 1964도쿄올림픽에서는 세계 유수의 스포츠용품업체들이 앞 다투어 아베베가 자사의 신발을 신도록 물밑 작업을 펼쳤다. 결국 1964도쿄올림픽에서 아베베는 마라톤화를 신고 경기에 나섰다.

1964도쿄올림픽 직전 아베베의 우승을 점치는 전문가는 많지 않았다.

그 전까지 한번도 올림픽 마라톤 2연패가 나온 적이 없었고, 아베베가 불과 대회 5주전 급성 충수염 수술을 받았기 때문이었다. 일반인이 수술 이후 정상적인 생활을 하는 데는 충분한 시간이었지만, 큰 대회를 앞둔 마라토너에게는 상황이 달랐다. 최고의 컨디션으로 맞추기 위해서는 대회 직전까지 빽빽한 훈련 스케줄을 소화해야 하기 때문이다. 아베베는 결국 수술 2주 만에 훈련을 재개하는 투혼을 발휘했다.

마라톤화를 신고 뛴 이 대회에서는 기록이 더 향상됐다. 2시간12분11초2로 또 한번 세계기록을 갈아 치웠다. 올림픽 마라톤 역사상 최초로 2연패를 달성하는 순간이었다. 이후 발데마르 키에르핀스키(당시 동독)는 1976년 몬트리올 대회와 1980년 모스크바 대회에서 또 한번 올림픽 마라톤 2연패 기록을 세웠다. 하지만 올림픽 2연패를 모두 세계기록과 함께 한 선수는 아직까지 아베베뿐이다. 아베베는 1964도쿄올림픽 레이스 직후 정리체조를 하면서 "아직도 20마일(약32km)은 더 달릴 수 있다"고 소리쳐 또 한번 화제를 낳았다.

1964도쿄올림픽 남자마라톤 시상식은 지금까지도 희대의 해프닝으로 남아있다. 시상대에 에티오피아 국기가 올라갔지만 국가로는 엉뚱한 가락이 흘러나왔다. 당시 도쿄올림픽조직위원회는 "에티오피아 국가를 준비하지 못해 부득이 개최국의 국가인 기미가요를 연주한다"고 설명했다. 우승 기쁨도 잠시뿐, 아베베는 약소국의 설움을 겪어야 했다.

만36세에 참가한 1968년 멕시코시티 올림픽. 그는 부상으로 풀코스를 완주하지 못했다. 하지만 레이스 초반 자국 동료의 페이스메이커 역할을 잘 수행하며, 경쟁자들의 리듬을 깼다. 덕분에 마모 웰데(에티오피아)는 금메달을 목에 걸었고, 에티오피아는 올림픽 마라톤 3연패를 달성했다.

아베베를 세계스포츠 역사에 길이 남을 영웅으로 추앙하는 것은 단지 그가 올림픽 마라톤 2연패를 달성했기 때문만은 아니다. 그는 청천벽력 같은 사고를 당하고도, 불굴의 의지로 다시 일어섰다. 1969년 3월. 탄탄대로를 달리던 아베베의 인생에 큰 시련이 닥친다. 에티오피아 아디스아바바 교외에서 차를 몰고 가다 큰 사고를 당한 것이다. 목이 부러지고, 척추가 손상된 채로 발견된 그는 결국 하반신 마비 판정을 받았다.

하지만 절망하지 않았다. 팔의 힘을 기르며 양궁, 탁구, 눈썰매 등에 매진했다. 자신의 또 다른 한계를 넘어서고 싶었기 때문이다. 그는 1970년 노르웨이 25km 휠체어 눈썰매크로스컨트리대회에서 금메달을 땄고, 10km 레이스에선 특별상도 받았다. 패럴림픽(장애인올림픽)의 전신격인 스토크 맨드빌 휠체어게임에 양궁과 탁구 선수로 참가하기도 했다. 그는 "다리로는 더 달릴 수 없지만 나에겐 두 팔이 있다"고 말하며 많이 이들에게 용기를 줬다.

아베베는 휠체어를 탄 채로 또 한번 교통사고를 당하며 1973년 41세의 젊은 나이에 세상을 등졌다. 장례식에는 무려 6만5000여명이 참석해 고인의 명복을 빌었다. 그의 이름 아베베 비킬라는 에티오피아 말로 "꽃 봉오리가 핀다"는 뜻이라고 한다. 올림픽 역사에 화려한 꽃을 피운 아베베. 비록 그 꽃잎은 졌지만, 올곧은 의지의 향기는 지금도 은은하게 퍼진다.

"나는 다만 달릴 뿐이다. 나는 남과 경쟁해 이기는 것보다 자신의 고통을 이겨내는 것을 언제나 생각한다. 고통과 괴로움에 지지 않고 마지막까지 달렸을 때, 그것은 승리로 연결되었다."(인터넷 검색어, 아베베 비킬라)

아득한 시간의 저쪽 일이었다. 춘천도, 에티오피아도, 피씨방도, 강버들 교수의 약속도 모두 너무 오래 되어 잊고 지내던 일들이었다. 그런데 그 잊고 있던 일들을 되살려 떠올리게 한 것은 정아현 교수의 전화 한 통화였다. 자기가 일을 맡아 하는데 꼭 도와달라면서 토를 달아 하는 이야기가 이랬다.

"춘천에 오시면 아프리카 원산 맛있는 커피 사 드릴게요."

그는 스마트폰을 통해 들려오는 정아현 교수의 목소리를 들으면서 강버들 교수의 얼굴을 떠올렸다. 춘천, 이디오피아의 집을 찾아가야 할 것 같았다. 꼭 한번은 들러야 할 책무로 느껴졌다.

학회 관련 메일을 정리하는 가운데, 지난 4월 서울대학교에서 있었던 김유정학회 발표 논문에 무엇을 썼던가 하면서, 바탕화면에 방치해 두었던 원고를 다시 읽어 보았다. 이런 구절이 눈에 들어왔다.

> 김유정의 소설들은 전형적 성격을 창조하는 데 성공한 예가 허다하다. 얄밉고 성장기 소녀의 성격을 적실히 형상화한 '점순이', 미련한 듯 능글맞고 남을 후리치는 '뭉태', 매팔자의 '응칠이', '응오' 등이 그러한 예이다. 이는 김유정 소설의 힘이기도 하고 그의 소설이 오래 살아남을 수 있는 가능성의 원천이기도 하다. 우리는 그러한 인물을 혹은 작품을 김유정 생애의 에피소드에 앞서 먼저 기억하고 거기에 의미부여를 한다.

결국 소설의 승패는 인물을 창조하는 데서 결정되는 것이란 생각이 들었다. 사람이 일생을 살아가는 데도, 스스로 개성있는 캐릭터로 성장하는가 못하는가에 따라 성패가 갈리는 것 아니던가. 그는 자신이 어떤 캐릭터가 되었는지 잠시 돌아보았다. 뚜렷하게 집히는 게 없었다. 열심히 살았다는 막연한 느낌뿐이었다.

바탕화면의 파일을 내문서로 옮겨놓고, 근간에 강버들 교수가 보낸 메일들을 다시 찾아보았다. 팔월에 보낸 메일에 이런 것이 있었다.

> 선생님
>
> 오늘은 팔월 초하루, 달이 휘영청 밝습니다. 음력으로 유월 열 나흗날 밤

입니다. 인디언식 표현으로 한다면 '밤 되어 달빛 아래 그대와 함께 춤을 추고 싶은 때……' 정도가 될까요. 덥다덥다 해도 아침저녁으로 선들바람이 불기 시작했습니다. 이제 팔월이 왔고 그 끝자락에 구월이 따라오고 있습니다. 구월 보름날에는 제3회 김유정학술세미나가 진행됩니다. 청정 강원도, 호반의 도시 춘천의 실레 이야기 길에서 문학과 삶에 대한 이야기를, 아울러 순모밀 춘천 막국수도 함께 드시며 춘천의 인정을 맛보시기 바랍니다.

팔원 초하루라고 했는데, 이미 9월을 당겨다가 쓰고 있었다. 학술대회 때문에 그런 조급증이 일어나는지 몰라도 그에게는 다른 구절이 더 눈에 들어왔다. '밤 되어 달빛 아래 그대와 함께 춤을 추고 싶은 때……'라니. 춘천에 가서 강버들 교수와 달빛 아래 춤을 추고 싶었다.

그는 의자를 물리고 일어섰다. 창밖을 내다봤다. 새벽이 부윰하게 밝아오고 있었다. 아무래도 춘천에 한번 들러야 할 것 같았다. 아베베 비킬라의 이야기를 소설로 써서 강버들 교수에게 보여주고 싶었다. 그리고 강버들 교수가 그 동안 어떻게 살았는지 이야기를 듣고 싶었다.

춘천에 가서, 어디로 전화를 하지? 전국이, 세계가 동시 통화권인데 그는 춘천에 사는 사람에게 전화를 하려면 춘천에 가서 해야 한다는 식이었다. 연구실로? 집으로? 집으로 전화했을 때, 음성이 청아하던 자당 어른은 세상을 떴다는 이야기를 전해 준 것은 현송호 교수였다. 교제하던 사람 이야기는 묻지 말아야 할 타부인지도 모른다. 혹시 결혼을 해서 아이를 낳아 기른 것일까? 녹색 잉크로 쓴 엽서는 언제 다시 보내줄 것인지 약속을 받아내고도 싶었다.

그런데, 그가 잘 쓰는 표현으로 사람 환장하게, 아베베 비킬라는 소설 속에 들어오지 않겠다고 사력을 다해 버팅기고 있는 것이었다. 아베베 비킬라는 그의 꿈에도 나타났다. 꿈에서 아베베 비킬라는 외쳐댔다. 나는 소설이 아니다, 나는 신화다, 신화는 천속하고 비루한 소설 속에 들어가지 않는다, 사십년 살고 생애를 마무리한 나는 나의 인생을 완벽하게 마무리했다. 작가선생! 밍기적거리다가 결론도 내지 못하고 헤벌쩍하니 결말을 열어놓는 그런 이야기가 소설 아니요? 내 삶은 이미 완결되었고, 신화가 되었으니 건드리지 마시오. 내가 한국에 두 번이나 갔다 왔지만, 그냥 다녀간 거요. 한번은 그냥 대대장 호위병으로 갔고, 한번은 그냥 뛰러 갔던 거요. 그저 마라톤을 한 거요. 도무지 소설의 구도 속으로 들어오지 않는 인간이었다. 이미 "맨발의 마라토너 '비킬라 아베베' 김화성의 종횡무진 육상이야기 ⑥" 같은 데서 그의 신화를 정리해 놓은 뒤였다.

그래서 며칠 또 시간이 갔다. 개학을 앞두고 기어코 소설을 마무리하겠다고 컴퓨터 앞에 앉아서 자판을 두드렸다. 그러나 자꾸 헛손질이 되었다. 새벽까지 헛손질을 해대다가, 밤사이 들어온 메일이나 확인하고 눈을 붙이자고 메일박스를 열었다. 「봄내통신」이 들어와 있었다.

> 선생님
> 구월의 소리…… 에는 낙엽 지는 소리, 풀벌레 울음소리, 벼메뚜기 후두득 뛰는 소리, 아람 벌어져 투두득 떨어지는 소리, 들국화 꽃잎 피어나는 소리, 밤 늦도록 책장 넘기는 소리, 토닥토닥 자판 두드리는 소리…….
> 그러나 저에게 구월의 소리는 잘 조율된 비단실을 손끝으로 튕길 때 울려 나오는 그 떨림과 같은 소리입니다. 특히 높푸른 하늘을 바라보고 있으면 그 소리 쟁쟁하게 들려옵니다.

아름답고 향기로운 구월의 소리를 춘천 실레이야기길에서 들어 보시기 바랍니다.

그는 모니터를 다시 들여다보았다. 누군가 자신의 행동을 엿보고 있다는 느낌이 들었다. 더구나 "밤 늦도록 책장 넘기는 소리, 토닥토닥 자판 두드리는 소리……." 그 구절은 자신의 행동을 그대로 그리고 있는 게 아닌가. 그는 F3 키를 눌러 그 구절에 범위를 설정하고 글자색을 초록으로 입혔다. 초록은 강버들 교수가 그에게 엽서를 보낼 때 늘 쓰던 잉크 빛깔이었다.

강버들 교수는 『세계의 문을 밀치고』라는 여행기에서, 그가 같이 여행하는 중에 메모하고, 사진 찍고 하면서 기록하는 모습을 적어 놓은 적이 있었다. 그는 그 책을 받고 강버들 교수가 여행을 나서면, 목에다가 손바닥만한 노트를 달고 다니면서 뭔가 기록하는 모습을 떠올렸다. 기록, 그리고 그게 쌓이는 것은 대단한 일이라는 생각이 들었다. 메모가 책이 되기까지, 왜 그런 기록을 하느냐고 물으면, 그냥 그저 그렇게 했노라고 대답할 듯싶었다. 이미 대답이 준비된 질문이나 다름이 없었다.

춘천에 가는 일도 이미 결론이 나 있는지도 몰랐다. 춘천에 가서, 이디오피아의 집을 찾아가 마주앉았다고 하자. 그리고 그 동안 어떻게 살았는지 물었다고 하자. 그래봐야 결국 이디오피아의 집 벽에 걸린 아베베 비킬라의 사진 아래 써 놓은 글귀를 가리킬 뿐, 테없는 안경 너머 눈을 반작이며 웃기만 할 게 뻔했다. 그가 잠시 침대에 누워 눈을 붙이는 동안, 정말 현실인 것처럼 생생한 영상이 전개되었다. 꿈이었는지도 모른다.

그가 물었다.

"그 동안 연구하랴, 책 내랴, 학생들 가르치랴, 김유정학회 꾸려 나가

랴 어떻게 그렇게 많은 일을 다 하셨습니까?"

강버들 교수가 대답했다.

"뭘요, 그저 그렇게 산걸요."

그가 예상했던 대답이었다. 앞에 앉은 강버들 교수 뒤편으로 흑백사진이 큼지막한 게 걸려 있었다. 아베베 비킬라가 마라톤 골인 지점에 막 들어오는 모습이었다. 두 손을 올려 환호하며 나는 해냈다, 그런 고함을 지르는 것 같았다. 그 밑에 이런 구절을 써 넣은 게 선명하게 눈에 다가왔다. 아베베 비킬라의 말이 강버들 교수의 대답을 대신하고 있는 것 같았다.

> 나는 다만 달릴 뿐이다. 나는 남과 경쟁해 이기는 것보다 언제나 자신의 고통을 이겨내는 것을 생각한다. 고통과 괴로움에 지지 않고 마지막까지 달렸을 때, 그것은 승리로 연결되었다.

실내가 커피향으로 가득했다. 커피향을 타고 강버들 교수의 깔끔한 얼굴이 윤기있는 녹색으로 물들어가고 있었다.

:: 필자 소개

서준섭(徐俊燮, Seo, Joon-seop)_ 강원대학교 사범대학 국어교육과 및 서울대학교 대학원 국어국문학과에서 공부하고 문학박사학위를 받았다. 현재 강원대학교 사범대학 국어교육과에서 한국 현대문학을 강의하고 있다. 저서로 『한국모더니즘 문학연구』, 『감각의 뒤편』, 『한국 근대문학과 사회』, 『문학극장』, 『생성과 차이』, 『창조적 상상력』, 『강원문화산책』 등이 있다.

전신재(全信宰, Jeon, Shin-jae)_ 서울대학교 국어교육과 및 성균관대학교 대학원 국어국문학과를 졸업하고 문학박사학위를 받았다. 현재 한림대학교 명예교수이다. 논저로 『강원의 전설』, 『죽음 속의 삶―재중 강원인 구술생애사』, 『원본 김유정 전집』(편저), 『동아시아 기층문화에 나타난 죽음과 삶』(기획 · 책임편집), 『한국의 이야기판 문화』(기획 · 책임편집), 「거사고居士考―유랑예인집단연구서설」, 「가면극 할미마당과 죽음의 미학」, 「춘향가와 죽음의 미학」, 「아라리의 자연관」, 「자장전설과 탑의 상징성」 등이 있다.

유인순(柳仁順, Yoo, In-soon)_ 강원대학교 국어교육과를 졸업하고 이화여자대학교 대학원 국문과에서 문학박사학위를 받았다. 현재 강원대 명예 교수이다. 저서로 『김유정 문학연구』, 『김유정을 찾아가는 길』, 여행일기 『세상의 문을 열다』 1, 2가 있고 편저로 김유정단편선 『동백꽃』, 이태준 단편선 『석양』이 있다. 공저로 『현대소설론』, 『한국 현대작가연구』, 『김유정 문학의 재조명』, 『한국의 웃음문화』, 『한국의 이야기판 문화』, 『궁예의 나라 태봉』 등이 있다.

한상무(韓相武, Han, Sang-moo)_ 서울대학교 사범대학 국어교육과를 거쳐 동 대학원에서 문학석사, 세종대학교 대학원에서 문학박사학위를 받았다. 현재 강원대학교 명예교수이다. 논저로 『현진건 연구』, 『한국 근대소설과 이데올로기』, 『한국 근대소설에 나타난 이데올로기』, 「김유정 소설에 나타난 여성상」, 「현진건 문학의 신화적 상상력」, 「김동인 소설의 성 이데올로기」, 「나도향론―미완의 리얼리즘」, 「이광수 초기 논설에 나타난 '문학'과 '교육'의 의미」, 「일제말기 소설과 탈식민지성」, 「현진건 장편소설 연구」, 「'비창'의 두 가지 양상」 등이 있다.

이민희(李民熙, Lee, Min-heui)_ 연세대학교 국문학과를 졸업하고 서울대학교 국문학과 대학원에서 문학박사학위를 받았다. 현재 강원대학교 국어교육과 교수이다. 저서로 『파란 · 폴란드 · 뿔스까!―100여 년 전 한국과 폴란드의 만남, 그 의미의 지평을 찾아서』, 『16~19세기 서적중개상과 소설 · 서적 유통관계 연구』, 『조선의 베스트셀러』, 『조선을 훔친 위험한 책들』, 『역사영웅서사문학의 세계』, 『마지막 서적중개상 송신용 연구』, 『고전산문 교육의 풍경』, 『강화 고전문학사의 세계』 등이 있다.

오현아(吳賢硪, Oh, Hyeon-ah)_ 서울시립대학교 국문과 및 서울대학교 대학원 국어교육과를 졸업하고 교육학박사학위를 받았다. 현재 강원대학교 교수이다. 논문으로 「미군정기 검인정 중등 문법 교과서의 문법 지식 체계 구조화에 대한 시론」, 「에듀테인먼트 콘텐츠로서의 문법 교육 내용의 이야기화 모델 탐색」, 「한국어와 영어의 발상에 대한 비교 인지언어학적 고찰—청자 중심 원리와 화자 중심 원리를 중심으로」, 「근현대 국어 교육 자료 변화 양상 연구—초등 국어 교육 자료를 중심으로」, 「학습자 중심 작문 평가 결과 제시 방식에 대한 고찰」, 「이야기를 활용한 품사 단원 내용 구성에 대한 고찰」, 「인지언어학적 관점의 시제 교육에 관한 고찰」, 「'정확성' 중심 문법 교육관에 대한 반성적 고찰」 등이 있다.

윤현이(尹賢伊, Yoon, Hyeon-yi)_ 강원대학교 국어교육과 박사과정을 수료하고, 현재 원주여고 교사이다. 논문으로 「탈향을 꿈꾸던 변방 시인 이용악」, 「춘향복식을 중심으로 읽어본 춘향전」 등이 있다.

이상금(李相金, Lee, Sang-geum)_ 강원대학교 국어교육과 및 관동대학교 교육대학원 국어교육과를 졸업하고 석사학위를 받았으며, 강원대학교 대학원 국어교육과에서 박사과정을 수료했다. 현재 원주고등학교에 재직 중인 국어교사이다. 논문으로 「고등학생의 통신 언어 사용 실태 연구」, 「토론수업 지도과정」 등이 있다.

왕문용(王汶鎔, Wang, Moon-yong)_ 서울대학교 국어교육과를 졸업하고 동 대학원 국어국문과에서 문학박사학위를 받았다(국어학전공). 현재 강원대학교 명예교수이다. 저서로 『국어와 의사소통』(2008), 『국어 문법교육론의 과제』(2012) 등이 있다.

최성윤(崔城崙, Choi, Sung-yun)_ 고려대학교 문과대학 국어국문학과와 동 대학원을 졸업하고 박사학위를 받았다. 현재 고려대학교와 순천향대학교에서 강의하고 있다. 논문으로 「한국 근대 초기 소설 작법의 형성과정 연구」, 「이해조의 『자유종』에 나타난 교육구국론의 의미와 한계」, 「김동인의 창작방법론과 「소설작법」의 의의」, 「김유정 소설의 여성 인물과 '정조'」, 「『조선일보』 초창기 연재 번역 · 번안소설과 현진건」, 「해방 전후의 안회남과 두 개의 「풍속」 등이 있다.

송현호(宋賢鎬, Song, Hyun-ho)_ 서울대학교 대학원 국어국문학과를 졸업하고 문학박사학위를 받았다. 현재 아주대학교 국어국문학과 교수이다. 논저로 『문학사기술방법론』, 『한국 현대소설론』, 『한국 근대소설론연구』, 『한국 현대문학론』, 『한국 현대문학의 비평적 연구』, 『선비정신과 인간구원의 길』, 『한국 근대문학론』, 『문학이 있는 풍경』, 『중국조선족문학의 탈식민주의 연구 1－2』, 「문학사기술방법론」, 「한국 근대초기소설론연구」, 「플롯의 탈전통화와 근대소설의 형성에 관한 연구」, 「애국계몽기의 탈식민주의와 페미니즘」, 「현진건과 노신의 고향 비교연구」, 「채만식 소설의 풍자유형 연구」, 「김학철의 『격정시대』에 나타난 탈식민주의 연구」, 「김학철의 『20세기 신화』 연구」, 「해방후 국어국문학 지형도에 관한 연구」, 「일제 강점기 만주 이주의 세 가지 풍경」, 「다문화 사회의 서사 유형과 서사전략에 관한 연구」, 「중국조선족 이주민 3세들의 삶의 풍경」, 「중국지역의 한국학 현황」 등이 있다.

이정숙(李正淑, Lee, Jung-sook)_ 문학박사, 한성대학교 한국어문학부 교수이다. 하버드대학교 Yenching 연구소 방문교수를 하였으며 현재 한국 현대소설학회, 구보학회, 한성어문학회 회장을 맡고 있다. 저서로 『실향소설연구』(1989), 『한국 현대소설연구』(1999) 외에 『이청준 소설 벽 허물기 열두 마당』(2007), 『문학이란 무엇인가』(2011)를 한성대 현대문학연구 모임과 함께 펴내었다. 이 외에 현대소설 관련 논문 50여 편이 있다.

이덕화(李德和, Lee, Duk-hwa)_ 연세대학교를 졸업하고 동대학원에서 문학박사학위를 받았다. 현재 평택대학교 교수이다. 저서로 『김남천 연구』, 『박경리, 최명희 두 여성적 글쓰기』, 『여성문학에 나타난 근대체험과 타자의식』, 『한말숙 문학에 나타난 타자윤리학』 등과, 공저로 『페미니즘과 소설비평』, 『페메니즘은 휴머니즘이다』 등이 있다.

정현숙(鄭賢淑, Jung, Hyun-sook)_ 강원대학교 사범대학 국어교육과 및 이화여자대학교 대학원 국어국문학과를 졸업하고, 문학박사학위를 받았다. 현재 한림대학교 아시아문화연구소 연구교수이다. 논저로 『박태원문학연구』, 『한국 현대문학의 문체와 언어』, 「안수길의 『북향보』론」, 「일제강점기 재만 조선인 소설연구」, 「강경애 소설과 간도 디아스포라diaspora」 등이 있다.

최창헌(崔昌憲, Choi, Chang-heon)_ 강원대학교 국어교육과와 국어교육전공을 졸업하고 동 대학원 국어교육학과 박사과정을 수료했다. 현재 한라대학교 교양교직과정부 강사이다. 공저로 『국어국문학의 탐구』, 『국어교육의 탐구』, 『다매체 시대의 말하기』 등과, 논문으로 「말의 성찰을 통한 삶의 방식과 그 의미 – 이청준의 연작소설 『언어사회학서설을 중심으로』」 등이 있다.

우한용(禹漢鎔, Woo, Han-yong)_ 아호는 우공于空이다. 서울대학교 사범대학 국어교육과에서 학사와 석사를 거쳐, 동 대학원 국어국문학과에서 문학박사학위를 받았다. 『월간문학』 신인상에 단편소설 「고사목지대」로 등단했다. 장편소설로 『생명의 노래 1, 2』, 『시칠리아의 도마뱀』, 소설집으로 『불바람』, 『귀무덤』, 『양들은 걸어서 하늘로 간다』, 『멜랑꼴리아』 등을 냈으며, 시집으로 『청명시집』, 『낙타의 길』 등이 있다. 저서로 『한국 근대장편소설 구조 연구』, 『채만식 소설 담론의 시학』, 『한국 현대소설 담론 연구』, 『문학교육과 문화론』, 『한국 근대문학교육사연구』, 『소설 장르의 역동학』 등이 있으며, 공저로 『소설교육론』, 『문학교육론』, 『서사교육론』, 『소설의 이해』 등이 있다.